The
HUMANISTIC SOCIAL WORK
Project

Proiectul ASISTENȚĂ SOCIALĂ UMANISTĂ

Titlul cărții:
Calități psihologic-sufletești ale profesionistului în asistența socială umanistă

Autor:
ȘTEFĂROI, Petru

Alte titluri ale autorului (selectiv):
Paradigma umanistă a asistenței sociale sau scurtă introducere în asistența socială umanistă, Revista de Asistență Socială, Nr. 1, 2012, Editura Polirom; *Perspectiva umanistă asupra clientului în asistența socială*, Revista de Asistență Socială, Nr. 1-2, 2009, Editura Polirom; *Teoria Fericirii în Asistența Socială: De la managementul îngrijirii la managementul fericirii*, 2009, Editura Lumen; *Tulburări de dezvoltare socioafectivă ale copilului instituționalizat. De la obiectivul supraviețuire la obiectivul fericire în asistența socială a copilului,* Revista de Asistență Socială, Nr. 1-2, 2008, Editura Polirom; *Specificul managementului (eficient) în domeniul asistenței sociale*, Revista de Asistență Socială, Nr. 3, 2007, Editura Polirom.

Copyright © 2013 by Petru Stefaroi. All right reserved. No part of this publication may be reproduced or distributed in any forms or by any means without the prior permission of the publisher

Coperta:
Ionuț Platon
Petru Ștefăroi

ISBN-13: 978-1494372767
ISBN-10: 1494372762

CreateSpace, Charleston SC

Petru Ștefăroi

CALITĂȚI PSIHOLOGIC- SUFLETEȘTI ALE PROFESIONISTULUI ÎN ASISTENȚA SOCIALĂ UMANISTĂ

Alte informații despre autor:

Studii și calificări în:
psihologie, asistență socială, regie teatru,
management și resurse umane

Parcurs profesional - ocupații, funcții, posturi ocupate:
logoped, psiholog, psihopedagog, consilier superior, profesor,
șef Serviciu evaluare complexă a copilului,
director executiv adjunct (social) al Direcției Generale
de Asistență Socială și Protecția Copilului Suceava

TABLE OF CONTENTS

The HUMANISTIC SOCIAL WORK Project /15

Brief presentation of the book /23

General introduction /27

Chapter 1
Humanistic Social Work - the third way in social work theory and practice /33

Chapter 2
The *human* personality – spiritual-ontological sphere/dimension /117

Chapter 3
The *human* personality and the soulful/spiritual-psychological qualities of the professional in humanistic social work /165

Chapter 4
Spiritual-psychological qualities of the professionals in the humanistic social work/welfare "system" /203

Chapter 5
The Child and Family Humanistic Social Work. Spiritual-psychological qualities of the professionals /245

Conclusions /299

Appendix
Ideas, highlights, contents of some new works (in preparation) in the HUMANISTIC SOCIAL WORK Project /305
     includes –
   Humanistic Social Work: The Third Way in Social Work Theory and Practice (in English) (pp. 338-361)

Bibliography /361

TABLA DE MATERII

Proiectul ASISTENȚĂ SOCIALĂ UMANISTĂ /15

Scurtă prezentare a volumului /23

Introducere generală /27

Capitolul 1
Asistența socială umanistă - *a treia cale* în teoria și practica asistenței sociale /33

Capitolul 2
Personalitatea *umană* - sfera/dimensiunea ontologic-spirituală /117

Capitolul 3
Personalitatea *umană* și calitățile psihologic-sufletești ale profesionistului în asistența socială umanistă /165

Capitolul 4
Calități psihologic-sufletești și conduite ale profesioniștilor în "sistemul" asistenței sociale umaniste /203

Capitolul 5
Asistența socială umanistă a copilului și familiei. Calități psihologic-sufletești și conduite ale profesioniștilor /245

Concluzii /299

Appendix
Idei, repere, cuprinsuri ale unor noi lucrări (în pregătire) în Proiectul ASISTENȚĂ SOCIALĂ UMANISTĂ /305

Bibliografie/ References /361

CUPRINS

Proiectul ASISTENȚĂ SOCIALĂ UMANISTĂ /15

Scurtă prezentare a volumului /23

INTRODUCERE GENERALĂ /27

Capitolul 1
ASISTENȚA SOCIALĂ UMANISTĂ -
A TREIA CALE ÎN TEORIA ȘI PRACTICA ASISTENȚEI SOCIALE /33

    Introducere /35
1.1. Context și specific teoretic-doctrinar /35
    1.1 1. Asistența socială – aspecte teoretice generale /35
    1.1.2. Asistența socială tradițională/ convențională /38
    1.1.3. Asistența socială critică/ radicală /39
    1.1.4. Asistența socială umanistă – a treia cale /41
1.2. Premise și surse teoretic-metodologice /46
    1.2.1. Valorile, orientările și metodele umaniste din
        teoria și practica asistenței sociale /46
    1.2.2. Filosofia omului. Drepturilor fundamentale ale omului /48
    1.2.3. Psihologia umanistă și sociologia umanistă /50
    1.2.4. Cultura, religia, morala (etica) /55
1.3. Aspecte teoretice și axiologice de bază /57
    1.3.1. Conceptul de asistență socială umanistă
        și specificul teoriei /57
    1.3.2. Valori specifice și specificul valorilor /60
    1.3.3. Misiune și obiective ale asistenței sociale umaniste /62
    1.3.4. Persoana în asistența socială umanistă /67
    1.3.5. Comunitatea/ grupul în asistența socială umanistă /69
    1.3.6. Asistența socială umanistă – forme/dimensiuni/orientări /93
1.4. Teorii și specificul teoriilor /94
    1.4.1. Teoriile dezvoltării, empowermentului și autonomizării
        (persoanei și comunității) /94
    1.4.2. Teoria empatiei /98
    1.4.3. Teoria atașamentului /102
    1.4.4. Teoria fericirii /103
    1.4.5. Teoria îngrijirii /106
    1.4.6. Teoria acțiunii și teoria participării /108

1.5. Specificul metodelor şi practicilor asistenţei sociale umaniste /108
    1.5.1. Obiective, valori şi principii ale practici /108
    1.5.2. Specificul practicilor bazate pe evidenţe /109
    1.5.3. Metodele adoptate/ adaptate din psihoterapia umanistă /110
    1.5.4. Metodele apreciative /113
    1.5.5. Metoda balanţei /114

Capitolul 2
PERSONALITATEA *UMANĂ* –
SFERA/ DIMENSIUNEA ONTOLOGIC-SPIRITUALĂ /117

    Introducere /119
2.1. Personalitatea. Specificul paradigmei umaniste /123
2.2. Specificul teoriei umanist-ontologice a personalităţii /125
2.3. Personalitatea umană. Sfera ontologic-spirituală /126
2.4. Sufletul /128
    2.4.1. Ontosul personal – fundament şi cadru psihologic-ontologic de formare şi funcţionare a sufletului /128
    2.4.2. Celălalt, mediul uman, valorile - surse generice ale formării sufletului /137
    2.4.3. Formarea şi constituirea sufletului /137
    2.4.4. Instituirea sufletului ca formaţiune psihologic-ontologică autonomă şi structură de personalitate /139
2.5. Sufletul afectiv (social) /140
    2.5.1. Emoţia şi afectivitatea /140
    2.5.2. Constituirea şi instituirea sufletului afectiv ca sursă a ataşamentului şi empatiei primare /145
2.6. Sufletul spiritual /146
    2.6.1. Ontosul proiectiv – fundament şi cadru psihologic-ontologic de formare şi funcţionare a sufletului spiritual /147
    2.6.2. Sufletul mistic, sufletul ludic, sufletul estetic, sufletul intelectual, sufletul moral /155
2.7. Onto-formaţiunea fericirii /159
2.8. Eul onto-proiectiv /162

Capitolul 3
PERSONALITATEA *UMANĂ* ŞI CALITĂŢILE PSIHOLOGIC-SUFLETEŞTI
ALE PROFESIONISTULUI ÎN ASISTENŢA SOCIALĂ UMANISTĂ /165

    Introducere /167
3.1. Personalitatea *umană* a profesionistului /168
    3.1.1. Personalitatea profesionistului. Perspective şi tipuri de abordări /168
    3.1.2. Perspectiva umanistă. Personalitatea *umană* a profesionistului /171

      3.1.3. Personalitatea *umană* a profesionistului și
            personalitatea clientului /173
3.2. Empatia și compatia /175
      3.2.1. Importanța empatiei și compatiei în activitatea profesionistului /175
      3.2.2. Sufletul, empatia și compatia /176
      3.2.3. Personalitatea *umană*, empatia și compatia /177
      3.2.4. Empatia/ compatia și eficiența activității profesionistului în
            asistența socială umanistă /180
3.3. Fericirea și bunăstarea sufletească /182
      3.3.1. Fericirea clientului și fericirea profesionistului /182
      3.3.2. Bunăstarea sufletească și fericirea profesionistului /184
      3.3.3. Starea de fericire, bunăstare sufletească și eficiența activității
            profesionistului în asistența socială umanistă /188
3.4. Dezvoltarea personală și *umană* /190
      3.4.1. Dezvoltarea personală /191
      3.4.2. Dezvoltarea umană /192
      3.4.3. Calitățile personale/ umane și eficiența activității
            profesionistului în asistența socială umanistă /193
3.5. Dezvoltarea și sensibilitatea spirituală /194
      3.5.1. Dezvoltarea și sensibilitatea spirituală – resursă magică
            inepuizabilă a personalității profesionistului /194
      3.5.2. Dezvoltarea/sensibilitatea spirituală și eficiența activității
            profesionistului în asistența socială umanistă /196
3.6. Creativitatea, cultura, multiculturalismul /197
3.7. Altruismul, agreabilitatea, toleranța, carisma /200

Capitolul 4
CALITĂȚI PSIHOLOGIC-SUFLETEȘTI ȘI CONDUITE ALE
PROFESIONIȘTILOR ÎN "SISTEMUL" ASISTENȚEI SOCIALE UMANISTE /203

    Introducere /205
4.1. "Sistemul" asistenței sociale umaniste /206
4.2. Clientul în sistemul asistenței sociale umaniste /208
      4.2.1. Limite și erori în reprezentarea și abordarea clientului /208
      4.2.2. Reprezentarea și abordarea umanistă a clientului /211
      4.2.3. Nevoile *umane* și spirituale ale clientului /214
4.3. Conduita profesionistului în sistemul asistenței sociale umaniste /217
      4.3.1. Comportamentul profesional umanist /217
      4.3.2. Comportamentul profesional umanist și calitățile psihologic-sufletești
            ale profesionistului în managmentul de caz, case work și procesul de
            intervenție /218
      4.3.3. Codul deontologic al profesionistului în sistemul asistenței sociale
            umaniste /220

4.4. Calități psihologic-sufletești și conduite specifice ale profesioniștilor în sistemul asistenței sociale umaniste /221
    4.4.1. Asistentul social /221
    4.4.2. Psihologul/ psihopedagogul /226
    4.4.3. Profesionistul din cadrul personalului de îngrijire, educație, terapii de recuperare etc. /232
    4.4.4. Asistentul maternal profesionist /237
    4.4.5. Profesionistul din aparatul de conducere /240
    4.4.6. Angajatul din aparatul funcționăresc și de deservire /241
    4.4.7. Voluntarul, lucrătorul din organizații neguvernamentale, umanitare etc. /242

Capitolul 5
ASISTENȚA SOCIALĂ UMANISTĂ A COPILULUI ȘI FAMILIEI. CALITĂȚI PSIHOLOGIC-SUFLETEȘTI ȘI CONDUITE ALE PROFESIONIȘTILOR /245

    Introducere /247
5.1. Familia în asistența socială umanistă /249
    5.1.1. Funcția umanistă a familiei /249
    5.1.2. Dezorganizarea și anomia familială /252
    5.1.3. Separarea copilului de familia naturală /253
5.2. Copilul în asistența socială umanistă /254
    5.2.1. Modelul umanist de reprezentare și abordare a copilului /254
    5.2.2. Copilul din familia substitutivă /256
    5.2.3. Copilul din instituția rezidențială /266
    5.2.4. Fericirea copilului /274
    5.2.5. Dezvoltarea personală și *umană*. Educația și pregătirea pentru viață a copilului /278
5.3. Specificul practicii și metodelor în asistența socială umanistă a copilului și familiei /283
    5.3.1. Specificul practicii și principiilor /283
    5.3.2. Metodele existențial-umaniste /284
    5.3.3. Metoda balanței /286
5.4. Calități psihologic-sufletești ale profesionistului în asistența socială umanistă a copilului și familiei /288
    5.4.1. Importanța calităților psihologic-sufletești ale profesionistului în practica asistenței sociale umaniste a copilului și familiei /288
    5.4.2. Empatia și compatia /289
    5.4.3. Dezvoltarea și sensibilitatea spirituală /290
    5.4.4. Fericirea și bunăstarea sufletească /292
5.5. Conduita profesionistului în asistența socială umanistă a copilului și familiei /293

CONCLUZII /299

APPENDIX
Idei, repere, cuprinsuri ale unor noi lucrări (în pregătire)
în Proiectul ASISTENȚĂ SOCIALĂ UMANISTĂ /305

- *Profesionistul în Asistența Socială Umanistă: Personalitate, roluri, conduită* /307
- *Sociologie și Asistență Socială Umanistă: O paradigmă sociologică fenomenologic-umanistă pentru a treia cale în asistența socială* /314
- *Asistență Socială Umanistă* /320
- *Humanistic Social Work: The third way in social work theory and practice (in English)* /338

BIBLIOGRAFIE/ REFERENCES /361

Proiectul
ASISTENȚĂ SOCIALĂ UMANISTĂ

Volumul de față este publicat în cadrul Proiectului ASISTENȚA SOCIALĂ UMANISTĂ, inițiativă prin care urmărim să contribuim la sporirea prezenței efective a valorilor, teoriilor și practicilor umaniste în asistența socială, care, așa cum subliniază și Malcolm Payne, autorul cărții "Humanistic Social Work: Core Principles in Practice", sunt enunțate ca prioritare în diferite strategii și luări de poziție însă puțin prezente, în mod efectiv, în literatura de specialitate, în curriculumurile facultăților de profil ori în practica curentă a profesioniștilor și serviciilor de specialitate.

În acest scop, proiectul este conceput și ca un cadru teoretic, axiologic și metodologic, un forum filozofic, științific și profesional, în care să se poată constitui ceea ce s-ar putea numi *teoria, axiologia și metodologia asistenței sociale umaniste*, pornindu-se de la ideea că nu este vorba totuși de o formă distinctă de asistență socială ci mai degrabă de o filozofie, care generează în consecință o reafirmare a valorilor umaniste fundamentale ale asistenței sociale, încorporând, totodată, într-o teorie coerentă nouă tot ce a pătruns în asistența socială în ultimile decenii din psihologia și psihoterapia umanistă, din microsociologie și sociologia umanistă, filozofia drepturilor omului și, mai ales, ceea ce s-a consacrat ca metodă umanistă în literatura și practica asistenței sociale.

Modalitatea principală de promovare a obiectivelor proiectului o constituie publicarea de articole și cărți, atât în format clasic cât și electronic. Sub egida Proiectul ASISTENȚĂ SOCIALĂ UMANISTĂ putând publica oricine dorește să se alăture acestui demers.

Chiar dacă nu în mod declarat, la timpul respectiv, apariții în cadrul proiectului pot fi considerate, premergătoare (și pregătitoare) ale volumului de față, și articolele noastre apărute în *Revista de Asistență Socială* (*Social Work Review*) a Facultății de Sociologie și Asistență Socială din cadrul Universității București, publicată de Editura Polirom, respectiv "Paradigma umanistă a asistenței sociale sau scurtă introducere în asistența socială umanistă" (nr. 1, 2012), "Perspectiva umanistă asupra clientului în asistența socială" (nr. 1-2, 2009), "Tulburări de dezvoltare socioafectivă ale copilului instituționalizat" (nr. 1-2, 2008) și "Specificul managementului (eficient) în domeniul asistenței sociale" (nr. 3, 2007). La acestea se adaugă volumul publicat la Editura Lumen în 2009, respectiv "Teoria Fericirii în Asistența Socială: De la managementul îngrijirii la managementul fericirii", prin care am încercat să contribuim la o deplasare radicală a accentului, în special în asistența socială a copilului, de pe practica îngrijirii pe practica fericirii, empowermentului spiritual și dezvoltării umane, propunând totodată și o *teorie a fericirii în asistența socială*, care să se alăture celorlalte teorii, în majoritate fundamentate pe paradigma structuralistă sau pe modelul medical-emoțional de reprezentare și abordare a clientului. În scopul promovării valorilor, teoriilor și practicilor umaniste din asistența socială și protecția copilului am publicat și o serie de articole de popularizare științifică și informare în publicații zonale, pe care nu le mai enumerăm.

O contribuție crucială în conturarea sistemului de valori, teorii și metode ale asistenței sociale umaniste și impunerea Proiectului ca și cadru de promovare și publicare l-au avut lucrările publicate în format electronic, în spațiul virtual; le enumerăm pe cele mai reprezentative: "Calitățile sufletești ale profesionistului în practica asistenței sociale umaniste" (două ediții – premergătoare volumului de față); "Orientarea umanistă în științele și practicile sociale"; "Sociologie umanistă. Orientarea umanistă în sociologia mileniului III"; "Empatia și compatia în relațiile și grupurile sociale"; "Paradigme și abordari sociologice contextualiste in asistența socială"; "Integrarea social-ontologică a copilului în familia substitutivă"; "Sociologie și asistență socială umanistă", "Noi provocări la adresa psihologiei determinate de comunicarea și conviețuirea în mediul virtual"; "Spiritual Qualities of the Professional in Humanistic Social Work Practice"; "Humanistic Social Work Theories and Methods.

Lucrările "electronice" au fost grupate și publicate, cele mai importante, în trei colecții, respectiv *Colecția Electronică Psihologie și Asistență Socială Umanistă, Colecția Electronică Sociologie și Asistență Socială Umanistă și Colecția Electronică Filosofie și Asistență Socială Umanistă*. Marea majoitate a lucrărilor au fost preluate și afișate de librării, biblioteci, siteuri din spațiul virtual. Pentru persoanele care doresc să le lectureze enumerăm o parte dintre acestea: scribd.com; slashdocs.com; 2shared.com; filetram.com; psihoteca.com; uploady .com; uploading.com; docshut.com; pdf-search.info; filehost.ro; search-document .com; freefileseek.com; rsbay.com; fileshare.ro; biblios.ro; filebeer.com; pastebin. com; filestube.com; filetxt.net; fileshut.com; pageinsider.com; pageglance.com; siteglimpse.com; mrwhatis.com; news.net/search; vocabularyserver.com (APAIS Thesaurus: National Library of Australia etc).

Prezența constantă a acestor lucrări, atât în format clasic cât și electronic, de câțiva ani în librării, biblioteci sau în spațiul virtual, este unul dintre motivele pentru care s-ar putea spune că sintagma și teoria *asistenței sociale umaniste* nu ar trebui să constituie chiar o noutate, proiectul pe care îl propunem având totuși și acest scop, de atrage cât mai mulți autori și specialiștii în scopul promomării/ dezvoltării unei teorii și metodologii solide, și mai ales de a se reflecta, cu timpul, tot mai mult în metodele și practicile profesioniștilor.

De asemenea, prin acest proiect și aceste articole am încercat să contribuim și cu experiența noastră profesională (psiholog, logoped, profesor, șef serviciu evaluare complexă a copilului, director social al DGASP Suceava), cu cunoștințele de psihologie, sociologie, teoria asistenței sociale, filosofie, studiile de psihologie, asistență socială, management și resurse umane, regie teatru, cu prudență și modestie, la sporirea consistenței valorilor și practicilor asumat umaniste în asistența socială, la statuarea conceptului, teoriei și practicii asistenței sociale umaniste, a includerii acestora în programele universitare și strategiile de intervenție.

Totodată cu acest proiect urmărim să contribuim și la îmbunătățirea teoriei asistenței sociale, în general, cea denumită uneori "occidentală", dominată de disputa teoretic-ideologică și filosofic-doctrinară dintre *asistența socială tradițională* (traditional social work) sau convențională și *asistența socială critică* (critical social work), radicală sau structurală. Intenția noastră fiind aceea de a susține teoretico-științific și filosofic *consacrarea asistenței sociale umaniste ca a treia cale*, o paradigmă de asistență socială adecvată începutului de mileniu III, condițiilor sociale, economice, culturale și umane ale noilor vremuri.

Totuși, impunerea acesteia, în teoria și practica asistenței sociale, în mod consistent și definitiv nu este un proces ușor și automat, nu se poate limita nici la o simplă cumulare a conceptelor, teoriilor și practicilor de orientare umanistă, importate din alte domenii ale stiințelor și practicilor sociale, ci necesită construirea unui sistem/ cadru teoretico-metodologic propriu, structurat după paradigma epistemologic-descriptivă consacrată a științelor și practicile sociale, în care să fie abordate, în mod distict, aspecte cheie, precum:

- fundamentarea teoretică;
- valori de bază;
- teorii sursă și specifice;
- resursele și mijloacele de bază ale practicii;
- metode și specificul practicii;
- problema personalului;
- asistența socială umanistă a familiei și copilului;
- asistența socială umanistă a vârstnicilor, persoanelor cu nevoi speciale etc.

În ceea cea privește *fundamentarea teoretică* este necesară o clară definire a conceptului de asistență socială umanistă, specificul teoriei, contextului filosofic-doctrinar, origini, surse, modele, categoriile, valorile, orientările, metodele și practicile umaniste din asistența socială, sistemul asistenței sociale umaniste, domeniile, științele și practicile sociale de la care se alimentează teoretic și metodologic, în principal propria literatură umanistă de specialitate, dar și filosofia omului și ființei (umane), științele sociale „umaniste" (psihologia și psihoterapia umanistă, sociologia umanistă, pedagogia umanistă), teoriile și paradigmele epistemologic-metodologice postmoderne etc. O atenție sporită trebuie să se acorde conturării unor orientări interne sau forme, doctrine de asistență socială umanistă, precum *asistența socială umanist-solidaristă* și *asistența socială umanist-pozitivă*.

Însă sarcina cea mai importantă pare o fi aceea de a identifica și defini problematica specifică, misiunea și obiectul asistenței sociale umaniste. Noi credem, din acest punct de vedere, că esențială este reprezentarea problemei sociale ca problema umană/ socioumană; vulnerabilitatea, reziliența, situația de risc, situația de dificultate definite în primul rând ca probleme umane apoi ca sociale. Obiect al evaluării și intervenției fiind, în această ordine de idei și suferința, trauma, nefericirea, neîmplinirea personală, eșecul, problemele existențiale, dramele personale și colective, pierderea, durerea, separarea, dezrădăcinarea, neadaptarea, devianța, singurătatea, dezumanizarea prin degradare spirituală, educațională și morală, dezumanizarea prin tehnologie, nedezvoltarea personală, umană, socioumană și comunitară etc.

În opinia noastră, punct de vedere exprimat în articolul "Perspectiva umanistă asupra clientului în asistența socială", apărut în *Revista de Asistență Socială*, nota definitorie a teoriei asistenței sociale umaniste este dată de modul în care reprezentat și abordat clientul (individual și colectiv), prioritizând, așadar, reprezentarea persoanei în primul rând ca eu, ființă umană, suflet, ca valoare și resursă principală a practicii, promovând dreptul și nevoia persoanei la fericire, împlinire personală și demnitate (autonomie), în practică urmărind schimbarea și reabilitarea prin empowerment, umanizare și dezvoltare spirituală, operând asupra dimensiunii proiectiv-aspiraționale, urmărind nu doar integrarea socială elementară, mecanică ci și fericirea și împlinirea persoanei (clientului), bunăstarea socială, umană, spirituală și culturală, normalitatea/ normalizarea relațiilor și conviețuirii umane în comunități, diminuarea/ limitarea suferințelor, emanciparea, autonomizarea persoanei și comunității prin dezvoltare personală, umană și culturală, prezervarea/ dobândirea/ redobândirea demnității persoanei (clientului), inovarea și schimbarea socială/ comunitară/ organizațională durabilă/ autentică, combaterea opresiunii, dezumanizării și injustiției sociale, promovarea solidarității sociale și valorilor umaniste în comunitate/ societate.

În ceea ce privește sistemul fundamental de valori asistența socială umanistă așează în prim plan valoarea de OM. Omul (ființa umană/ personalitatea) ca valoare supremă și etalon valoric, clientul ca ființă umană și persoană, fericirea și împlinirea persoanei/ clientului, drepturile omului/ persoanei, autodeterminarea, responsabilitatea și demnitatea persoanei/ clientului, unitatea și solidaritatea, cumpătarea, modestia, cinstea, hărnicia, altruismul, idealismul, conviețuirea și relațiile umane pot fi considerate valori/ idealuri definitorii.

Teoriile empowermentului, dezvoltării personale/ umane și socioumane, teoria empatiei, cu accent pe conceptele de empatie, compatie, comunitate compatetică, teoria atașamentului și teoria fericirii cu accent pe legătura dintre fericirea autentică, dată de calitatea ridicată a relațiilor interumane, și eficiența personală ori integrarea socială sunt principalele teorii de care se poate ajuta asistența socială umanistă. Și alte teorii, precum teoria acțiunii, teoria pierderii, teoria identității, teoria participării sau teorii îngrijirii, în forme adecvate pot fi utile.

Dacă există un aspect care particularizează în mod clar asistența socială umanistă atunci acest aspect este cel referitor la *resursele specifice*. Micro-comunitatea/ contextul sociouman și personalitatea umană sunt, în principal acele resurse, chiar dacă nu desconsideră rolul resurselor materiale și instituționale. Caracteristicile și dimensiunile definitorii ale acestora fiind unicitatea, complexitatea, spiritualitatea, dinamicitatea și conflictualitatea, auto-dezvoltarea și devenirea.

În practica asistenței sociale umaniste resursele contextual-socioumane pot fi identificate, cu precădere, în relațiile/ contextele socio-afective și de atașament, în relațiile și comunitățile compatetice, în contextul/ mediul sociouman familial, vecinătăți și prietenii, în contextul/ mediul sociouman rezidențial-instituțional. Importante sunt și resursele contextual-culturale – cultura locală, obiceiurile, tradițiile specifice, religia, morala, contextul/ mediul cultural familial, contextul/ mediul cultural rezidențial-instituțional.

Tot în cheie umanistă se interpretează și problemele, anomiile comunitare, contextuale; vorbindu-se de contexte socioumane și culturale problemă/ anomice, tulburări/ probleme în relațiile/ contextele socio-afective, de atașament și compatetice, tulburări/ probleme în relațiile de familie, rudenie, vecinătate, colegialitate, tulburări/ probleme în relațiile și raporturile psihosociale, anomiile culturale, morale, educaționale, anomii în contextul/ mediul sociouman rezidențial-instituțional.

Personalitatea umană, ca resursă, este abordată prin cele două componente, sfere/ dimensiuni principale, respectiv *ontologică* și *psihologic-comportamentală* (intelectul, motivația, afectivitatea, voința, conștiința, caracterul, sistemul de aptitudini, abilități, competențe, deprinderi de relaționare și adaptare socio-umană, de autoorganizare și autogospodărire, abilități, competențe și deprinderi profesionale, creativitatea, eficiența personală, adaptabilitatea/ adaptarea și integrarea socială/ socioumană. Paradigma ontologică reliefează în principal rolul sufletului și eului iar cea psihologic-comportamentală rolul funcțiilor psihice și conduitei inter-personale.

Noi operăm cu teoria onto-personologică a personalității în care sufletul este un produs social al interacțiunii subiectului ontic cu celălalt, cu mediul, valorile, habitatul domestic. Sufletul afectiv este reprezentat ca sumă transmergentă de persoane, determinând atașamentul interpersonal, sentimentul de apartență și solidaritatea de grup, iar sufletul spiritual este reprezentat ca sumă emergentă/ transmergență de valori, sentimente general umane, determinând capacitatea empatică/ compatetică, sensibilitatea spirituală, sensibilitatea umană, iubirea de oameni.

Teme emblematice ale asistenței sociale umaniste, din perspectiva personalității ca resursă dar și ca problemă pot fi: sufletul ca resursă în practica asistenței sociale umaniste, personalitatea clientului, sistemul client și problema socială/ umană, personalitatea clientului ("social") și problema socială/ umană, problemele/ tulburările psihologic-sufletești, imaturitatea/ nedezvoltarea psihologică, imaturitatea/ nedezvoltarea aptitudinală-pragmatică, imaturitatea/ nedezvoltarea socio-comportamentală, personalitatea imatură și sistemul client, personalitate imatură și problemă socială, clientul ca personalitate tulburată/ modificată, personalitatea ca factor proactiv și mijloc/ instrument de intervenție.

Dacă până aici am schițat partea teoretică a ceea ce ar putea fi *a treia cale în asistența socială*, în cele ce urmează ne vom referi la partea practic-metodologică și la problema personalului.

Există, și în acest caz, aspecte teoretice introductive care nu pot fi evitate precum definirea specificului practicii și metodelor, a obiectivelor, valori și principii ale practicii în asistența socială umanistă, concepte precum evaluarea și diagnoza, intervenția și schimbarea.

În ceea ce privește metodele, cele mai folosite ar fi practicile și metodele adoptate/ adaptate din psihoterapia umanistă, cu intervenția centrată pe client, intervenția centrată pe sistemul client, intervenția centrată pe contextul sociouman, moral și cultural, metodele gestaltiste, metodele tranzacționale, metodele existențialiste, metodele transpersonale și de emancipare spirituală, metodele și tehnicile de grup. Importante sunt și metodele pozitive și apreciative, metoda balanței, practicile bazate pe dovezi.

Practica asistenței sociale umaniste nu neglijează nici managementul de caz, casework-ul, îngrijirea, ajutorul, educația; se desfășoară sub variate cadre: asistența socială umanistă clinică, asistența socială umanistă comunitară, asistența socială umanistă instituțional-rezidențială; acordând rol important strategiei, proiectării și planului de intervenție dar și cercetării științifice.

Importanța și rolul profesionistului în practica asistenței sociale umaniste, profesii și roluri profesionale specifice, teme precum perspectivele și tipurile de reprezentări ale asistentului social sunt, subiecte indispensabile ale teoriei referitoare la practica specifică asistenței sociale umaniste. Tot aici se lămurește și sintagma *asistent social umanist*, cu accent pe specificul obiectivelor și activității, roluri și specificul rolurilor, deontologia profesională etc.

În acest context noi propunem schimbarea denumirii profesiunii din „asistent social" în „profesionist social", la fel cum credem că este mai potrivită denumirea de personolog în locul celei de psiholog în domeniul asistenței sociale, dar și al educației. Toate categoriile de personal sunt redefinite în asistența socială umanistă, repectiv managerul, personalul de îngrijire din instituții, personalul din serviciile comunitare, din ONG-uri, supervizorul, voluntarul etc. Nici problema managementului nu este desconsiderată, instituindu-se conceptul de *management umanist*, sau *management empatic-uman*.

Denumită "umanistă", așadar, asistența socială umanistă nu poate așeza în plan secundar nici problema personalității, specificul perspectivei umaniste, rolul personalității profesionistului în practica și realizarea obiectivelor asistenței sociale umaniste, procesul și factorii formării personalității profesionistului sau tema privind inventarul minimal de virtuți, calități și trăsături precum competențele sufletești și spirituale, empatia, împlinirea/ armonia sufletească și fericirea personală, bunăstarea spirituală și virtutea, sensibilitatea *umană*, iubirea de oameni, altruismul, calități și competențe intelectuale și culturale precum inteligența *umană,* idealismul, cultura, multiculturalismul, umanismul, creativitatea, calități și competențe „personale" și socio-comportamentale precum dezvoltarea personală/ umană, sociabilitatea, comunicativitatea, modestia, agreabilitatea, responsabilitatea, conștiinciozitatea, principialitatea, toleranța, răbdarea, hărnicia, adaptabilitatea, pragmatismul, realismul, carisma și capacitatea persuasivă, comportamentul profesional umanist etc.

În ceea ce privește partea teoretic-aplicativă, asistența socială umanistă a familiei și copilului este domeniul cel mai reprezentativ. În perspectivă teoretic-axiologică umanistă trebuind să fie reliefate și descrise, printre altele, conceptul umanist de familie, funcțiile familiei, rol-statusurile, parentalitatea, educația copiilor, relațiile intrafamiliale, cultura, normele, valorile familiale, contextele, vecinătățile, rudeniile, funcționarea familiei, reziliența, familia alternativă/ substitutivă, dar și dimensiunile și caracteristicile specifice ale familiei în teoria și axiologia asistenței sociale umaniste, precum solidaritatea și compatia, unicitatea și complexitatea, atașamentul și iubirea, empatia și altruismul, fericirea și bunăstarea sufletească, integrarea, unitatea, coeziunea, eficiența, autonomia, adaptabilitatea, sau probleme, disfuncționalități, situații de dificultate ca vulnerabilitatea, situația de risc, dezorganizarea familiei și separarea/ divorțul, conflictele intrafamiliale, problemele de comunicare și relaționare, violența domestică și maltratarea copilului, anomia, promiscuitatea, abandonul, adicția, sărăcia, eșecul, suferința, neîmplinirea, dramele familiale și personale, clientul familie etc.

Referitor la problematica copilului, esențiale sunt următoarele aspecte: conceptul de copil în perspectivă pedagogică, psihologică și sociologică umanistă, copilăria, normalitatea și bunăstarea, reziliența, nevoile și drepturile copilului, ontogeneza, umanizarea, socializarea, adaptarea/ integrarea socială, factori și condiții optime, fericirea, iubirea și atașamentul, autonomia, adaptabilitatea, dar și teme precum tulburările și situațiile de dificultate, vulnerabilitatea, situația de risc, factori și condiții vicioase, separarea de familia naturală, maltratarea, devianța, dezumanizarea/ neumanizarea și maldezvoltarea personală/ umană, eșecul școlar, suferința/ nefericirea copilului, dizabilitatea, problema socială/ umană, clientul copil, copilul și familia alternativă/ substitutivă, copilul și familia monoparentală, copilul și familia substitutivă, copilul crescut în instituții etc.

SCURTĂ PREZENTARE A VOLUMULUI

Volumul de față, "Calități Psihologic-Sufletești ale Profesionistului în Asistența Socială Umanistă", este o continuare, extindere, dezvoltare și redimensionare a ebook-ului "Calitățile Sufletești ale Profesionistului în Practica Asistenței Sociale Umaniste", apărut în două ediții electronice, respectiv în 2011 și 2012.

Această nouă apariție aprofundează și dezvoltă conceptul și teoria asistenței sociale umaniste, raportând-o critic dar și logic și constructiv la paradigmele mai consacrate, respectiv *asistența socială tradițională* și *asistența socială critică*, și abordează tema calităților sufletești ale profesionistului în asistența socială umanistă în contextul prezenței și manifestării factorilor psihologici, în principal mintea, motivația și afectivitatea, cărora li se acordă o importanță sporită, atât ca resurse în sine cât și prin rolul acestora în etiologia și exprimarea în conduită a calităților *umane* și sufletești ale profesionistului.

Astfel că, întrucât sufletul, ca sursă a calităților sufletești ale profesionistului, este o onto-formațiune care se constituie/ funcționează prin concursul și în contextul existenței/ manifestării factorilor psihologici, se va opera, în această lucrare, cu sintagma *calități psihologic-sufletești* ale profesionistului, chiar dacă, în funcție de context, sau pentru simplificare, se utilizează și sintagma *calități sufletești*.

Deoarece teoria și valorile asistenței sociale umaniste se remarcă și prin accentul pus pe personalitatea, trăirile și relațiile *umane* ale clientului, în mod necesar, prioritizează interesul pentru personalitatea *umană* și calitățile psihologic-sufletești ale profesionistului. Între sufletul inerent traumatizat al clientului și personalitatea/ sufletul profesionistului, în perspectiva valorilor umaniste, se instituie un înalt grad de congruență sufletească, *umană*, empatetică/ compatetică. Aspectul face, așadar, ca studiul problemei calităților psihologic-sufletești ale profesionistului să reprezinte o preocupare teoretică centrală în literatura asistenței sociale umaniste.

Această lucrare aduce, în plus față de cele anterioare, în dezbatere problema calităților psihologic-sufletești ale profesionistului în principalele activități și roluri ocupaționale, reliefând importanța acestora și în cazul *altor profesioniști*, pe lângă asistentul social, precum cea a psihologului, a profesionistului din cadrul personalului de îngrijire, educație, terapii de recuperare etc, a asistentul maternal profesionist, a profesionistului din aparatul de conducere, chiar și a angajatului din aparatul funcționăresc și de deservire ori a voluntarului, a lucrătorului din organizații neguvernamentale, umanitare etc.

Volumul "Calități Psihologic-Sufletești ale Profesionistului în Asistența Socială Umanistă" este structurat și cuprinde, în principal, cinci capitole.

Primul capitol, *Asistența socială umanistă - a treia cale în teoria și practica asistenței sociale*, este consacrat prezentării conceptului și specificului asistenței sociale umaniste, cu accent pe principalele sale surse, valori, teorii (teoriile dezvoltării și empowermentului, teoria empatiei, teoria atașamentului, teoria fericirii, teoria îngrijirii, teoria acțiunii și teoria participării), practici și metode (practicile bazate pe evidențe, metodele adoptate/ adaptate din psihoterapia umanistă, metodele apreciative, metoda balanței), în contextul promovării acesteia ca *a treia cale* în asistența socială contemporană, prin raportare la asistența socială tradițională și asistența socială critică ori radicală

Capitolul al doilea, *Personalitatea umană - sfera/ dimensiunea ontologic-spirituală*, prezintă ceea ce s-ar putea numi sursele psihologic-ontologice ale calităților sufletești și *umane* ale profesionistului, adică sufletul afectiv (social), sufletul spiritual (sufletul mistic, sufletul ludic, sufletul estetic, sufletul moral, sufletul intelectual), onto-formațiunea fericirii și eul onto-proiectiv, componente ale sferei ontologic-spirituale a personalității *umane*, aceasta din urmă ca parte și dimensiune a personalității globale.

În **capitolul al treilea**, *Personalitatea umană și calitățile psihologic-sufletești ale profesionistului în asistența socială umanistă*, se ajunge efectiv la conținutul problematicii propusă de titlul cărții, abordându-se tema calităților psihologic-sufletești ale profesionistului, adică empatia și compatia, fericirea și bunăstarea sufletească, dezvoltarea și sensibilitatea spirituală, dezvoltarea personală și *umană*, creativitatea, cultura și multiculturalismul, altruismul, agreabilitatea, toleranța, omenia, carisma; pornindu-se de la categoria de personalitate *umană* a profesionistului, și insistându-se pe necesitatea definirii acesteia în raport de modul, umanist-spiritual, de reprezentare a clientului. În procesul asistențial, de reabilitare sufletească/ *umană* și socială personalitatea/ sufletul clientului și personalitatea/ sufletul profesionistului intră în congruență social-ontologică, compatetică; relația compatetic-spirituală și socio-*umană* care se formează constituind mijloc și resursă de reabilitare socio-*umană* și sufletească a clientului, de fericire și împlinire personală/ umană.

În **capitolul al patrulea**, *Calități psihologic-sufletești și conduite ale profesioniștilor în "sistemul" asistenței sociale umaniste*, se încearcă o reliefare/ prezentare a calităților psihologic-sufletești și conduitelor profesionale umaniste în activitățile de bază din asistența socială, precum în managmentul de caz, case work și procesul de intervenție, cu accent pe conduitele *umane* și calitățile psihologic-sufletești ale asistentului social, psihologului/ psihopedagogului, profesionistului din cadrul personalului de îngrijire, educație, terapii de recuperare, ale asistentului maternal profesionist, angajatului din aparatul de conducere, funcționăresc și de deservire, ale voluntarului, lucrătorului din organizații ne-guvernamentale, umanitare etc.

Capitolul al cincilea, *Asistența socială umanistă a copilului și familiei. Calități psihologic-sufletești și conduite ale profesioniștilor,* are rolul de a operaționaliza, concretiza și valida practic majoritatea tezelor teoriei și metodologiei asistenței sociale umaniste, afirmate în lucrare, cu focalizare, desigur, pe calitățile psihologic-sufletești ale profesionistului, necesare cu precădere în instituțiile rezidențiale pentru copii, în familiile substitutive; interesul concentrându-se pe calitățile psihologic-sufletești și conduitele *umane* ale practicienilor care se află în contact direct prelungit cu copilul ori familia.

În secțiunea **Concluzii** se constată că oricât de bună ar fi politica socială, de performante ar fi sistemul de asistență socială, stategiile, programele, proiectele, activitatea șefilor de instituții, hrana, condițiile materiale, în ultimă instanță rezultatele activității și funcționării serviciilor de asistență socială depind de calitățile, resursele și conduitele *umane* ale profesioniștilor, asistenților sociali, lucrătorilor din activitățile de îngrijire, educație și de supraveghere, de calitățile psihologic-sufletești și conduitele *umane* ale asistenților maternali și personali, ale profesioniștilor din cadrul personalului de recuperare, chiar a supraveghetorilor. Aspectul ar impune astfel și necesitatea instituirii unor dezbateri privind sistemul de pregătire/ educație, angajare și evaluare a personalului, și calitățile necesare unui profesionist în perspectiva valorilor și misiunii asumat umaniste a asistenței sociale, în care să se promoveze noi atitudini pedagogice, o mai largă deschidere curriculară, în programele academice, spre ontologia umanului și metodele educaționale umaniste, precum și o deplasare radicală, în planul activităților și obiectivelor educaționale, de la educația intelectului spre educația personalității *umane* a viitorului profesionist din sistemul asistenței/ protecției sociale.

INTRODUCERE GENERALĂ

Asistența socială umanistă, acest nou concept, teorie dar și sistem (filosofie) de asistență socială, se remarcă și prin accentul pus pe calitățile *umane,* psihologic-sufletești ale profesionistului, reprezentat ca om, ca persoană, ca ființa umană cu personalitate și suflet, în activitățile/ rolurile specifice, fie că sunt desfășurate de către asistentul social sau psiholog, fie de către manageri sau profesioniștii din cadrul personalului de îngrijire și educație, fie de către asistenții maternali sau voluntari. Asistența socială umanistă, vine, așadar, cu *o nouă optică* și un nou concept în ceea ce privește profesionistul, conduitele și calitățile acestuia, în principal prin faptul că *extinde interesul asupra tuturor profesioniștilor* din sistemul asistenței și protecției sociale, nelimitându-se la asistenții sociali.

Dacă există o mare problemă în sistemul, politica și practica asistenței sociale din România în momentul de față, care afectează fundamental îndeplinirea misiunii și obiectivelor specifice atunci această problemă privește *calitatea personalului*, în special a lucrătorilor implicați direct în activitatea cu beneficiarii.

În perspectiva valorilor și obiectivelor asistenței sociale umaniste personalitatea și conduita fiecărui angajat dintr-un serviciu, dintr-o instituție de asistență socială constituie condiții și factori importanți în procesul de reabilitare/ integrare sau în asigurarea unor condiții *umane* optime pentru confortul și fericirea beneficiarilor.

Deoarece între personalitatea/ sufletul clientului și personalitatea/ sufletul profesionistului, în perspectiva valorilor și obiectivelor asistenței sociale umaniste, se instituie un înalt grad de congruență umană, empatetică, spirituală, în scop de schimbare și diminuare a suferințelor, studiul temei calităților personale și conduitei profesionistului sau realizarea unei literaturi specifice consistente, reprezintă o preocupare teoretică esențială.

Teoria asistenței sociale umaniste devine astfel un instrument și cadru epistemologic-metodoloogic important pentru un *salt calitativ* în literatura consacrată *rolului și calităților profesionistului* din serviciile și instituțiile sociale.

Dacă mulți ani, multe legi, lucrări teoretice și dezbateri au fost necesare pentru o statuare juridic-instituțională a profesiilor din domeniu, unde în mod firesc s-a impus o reprezentare și abordare formală, minimală și preponderent cantitativă a acestora, apare în mod necesar, legic-istoric, nevoia unei *abordări calitative*, intensive, unde nu se mai pune doar problema numărului și ponderii specialiștilor din sistemul de asistență socială ci, cu precădere, problema calității acestora, pregătirea, personalitatea, conduita, criteriile de recrutare, indicatorii de performanță, trainingul etc.

În acest sens asistența socială umanistă propune conceptele de *profesionist umanist*, personalitate și conduită *umană*, cu două funcții și obiective asistențial-terapeutice cardinale:

1) empowerment/ autonomizare a clientului, și

2) fericire și diminuare a suferințelor, determinate de situația de dificultate, de impasul existențial-uman determinat de aceasta.

În ultimă instanță, alături de modul (umanist) de reprezentare a clientului chintesența conceptului de asistență social umanistă se regăsește și în modul în care este reprezentată profesiunea care o operaționalizează.

Deoarece profesionistul umanist se focalizează cu prioritate pe sufletul, latura psihologic-spirituală, empatică, subiectivă, afectivă a clientului, pe suferințele, impasurile existențiale, dramele personale și de grup, pe aspectele morale, socio-*umane*, culturale și spirituale ale problemei este absolut necesar ca și personalitatea acestuia să se descrie prin calități precum empatie, bunăstare sufletească și fericire, sensibilitate spirituală, multiculturalitate, în contextul mai larg al dezvoltării personale, profesionale și *umane* a personalității acestuia.

Pentru profesionistul umanist adevăratele probleme ale clienților sunt de ordin socio-afectiv, sufletesc, spiritual, psihosocial ori cultural, de aceea acesta caută să identifice teorii și paradigme care să-i confere cadrul teoretic și metodologic pentru un tip de abordare a relației cu clientul în care accentul să cadă nu atât pe latura comportamentală, biologică, social-statistică ori economică ci pe resorturi și laturi sufletești, socio-*umane* ale clientului.

Profesionistul umanist din asistența socială (asistent social, psiholog, manager, educator, îngrijitor etc) se detașează de abordările care excud trăirile, suferințele, fericirea, sufletul, relațiile umane din reprezentarea epistemologică a clientului, care descriu funcționarea psihică, personalitatea, interacțiunea personală în termeni preponderent cibernetici sau statistici, care explică existența psihicului uman și comunității sociale aproape exclusiv în termeni fizici, sociologic-structurali, statistici sau economici.

Este, așadar, fundamental ca persoanele care lucrează, de pildă, în instituțiile rezidențiale să întrunească un minimum de condiții de ordin sufletesc, *uman*, educațional, profesional, psihologic sau moral. Organizațiile în care aceștia lucrează trebuie să fie devină, prin calitățile psihologic-sufletești și conduitele lor *umane* sursă de fericire și reabilitare pentru beneficiari.

Capacitatea empatetică, bunăstarea sufletească, fericirea, dezvoltarea personală, altruismul, agreabilitatea, inteligența, cultura, idealismul, vizionarismul imprimă conduitei lucrătorului eficiență și îl concentrează pe îndeplinirea obiectivelor *umane* ale organizaţiei de asistenţă socială, favorizează prevenirea şi rezolvarea conflictelor grave la toate nivelele, intrapersonal, interpersonal, de grup sau instituţional, sporeşte gradul de mulţumire de sine a clienţilor şi personalului, de satisfacţiei (fericire), sporeşte sentimentul pozitiv al apartenenţei la organizaţie pentru beneficiarii din instituţii.

În activitatea de îngrijire efectele pozitive se resimt în timp prin deplasarea accentului de pe îngrijirea trupului pe îngrijirea sufletului şi personalităţii, de pe supravieţuire pe fericire, de pe dependenţă cronică de sistem spre autonomie personală şi socială.

Teoria îngrijirii s-a consacrat, din păcate, în ţara noastră, prin reprezentarea preponderent materialist-biologistă a persoanei. Abordarea reducţionist-materialistă tinde să reducă omul şi viaţa socială la legităţile fizicii şi materiei (substanţei) iar personalitatea la tiparul de construcţie şi funcţionare a organismului.

Asistenţa socială umanistă propune, în schimb, fără a desconsidera practica îngrijirii corpului şi bunăstarea materială, o focalizare pe *îngrijirea sufletului şi personalităţii* persoanei în suferinţă şi impas existenţial. Interesul pentru suferinţa sufletească, pentru pierderile şi traumele pe care le-a suferit sau suferă clientul, pentru dezumanizarea acestuia se transformă în preocupări şi activităţi profesionale evaluative, asistenţiale şi curative efective ale profesionistului.

Aşadar, în această paradigmă îngrijirea are o semnificativă dimensiune spirituală, recuperativă şi integrativă a persoanei. În asistenţa socială umanistă profesionistul este interesat, pe lângă bunăstarea materială, hrană, locuinţă, etc. şi de bunăstarea spirituală a persoanei în suferinţă, de demnitatea şi de condiţia de fiinţă umană, cu toate drepturile pe care le presupune acest statut existenţial.

Profesionistul porneşte de la convingerea că suferinţa, vulnerabilitatea, situaţia de dificultate sunt accentuate de dezangajarea psihosocială şi degradarea *umană* (psihologic-*umană* şi/sau socio-*umană*) pe care a suferit-o clientul, de degradarea relaţiilor interpersonale, a climatului socio-*uman* din comunitate.

Procesul de elaborare a proiectului de intervenţie după modelul umanist presupune acordarea de prioritate identificării *nevoilor şi resurselor sufleteşti, spirituale, umane, subiective, voluntare de reabilitare*. Activităţile de intervenţie utilizate nu fac exces de formalism şi tehnicism, profesionistul empatizează autentic cu clientul, urmăreşte, în principal, să contribuie la *emanciparea/ autonomizarea sa socială/ personală* prin *dezvoltare* **umană**, *spirtuală, morală, psihologică şi culturală*.

Obiectivele cuprind, cu precădere, itemi precum fericire autentică, dezvoltare personală, recuperare/ integrare socială prin dezvoltare spirituală şi morală, formarea unei culturi organizaţionale solide, emancipare, responsabilizare etc. Metodele utilizate nu fac exces de formalism şi tehnicism, profesionistul empatizează autentic cu clientul, urmărește în principal să contribuie la dezvoltarea personală, umană, etică și spirituală a clientului.

Managerul de caz urmărește, prin proiectul de intervenție, îngrijirea sufletului și personalității active, coordonează eforturile echipei în scopul dezvoltării *umane* și optimizării personalității clientului, precum și a climatului socio-*uman*, compatetic din organizație. Nu neglijează nici ajutorul material sau îngrijirea fizică, însă sunt soluții secundare, sau devin obiective prioritare doar pentru categoriile de clienți care nu au, din punctul de vedere al capacităților psiho-fizice, șanse clare de reabilitare.

În perspectiva valorilor, principiilor și teoriilor umaniste formarea, recrutarea și evaluarea personalului este este un fenomen unitar și urmărește, în final, ca lucrătorii din acest domeniu să nu devină niște simpli funcționari care livrează niște „servicii" ci ființe umane complexe, cu suflet, cu personalitate empatetică, cu o profundă cunoaștere a ceea ce reprezintă omul ca ființă extrem de complexă. Profesionistul începutului de mileniu III este apt să contribuie atât la *diminuarea efectivă a suferințelor clienților* dar și la *creșterea capacității lor de a se adapta și integra autonom în comunitate.*

Obiectivele se realizează în principal prin promovarea valorilor și *modelului umanist de profesionist* în domeniul social prin literatura de specialitate sau prin sistemul de învățământ. Cu toate acestea, cum orientarea umanistă are și o importantă latură critică, trebuie remarcat faptul că mai sunt multe de făcut în sistemul de educație și formare a profesioniștilor din asistența socială, lucru dealtfel recunoscut la toate nivelurile.

Așa cum bine se știe istoria profesiunilor din asistența socială, în special cea de asistent social, dacă nu luăm în calcul perioada de dinaintea celui de-al doilea război mondial, este destul de scurtă. Facultățile de asistență socială s-au înființat abia din 1990, ceea ce ne permite să considerăm că în această perioadă nu se putea pune prea mult accent pe aspecte calitative ale obiectivelor de instruire, programele și metodele concentrându-se pe o formare minimalistă, "academică", generală, universală, științifică.

În acest mod învățământul de specialitate pregătește foarte buni teoreticieni, mai degrabă "oameni de știință", foarte competenți din punct de vedere intelectual, dar cu mari dificultăți în încercarea de a se adapta și aborda problemele socio-*umane* complexe cu care se confuntă atunci când sunt puși în situația de a înțelege, empatiza cu clientul și a răspunde unor obiective precum autonomizarea persoanei ori comunității prin empowerment, unde se solicită multă empatie și creativitate, sau obiective precum fericirea clienților, unde este nevoie de multă bunăstare sufletească și *umană* a profesionistului, el însuși trebuind să fie un om bogat spiritual și fericit. Din păcate, aceste calități sunt puțin avute în vedere, atât în procesul de învățământ de specialitate, cât și practica recrutării și evaluării personalului.

Această stare de lucruri își are originea și în modul în care este reprezentată ființa umană, personalitatea, cum este statuată și operează ierarhia nevoilor și valorilor, precum și modul în care este reprezentată comunitatea umană, grupul social, organizația, familia, modul în care sunt analizate relațiile interpersonale. Atât timp cât în structura personalității nu se recunoaște de către mediile academice, științifice și profesionale existența și rolul crucial al sufletului și al relațiilor interumane condiționate de dezvoltarea și funcționarea acestuia este și foarte dificil să se elaboreze programe "umaniste" de formare și evaluare a personalului, programe care neglijează în prezent laturi și sfere constituționale, fundamentale ale personalității umane, precum spiritualitatea, fericirea, empatia.

De aici rezultă și modul în care este reprezentat clientul, și, prin consecință, profesionistul. Principala grijă a serviciilor de asistență socială este aceea de a se asigura de bunăstarea materială a clienților, de satisfacerea nevoilor elementare, de parcă acestea nu ar fi ființe umane, complexe, morale, culturale, spirituale ci simple organisme. Desigur, aceste nevoi trebuiesc satisfăcute, dar autonomizarea și fericirea, se obțin cu resurse și mijloace spirituale, *umane*, prin empowerment și dezvoltare *umană/* sufletească, obiective care nu pot fi atinse de profesioniști sobri, rigizi, "intelectuali", amorfi din punct de vedere empatetic, spiritual, sufletesc.

Așadar, în pofida unor progrese incontestabile, după multe încercări de reformare, de punere în acord cu valorile umaniste, sistemul de învățământ consacrat pregătirii personalului din asistența socială a rămas, din păcate, încă tributar modelului intelectualist și perfecționist de educație, pune în continuare accent pe asimilare de informație și educație instrumentală în dauna formării calităților și abilităților de a intra în congruență *umană* cu suferințele sau disfuncțiile de adaptare socio-*umană* ale clienților.

În acest context, cel puțin în perspectiva valorilor, obiectivelor și misiunii asistenței sociale umaniste, sistemul de pregătire a lucrătorilor din asistența socială se află, așadar, în fața unor uriașe provocări. Se poate vorbi chiar de o criză. Astfel, în mare parte, sistemul de pregătire a ajuns să se descrie, prin procesul și sistemul de învățământ, ca un imens angrenaj instituțional-economic care oferă în manieră comercială „servicii" de instruire fără nici un interes pentru calitatea autentică a absolvenților pe care îi "livrează" pe "piață". Nu este foarte important obiectivul fundamental al formării personalității *umane* a viitorilor practicieni, ci importantă este calitatea "științifică", "academică", tehnică, intrinsecă a cursurilor și serviciilor educaționale oferite.

O altă problemă, legată de orientarea, natura și conținutul programelor de instruire poate fi și aceea referitoare la slaba pondere a cursurilor și conținuturilor din sfera filosofiei, antropologiei sociale și culturale, ori psihologiei (umaniste). Aproape toate secțiile de asistență socială funcționează în cadrul unor facultăți de sociologie, ceea ce este poate firesc, însă o "umanizare" a acestor secții ar fi poate mai mult decât necesară și benefică.

Aspectele nefaste prezentate mai sus sunt în legătură cu o altă practică nefastă – selecția și angajarea personalului în instituțiile de asistență socială fără evaluarea calităților empatice, *umane*, spirituale ale personalității și conduitei acestora. Legislația și verificarea tehnică a cunoștințelor de specialitate constituie preocuparea principală a multor examinatori din serviciile publice, de parcă îngrijitorii din instituții sau psihologii din domeniu au ca primă atribuție cunoașterea legilor. Acești candidați, în cazul în care ar fi angajați, vor lucra în cea mai mare parte a timpului cu sufletul, personalitatea și problemele socio-*umane* ale clienților și mai puțin cu legile, care oricum vor fi nevoiți să le învețe și aplice după angajare; calitățile *umane* însă dacă nu le are în suficientă măsură și nu au fost identificate la angajare după aceea puțin probabil să le mai dobândească.

Realizarea acestei lucrări s-a făcut bazându-se mai mult pe experiența profesională proprie decât pe literatura de specialitate. Foarte mic este numărul cărților, articolelor sau studiilor care abordează tema rolului și specificului calităților *umane* și psihologic-sufletești ale profesionistului din asistența socială, iar cele care mai ating problematica se concentrează cu precădere pe asistentul social.

În acest context, volumul de față se spijină pe o bibliografie foarte diversă, variată tematic, din sfera largă a științelor socioumane, încercând să-și fundamenteze și verifice aserțiunile cu trimiteri și referiri la apariții, așadar, nu doar din sfera asistenței sociale sau psihologiei ci și a filozofiei, sociologiei etc.

Dealtfel, și încadrarea lucrării, doar în sfera asistenței sociale nu ar fi adecvată, volumul fiind, prin temă și conținut, o compoziție, o construcție complexă cu elemente teoretice și axiologice din multe domenii ale cunoașterii și practicii sociale. De aceea și obiectivele lucrării sunt destul de modeste, limitându-se, în mare măsură, la scopul de a aduce tema, problema calităților psihologic-sufletești ale profesionistului din asistența socială în atenția comunității științifice, academice și profesionale, de a profila o schiță tematică utilă unor posibile întreprinderi ulterioare care să contribuie la dezvoltarea unei literaturi consistente consacrate domeniului, și, în consecință, la determinarea unor îmbunătățiri graduale a calității serviciilor de asistență socială.

Capitolul 1
ASISTENȚA SOCIALĂ UMANISTĂ - A TREIA CALE ÎN TEORIA ȘI PRACTICA ASISTENȚEI SOCIALE

Introducere /35
1.1. Context și specific teoretic-doctrinar /35
    1.1 1. Asistența socială – aspecte teoretice generale /35
    1.1.2. Asistența socială tradițională/ convențională /38
    1.1.3. Asistența socială critică/ radicală /39
    1.1.4. Asistența socială umanistă – a treia cale /41
1.2. Premise și surse teoretic-metodologice /46
    1.2.1. Valorile, orientările și metodele umaniste din teoria și practica asistenței sociale /46
    1.2.2. Filosofia omului. Drepturilor fundamentale ale omului /48
    1.2.3. Psihologia umanistă și sociologia umanistă /50
    1.2.4. Cultura, religia, morala (etica) /55
1.3. Aspecte teoretice și axiologice de bază /57
    1.3.1. Conceptul de asistență socială umanistă și specificul teoriei /57
    1.3.2. Valori specifice și specificul valorilor /60
    1.3.3. Misiune și obiective ale asistenței sociale umaniste /62
    1.3.4. Persoana în asistența socială umanistă /67
    1.3.5. Comunitatea/ grupul în asistența socială umanistă /69
    1.3.6. Asistența socială umanistă – forme/dimensiuni/orientări /93
1.4. Teorii și specificul teoriilor /94
    1.4.1. Teoriile dezvoltării, empowermentului și autonomizării (persoanei și comunității) /94
    1.4.2. Teoria empatiei /98
    1.4.3. Teoria atașamentului /102
    1.4.4. Teoria fericirii /103
    1.4.5. Teoria îngrijirii /106
    1.4.6. Teoria acțiunii și teoria participării /108
1.5. Specificul metodelor și practicilor asistenței sociale umaniste /108
    1.5.1. Obiective, valori și principii ale practicii /108
    1.5.2. Specificul practicilor bazate pe evidențe /109
    1.5.3. Metodele adoptate/ adaptate din psihoterapia umanistă /110
    1.5.4. Metodele apreciative /113
    1.5.5. Metoda balanței /114

Introducere

Măsura în care asistența socială umanistă se va impune ca *a treia cale în teoria și practica asistenței sociale*, alături de *asistența socială tradițională* și *asistența socială critică*, depinde de mulți factori, unul dintre cei mai importanți fiind, fără îndoială, *suportul filosofic și teoretic*, atât în ceea ce privește premisele și sursele teoretic-axiologice și filosofic-doctrinare cât și *literatura teoretică și metodologică specifică*, în care un rol crucial îl are modul în care se raportează sau valorifică principalele *teorii* prezente în literatura consacrată a asistenței sociale, teoria empatiei/ compatiei, teoriile dezvoltării, empowermentului și autonomizării (persoanei și comunității), teoria fericirii, teoria atașamentului, teoria îngrijirii, teoria acțiunii (personale și sociale), teoria participării, teoriile cognitiviste, teoriile comportamentaliste, teoriile psihodinamice, teoriile controlului social, devianței și marginalizării etc. De asemenea, poate chiar mai important, asistența socială umanistă se va putea impune ca a treia cale în măsura în care își va dovedi utilitatea prin *eficiența metodelor și practicilor promovate*.

1.1. Context și specific teoretic-doctrinar

1.1.1. Asistența socială – aspecte teoretice generale

Fără nici o îndoială, baza, sursa, premisa, condiția fundamentală a teoriei, axiologiei și metodologiei asistenței sociale umaniste o constituie teoria și metodologia de bază, consactate, ale asistenței sociale și, mai ales, sistemul existent de asistență socială.

Aproape toți autorii care au încercat să definească asistența socială reprezintă acest important domeniu al practicii sociale ca un asamblu de servicii, instituții, activități, mai mult sau mai puțin profesionalizate, publice sau private, de ajutor, protejare, reabilitare și pregătire pentru normalizare/ reintegrare a persoanelor, grupurilor, comunităților aflate în dificultate, care din cauza unor motive de natură economică, socială, personală (biologică, psihologică) nu au capacitatea/ posibilitatea (temporară sau permanentă) de a beneficia, prin oportunități și demersuri proprii, de o viață cât de cât normală, în limite decente de bunăstare materială și socioumană (Barker, 2003; Miftode, 1995; Ștefăroi, 2009b).

Teoria, valorile, misiunea, obiectivele, politicile și metodologia asistenței sociale se operaționalizează, de regulă, în ceea ce s-a consacrat și instituit la nivel național ca sistem de asistență socială. În România, conform *Legii Asistenței Sociale* Nr. 292 din 2011, sistemul național de asistență socială funcționează ca:

> un ansamblu de instituții, măsuri și acțiuni prin care statul, reprezentat de autoritățile administrației publice centrale și locale, precum și societatea civilă intervin pentru prevenirea, limitarea sau înlăturarea efectelor temporare ori permanente ale situațiilor care pot genera marginalizarea sau excluziunea socială a persoanei, familiei, grupurilor ori comunităților.

Sistemul de asistență socială cuprinde în principal instituții și servicii de stat și private pentru minori, servicii pentru familiile aflate în dificultate, servicii și instituții pentru persoanele cu dizabilități, instituții și servicii pentru persoanele vârstnice, servicii pentru persoanele cu dificultăți economice și de adaptare, servicii pentru diferite categorii socio-profesionale (elevi, militari, pacienți etc), instituții și servicii de asistență socială comunitară, diferite forme de sprijin pentru șomeri, minorități, narcomani, persoane fără adăpost, femei victime ale violenței familiale, bolnavi cronici etc (Buzducea, 2009; Miftode, 1995). Tot din sistemul general al asistenței sociale fac parte și organizațiile și fundațiile umanitare din afara sistemului public, cu diferite forme de ajutor, sprijin, intervenție pentru majoritatea categoriilor de persoane defavorizate, în risc ori dificultate.

Numărul categoriilor, formelor și căilor de sprijin este desigur foarte mare. Să remarcăm doar aspectul că acestea s-au diversificat foarte mult, tinzând să cuprindă și categorii care în trecut nu reprezentau o preocupare pentru serviciile și instituțiile de asistență socială.

Sistemul de asistență socială funcționează, în cea mai mare parte, în mod instituționalizat și unitar în majoritatea țărilor și se descrie ca o componentă esențială a unui sistem mai complex: sistemul de protecție socială. Ca subsistem al protecției sociale asistența sociala se bazează în principal pe fonduri provenite din bugetul statului, din proiecte cu finanțare internă sau externă, din donații ale voluntarilor, din contribuții ale unor organisme private și ale instituțiilor internaționale etc. (Buzducea, 2009). Nu presupune, de regulă, nici o contribuție materială/ financiară a persoanei asistate și se realizează după evaluări particulare. Ajutorarea persoanelor aflate in dificultate are la bază principiul solidarității și presupune evaluarea trebuințelor concrete ale asistatului (Zamfir, 2009).

Cu privire la necesitatea asistenței sociale în general, mai mult sau mai puțin organizate sau instituționalizate, ideile și practicile au oscilat pe parcursul timpului de la neglijarea aproape totală, lăsarea persoanelor aflate în dificultate „în voia sorții" până la soluția protecției aproape totale (Lavalette, 2011).

Astfel unele filozofii/ curente (ideologii) promovează conceptul unei ființe umane autonome, suverane, relativ independente de contextul social și a unei societăți în care raporturile și regulile se formează în mod spontan, legic obiectiv, nefiind recomandată intervenția reglatoare și nici întrajutorarea umanitară. O astfel de intervenție ar deregla funcționarea eficientă a societății, ar constitui o ingerință ilegitimă în evoluția și cursul firesc al lucrurilor. Societatea are legile ei „obiective", persoanele și grupurile sociale trebuie să se adapteze proceselor din societate, iar cei care nu reușesc se autoelimină sau sunt eliminați - extrapolare în plan social/ societal a cunoscutelor teorii privind evoluția, selecția și adaptarea biologică, teorii propuse de Darwin. Este o abordare radicală pe care nici o societate nu o poate promova integral.

La extrema cealaltă s-au impus un număr foarte mare de idei care propun soluția unei conviețuiri bazate pe valori precum solidaritatea, întrajutorarea, umanismul, atașamentul, empatia; idei și valori bazate pe conceptul unei ființe umane morale, empatice, spirituale, binevoitoare, protectoare și protejată și a unei societăți care așează la bazele existenței și funcționării sale umanismul și solidaritatea socială/ umană, care-și folosește resursele și pârghiile instituțional-administrative pentru a interveni în scopul asistenței și reabilitării persoanelor și grupurilor aflate în dificultate sau în situație de risc (Zastrow, 2009).

Diversitatea perspectivelor, abordărilor și practicilor în sistemul protecției și asistenței sociale se regăsește și în sistemul de teorii suport ori specifice. Cele mai importante fiind teoria atașamentului, teoria îngrijirii, participării, teoria acțiunii sociale, teoria empatiei, teoria fericirii.

Dincolo de orice considerent de ordin teoretic, filozofic sau ideologic în orice perioadă istorică, țară, sau standard există limite universale sub care se descrie în mod fundamental situația de dificultate a oricărui individ sau grup. Este vorba despre limitele supraviețuirii biologice, existența unui minim de relații sociale și de comunicare care să asigure echilibrul, viața psihică normală și perspectiva de împlinire ca ființă umană și socială, în plan civic și profesional.

Altfel spus orice individ sau grup pentru a evita starea de dificultate ar trebui să beneficieze de un minim de condiții din punct de vedere biologic, psihologic-spiritual, economic și socio-cultural. Acestea fiind dimensiuni constituționale ale existenței omului, de care filozofia și politica asistenței socială trebuie să se țină cont (Miftode, 2012).

Problema, situația de dificultate se va descrie atunci când una, două, trei sau toate cele aceste condiții nu sunt satisfăcute la un nivel minimal, prin raportare la criterii de supraviețuire, funcționare optimală și împlinire personală. Asigurarea multora dintre aceste condiții intră în sarcina societății, comunității, familiei pentru că individul în limita temporală a vieții sale nu poate recreea întreaga structură, bogăție socio-economică și spirituală rod al evoluției istorice de mii de ani, chiar dacă, pe fondul achiziției istorice de care beneficiază, trebuie să vină și cu propriul activism sau contribuție (Segal, Gerdes, Steiner, 2010). Astfel că problema, în esență, va reflecta cele două perspective: socială/ societală și individuală/ psihologică.

În concluzie serviciile de asistență socială, lucrătorii sociali se concentrează atât pe latura social-economică cât și pe cea psihologic-individuală. Ambele fiind, din păcate abordate cu precădere la modul instrumental, interesul este focalizat pe ajutor și îngrijire (preponderent fizică), aspectul spiritual, uman, afectiv, sufletesc sau spiritual-eudemonic (fericire) fiind mult neglijat. Cum sursa aparentă a problemelor sociale o reprezintă, în majoritatea cazurilor, sărăcia acțiunea tinde astfel să se concentreze pe aspectul economic, neglijându-se latura *umană*, social-afectivă sau psihologică, unde se ascunde de multe ori adevărata cauză și resursa de recuperare (fragment preluat din volumul *Teoria Fericirii în Asistența Socială*, P. Ștefăroi, Editura Lumen, 2009).

În acest sens, în literatura „socială" occidentală există o consistentă dezbatere critică, cu preocupări și orientări dintre cele mai variate, de la o necesară literatură specifică de criză (criza teoriilor, metodelor de asistență socială, criza profesiei de asistent social etc) până la scrieri care contestă pur și simplu necesitatea asistenței sociale instituționalizate, ori etatizate (Mullaly, 2006). Adepții nevoii de schimbare invocă argumente de genul tendinței natural/ istorice de înnoire, de adaptare la noi realități, de eficientizare, de construire a unor noi valori ori proiecte *umane*, sociale, sau antroposociale, invocă criza economică, cibernetizarea, postmodernismul, precum și nevoia democratică de dialog și dezbatere științifică. Un argument este și faptul că societatea însăși cunoaște dinamici și metamorfoze în care asistența socială este obligată să se înscrie (Allan, Pease și Briskman, 2003).

Dezbaterile și dialogurile teoretic-doctrinare s-au accentuat dar și simplificat odată cu apariția și impunerea așa-zisei asistențe sociale critice sau radicale, asimilate paradigmei sociologice structuraliste, ca reacție la asistența socială tradițională, convențională, considerată, de pe poziția criticismului filosofic și stângii politice, ca un instrument la dispoziția claselor dominante, "opresoare", a oligarhiei capitaliste de a menține sistemul capitalist și inegalitățile generate de acesta.

1.1.2. Asistența socială tradițională/ convențională

Este punctul de plecare în orice discuție teoretică ori ideologică despre valorile, misiunea și metodele asistenței sociale, atât din considerente cronologice și cât și axiologic-metodologice, pentru simplul motiv că aceasta este forma sa originală, inițială, dar și pentru că *oferă sistemul fundamental de valori și scopuri ale practicii*. Solidaritatea socială/ umană, redistribuirea, sensibilitatea, atașamentul și grija pentru bunăstarea și suferințele celuilalt sunt valori universale și obiective ale asistenței sociale, oricând și oriunde (Parris, 2013).

Asistență socială tradițională/ convențională este, de regulă, mai puțin interesată de contextul social, economic sau politic care determină sau întreține problemele sociale, de reforme structurale, progres social sau schimbare prin reformă ori revoluție, accentul este pus mai degrabă pe *nevoile și sentimentele curente ale oamenilor*, considerând fiecare client o ființă unică și nu un element structural al unei comunități, grup sau societăți.

Practica "socială" tradițională face mult uz de cuvinte precum asistență, îngrijire, ajutor, făcând mult apel și la simțul civic al semenilor, la sentimentele de unitate și de apartenența la specia umană, la practicile și valorile din zona ori cultura în care se aplică, valorificând resursele cutumelor și practicilor morale și religioase specifice. Teoriile îngrijirii, ajutorului, solidarității precum și cele umanitariste, în principal, fundamentează teoretic această formă/ paradigmă de asistență socială, practicianul îndeplinind, cu prioritate, rolurile de facilitator, broker, îngrijitor ori evaluator.

În perspectiva paradigmei profesionale clasice practicianul lucrează cu precădere în mod individual cu clientul, fără o strategie de empowerment, schimbare și autonomizare foarte elaborată, urmărind mai degrabă o ameliorare de moment a situației clientului, cu îmbunătățiri în condiția sa socio-materială sau sufletească, fără să determine schimbări structurale radicale în condiția și situația socială sau personală (Mullaly, 2002).

Profesionistul excelează prin trăsături și conduite precum *blândețea, mila, iubirea de semeni, empatia, altruismul, sensibilitatea pentru problemele și suferințele semenilor, dăruirea, omenia* etc.

1.1.3. Asistența socială critică/radicală

Se instituie, de pe pozițiile criticismului social-filosofic modern/ postmodern (în occident, după anii 50-60) și susținut de gândirea și mișcarea ideologic-politică de stânga, cu deviza asumată de a se opune *filozofiei și practicii asistenței sociale tradiționale*, acuzată de o atitudine de condescendență și dispreț față de clienți; asistentul social tradițional fiind considerat un simplu instrument al claselor conducătoare din societatea capitalistă, contribuind prin munca sa, în fond nobilă și necesară, la menținerea ordinii de stat capitaliste, polarizării sociale și economice, opresiunii sociale, discriminăriilor de tot felul şi altor anomalii sociale cronice/ structurale (Bailey şi Brake, 1975).

Aşadar, asistenţa socială critică/ radicală, teoria şi practica specifică, îşi propun să se distanţeze cât mai mult de abordările tradiţionale, convenţionale, consacrate, care se bazează pe un model medical şi emoţional de reprezentare a clientului şi problemei, punând oamenii şi comunităţile în ipostaze pasive, accent pe persoane şi situaţii concrete mai degrabă decât pe cauzele, structurile care generează probleme, situaţii de dificultate, marginalizare, sărăcie (Mullaly, 2006).

În consecinţă, asistenţa socială critică, prin natura sa constituţională, susţine promovarea unor valori, categorii sau practici ca: *schimbare socială şi comunitară structurală*, responsabilizare, reforme sociale/ politice, justiţie socială, politică anti-opresiune, asistenţă socială radicală, asistenţă socială structurală etc.

Accentul cade pe determinarea unor transformări şi schimbări structurale, fundamentale sistemice, astfel ca bunăstarea generală, şi în consecinţă şi cea individuală, să derive din structura socio-economică şi administrativă optimă, din justiţia socială, practicianul fiind, astfel, interesat de dobândirea unei bunăstări meritate şi de durată, cu respectarea valorilor fundamentale ale demnităţii umane, obţinută, aşadar, atât prin reforme sociale, progres şi schimbare socială cât şi prin empowerment comunitar şi individual (Bailey şi Brake, 1975).

În activitatea curentă de asistenţă socială clientul este încurajat să pretindă şi dobândească drepturile sale legitime fundamentale şi nu să fie la mila altora, sau să cerşească ajutor. Profesionistul îndeplinind în acest caz, în mare parte, *roluri de avocat, agent, negociator şi mediator.*

Teoriile structuraliste şi structuralist-funcţionaliste, criticismul şi radicalismul filosofic de orientare etică şi civică, teoriile schimbării şi progresului social şi politic (hegeliene, marxiste, structuraliste, radicaliste, progresiste, socialiste, comuniste, feministe etc), teoriile anti-discriminatorii şi anti-opresive, post-coloniale şi teoriile neo-structuraliste fundamentează, în principal, epistemologic, filozofic şi doctrinar, această paradigmă de asistenţă socială.

Aspectele pe care îşi propune să le abordeze şi rezolve, cu precădere, sunt *marile probleme sociale şi umane ale societăţii*, în special sărăcia ca fenomen structural, polarizarea economică şi socială, excluderea socială, discriminarea, abuzurile şi opresiunea claselor dominante/ "exploatatoare"; concentrându-se, prin urmare, asupra inegalităţilor structurale şi problemelor determinate de un sistem social şi politic care constituţional le generează şi proliferează.

Prin urmare, promovând o reprezentare structuralist-sistemică şi determinist-holistică a cauzelor şi factorilor care generează şi menţin problemele sociale, are o abordare sistemică şi asupra sistemului de protecţie şi asistenţă socială, şi de operare, la nivel filozofic-metodologic, cu *paradigma structural-funcţionalistă progresistă* în rezolvarea problemelor sociale și umane; bunăstarea, schimbarea fiind asociate cu realizarea unor reforme/ schimbări și progrese sociale/ politice fundamentale.

În acest sens, profesioniștii trebuie să lucreze în mod colectiv și coerent, strategic și sistematic, împreună cu persoanele și categoriile marginalizate, urmărind să determine schimbări nu numai în situația socială și materială temporară cât mai ales *schimbări de atitudine*, cultură civică, montând oamenii să se preocupe împreună de rezolvarea marilor probleme sociale, să confrunte, cu scop de schimbare, în mod solidar, inegalitățile, sărăcia, injustiția și opresiunea (Mullaly, 2002).

Profesionistul, în practica asistenței sociale critice/ radicale/ structurale se remarcă prin trăsături și conduite precum *vizionarismul, idealismul, creativitatea, spiritul și comportamentul critic, atitudinea contestatară în raporturile cu autoritățile și starea social-politică a comunității și societății*, pe care le consideră surse structurale și explicații ale majorității problemelor și situațiilor de risc ori dificultate cu care se confuntă membrii acestora.

1.1.4. Asistența socială umanistă – a treia cale

În contextul "disputei" dintre cele două mari orientări, paradigme, căi de asistență socială, respectiv asistența socială tradițională/ convențională și asistența socială critică/ radicală, în ultimii ani o altă orientare, paradigmă de asistență socială, într-un mod subtil, gradual, se afirmă cu tot mai multă vigoare: *asistența socială umanistă*.

Procesul este strâns legat de ofensiva psihologiei și psihoterapiei umaniste dar și a microsociologiei. Așadar, aceasta își bazează în mare parte teoria și metodele pe psihologia/ psihoterapia umanistă, dar și pe teoriile și paradigmele interpretative, subiective, contextualiste, existențialiste, umaniste din științele socialului, pe sociologia umanistă.

Abundența de concepte, teorii, metode și tehnici umaniste provenite din științele și practicile sociale justifică observația că ne aflăm în prezența unei **a treia căi** în asistența socială, cu perspectivă de a deveni chiar dominantă în viitor. Explicația se regăsește în faptul că asistența socială umanistă include concepte și metode din cele două „forțe" consacrate, asistența socială tradițională și asistența socială critică, dar aduce, de asemenea, multe elemente teoretice, axiologice și metodologice noi, ca reacție și în funcție de noile realități sociale, umane, economice, culturale, politice, și de noile tendințe din știință și practică.

În acest fel, se poate afirma că asistența socială umanistă, ca filozofie "socială", ar putea deveni și una dintre cele mai importante soluții doctrinare/ metodologice pentru multe dintre problemele sociale și umane cu care se confruntă comunitățile și persoanele la începutul mileniului III.

Necesitatea unei abordări umaniste în asistența socială, cu accent pe teoria și practica empowermentului (persoanei și comunității), a devenit evidentă mai ales după căderea comunismului în țările central și est-europene, odată cu care s-au prăbușit multe aspirații de a se „făuri" o societate fără inegalitate și opresiune și odată cu apariția crizei economice, care a redus mult resursele cu care să fie ajutate persoanele și categoriile sociale defavorizate, zdruncinând serios "statul bunăstării".

Cele două evenimente sociale și economice cruciale au afectat puternic fundamentul ontologic și ideologic al asistenței sociale radicale/ critice (revoluțiile anti-comuniste) și al asistenței sociale tradiționale/ convenționale/ structurale (criza economică). Astfel, a fost disturbat foarte mult proiectul de schimbare socială și politică prin reforme sau chiar revoluție, de edificare a unei societăți fără opresiune, nedreptate, inegalitate, discriminare și sărăcie, promovat de asistența socială critică și radicală, precum și practica ajutorării persoanelor și comunităților sărace, aflate în dificultate, în suferință, prin ajutor direct sau prin mecanismele statului bunăstării, prin ajutor și solidaritate socială, promovate de asistența socială tradițională/ convențională.

În acest context, asistență socială umanistă apare atât ca o *soluție de criză* dar și ca o expresie a unei *necesități istorice*, a unei dezvoltări specifice a sistemului de asistență și protecție socială, a unor acumulări, dezvoltări și evoluții specifice în teorie și practică.

Impunerea acesteia, în teoria și practica asistenței sociale, în mod consistent și definitiv nu este, însă, un proces ușor și intempestiv, nu se poate limita la o simplă cumulare a conceptelor, teoriilor și practicilor de orientare umanistă, importate din alte domenii ale stiințelor și practicilor sociale, ci necesită construirea unui sistem/ cadru teoretico-metodologic complex și unitar propriu, structurat după paradigma epistemologic-descriptivă consacrată a științelor și practicile sociale, în care să fie abordate în mod distinct aspecte cheie precum fundamentarea teoretică, valori de bază, teorii sursă și specifice, resursele și mijloacele de bază ale practicii, specificul practicii, problema personalului, dar și aspecte aplicative precum asistența socială umanistă a familiei și copilului, asistența socială umanistă a persoanelor cu dizabilități, a persoanelor vârstnice, asistența socială comunitară, asistența socială clinică etc.

Referitor la sursele teoretice/ filozofice ale asistenței sociale umaniste, M. Payne face trimitere, după interpretarea noastră, la trei mai domenii ale cunoașterii și practicii sociale, care contribuie, în maniere specifice, cu idei, valori, concepte, teorii, modele, metode la *fundamentarea teoretic-metodologică și axiologică* a acestei căi/ orientări inovative de asistență socială, respectiv *filosofia* (mai ales fenomenologia și existențialismul), *psihologia/ psihoterapia* (în special cea de factură umanistă) și *sociologia* (în special microsociologia) (figura 1).

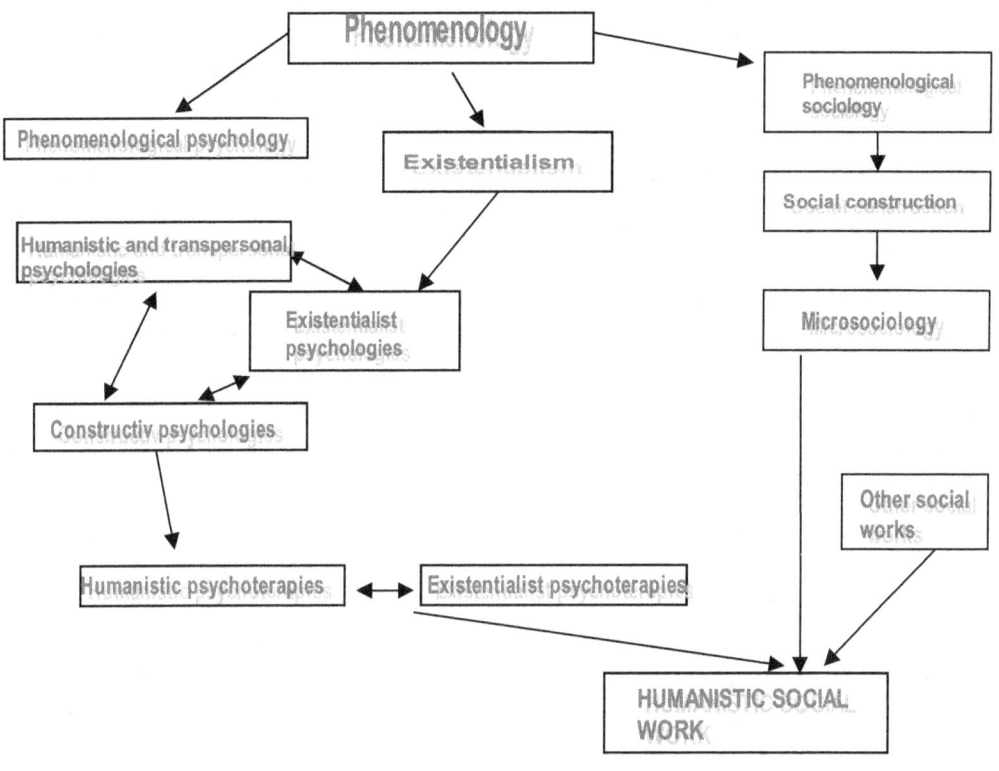

Fig. 1.

Surse de idei și valori ale asistenței sociale umaniste (după Payne, 2011, p.9)

În opinia noastră, *fundamentarea filosofică* a asistenței sociale umaniste trebuie să pornească de la *conceptul de* **om**, în consecință, de la cel de *umanism*, de umanism social, apoi concentrarea pe amprenta fenomenologică și existențialistă asupra teoriei și practicii specifice. În esență filosofia contribuie la constituirea sistemului de valori dar și la definirea misiunii fundamentale, a scopurilor și obiectivelor generale. De asemenea, contribuție crucială are și în formularea codurilor etice de practică ale profesioniștilor și serviciilor.

În ceea ce privește contribuția *psihologiei* merită subliniat aspectul, că prezența termenului *umanistă* (asistență socială *umanistă*), o implică mai mult decât în asistență socială tradițională, centrată pe modelul medical-emoțional, sau în asistență socială critică, fundamentată pe modelul societal-structural.

În asistență socială umanistă personalitatea umană, cu imensele sale surse de creativitate și autodepășire, este una dintre resursele definitorii ale practicii, de aceea psihologia, în special psihologia umanistă, reprezentată în forma ei cea mai cuprinzătoare, este un domeniu/instrument epistemologic-științific indispensabil, atât pentru teoreticieni cât și pentru practicieni, atât în reprezentarea clientului, a resurselor psihologic-personale de adaptare/ schimbare, cât și profesionistului, în principal în evidențierea calităților/ însușirilor psihologic-umane și prosociale/ comportamentale ale lucrătorilor, precum *empatia/compatia, responsabilitatea, sensibilitatea* **umană**, *idealismul, modestia, conștiinciozitatea, multi-culturalismul, principialitatea, creativitatea, răbdarea, bunăstarea și dezvoltarea personală/ umană, altruismul, agreabilitatea, sociabilitatea, toleranța, cinstea, carisma și capacitatea persuasivă, pragmatismul* etc.

În ceea ce ne privește, noi propunem *modelul ontologic-umanist de personalitate* în asistența socială umanistă, atât al clientului cât și al profesionistului, în care *sufletul* reprezintă sfera principală. Acesta este compus, printre altele, din două subformațiuni transmergente, *sufletul afectiv*, de care este legat *atașamentul și sensibilitatea socială interpersonală*, concretă și *sufletul spiritual*, care determină *empatia și sensibilitatea spirituală, umană,* în general.

Asistența socială umanistă, ca orientare teoretic-doctrinară, este mai mult o reacție la pozițiile radicale, sociologist-structuraliste ale asistenței sociale critice și mai puțin la pozițiile asistenței sociale tradiționale, chiar dacă se diferențiază prin accentul pus pe empowerment și responsabilitatea clientului. Asumându-și misiunea de a se impune ca *a treia cale* în asistența socială, o cale de mijloc s-ar putea spune, asistența socială umanistă este pusă, așadar, în situația de a se poziționa și din punct de vedere doctrinar-metodologic, între paradigma structuralistă, societală, ca teorie a comunității ca întreg, care fundamentează asistența socială critică, radicală, structurală și paradigma individuală, biologist-psihologistă, ca teorie focalizată pe persoană, individ, pe care se bazează asistența socială tradițională, convențională.

În acest sens, paradigma doctrinară a asistenței sociale umaniste păstrează interesul pentru comunitate, grup, însă cu accent pe teoria/ sociologia micro-comunității și proceselor interumane din interiorul acesteia, precum și interesul pentru persoană, însă persoana formată și condițională de calitatea relațiilor interpersoanale, interumane, persoana care nu este un simplu corp care trebuie îngrijit și nici un simplu element disfuncțional într-un angrenaj care trebuie reparat.

Așadar, chiar dacă, așa cum s-a subliniat mai sus, doctrina asistenței sociale umaniste se dorește a fi de mijloc, de "compromis", a treia cale, totuși această se remarcă mai degrabă ca opoziție la cea structuralistă, la asistența socială critică, radicală, apropiindu-se astfel mai mult de doctrina asistenței sociale tradiționale.

Sunt de consemnat, în acest sens, preocupările de deplasare a accentului de pe paradigma sociologistă radicală spre abordarea existenţialist-contextuală (Krill, 1978) sau umanistă. Teoriile umaniste nu desconsideră rolul factorului societal, comunitar, structura socială, teoriile grupului dar subliniază pericolul justificării şi condamnării la statutul social de *asistat* al clientului prin categorisire şi etichetare ştiinţifică, prin abstractizare teoretică şi universalizare.

Teoriile câmpurilor sociale, teoriile excluderii, marginalizării şi vulnerabilităţii sociale, subculturilor deviante, acţiunii sociale şi altele tind să desconsidere rolul factorul subiectiv, personalităţii, voinţei, deciziei personale în situaţia problemă. O persoană situată într-o situaţie de risc sau vulnerabilitate este astfel aprioric subiect de intervenţie socială sistematizată chiar dacă prin propriile resurse existenţial-psihologice are capacitatea de a se detaşa de situaţia de dificultate. Protecţia oferită tinde să-i anihileze iniţiativa, să caute o zonă minimală sigură de confort, abandonând efortul de dezvoltare personală/ umană/ profesională şi autonomizare socială.

Paradigma/ teoria sociologistă nomologică consacră ca realitate şi normalitate polarizarea, marginalitatea, devianţa, sărăcia, anomia prin argumentul holistic al unităţii/ funcţionalităţii prin diversitate - societatea cuprinde persoane ori categorii eficiente dar şi ineficiente social, înstărite dar şi sărace, "normale" dar şi handicapate sau deviante. Desigur aceasta este realitatea, dar prin teoretizare/ ideologizare şi operaţionalizare necritică, prin instituţionalizarea unor programe de protecţie, se poate constitui în factor agravant, inducând şi atitudini de tip fatalist, ori situaţii care pot fi foarte uşor exploatate ca surse facile de bunăstare liminală de către unele persoancle sau categorii sociale.

Personalitatea clientului, situaţia de dificultate, situaţia de risc sunt realităţi mult mai complexe decât le pot modela paradigmele clasice ale teoriei generale a sistemelor. Primul factor „imprevizibil" şi greu controlabil îl constituie însăşi personalitatea umană, ca şi definiţie ontologică. După mulţi autori, teoria generală a sistemelor tinde să standardizeze clientul şi situaţia socială problemă, neluând în calcul toate valenţele şi dimensiunile implicate (Parsons, 1978). Ori, cum, de fapt, interacţiunea socială (problema socială, sistemul client etc.) reprezintă, în ultima instanţă, alcătuiri de persoane (personalităţi), neglijarea variabilor profunde, ontologice/ existenţiale, teleologic-proiective şi *umane* ale personalităţii poate conduce la o reprezentare nefidelă a sistemului client şi a problemei investigate. Aşadar, ceea ce se mai reproşează abordărilor/ teoriilor de tip structuralist-nomologic este neglijarea dimensiunii/ variabilei personalitate, în aspectele ei complexe, ontologice, spirituale, singulare. Aici se poate include şi slaba preocupare pentru factorul *fericirea* a clientului.

În acest context, clientul „social", reprezintă o mare provocare pentru ştiinţă şi practică, datorită marii varietăţi, diversităţi şi complexităţi a cazurilor, în structura lor psihologică/ spirituală/ umană, în ceea ce priveşte profunzimea şi impredictibilitatea variabilelor intrinseci ale personalităţii clientului, precum şi în ceea ce privește factorul socio-*uman*, micro-contextul socio-cultural în care trăiește acesta. Operarea, în studiul și reprezentarea problemei sau clientului din asistența socială, cu metodele științifice aplicate riguroas (reducționismul metodologic, generalizarea, limitarea la concluziile experimentale, neglijarea factorilor de profunzime și dinamică, neglijarea dimensiunii axiologice și subiective) poate conduce la modele simpliste de reprezentare a clientului, reducționiste sau cu o fidelitate foarte scăzută, dar și la ineficiență în activitățile de evaluare și intervenție (Ștefăroi, 2009a, p. 14).

În concluzie, schimbarea cea mai radicală pe care o aduce asistența socială umanistă pare să fie dată de modul în care este reprezentat și abordat clientul, privit ca ființă umană, ca personalitate, ca eu, sau problema socială, care devine problemă umană, dar și de modul care este interpretat rolul profesionistului, prin conduitele și calitățile sale, calitățile psihologic-sufletești, *umane* devenind aici primordiale.

1.2. Premise și surse teoretic-metodologice

1.2.1. Valorile, orientările și metodele umaniste din teoria și practica asistenței sociale

Conceptual-teoretic și metodologic, asistența socială umanistă încorporează și este, de fapt, aproape identică cu sistemul de valori, orientări și metode numite *umaniste* din teoria și metodologia globală a asistenței sociale. Este și motivul pentru care acestea pot fi considerate fundamente, premise, surse primordiale, constituționale ale constituirii și definirii asistenței sociale umaniste ca și nou concept, teorie și metodă, în concertul mai larg al doctrinelor și paradigmelor mai consacrate, precum asistența socială critică, asistența socială radicală, asistența socială tradițională, asistența socială structurală etc.

Necesitatea conceptualizării și teoretizării unitare/ sistemice a asistenței sociale umaniste este impusă, așadar, de cvasiprezența valorilor și metodelor umaniste care ghidează activitatea profesioniștilor, în principal de prezența unor abordări sau metode ale psihoterapiei umaniste în asistența socială clinică.

Omul (ființa umană/ personalitatea) ca valoare supremă și etalon valoric, clientul ca ființă umană, suflet și persoană, fericirea și împlinirea persoanei/ clientului, drepturile omului, autodeterminarea și demnitatea persoanei/clientului, unitatea și solidaritatea umană, cumpătarea, modestia, cinstea, hărnicia, altruismul, idealismul, conviețuirea și relațiile umane sunt valori de bază ale asistenței sociale umaniste, însă marea majoritate își au originea în **sistemul de valori fundamentale ale teoriei și practicii asistenței sociale**, reflectate, pe scară largă, în practica și metodele folosite în prezent de către profesioniști.

În general, este foarte greu de desprins din teoria generală și practica prezentă a asistenței sociale acele categorii și valori care să fie considerate „umaniste" din simplul motiv că asistența socială este prin natură, misiune și practică umanistă. Cu toate acestea, asistența socială, fiind un domeniu teoretic și practic de mare complexitate a fost și este abordată din foarte multe perspective filosofice sau de multe discipline științifice.

În acest context, în practica asistenței sociale, pe parcursul timpului s-au consacrat câteva orientări/ paradigme, precum cele tradiționale, convenționale, radicale, critice, sistemice, structuraliste, funcționaliste, minimaliste, umaniste, feministe, existențialiste, eclectice, contextualiste, construcționiste etc. (Reamer, 1993). Fiecare dintre aceste orientări a impus și metode, tehnici, seturi de valori specifice. Unele dintre acestea contribuie, mai mult sau mai puțin, și la statuarea teoretico-doctrinară și metodologică a asistenței sociale umaniste.

Orientarea/ paradigma umanismului radical promovează, spre deosebire de umanismul secular, focalizat pe combaterea dogmei și atituddinii religioase, o abordare complexă și profundă a fenomenului uman, fără bariere și prejudecăți, preponderent în manieră existențialistă, reliefând importanța tuturor factorilor implicați în fenomenele și procesele socioumane, inclusiv a factorilor religioși, spirituali, culturali (Lerner, 2011). În asistența socială a generat preocuparea pentru *promovarea intereselor și punctului de vedere al celor implicați în fenomenul social*, sporirea rolului factorilor spirituali/ culturali și personalității clientului în procesul de reabilitare/ adaptare socială. Paradigma se completează și redimensionează și prin contribuția psihologiei/ psihoterapiei umaniste, filosofiei fenomenologice, filosofiei drepturilor fundamentale ale omului, prin gândirea marxistă occidentală timpurie (Marx, 1994) și sociologia modernă construcționistă. După umaniștii radicali soluțiile universaliste reparatorii perpetuează condiția de oprimat și asistat cronic a beneficiarilor (Howe, 2001).

Și așa-zisa **orientare feministă** din asistența socială occidentală este parte importantă a paradigmei umaniste și sursă teoretică pentru asistența socială umanistă. Atât în paradigma umanismului radical cât și în paradigma feministă problemele sociale și umane își au originea în oprimare, discriminare, inegalitate. Dominelli (1989, 2002) abordează conceptul de feminism și umanism în asistența socială prin conceptele de *empowerment* și *relații de putere*. În relațiile inumane de putere și subordonarea femeii își au originea multe probleme cu care se confruntă serviciile de asistență socială. Rezolvarea lor ar degreva mult activitatea acestor servicii. Orientarea promovează și reliefează și importanța calităților specifice sexului feminin în practica asistenței sociale, precum sensibilitatea, afecțiunea, grija, iubirea.

Impunerea categoriilor și valorilor umaniste în practica și sistemul de asistență socială este și o reacție obiectivă la o realitate și un sistem de asistență socială excesiv tehnicizat/ instituționalizat determinând metode ori modele umaniste coerente de intervenție. Cu toate acestea transformarea valorilor în realități socioumane rămâne însă încă, din păcate, în multe societăți, la modul practic, mai mult deziderat (Ellenhorn, 1988).

Fără îndoială una dintre valorile umaniste centrale a practicii asistenței sociale contemporane o constituie prioritizarea valorilor persoanei, a ființei umane concrete și complexe, individualității și fericirii personale, a intereselor, sentimentelor și valorilor fundamentale ale acesteia în contextul dominanței/ extinderii unor fenomene și procese sociale/ economice/ culturale de globalizare, depersonalizare, degradare umană și socială, în care individualitatea, ființa umană concretă, umanismul și spiritualitatea tind, în mod obiectiv, să fie tot mai mult desconsiderate/ minimalizate, iar sistemul de asistență/ protecție socială să funcționeze ca o entitate instituțională/ administrativă auto-suficientă, de-personalizantă (Healy, 2008).

Cu toate acestea, practica, organizarea și funcționarea sistemului de asistență socială continuă să se fundamenteze, cel puțin la nivel declarativ, pe o serie de principii și valori relative la *condiția umană, drepturile fundamentale ale omului, conviețuirea și solidaritatea socială (umană), demnitatea umană* (valori fără îndoială umaniste) și să opereze, atât în asistența socială clinică cât și în managementul de caz sau activitățile directe cu **metode umaniste**, provenite în principal din *psihoterapia umanistă*, dar și din alte domenii precum *pedagogia de orientare umanistă, managementul umanist* etc. Majoritatea autorilor fac referire la metodele de orientare existențial-umanistă sau resurse terapeutice precum *autodeterminarea, creativitatea, empatia, spiritualitatea* etc. Rădulescu (2007) consideră respectul față de autodeterminare, promovarea bunăstării individuale și colective, egalitatea de șanse și justiția socială resursele, căile și valorile cruciale ale practicii și profesiunii de asistent social.

1.2.2. Filozofia omului. Drepturilor fundamentale ale omului

Valorile de bază ale asistenței sociale umaniste, în principal reprezentarea omului ca valoare supremă și etalon valoric, a clientului ca ființă umană complexă și spirituală, fericirea și împlinirea persoanei/ clientului, drepturile persoanei, autodeterminarea și demnitatea persoanei/ clientului, unitatea și solidaritatea umană își au sorgintea și susținerea, în mare măsură, în filozofie.

Într-un fel sau altul, prin teme mai mult sau mai puțin abstracte precum spiritul, morala, politica etc, omul (ființa umană, persoana), ca temă de reflecție și dialog, a pătruns în dezbaterile filozofice încă din **antichitate**, fiind prezentă și în filozofia **scolastică** sau **modernă** de mai târziu, cu precădere prin Kant (2005).

După Kant (inclusiv școlile sau curentele pe care le-au generat sau le-au pregătit apariția) crește interesul pentru cercetarea realității „obiective", a omului și existenței sale sociale concrete. Comte (1999) consacră chiar, cu scop de cercetare și instituire categorială, sintagma *realitate socială*. Astfel că, încet și nu deloc ușor, interesul cunoașterii tinde să se deplaseze de pe teme abstracte, metafizice, universale precum raportul dintre materie și spirit, existență-conștiință spre teme existențiale, de la filosofia speculativă spre știința sau filosofia omului concret, determinat, „existent", „particular".

Ontologia socială speculativă va fi încet înlocuită prin concepte precum structură socială, relații sociale, societate, comunitate, grup social, realitate socială, funcționare socială - în sociologie, conținut psihic, fapt psihic, funcții psihice, inconștient, mecanism psihic, sfere sau niveluri psihice (sfera afectivă, sfera cognitivă etc), tip psihologic, personalitate - în psihologie, specific etnic, limbă, simbol, cultură, esență/ natură umană - în antropoligie, în timp ce gnoseologia se va orienta spre metodologie și experiment (cercetarea ca sursă de cunoștere a realității, existenței).

Curentul care a conceptualizat aceste mutații cruciale fiind **fenomenologia**, în principal prin Husserl. Prin fenomenologie conștiința, viața, psihică sau personalitatea devin existențe, obiecte în sine de reflecție filosofică și științifică și nu doar simple reprezentări convenționale ori epifenomene. Gândirea și metoda fenomenologică s-au impus și dezvoltat în strânsă legătură cu existențialismul.

Existențialismul este legat de numele unor mari gânditori precum Kierkegaard, Heidegger, Sartre, Simone de Beauvoir, Maurice Merleau-Ponty etc. A făcut din *studiul omului/ persooanei și existenței sale sociale concrete* teză constituțională, contribuind și la constituirea unei orientări fenomenologic-existențiale în științele sociale, în principal prin Schultz sau Weber (Buzărnescu, 1995, p. 130). Este, alături de fenomenologie, sursa filosofică principală a orientărilor umaniste din aceste științe, afirmându-se prin creșterea interesului pentru *cercetarea existenței sociale și umane concrete.*

Existențialismul și fenomenologia au impus primatul existenței omului ca individ, persoană, eu și unicitate în societate. Ființa (omul) nu există aprioric, nu este o abstracțiune filosofică sau un număr statistic, ea se construiește existențial, în parametri de timp și spațiu, cu atributele lui *aici, acum, astfel*, într-un context sociouman existențial determinat (Sartre, 2000). Ființa (umană), "așa cu este ea", rezultă din asimilarea ontogenetică a experiențelor sociale, din interacțiunea cu celălalt concret. Fiind, un produs al mediului, existenței, trăirilor contingente ființa se va lega ombilical de acestea, constituind o unitate ontologică cu mediul.

Existențialismul se regăsește efectiv, în mod direct, prin conceptele specifice, în teoria și practica asistenței sociale (existentialist social work) sau prin domeniile ori științele sociale pe care le-a redimensionat (Kril, 1978).

Pe lângă faptul că existențialismul a adus în prim-planul dezbaterilor metafizic-ontologice problema existenței umane, a existentului uman concret, a ființei umane unice, singulare aduce contribuții semnificative și căutărilor filosofice, psihologice, sociologice sau antropologice privind *limitele ființei umane, contingența trăirilor, dificultățile ontogenetice, fragilitatea ființei umane, iminența morții, neantul ca neființă, angoasa existențială, raportul libertate-necesitate și implicațiile libertății, suferința, disperarea* etc. Sunt teme care, în opoziție, cu ontologia supraomului la Nietzsche (Nietzsche, 2013), evidențiază nimicnicia și limitele existenței omului.

Atât valorile cât și limitele ființei umane individuale, ale persoanei, au stat la baza a ceea de s-a consacrat ca **drepturile fundamentale ale omului.** Mișcarea și filozofia drepturilor universale ale omului au adus multe înnoiri și în axiologia asistenței sociale, inducând valori precum nediscriminarea, justiția socială, centrarea pe nevoile umane ale clientului, demnitatea, autodeterminarea etc. (Ife, 2012)

Declarația Universală a Drepturilor Omului a Adunării Generale a Organizației Națiunilor Unite proclamă faptul că toate ființele umane se nasc libere și egale în demnitate și în drepturi. Ele sunt înzestrate cu rațiune și conștiință și trebuie să se comporte unele față de altele în spiritul fraternității. Orice ființă umană are dreptul la viață, la libertate și la securitatea persoanei sale. Toți oamenii sunt egali în fața legii și au, fără nici o deosebire, dreptul la o egală protecție a legii, la o protecție egală împotriva oricărei discriminări și împotriva oricărei provocări la o asemenea discriminare. Orice om are dreptul la un nivel decent de trai, care să-i asigure sănătatea și bunăstarea, lui și familiei sale, de bunuri și facilități precum hrană, îmbrăcăminte, locuință, îngrijire medicală; el are dreptul la asigurare în caz de șomaj, boală, invaliditate, văduvie, bătrânețe, la sprijin în cazuri de pierdere a mijloacelor de subzistență, în urma unor împrejurări independente de voința sa (http://www.ohchr.org/EN/UDHR).

1.2.3. Psihologia umanistă și sociologia umanistă

Într-o anumită interpretare se poate afirma că asistența socială umanistă este o prelungire a **psihologiei** și **psihoterapiei umaniste** în asistența socială. Totuși, după Payne, acestă supoziție este parțial adevărată, deoarece asistența socială umanistă se focalizează și își obține multe resurse și din comunitate sau contextul sociouman al clientului, aria de interes și activitate a profesionistului depășește sfera individuală.

> Although it is very important to identify the humanistic psychology as a source of humanistic helping, is not indicated a wholesale transfer of humanistic psychologies or psychotherapies into other forms of helping. This is because psychologies have important disadvantages as a basis for caring and helping practice. They focus only on individual personal development and have been criticized for not recognizing the limitations and barriers that many people face in the societies and communities in which they live. To develop a humanistic social work, we need to balance humanistic psychologies with social ideas about humanity (Payne, 2011, p. 16).

Totuși, se poate afirma că psihologia/ psihoterapia umanistă este umana dintre sursele principale de idei, valori și metode ale asistenței sociale umaniste.

Psihologia umanistă, cu puternice rădăcini în gândirea și filosofia umanistă, în fenomenologie și existențialism, s-a impus ca o ramură sau opțiune a psihologiei care afirmă *primatul ființei umane concrete creatoare, libere și autogenerative* în raportul de determinismul social ori biologic-organic.

C. Rogers, G.Allport, A. Maslow, E. Fromm, V. Frankl și alții propun o viziune optimistă, de încredere în capacitatea de *autorealizare* și *autoactualizare, autodepășire* și *autodeterminare* a persoanei. Omul „în general" este înlocuit cu „omul în situație", cu problemele lui multiple de zi cu zi, ce se degajă „aici și acum" (Rogers, 2008).

Psihologia umanistă s-a constituit și ca replică la psihologia tradițională care tinde să desconsidere individualitatea, personalitatea, ființa umană concretă, spirituală, cu suflet, autonomă, să o subordoneze determinismului biologic sau enviromental.

Orientarea umanistă, potențată și redimensionată de cea "pozitivă" (psihologia pozitivă), aduce în prim-planul cunoașterii fenomenului uman concepte și idei precum: personalitatea, libertatea, speranța, auto-actualizarea, creativitatea, trăirea autentică, impasul existențial, fericirea, unicitatea persoanei, auto-determinarea, focalizarea pe aspectele deosebite/ pozitive ale existenței umane (creativitatea, toleranța, iubirea), valorizarea experienței subiective agreabile a persoanei, „dezvoltarea omului în conformitate cu particularitățile și alegerile sale, respectul pentru valorile intrinseci ale persoanei" (Mitrofan, 2001, p. 390; Seligman, Csikszentmihalzi, 2000). Fiecare individ sănătos deține capacitatea potențială individuală de a se împlini din punct de vedere uman, social și spiritual, totul depinde însă de activismul său intern și voința de schimbare sau împlinire, auto-împlinire (Plotnik și Kouyoumdjian, 2007). Acestea sunt și resursele principale ale psihoterapiilor umaniste.

În *terapia non-directivă*, centrată pe client, propusă de *Rogers*, terapeutul nu trebuie să își impună propriile sale metode, prefabricate, universale, scheme de gândire și acțiune clientului, ci să valorifice spontaneitatea, creativitatea și capacitatea de auto-actualizare și auto-determinare a acestuia. Prin Rogers (2008) metodele psihoterapeutice au făcut un mare pas înainte, cu precădere prin abordarea sa „centrată pe persoană".

Desconsiderând parțial aspectele de generalitate și universalitate ale ființei umane și personalității, propune o centrare pe ceea ce o individualizează, o focalizare pe persoana concretă, determinată, unică, singulară, funcțională (pe deplin funcțională) și nu dedusă/ extrapolată logic, filosofic sau științific din abstractizări epistemologic-metodologice generalizatoare.

Abordarea este similară și în ceea ce privește reprezentarea grupului social, a familiei, caracteristicilor procesului învățării, ori valorilor culturale. Concepția s-a fundamentală, doctrinară și terapeutică, fiind centrată pe imperativul „aici și acum". Printre ideile psihoterapeutice marcante ale marelui psiholog american regăsim:

- sarcina specialistului este de a-i oferi clientului posibilitatea auto-dezvoltării, de a-și selecta singur direcția pe care, în mod liber și responsabil, o alege;
- clientul „în general" este înlocuit cu „omul în situație", cu problemele lui multiple de zi cu zi, ce se degajă „aici și acum";
- clientul reprezintă în el însuși un întreg armonios, care trebuie înțeles în unicitatea sa;
- respectul pentru demnitatea și existența subiectivă a clientului;
- clientul este o persoană reală și liberă, în consecință este primul responsabil pentru destinul și situația sa (Rogers, 1951).

Marea majoritate a ideilor de mai sus se regăsesc și în metodele propuse de Maslow (2008), care se fundamentează pe o emblematică teorie a trebuințelor, în strânsă legătură cu teoria sa a personalității.

Astfel, la baza piramidei se află nevoile primare biologice, fundamentale, fiind și cele mai puternice. Cu cât o nevoie urca spre vârful piramidei, cu atât este mai slabă și dar și mai specifică individului respectiv ca persoană socială, culturală, spirituală. Nevoile primare sunt însă comune atât tuturor oamenilor cât și animalelor.

După Maslow, odată ce individul își satisface nevoile de bază, se poate concentra pe nevoile de siguranță, care țin mai mult de integritatea fizică, cum ar fi securitatea casei și a familiei. Urmează nevoia de iubire și apartenență (de prietenie, familie, apartenență la un grup, sau de implicare într-o relație intima non-sexuală). La nivelul al patrulea se situează nevoile de stimă, de putere, prestigiu, acceptare cât și respectul de sine. Nesatisfacerea nevoilor de stimă conduce la descurajare, și pe termen lung la complexe de inferioritate. Maslow consideră că terapeutul trebuie să identifice așa-zisele trebuințe de creștere, considerate resurse, pe care să le exploateze/ valorifice curativ prin actualizare, conștientizare și integrare în sistemul de personalitate (socială). Atenția se concentrează pe resursele de natură spirituală, morală, epistemică, sau estetică. Este o zonă pe care autorul o lasă larg deschisă dezbaterii pentru noi idei și abordări.

Un alt mare clasic al psihologiei și terapiei umaniste, Allport (1961), afirmă că ființa umană individuală dispune de un „simț nativ al Sinelui" care la animale nu există și care îi dirijează procesul unic al propriei deveniri, de formare și dezvoltare a personalității. Acest șimț ghidează procesul de dezvoltare personală, în care actualizarea, valorizarea potențialului, vor profila caracteristicile unice care vor face din om ființa capabilă de a-și stăpâni și coordona propria viață, terapeutul trebuie să valorifice această capacitate a persoanei, să-i faciliteze exprimarea prin exteriorizare și comunicare empatetică.

O altă sursă de idei, valori și paradigme a asistenței sociale umaniste o reprezintă **sociologia umanistă** și **microsociologia**. Teme cruciale precum contextul sociouman și cultural ca valoare și sursă de bunuri spirituale, microgrupul/ microcomunitatea ca alcătuire de ființe umane, familia și sistemul de relații conexiuni socio-umane, unicitatea, complexitatea, varietatea și dinamicitatea contextelor socio-umane și culturale, dimensiunea afectivă și empatetică, relațiile de atașament, onto-sistemele socio-afective și culturale, solidaritatea socială/ umană, adaptarea, autodezvoltarea, autodeterminarea și autoadministrarea comunității, sistemul terapeutic (de intervenție) ca și context sociouman și cultural proactiv, clientul ca ființă socioumană, clientul ca ființă și culturală, nevoile „socioumane" și culturale ale clientului, principiul integralității/ unității personalității și congruenței cu mediul, problema socială și sistemul client ca unicități contextuale socio-umane și culturale, clientul în context socio-uman și cultural determinat, sistemul client, clientul colectiv își au originea și susținerea/ modelarea teoretic-științifică în sociologia de orientare umanist-fenomenologică și microsociologie.

Elemente ale gândirii sociologice umaniste pot identificate încă din reflecțiile și scrierile marilor antici Socrate, Platon sau Aristotel. Subliniem în acest context ideea lui Platon, expusă în „Republica" (vezi 2005), după care rolul fundamental al statului (cetății) este acela de a asigura dreptatea și binele individului, de a realiza compatibilizarea dintre interesul public cu cel individual.

Existând, o importantă tradiție prin filosofia socială, prin existențialism, cu laturile sale sociale, prin sociologia interpretativă și antropologia culturală, instituirea unei *sociologii umaniste* propriu-zise nu a întâmpinat mari dificultăți.

Apariția acesteia este legată de numele lui Florian Znaniecki, un sociolog de origine poloneză care a activat o lungă perioadă de timp la Universitatea din

Chicago, unde și-a lansat principalele teorii și concepte, inclusiv cel de *sociologie umanistă*.

Esența acestei sociologii este dată de preocuparea științifică și euristică pentru *studiul valorilor și semnificațiilor culturale/ morale ale interacțiunii sociale, rolului și valorilor personalității/ subiectivității în organizarea socială, în comunitate/ societate*.

Se afirmă în mod declarat ca opoziție la pozitivism și metoda științifică excesiv generalizatoare, care exclud personalitatea (individualitatea) și valorile acesteia din ecuația explicativă a fenomenelor sociale.

Printre preocupări se situează și urmărirea modului în care trăiesc, iubesc, suferă și interacționează în mod concret oamenii, ce relații de atașament se stabilesc între aceștia în raporturile de rudenie, prietenie, dușmănie, interes, colegialitate, relații de putere, reziliența, *copingul*, cum rezolvă aceștia diverse probleme, adaptarea la schimbare sau reacția în fața unor crize sau evenimente majore, cum își reglează interactiv conduitele și simbolizează/ cutumizează mutual existența socială (legile, valorile, obiceiurile, ritualurile, comportamentele, instituțiile, ideologiile).

Sociologia umanistă nu percepe persoana ca element invariabil în sistemul social ci reprezintă sistemul social, societatea, grupul social, familia, organizația profesională ca o uniune de individualități/ personalități în care relațiile nu sunt apriorc impuse ci se construiesc în dialectica complexă a interacțiunilor particulare, a ontologiei contextului psihosocial creat (Znaniecki, 1969).

În cadrul generic al sociologiei umaniste au fost atrase marile teme ori dialoguri ale sociologie moderne precum raportul dintre structuralism și funcționalism, etnometodologia, interacționismul simbolic, axiologia ori temele mai noi ale sociologiei postmoderne. Una din valorile importante ale sociologiei umaniste postmoderne o reprezintă libertatea alegerii individuale între valorile sociale. În abordarea umanistă accentul cade pe raporturile unice instituite prin interacțiune contingentă preponderent empatetică și pe relațiile sociale între persoane cu suflet (Ștefăroi, 2009a, p. 166).

Și **microsociologia**, ramură a sociologiei care cercetează cu prioritate *legitățile microgrupului* și *contextului sociouman particular* pune accent pe procesele subiective, relațiile și fenomenele interpersonale, empatetice, de atașament sau solidaritate (Garfinkel, 2006). În asistența socială abordarea microsociologică nu este o opțiune ci o necesitate. Asistența socială ca teorie este de fapt o teorie a microsistemului social sau persoanei/ comunității vulnerabile în context sociouman. Instituirea sistemului național de asistență socială, a legislației specifice, a politicilor universale și instituțiilor de protecție socială a condus, pe lângă efectele pozitive indubitabile, la o denaturare/ diluare a misunii și practicii originare a asistenței sociale. *Reîntoarcerea la context, la microgrup, familie, la persoană*, unde se află adevăratele surse explicative și resurse de adaptare socială ori reabilitare, este una dintre tendințele implacabile și benefice al asistenței sociale contemporane și viitoare și teza principală a asistenței sociale umaniste.

1.2.4. Cultura, religia, morala (etica)

Chiar dacă nu se evidențiază foarte des, aportul culturii, religiei și moralei în instituirea istorică, teoria și practica asistenței sociale este deosebit de important. Acestea aduc simultan asistenței sociale aport ontologic și axiologic, în principal prin *sistemele lor de valori și idealuri*. Cu atât mai mult, majoritatea valorilor culturale și religioase, idealurilor morale fundamentale se constiutie și în valori sau idealuri ale teoriei sau practicii asistenței sociale umaniste.

Cultura reprezintă un model dar și un rezervor inepuizabil de resurse spirituale și epistemologice în practica și teoria asistenței sociale contemporane. Pe de o parte pentru că multe probleme sociale și umane au ca explicație și aspecte de ordin cultural, dar mai ales pentru că atât problema căt și procesul/ actul de intervenție ameliorativă se desfășoară inevitabil în cadrele și condițiile unei culturi, generic-umane sau specifice.

Dacă în sens larg cultura reprezintă totalitatea valorilor materiale și spirituale, științele, artele, credintele, obiceiurile, creațiilor dintr-o comunitate socioumană, imprimând persoanelor sau grupurilor modele specifice de gândire, simțire și actiune (Kroeber și Kluckhohn, 1952, Langan, 2009) ne dăm seama de importanța factorului cultural și, în consecință uman, în procesul de definire a misiunii, valorilor și practicilor specifice asistenței sociale. Iar dacă se reprezintă cultura ca o paradigmă ancestrală și istorică a conceptului ontologic de om atunci se va concluziona că nu se poate concepe o asistență socială, de pe poziții umaniste, cu prioritizarea rolului ființei umane (persoanei), fără a se antrena marile concepte și valori cultural-antropologice universale sau specifice unor domenii culturale precum *literatura, teatrul, cinematografia, artele decorative* sau *artele plastice.*

Prin personaje, situații dramatice, situații de dificultate, conflicte, sentimente, pasiuni, trăiri, iubiri, eroi, tragedii arta reflectă complexitatea dramatică și tragică dar și sublimă a existenței socioumane a persoanei, oferind în multe cazuri nu doar modele ci și soluții. Valorile estetice precum frumosul, armonia sau echilibrul sunt obiective ale intervenției ameliorative; personalitatea frumoasă, echilibrată, optimală, spirituală, comunitatea umană organizată după principii estetice sunt condiții care favorizează dezvoltarea personală/ umană, creativitatea (Cristea, 1994, pp. 47-49), adaptarea și integrarea socială, evitarea marginalizării și apariției problemelor sociale/ umane. Imaginația, creativitatea, ingeniozitatea, măiestria profesionistului social în procesul de intervenție ameliorativă nu este inferioară sau mult diferită de măiestria sculptorului în a construi un grup statuar armonios sau chiar a marelui Leonardo da Vinci care a pictat Gioconda.

Așadar, nu s-ar putea constitui o reprezentare integrală a valorii de om, a conceptului de normalitate și a idealului umanității fără a integra tot ceea ce oferă arta, știința, antropologia, etnologia. Din această unitară și ancestrală reprezentare a ființei umane își extrage și asistența socială umanistă valorile, teoriile, metodele și practicile definitorii, iar valoarea fundamentală, crucială este cea de OM, înțeles în sensul generic cât și în cel de persoană, ființă umană concretă, contextuală - socială, religioasă, morală, biologică, ludică etc.

Din reprezentarea plastică culturală universală, nomologică asistența socială își extrage valorile, idealurile, teoriile generale iar din cea contextuală, ideografică metodele și practicile. La nivelul teoriei generale cultura se regăsește prin valori precum *armonie socială și culturală, estetică socială, armonia personalității, unitatea omului, umanității, spiritualității și culturii, solidaritatea umană* etc. La nivelul persoanei sau contextului se operează tot mai frecvent cu termeni precum specific cultural, obiceiuri și ritualuri specifice, multiculturalism, interacționism cultural, cultură organizațională, nivel și/ sau specific cultural al clientului, aptitudini/ deprinderi culturale și multiculturale ale profesionistului social, toleranță culturală etc.

Religia și morala. Chiar dacă religia și morala au multe în comun le diferențiază idealul. Religia are drept ideal divinul, sacrul, iar morala binele și omul ca atare în context social, în principal comportamentul etic și prosocial. Le unește însă atitudinea față de celălalt, solidaritatea, ideea de bine, echitatea, bunatatea, cinstea, harnicia, civismul, altruismul, empatia, mila, omenia, onestitatea, iubirea, respectul, sensibilitatea pentru suferința celuilalt.

Prin internalizare și tranformarea acestora în trăsături personale devin factori de devoltare umană și adaptare socială (Rocco, 1997, pp. 111-113), evitându-se situația de risc sau difcultate, problema socială ori umană. Educația religioasă și morală reprezentând astfel una dintre căile cele mai eficiente de prevenire a apariției problemelor sociale/ umane, de dezvoltare a comunităților, de împlinire, bunăstare psihologică și fericire.

Teoriile, metodele, practicile asistenței sociale contemporane sunt, fără îndoială, mult tributare valorilor, atitudinilor și comportamentelor religioase ori morale. Este binecunoscută funcția terapeutică, curativă a credinței și ritualului religios (Mitropolitul Hieroteos Vlachos, 1998, pp. 211-212), valența/ funcția psihologic-compensatorie dar și cea prosocială, precum și sentimentul de împlinire pe care îl au majoritatea oamenilor după realizarea unei fapte bune, a salvării unei persoane din suferință, după un act cu semnificații morale și religioase.

Sunt căi, pârghii pe care le foloseşte cu succes şi profesionstul social, metode importante ale asistenţei sociale umaniste. Majoritatea acestor valori, atitudini sau conduite sunt înscrise ca prevederi esenţiale în toate codurile deontologice de practică în domeniul asistenţei sociale. Sensibilitatea şi atitudinea binevoitoare faţă de client, promovarea echităţii, bunătatea, altruismul, empatia, mila, onestitatea, egalitatea, respectul îşi au originea în religie, etică sau cultură însă au devenit valori intrinseci ale asistenţei sociale contemporane, inclusiv ale asistenţei sociale umaniste.

1.3. Aspecte teoretice şi axiologice de bază

1.3.1. Conceptul de asistenţă socială umanistă şi specificul teoriei

Asistenţa socială umanistă, ca şi concept, ca teorie şi specific teoretic, nu este o formă distinctă de asistenţă socială ci mai degrabă un *sistem teoretico-filosofic şi axiologic care reafirmă şi promovează valorile fundamentale, umaniste ale practicii asistenţei sociale*, propunând utilizarea/ valorificarea resurselor inepuizabile ale personalităţii umane şi sistemelor de relaţii socioumane în scopul reabilitării sufleteşti şi autonomizării clientului, în principal prin dezvoltare spirituală/ *umană* şi empowerment (prin sine, prin comunitate şi prin intervenţia serviciilor/ profesioniştilor din asistenţa socială).

Astfel, se poate afirma că, cel puţin în momentul scrierii acestei cărţi, teoria asistenţei sociale umaniste este de fapt *teoria de orientare expres umanistă a asistenţei sociale*, iar atunci când utilizăm sintagma *asistenţă socială umanistă* facem referire la aceasta, care se relevă, în principal, prin prioritizarea utilizării resurselor *umane*, spirituale şi culturale ale personalităţii şi comunităţii, în raport de cele materiale sau instituţionale, plecând de la o reprezentare umanistă, ca personalitate şi valoare a clientului, şi ca entitate "inter-*umană*" şi culturală a comunităţii (Berkowitz, 1996).

În acest context, volumul lui Malcom Payne (2011), „Humanistic Social Work: Core Principles in Practice", în care conceptul de asistenţa socială umanistă se asociază *cu drepturile fundamentale ale omului, dezvoltarea personală şi spirituală, creativitatea, responsabilitatea şi justiţia socială*, identificând, ca principale surse teoretice gândirea umanistă şi fenomenologică, filosofia existenţei/ fiinţei (umane), psihologia şi psihoterapia existenţial-umanistă, psihologia transpersonală, constructivismul social şi microsociologia, poate fi considerat atât o reunire şi încercare de sintetizare a teoriei şi metodologiei expres umaniste din asistența socială cât și un început de promovare și afirmare a unui *sistem unitar, coerent și relativ distinct, din punct de vedere teoretic*, de asistență socială, alături de sisteme teoretic-metodologice consacrate, precum asistența socială critică sau radicală, asistența socială structurală, asistența socială tradițională etc.

Și în literatura românească, sintagma asistență socială umanistă fiind rar întâlnită, teoria și conceptele specifice sunt prezente în cadrul a ceea ce se numește *orientarea umanistă din asistența socială*. În acest sens, Elena Zamfir (1998, 2009) descrie asistența socială, ca sistem de valori și misiune, în termeni preponderent umaniști, identificând un număr mare de teme și valori ale gândirii umaniste în teoria și axiologia asistenței sociale contemporane, din păcate mai puțin în practică. George Neamțu (2011) și Maria Roth-Szamosközi (2003) consideră *sistemul universal de valori umane, solidaritatea, autodeterminarea* și *responsabilitatea* ca dimensiuni esențiale ale profesiunii de asistent social, în timp ce, după Doru Buzducea (2009), politica și organizarea sistemului de asistență socială au la bază o serie de principii și valori umaniste, în principal cele referitoare la *justiția socială, nediscriminarea și drepturile fundamentale ale omului*.

Noi am utilizat sintagma *asistență socială umanistă* pentru prima dată în 2009, în articolul "Perspectiva umanistă asupra clientului în asistența sociala", Revista de Asistență Socială, Nr. 1-2, în contextul reprezentării/ abordării "umaniste" a clientului din asistența socială, și am subliniat aspectul că esența conceptului și teoriei asistenței sociale umaniste este redată de modul (umanist) în care este definit clientul (și profesionistul), considerând *reprezentarea umanistă a clientului și profesionistului valoarea epistemologică și metodologică crucială a noului tip de asistență socială* (Ștefăroi, 2009a, p. 17). Am dezvoltat conceptul și teoria în articolul „Paradigma umanistă a asistenței sociale sau scurtă introducere în asistența socială umanistă" , apărut în numărul 1, 2012, al aceleiași reviste, care apare la Editura Polirom.

Constituirea unei teorii specifice a asistenței sociale umaniste este fundamentată și impusă atât de *ofensiva orientărilor, valorilor, categoriilor și metodelor umaniste* în domenii din care asistența socială se alimentează teoretic și axiologic, filosofie, psihologie, pedagogie sau sociologie, dar și de unele evoluții „dezumanizante" ale societății, precum *globalizarea, cibernetizarea, criza culturii, injustiția socială, opresiunea, apariția unor probleme sociale care nu pot fi înțelese sau abordate cu alte tipuri de metode*.

Totodată necesitatea teoriei și metodei umaniste este relevată și de *complexitatea sistemelor sociale*, a societății contemporane și a însuși sistemului asistenței sociale, ca subsistem al acestora. Unele probleme pot fi modelate teoretic și rezolvate prin abordări de tip sistemic, universal, sau structural-funcțional iar altele prin abordări de tip existențialist, contextualist sau umanist.

Însăși sistemul asistenței sociale, prin politica socială națională este conceput ca o organizare cu doi poli, sistemul național (organizare națională, regională etc, legislație, instituții, programe, politici), unde este eficientă și adecvată *paradigma structural-sistemică* și clientul (vulnerabilitatea, situația de risc și dificultate, personalitatea, contextul socio-uman, resursa locală etc), unde este adecvată *paradigma fenomenologic-umanistă*.

Chiar dacă asistența socială ca practică și politică socială se declară principial și pragmatic umanistă, odată cu instituționalizarea și „naționalizarea" ei a tins să devină în mare măsură un mega-sistem juridic, birocratic și instituțional universal și depersonalizant, considerându-se că reglajul socio-politic sau socio-economic global poate să rezolve automat problemele socio-umane particulare.

Realitatea a demonstrat însă că multe dintre problemele așa-zis sociale/ societale sau socio-economice sunt de fapt *umane* sau *socio-umane*, iar multe cauze ale acestora și resursele rezolvării lor se află în cultura, contextul socio-uman particular și în personalitatea persoanelor vulnerabile sau în dificultate, în capacitatea/ puterea acestora de autodeterminare; rezolvarea problemei și reabilitarea autentică necesitând acțiuni tip „om cu om" și „față în față", pentru a-i întări (strength) psihologic (Anderson și Wiggins-Carter, 2004, p. 21) și autonomiza social și nu doar în prestații sau servicii sociale universaliste, impersonale, care, în ordinea lor, sunt și ele necesare.

Paradigma umanistă este atât o *reacție obiectivă* la o realitate și un sistem de asistență socială excesiv tehnicizat/ instituționalizat, dar, mai mult decât atât, este o *filosofie, teorie, știință și acțiune în sine,* justificată de natura complexă a problemelor socio-umane pe care asistența socială le abordează, propunând, nu doar o teorie ci și *metode ori modele umaniste coerente de intervenție.*

Această concentrare/ cristalizare teoretico - metodologică se regăsește, așadar, tot mai mult în conceptul de asistență socială umanistă. Astfel **conceptul și teoria specifică,** care se construiește prudent dar sigur, se impune, treptat, atât ca o *orientare distinctă, un concept forță, un sistem de valori, o teorie/ metodă dar și ca un "sistem" specific de asistență socială.*

Prin instituirea conceptului-sistem asistență socială umanistă se marchează trecerea într-o nouă fază, în care orientarea umanistă își consolidează și îmbogățește prezența efectivă în teoria și practica asistenței sociale, și face din sintagma *asistență socială umanistă* mai mult decât o asociere ocazională a unor termeni, un *concept sistem, o teorie și o paradigmă teoretico-metodologică distinctă de asistență socială*, desigur în concertul și completarea celorlate paradigme teoretico-metodologice, la fel de importante (P.Ștefăroi, 2012, p. 163).

1.3.2. Valori specifice şi specificul valorilor

Omul (fiinţa umană/ personalitatea) ca valoare supremă şi etalon valoric, clientul ca fiinţă umană şi persoană, fericirea şi împlinirea persoanei/ clientului, drepturile omului/ persoanei, solidaritatea umană, cumpătarea, modestia, cinstea, hărnicia, altruismul, idealismul, convieţuirea şi relaţiile socio-umane, autodeterminarea şi demnitatea persoanei sunt printre **valorile principale, etalon**, ale asistenţei sociale umaniste.

Aceste valori îşi au punctul de reper antropologic-axiologic în *reprezentarea omului ca fiinţă cu suflet*, ca personalitate, spirituală, morală, empatetică, şi a *comunităţii ca alcătuire de fiinţe umane,* cu personalitate, eu, suflet, ca organizare compatetică şi culturală armonioasă, optimă, funcţională şi *umană*. Din această perspectivă se reprezintă şi clientul cu nevoile sale ori comunitatea cu problemele sociale şi umane cu care se confruntă.

În această abordare, antropologic-axiologică, persoana/ clientul nu este un simplu consumator de bunuri materiale care-l fac automat împlinit şi fericit ci mai ales un consumator de bunuri spirituale, morale, estetice, *umane*, împlinirea provenind din *calitatea superioară a relaţiilor inter-umane*, a mediului uman şi cultural, din satisfacerea nevoii de armonie, de frumos, prin cunoaştere, iubire şi credinţă, după cum, neîmplinirea, suferinţa, eşecul, vulnerabilitatea, situaţia de dificultate îşi pot avea sursa şi în precaritatea vieţii spirituale, deficitul de umanism, în promiscuitatea morală, săracia sufletească, nefericirea persoanei sau în precaritatea relaţiilor inter-umane, a mediului cultural şi moral, ignoranţei, compatiei organizaţionale scăzute (Ştefăroi, 2009a).

Prin aceste valori se cultivă şi promovează un model de societate/ comunitate cu oameni puternici şi autonomi dar şi aflaţi în interacţiune compatetică, solidari, iubitori, altruişti şi agreabili, un model de comunitate care previne şi rezolvă prin sine situaţiile de dificultate, cu precădere prin mecanisme şi resurse culturale, morale, umane, propunând, aşadar o *deplasare radicală din zona valorilor materialiste ale societăţii hipertehnicizate şi umanismului secularist, individualist, consumerist spre zona valorilor umanist-spiritualiste ale unei societăţi umanist-solidariste* în care se maximizează importanţa resurselor culturale, morale, religiase ale mediului şi comunităţii umane, în care persoana se autonomizează şi prin sine sau bunuri materiale dar cu precădere prin *empowermentul pe care-l generează resursele sale interioare, sufleteşti, intelectuale, morale sau mediul uman şi cultural în care convieţuieşte.*

În esenţă, paradigma umanistă, care până la un punct este identică cu însăşi asistenţa socială, promovează, conform cu direcţiile mai importante ale gândirii/

axiologiei umaniste, respectiv ontologic-spiritual, psihologic-pozitivist și filosofic-etic, următoarele **tipuri de valori, concepte și principii fundamentale**:

- Importanța ființei umane concrete, unice și complexe, bunăstării și fericirii personale, a intereselor, sentimentelor și valorilor fundamentale ale acesteia;

- Dezvoltarea/ împlinirea personală/ *umană* și auto-determinarea, demnitatea persoanei;

- Justiția socială, egalitatea de șanse, solidaritatea, comunitatea socioumană, relațiile umane (Payne, 2011a, p. 4).

Schimbarea, reabilitarea umană și integrarea socială, personalitatea, empatia, fericirea, nediscriminarea familia, dezvoltarea personală și organizațională, centrarea pe client, egalitatea client-profesionist, de la îngrijirea corpului la îngrijirea personalității, interpretarea umanistă a situației problemă, de la perspectiva societală la perspectiva individuală, de la supraviețuire la fericire sunt, fără îndoială, aserțiuni constituțional-axiologice și **categorii-valoare cruciale ale metodologiei și practicii** asistenței sociale umaniste.

Asistența socială umanistă este în primul rând o teorie a clientului, a personalității acestuia și microcontextului ontologic-uman în care trăiește (Payne, 2011a). Aceasta este obiectivul și resursa de autonomizare. De aceea majoritatea valorilor și principiilor fac referire la acesta. Principala resursă de rezolvare a problemei socioumane se află în personalitatea actorilor angajați în procesul de intervenție și reintegrare socială, clientul și profesionistul formează o unitate ontologic-axiologică în procesul de reabilitare și integrare socială. Valorile umaniste propun prioritizarea intereselor și punctului de vedere al celor implicați în fenomenul sociouman, sporirea rolului, intereselor și personalității clientului în procesul de reabilitare/ adaptare socială.

În acest sens, iată câteva principii/ valori relevante, înscrise în *Statutul Asociației Naționale Americane a Asistenților Sociali*:

- afirmarea individualității proprii;

- încrederea în capacitatea de autodeterminare și autonomizare a clientului;

- lupta împotriva tiparelor și a clișeelor, împotriva prejudecăților;

- respectul demnității și încrederea în valoarea ființei umane; fiecare persoană este o valoare în sine și este unică, procesul de asistență socială va trebui să conducă la valorizarea personalității umane, la creșterea demnității ei, creșterea demnității fiecărei persoane asistate (http://www.socialworkers. org/).

Valorile sau principiile care stau la baza teoriei asistenței sociale umaniste, a practicii, sau care ghidează activitatea în asistența socială au o rațiune crucială: aceea de a se regăsi ca finalitate în situația clientului sau comunității. Teoria, valorile, principiile pot fi foarte uşor de enumerat, ele sunt valori universale, accesabile cu uşurinţă din tezaurului cultural-teoretic al omenirii, însă dificultatea şi problema adevărată este cea a operaţionalizării lor, a *transformării valorilor umaniste în realităţi personale şi sociale*. Rolul fundamental în acest scop îl au metodele, strategiile şi tehnicile utilizate, precum şi modul concret de operaţionalizare a lor.

1.3.3. Misiune şi obiective ale asistenţei sociale umaniste

Fericirea şi împlinirea persoanei (clientului), bunăstarea socială, umană, spirituală şi culturală, normalizarea relaţiilor şi convieţuirii umane, diminuarea/ limitarea suferinţelor, emanciparea, autonomizarea persoanei şi comunităţii prin dezvoltare personală, umană şi culturală, prezervarea/ dobândirea/ redobândirea demnităţii persoanei (clientului), inovarea şi schimbarea socială/ comunitară/ organizaţională durabilă/ autentică, combaterea opresiunii, dezumanizării şi injustiţiei sociale, promovarea solidarităţii sociale şi valorilor umaniste în comunitate/ societate pot fi considerate deziderate, idealuri, obiective, scopuri principale ale autorităţilor, instituţiilor, serviciilor şi practicienilor în asistenţa socială umanistă.

Orientarea expres umanistă din asistenţa socială abordează problema socială, vulnerabilitatea, rezilienţa, situaţia de risc, situaţia de dificultate ca *probleme umane/ socio-umane, spirituale, culturale, morale*, concentrându-se pe aspecte umane/ socioumane precum suferinţa, trauma, nefericirea, neîmplinirea personală, problemele şi impasurile existenţiale, dramele personale şi colective, pierderea, separarea, dezrădăcinarea, neadaptarea, devianţa, singurătatea, dezumanizarea prin degradare spirituală şi morală, dezumanizarea prin tehnologie şi prin viciu, nedezvoltarea personală, umană/ spirituală, socioumană şi comunitară.

Misiunea specifică a practicianului în asistenţa socială umanistă nu este precum cea a unui simplu funcţionar care identifică nişte disfuncţii sociale şi caută să le rezolve în scopul refacerii funcţionalităţii sociale originare ci caută să *identifice şi să rezolve problemele umane, sufleteşti cu care persoanele se confruntă*. Persoana în dificultate nu este o piesă defectă în angrenajul social ci în primul rând o fiinţă umană în mare suferinţă, în impas existenţial, cu un posibil destin ratat sau carieră eşuată, o fiinţă umană care poate a suferit o mare pirdere, o separare, ori este atrasă, cu sau fără contribuţia sa, în tot felul de situaţii defavorizante (care-i depăşesc limitele rezilienţei personale şi capacităţii de adaptare), precum sărăcie, promiscuitate morală şi culturală, discriminare, marginalizare etc (Ştefăroi, 2009a, p.31). A încerca să rezolvi o problemă socială fără a ţine cont de suferinţele sufleteşti, *umane* ale unei persoane este mai dureros decât a încerca să deplasezi o persoană bolnavă cu oasele fracturate fără măsurile medicale de protecție corespunzătoare. Suferința umană este consubstanțială unei probleme sociale, unei situații de dificultate și de multe ori normalizarea nu poate fi obținută fără înlăturarea suferinței (sufletești cu precădere).

Nici *problema fericirii* nu poate fi neglijată de către profesionistul umanist. Un copil nefericit nu este o simplă problemă psihologică ci și una morală sau educațională. Copilul cronic nefericit, maltratat, este fundamental condiționat pentru nedezvoltare, neadaptare și suferință cronică toată viața (Ștefăroi, 2008, p. 90).

Robbins (2001) susține că pe lângă aspectele negative suferința este și o posibilă resursă în recuperare sau succes social. Oricât am încerca să evităm sau să înlăturăm suferința, durerea, nefericirea, trauma acestea sunt parte constitutivă a condiției umane și nu pot fi evitate de nici o ființă umană, însă importantă este atitudinea față de durere, suferință, fericire, față de viață și destinul omului în lume, față de sine, față de celălalt. Rolul profesionistului este și acela de a educa clientul să-și manegerieze viața în așa fel încât să evite situațiile care conduc la mari suferințe sufletești.

Soluția o constituie și *dezvoltarea personală și umană, cerebralizarea și spiritualizarea*, dar și cultivarea valorilor morale ale moderației, modestiei, autocontrolului, a depășirii egoismului endemic și exigențelor excesive privind aspirațiile sau așteptările, promovarea spiritualității, altruismului ca soluții de diminuare a suferințelor celuilalt și a sinelui în consecință, cultivarea unei atitudini raționale față de posibilitățile de obținere a împlinirii personale și profesionale, a unei atitudini critice cu privire forma materialistă și euforică a fericirii, și de obținere a ei.

În acord cu principiile și valorile umaniste din asistența socială *normalitatea* pentru o persoană presupune *împlinirea în plan socio-profesional și familial și, în consecință, în plan personal*. Sunt idealuri consubstanțiale condiției umane și dreptului fundamental la fericire a fiecărei ființe umane (Ellenhorn, 1988).

În activitatea lor cotidiană profesioniștii din asistența socială interacționează în mod curent cu persoane neîmplinite profesional sau familial, persoane care au eșuat sau au deviat din drumul optim al realizării profesionale și sociale, trăind drame personale și insatisfacții cronice zi de zi. Intrând în cercuri depresive, anxioase și existențiale vicioase dramele lor persoanle sunt întreținute de contexte sociale, culturale, morale sau economice ostile ori defavorizante, frecvente nenorociri, necazuri, șocuri, lovituri pe care le primesc în cascadă, după care cu greu reușesc să se redreseze cu forțe proprii. Practic, pierd controlul asupra vieții lor, pot intra într-un fel de derivă, în impas existențial, sunt abandonate proiectele personale, aspirațiile, preocuparea pentru familie, carieră sau chiar pentru sine.

Majoritatea problemelor cu care se confruntă serviciile de asistență socială au legătură cu dezumanizarea și degradarea morală a comunităților și a persoanelor, mai ales a familiei și membrilor acesteia. Comunitățile în care predomină persoane egoiste, individualiste, preocupate doar de binele personal sunt aprioric predispuse la probleme.

De asemenea, pierderea, separarea, dezrădăcinarea, singurătatea, sărăcia, promiscuitatea, discriminarea, marginalizarea sunt probleme de mare impact personal și social, însă sunt și probleme de ordin ontologic sau uman. Fiecare dintre aceste probleme pot fi considerate parte a ceea ce am putea numi fenomen sau proces de *dezumanizare a persoanelor și comunităților*. În acest sens unul dintre **obiectivele fundamentale** ale activității profesioniștilor și serviciilor în "sistemul" asistenței sociale umaniste reprezentându-l *refacerea, construirea, reabilitarea umană, spirituală, culturală, morală a persoanelor și comunităților*.

Dacă privim persoana din punctul de vedere al normalității umane, integre, așadar sufletesc, psihologic sau socio-moral, care a suferit o mare pierdere, o ruptură de o persoană cu rol social-ontologic crucial atunci putem afirma că acea persoană a suferit o traumă a personalității ontologic-spirituale, o traumă sufletească. Chiar dacă rolul social corespunzător ar putea fi preluat de altcineva, funcția acesteia nu ar fi alta decât cea a piciorului de lemn în locul celui natural la o personală infirmă fizic. Pierderea suferită are un impact existențial și funcțional atât de puternic încât deturnează efectiv întreg procesul de dezvoltare bio-psiho-socială, determinând întârzieri, tulburări, devieri etc, procesul fiind însoțit și de foarte multă durere și suferință (Buzducea, 2008, p. 348).

Existența umană prin comunitate impune morala nu ca alternativă ci ca o condiție a supraviețuirii. Solidaritatea, altruismul, empatia, sensibilitatea la problemele celuilalt, întrajutorarea sunt fundamente ale existenței colective a omului. *Disoluția valorilor morale în comunității* are ca drept consecință dezagregarea, pierderea unității și valorilor comune. Comunitatea se va divide în indivizi sau grupuri de interese particulare, procesul are consecințe dramatice pentru persoanele vulnerabile, copii, vârstnici, bolnavi, care sunt de regulă dependente de ceilalți ori de instituțiile comunității.

Efecte tragice se întâlnesc cu precădere în sfera familială. *Degradarea valorilor constituționale ale familiei*, a familiei nucleare, pierderea unității și semnificației morale și educaționale a acesteia constituie pentru membrii ei sursă de probleme, cu consecințele cel mai grave asupra copiilor (Jones, 1993).

În paradigma umanistă a asistenței sociale vulnerabilitatea persoanei este asociată în principal întârzierilor și tulburărilor de dezvoltare personală și umană, inconsistenței ontologice și calității precare a relațiilor interumane și degradării sistemelor de valori (morale, culturale, umane etc) din comunității și organizații.

Paradigma cuprinde și situațiile umane problemă determinate de efectele globalizării, tehnicizării și cibernetizării, instituționalizării excesive a vieții sociale și societății, alienării, discriminării, inegalității și injustiției sociale, polarizării economice, degradării culturale sau morale generale a societății.

Interacțiunea ontologică și funcțională dintre persoană și mediu presupune contrapunerea unor existențe, sisteme care, pentru a asigura funcționalitate socială și fericire personală necesită un anumit grad de compatie, compatibilitate și congruență. Comunitățile socioumane sunt tesături foarte complexe de sisteme și relații sociale, instituționale dar în primul rând umane, empatetice, spirituale, sufletești iar acele persoane sau grupuri care nu sunt integrate existențial și compatetic tind să fie excluse și expuse unor dezvoltări haotice, disfuncționale, deviante, iar indivizii să fie atrași în angoase existențiale și eșecuri personale.

Devianța, marginalitatea, sărăcia, suferința, nefericirea, eșecul profesional, pierderile, neadaptarea, singurătatea, dezumanizarea, în sfârșit tot felul de probleme și situații de risc sau dificultate în care sunt antrenate persoanele, au pe lângă explicațiile sociologice și biologice binecunoscute și *factori de ordin ontologic-spiritual, psihologic-individual sau moral-individual.*

În acest context se poate afirma că și reziliența individuală este puternic condiționată de *gradul de dezvoltare ontologic-spirituală a personalității*, de capacitatea intelectuală, consistența motivațională, maturitatea emoțională și afectiv-socială, voința și activismul persoanei, de atitudinea față de viață și muncă, de nivelul de socializare sau de participare la viața grupului în care conviețuiește dar și de nivelul și calitatea culturii organizaționale, de consistența compatetică a și de gradul de solidaritate umană al acesteia.

Intrarea persoanei sau grupului în situație de risc sau dificultate este un efect al unei istorii personale sufletești și socioumane, al unui cumul de factori, așadar, atât sociali, societali ori bioconstituționali cât și unor factori *umani*. Situația de risc sau dificultate devine un factor agravant în sine, dacă nu este identificată și abordată pentru reabilitate, pentru că, așa cum bine se știe, în sistemele vii, sociale sau spirituale, nu există stagnare. Procesul vicios al căderii în problemă și dificultate, în suferință și inadaptare socială este foarte greu de întors și demontat, fiind antenați ontologic factori și resorturi profunde ale personalității și comunității, precum și factorii conjuncturali sau de proces, jucând și ei un rol important.

Adevărata dificultate în evaluarea unei probleme sociale, situații de dificultate o constituie perspectiva de abordare și reprezentare a clientului, individual sau colectiv, sau a problemei sociale ca sistem uman. Multe dintre fenomenele socio-umane negative au în mare parte, originea în „neglijarea" epistemologică și metodologică a clientului/ sistemului client, sau în definirea lui prin concepte și teorii rigide, funcționaliste, ori instrumentaliste.

Fiecare individ sănătos deține capacitatea potențială individuală de a se ridica din punct de vedere uman, social și spiritual, totul depinde însă de activismul său intern și voința de schimbare sau împlinire, auto-împlinire (self-fulfillment), dar și de identificarea/ valorificarea acestor resurse cu ajutorul profesionistului (Rogers, 2008).

Identificare și valorificare pe care acesta trebuie să o realizeze cu mult profesionalism, știință, empatie și sensibilitate *umană,* cu scopul de al ajuta pe client, pe de parte *de a suferi mai puțin,* chiar *de a deveni fericit* dar și a determina acele *îmbunătățiri la nivelul persoanei sale și contextului sociouman unde trăiește astfel încât să dobândească capacități și oportunități sporite de autonomizare și reintegrare socioumană.*

În acest scop acesta va opera cu un model client în care pune pe prim plan reprezentarea acestuia ca ființă în sine, autentică, subiect de suferință tăcută și fericire și nu doar ca element neutru, individ al unui sistem social, al unor organizații productive sau umili beneficiari ai unor servicii comunitare.

Pentru profesionistul umanist clientul este o personalitate, o individualitate existențială concretă, un suflet nu un simplu element al unei entități sociale sau un nume într-un dosar, acesta dispune în mod constituțional de capacitățile elementare de dezvoltare personală și socială, de integrare socială autonomă și eficientă, pe care profesionistul le antrenează și include în strategiile specifice, în obiective, cu scopul explicit, și în acord cu **misiunea sa umanistă**: *de a deveni mai fericit, împlinit personal și a deveni autonom în plan sociouman, părăsind astfel sistemul.*

Chiar dacă satisfacerea nevoilor fundamentale de supraviețuire constituie și rămâne unul dintre scopurile principale ale activității profesionistului umanist, evaluarea, monitorizarea, intervenția nu pot neglija latura, perspectiva umană, spirituală, morală sau culturală. Asta pentru că orientările umaniste percep și definesc clientul nu ca pe un asistat, pacient sau învățăcel ci ca pe o persoană demnă, cu toate drepturile/ valențele sociale, morale și psihologic-acționale, cu abilitatea naturală de a se ridica din situația în care se află temporar, în principal prin valorificarea resurselor spirituale și umane (Ștefăroi, 2012, p. 169).

Perspectiva umanist-spirituală asupra clientului promovează *luarea în considerare și a trebuințelor sufletești, estetice, ludice, epistemologice și mistice ale clientului.* Adică a trebuințelor spirituale. Nu sunt niște nevoi „superioare", sau caracteristice doar unor categorii de persoane, nici „costisitoare", nici chiar „extravagante". *Satisfacerea și dezvoltarea nevoilor spirituale,* a personalității spirituale, reprezintă una dintre căile, metodele cele mai eficiente pentru dezvoltarea personală a clientului și sporirea perspectivei de autonomizare personală/ socială, indiferent de nivelul de studii, proveniență, vârstă sau tipul problemei sociale/ umane. Nu necesită mari investiții materiale, multe resurse. Investițiile sunt cu precădere *umane,* spirituale.

Fundamentul epistemologic al definirii clientului în perspectivă umanist-spirtuală îl constituie, de fapt, reprezentarea acestuia ca personalitate, suflet, ființă spirituală și trecerea în plan secund (tehnic) reprezentarea ca organism, psihic sau viață socială elementară, așezarea în prim-planul strategiilor de asistență și intervenție a obiectivului satisfacerii nevoilor aferente acestora, odată cu obiectivul valorificării/ stimulii și dezvoltării lor. Ceea ce presupune o *deplasare de pe obiectivele minimale, de supraviețuire spre* **obiective „umanist-spirituale"**, de pe obiectivele de satisfacere a nevoilor de la baza piramidei lui motivaționale pe satisfacerea nevoilor de pe niveluri superioare sau oricum mai complexe, emergente (Ștefăroi, 2009a, p.24).

În acest context serviciile de asistență socială și profesioniștii au misiunea și menirea fundamentală ca aceste cuvinte mari, nobile să devină realitate, pornind de la adevărul că în situația de suferință și dificultate în care se află, clientul nu dispune de resurse și pârghii suficiente care să-i permită valorificarea eficientă a resurselor și oportunităților. Cu atât mai mult cât, în perspectiva valorilor asistenței sociale umaniste misiunea și obiectivele acesteia se realizează cu precădere prin valorificarea resurselor *umane* și spirituale, unde rolul profesionistului, cu personalitatea sa *umană* și spirituală este foarte important.

1.3.4. Persoana în asistența socială umanistă

În asistența socială umanistă persoana este reprezentată că *ființă complexă*, cu personalitate și suflet, și nu ca simplu organism sau element într-un angrenaj societal.

Această reprezentare se distanțează de **abordarea structuralist-funcționalistă**, o schemă logică nu foarte complexă care consideră individul uman un element relativ invariabil într-un sistem, într-o structură socială, precum și de cea biologistă care tinde să o reducă la fundamentul organic, corporal al acesteia, prioritizând, nevoile elementare de hrană, adăpost și securitate, în raport de cel spirituale.

Întrucât paradigmele științifice și filozofice referitoare la relația dintre individ și societate, au fost transplantate, în multe cazuri, fără multe adaptări, în asistență socială, la fel tinde să se reprezintă și relația dintre client și sistemul social sau cea referitoare la ierarhia nevoilor în demersurile de satisfacere a lor, de către serviciile de asistență socială.

De aici s-a dezvoltat și o literatură specifică asistenței sociale, și implicit cea focalizată pe problematica sistemului client, impunându-se, astfel, în mare măsură, modelele biologiste în ceea ce privește reprezentarea clientului ca persoană, ființă umană și cele sociologic-structuraliste - clientul, ca persoană, joacă, de fapt un rol, într-un complex de norme și așteptări socio-instituționale (Briar, Miler, 1971).

Totuși, tot mai mulți sociologi consideră persoana, personalitatea un factor crucial al determinismului social sau în explicația vulnerabilității/ rezilienței, sociologia fiind, în ultimă instanță, o știință a omului. Aspectul este magistral ilustrat de marele sociolog român Traian Herseni (1982, p. 51):

> Sociologia din zilele noastre acordă un rol foarte mare personalității umane, nu numai colective ci și individuale, interferându-se astfel cu psihologia (personologia) și cu antropologia culturală (personalitatea de bază, personalitatea modală etc.). Motivul este că, oricât s-ar face abstracție de indivizii componenți, de biologia și psihologia lor, de aptitudinile și educația lor, orice relație socială, orice fenomen colectiv, de orice fel ar fi el, este în ultimă analiză omenesc: a neglija adevărul acesta simplu înseamnă a dezumaniza sociologia, adică a face o teorie din ce în ce mai înstrăinată de realitate.

Teoria fenomenologic-umanistă asupra raportului persoană-comunitate/ societate se impune și diferențiază de alte abordări printr-o serie de aspecte precum o focalizare semnificativă pe *importanța individualității personale* în determinismul social, reprezentarea acesteia ca *resursă de fericire* (Zlate, 2002, p. 256), *autodezvoltare și dezvoltare personală, sursă de libertate și responsabilitate socială*. Compatibilitatea și congruența dintre dintre personalitate și comunitate fiind totuși un factor crucial ai adaptării și eficienței sociale.

Tulburarea, afectarea gravă a congruenței ontologice personalitate-comunitate predispune la nedezvoltare, nefericire și opțiunea pentru soluții deviante ori dezadaptative, la apariția/ dezvoltarea unei personalități disfuncționale, expuse la marginalizare și (auto-) excludere socială (Rogers, 2008).

Așadar, perspectiva umanistă, inclusiv în asistența socială, prioritizează și promovează rolul persoanei dar reliefează și importanța unor factori sociali și contextual-umani precum relațiile de atașament, empatia/ compatia, calitatea relațiilor interpersonale. Personalitatea, constituie nucleul în jurul căreia s-ar constitui reprezentarea teoretică a conceptului de persoană, dar desigur, nu se reduce la ea, pentru că vorbim, de fapt, de un sistem psihosocial, adică conturat nu doar prin caracteristici ideografice ci și nomotetice sau contextual-sistemice.

G. Allport, E. Fromm, G. Kelly, C. Rogers, A. Maslow și alții, promotori ai reprezentării umaniste a persoanei, valabile și în asistența socialș umanistă, în accepțiunea complexă pe care i-o conferă asociază ideea de persoană cu libertatea, speranța, auto-actualizarea, creativitatea, trăirea autentică, impasul existențial, fericirea, unicitatea, auto-determinarea, focalizarea pe aspectele deosebite ale existenței umane (creativitatea, toleranța, iubirea), valorizarea experienței subiective agreabile a persoanei, dezvoltarea omului în conformitate cu particularitățile și alegerile sale, respectul pentru valorile intrinseci ale persoanei (Mitrofan, 2001, p. 390).

Acești personologi susțin, implicit, necesitatea reprezentării și definirii conceptului de persoană în primul rând prin prisma unor valori „umane", pun pe prim plan *ideea de persoană ca ființă în sine*, autentică, subiect de suferință tăcută și fericire și nu doar ca element neutru, individ al unui sistem social, al unor organizații productive sau umili beneficiari ai unor servicii comunitare.

Orientarea umanistă, inclusiv teoria asistenței sociale umaniste, nu desconsideră rolul altor abordări care analizează individul în manieră structuralist-funcționalistă sau biologistă ci le completează și le dă conținut, transformând "individul" *în om, în eu, în subiect, în personalitate, suflet*. Proiectează astfel conturul unui model dezirabil a ceea ce am putea numi omul plenar, autonom, demn, fericit; caracteristici reflectate și în definiția/ abordarea clientului din "sistemul" asistenței sociale umaniste.

1.3.5. Comunitatea/ grupul în asistența socială umanistă

Asumându-și misiunea de a se consacra ca a treia cale, o cale de mijloc s-ar putea spune, asistența socială umanistă este pusă în situația de a se poziționa și din punct de vedere **doctrinar-metodologic** în ceea ce privește *modul de reprezentare a comunității umane și a raportului cu persoana*, între *paradigma sistemic-structuralistă*, societală, ca teorie științifică a comunității ca întreg, care fundamentează asistența socială critică, radicală, pe de o parte, și *paradigma "individuală", psihologist-biologistă,* ca teorie fenomenologică focalizată excesiv pe persoană, individ, pe care se bazează asistența socială tradițională, pe de altă parte.

În acest sens, **paradigma sociologică specifică a asistenței sociale umaniste** păstrează interesul pentru societate, comunitate, însă cu *accent pe teoria micro-comunității și proceselor interumane din interiorul acesteia*, precum și interesul pentru persoană, însă persoana formată și condițională de *calitatea relațiilor interpersoanale, interumane*, persoana care nu este un simplu corp care trebuie îngrijit și nici un simplu element disfuncțional într-un angrenaj social care trebuie reparat, ci, o *personalitate*.

Chiar dacă doctrina asistenței sociale umaniste se dorește a fi, așadar, de mijloc, totuși această se remarcă mai degrabă ca opoziție la cea structuralistă, la asistența socială critică, apropiindu-se astfel mai mult de doctrina asistenței sociale tradiționale, fără a se suprapune, nicidecum, cu aceasta. În orice caz, din punct de vedere sociologic-epistemologic asistența socială umanistă, promovează o reprezentare predominant ideografică a comunităţii umane, grupului social, fie ca model-valoare-etalon fie ca situaţie problemă sau vulnerabilitate.

În ştiinţele socialului, pe parcursul timpului, şi odată cu impunerea sociologiei ca ştiinţă, s-au profilat, ca dominante, două tipuri mari de gândiri, abordări epistemologic-metodologice fundamentale: *nomotetice* şi *ideografice*. În aceiaşi ordine de idei, R. Boudon (1971) clasifică orientările sociologice în *deterministe* (hiperculturaliste, de tip realist, metodologice) şi *interacţioniste* (de tip weberian, de tip mertonian, de tip tocquevillian). Relevantă este şi opoziţia dintre sociologia *obiectivă* ori *pozitivă*, reprezentată, în principal de E. Durkheim, şi cea *interpretativă sau subiectivă*, promovată, cu precădere, de M. Weber.

Abordarea nomotetică sau nomologică, cum mai este cunoscută în domeniile socio-umane, are ca fundament teza că entităţile sociale, realităţile umane au *pattern-uri, tipare unitare, universale de structurare, funcţionare, geneză sau dezvoltare* (Cuin, 2006), de aceea cunoaşterea şi modelarea teoretică a unui caz particular permite atribuirea caracteristicilor tuturor cazurilor din speţa respectivă. „Metoda generalizantă", aşa cum o numeşte Rickert (1986), reliefează regularităţile generale a unei realităţi sociale, facilitează descoperirea de legi, corelaţii, raporturi universale, permite realizarea unor anticipări şi predicţii ale evoluţiei sistemului socio-uman sau comportamentelor, determină moduri unitare de acţiune şi gândire la categorii diverse de persoane şi în contexte sociale variate; permite, în consecinţă, generalizările ştiinţifice. În asistenţă socială a familiei şi copilului, de exemplu, monada sociologică nomoteotică operează prin reprezentarea universală a familiei, a structurii şi funcţiilor ei. Prin plasarea copilului în familia substitutivă se reface, teoretic, o situaţie de normalitate, copilul recăpătând apriori statul pierdut de fiică/ fiu, soră/ frate, membru al unei familii etc.

Spre deosebire de abordările şi metodele de tip nomotetic cele **ideografice** reprezintă entitatea socio-organizaţională ori personalitatea ca *existenţe unice, profunde, foarte complexe, multidimensionale, multifactoriale, multicauzale*, de aceea adevărata cunoştere sau succes al intervenţiei sunt condiţionate de luarea în considerare a tuturor factorilor implicaţi, a factorilor contextuali culturali, socio-economici ori psihologici concreţi, locali şi nu doar a unor esenţe sau structuri imuabile universale (Healy, 2008, p.12). Situaţia socioumană ca atare constituie în sine o forţă existenţială implacabilă, greu modelabilă de pattern-urile epistemologice structurante, sau de reprezentările generalizante ale actorilor.

Adepţii abordărilor de tip ideografic susţin prioritatea legilor statistice în raport de cele deterministe. Enunţurile acestora nu aspiră la definiţii cu aplicabilitate universală, ci se mulţumesc să estimeze regularitatea unor raporturi între factori. De aceea, pot fi considerate legi cu putere limitată. Integrarea copilului într-un nou mediu sociouman implică contrapunerea a două contexte, universuri ontologice, iniţial incompatibile, iar procesul de integrare este de fapt un parcurs de construcție mutuală a unui nou *modus vivendi*, unui nou univers existențial. Faptul că adminstrativ sau strict social copilul dobândește statutul de copil, fiu/ fiică etc nu înseamnă că integrarea este deja realizată. Totul trebuie luat de la zero cu factorii ontologic-culturali specifici, contextul și persoanele concrete antrenate în proces, sub semnul noii realități socio-umane create. Nu are loc un simplu act de incluziune formală a unui element într-un sistem dat ci este o o confruntare, o aventură în necunoscut.

În lumina celor două mari perspective și tipuri de abordări epistemologice au apărut o multitudine de teorii, orientări, paradigme, grupate, așadar, tot în două mari categorii. Pe de o parte, teorii și paradigme deterministe, universaliste, structural-funcționaliste, iar pe de altă parte, paradigme fenomenologice, interpretative, constructiviste ori existențialist-umaniste. Chiar dacă dihotomizarea este, în mare parte arbitrară, ea are o relevanță metodologică importantă, inclusiv în paradigma sociologică a asistenței sociale.

Paradigma fenomenologic-umanistă – model filozofic-doctrinar și epistemologic-sociologic de reprezentare a comunității în asistența socială umanistă

Dacă în perspectiva paradigmelor universalist-deterministe sau a celor sistemic-structural-funcționaliste cruciale sunt concepte precum sistem, organizare, structură, funcție, unitate, omogenitate sau finalitate, sistemul social (societatea, familia, organizația etc) fiind reprezentat ca un întreg structurat, universal și funcțional în care diferitele elemente (indivizi, comportamente, instituții, norme, finalități) pot fi explicate prin cerințele teleologice și funcționării întregului (Parsons, *apud.* Buzărnescu, 1995, p. 123), structura rămânând în esență constantă, diferite elemente care-o compun îndeplinind anumite funcții determinate, structurile precedând indivizii, fiind universale, imuabile și explicative în raport cu aceștia, primând integrarea socială, normativă, structurală și cea funcțională, iar tulburările de adaptare și integrare fiind explicate prin imperfecțiuni structural-funcționale ale sistemului social sau incompatibilități de natură ori funcție element-sistem, paradigmele, perspectivele fenomenologic-umaniste, în care se încadrează, în mod convențional, dar justificat, și cele de tip constructivist ori existențialist-umanist, descriu entitatea socio-organizațională, familia, situația socială problemă ca *realități dinamice, unice, ireductibile, foarte complexe, nerecurente, multidimensionale, multifactoriale, multicauzale* (P. Ștefăroi, 2009, p.26). De aceea, adevărata cunoștere sau succes al intervenției/ schimbării sunt condiționate de luarea în considerare a tuturor acestora și nu doar a unor esențe, legități universale, sau structuri imuabile.

Sociologia interpretativă și subiectivă poate fi considerată, unul dintre suporturle teoretic-doctrinare determinante în susținerea paradigmei sociologice fenomenologic-umaniste a comunității umane. Weber (2001) a construit o *metodologie interpretativă* de studiere a fenomenelor sociale, în concordanță cu propria sociologie subiectivă, bazată pe analiza semnificațiilor psihologice (fără a cădea în psihologism) investite de către persoane, inclusiv de către cercetătorii vieții sociale, în acțiunile lor. Se pune accentul pe aspectul subiectiv, uman, unic și ireductibil al faptelor sociale cercetate. Conceptele centrale ale acestei sociologii sunt *acțiunea socială* și *înțelegerea interpretativă*.

Dacă, în perspectiva paradigmelor universalist-deterministe, a celor structural-funcționaliste clasice cruciale sunt concepte precum sistem, organizare, structură, funcție, unitate, obiectivitate, omogenitate sau finalitate, sistemul social (societatea, familia, organizația etc) reprezintând un întreg structurat, universal și funcțional în care diferitele elemente (persoane, grupuri, instituții, comportamente, norme, finalități) pot fi explicate prin cerințele și caracteristicile funcționării întregului (Parsons, apud Buzărnescu, 1995, p. 123), structura rămânând în esență constantă, paradigmele interpretative și contextualiste descriu entitatea socio-organizațională, familia, situația socială problemă ca realități *dinamice, unice, ireductibile, autodeterminante, foarte complexe, ne-recurente, multidimensionale, multifactoriale, multicauzale* în care primează *rolul actorului social* în fața structurii ori întregului (Schutz, 1972).

De aceea, adevărata cunoștere sau succes al schimbării sunt condiționate de focalizarea pe context și agentul social, de luarea în considerare aspectelor implicate și nu doar a unor cauzalități/ legități/ determinisme structurale, universale sau structuri imuabile. Presupune *abordări de tip calitativ* (Mjoset, 2009: 46), iar în asistența socială atenția pentru factorii culturali, umani, etici și psihosociali ai situației de dificultate (Payne, 2011, p. 6).

Sociologia existențialistă. Unele dintre conceptele și valorile fenomenologice și existențialiste au fost preluate și adaptate de către sociologia comunității umane, chiar dacă nu totdeauna în mod asumat, explicit. Ontologia socială abstractă generalizatoare este înlocuită prin concepte precum existență socială, realitate umană, fapt social (Comte, 1999, Durkheim, 2004), problemă socială, suferință umană etc. Astfel, în ceea ce s-a consacrat, până la urmă, ca *sociologie existențialistă*, nu structura, funcția sau macro-organizarea socială/ societală globală și abstractă sunt teme de interes ci existența socială și umană ca atare, existența socială ca existență, existența socială în sine, singulară, a unei comunități sau persoane (Kotarba, 2002, p. 5). Atenția se focalizează atât pe aspecte pur sociale, cât și pe cele culturale, etnografice, antropologice sau psihologice. Devianța este expresia unei *angoase/ excluderi sociale existențiale*, a unei situații de *impas socio-uman existențial* și nu expresia unor neadaptări structural-funcționale într-o societate aproric reglată. În perspectiva sociologiei existențialiste sunt interesante *situațiile unice și particulare de sărăcie, marginalitate, devianță* etc, descrise în multitudinea de factori și elemente de expresie sau cauzalitate, ca impasuri și crize existențiale socio-umane temporare (Tiryakian, 1962).

Contextualismul sociologic. Propune focalizarea pe contextul social, psihologic, cultural și istoric, pe situația concretă, nerecurentă, pe persoană, client, pe „caz"

(Mjoset, 2009, p. 46), în asistența socială pe caracteristicile unice, ireductibile ale situației de dificultate (Bocancea, 2011). În domeniul științelor sociale, și-a constituit un set de principii, valori și caracteristici definitorii:

• conduitele, reacțiile, acțiunile oamenilor se desfășoară în contexte sociale (personale, culturale, economice, etice) particulare și nerecurente;

• schimbarea și dezvoltarea socială au ca principal motor motivația persoanelor și grupurilor pentru nou și viață mai bună;

• nu există corespondență deplină între reprezentările intelectuale (stiințifice) generalizante și realitatea socio-umană concretă;

• existența și comportamentul în context social, economic, psihologic, cultural, moral, juridic determinat este adevăratul obiect de cunoaștere sau de intervenție al științelor și practicilor sociale.

Contextualismul sociologic s-a afirmat el însuși prin mai multe orientări și paradigme sau are multe în comun cu interacționismul și construcționismul (Thomas, 1996).

Interacționismului social. Se fundamentează pe teza că societatea, sistemele sociale și umane sunt produsul *interacțiunii umane*, indivizii la rândul lor se explică prin interacțiunea cu ceilalți indivizi și cu sistemul social din care fac parte, în principal prin sistemul de valori, norme și simboluri sociale, culturale morale etc. (interacționismul simbolic, Blumer, 1969). Societatea/ comunitatea este produsul acțiunii și interacțiunii umane, este produsul modului în care oamenii interpretează semnificația informațiilor, evenimentelor și regulilor sociale, în funcție atât de conținutul obiectiv al acestora cât și de particularitățile personalității lor (Endler și Parker, 1992, p. 183).

Constructivismul/ construcționismul social. Reliefează faptul că societatea este un construct, de aceea analiza se focalizează pe modul său de constituire și instituire. Organizațiile umane, realitatea socială, personalitatea, vulnerabilitatea socială sunt *produse/ creații umane* (Cojocaru, 2005, p. 48), procese, construcții dinamice complexe, ontogenetice și nu simple materializări ale unor structuri universale, tipare sau procese predestinate. „Societatea este un construct uman. O inovație. Toate componentele culturii – limbile, religia, miturile, arta, familia cu regulile ei, organizarea socială – sunt constructe umane noi, deci inovații" (Zamfir, 2009, p. 8). În perspectivă constructivistă copilul, în procesul de învățare socială, nu este reprezentat ca un învățăcel pasiv, sau ca un element amorf în sistemul familial sau grupul de învățare ci ca un actor al propriei dezvoltări și emancipări personale (Harel și Papert, 1991). Acesta își dezvoltă deprinderi și conduite adaptative în mod activ prin interacțiunile dinamice cu mediul psihosocial, cu ceilalți membrii ai comunității. Învățarea socială și adaptarea sunt văzute ca procese active de construire de noi comportamente, "negociate" cu mediul social, de devenire și asimilare culturală creativă (Lock și Strong, 2010, p. 5). Comunicarea/ limbajul și interacțiunea personală concretă, senzorială, având, în acest sens, rol crucial, intervenind direct în activitatea de construire ontologică sau psihologică (constructe personale/ sociale) a realității sociale (Chelcea, 2008, p. 135). Din această perspectivă, *comunicarea* este înțeleasă ca un proces de *co-elaborare a realității socio-umane*, în care părțile își ajustează reciproc conduitele, atitudinile, personalitatea, atașamentele.

Realismul sociologic modern. Metoda sociologică a realismului modern, a „noilor realisme", propune observarea atentă a realității și reflectarea ei cât mai obiectivă, cu focalizare pe particular și ideografic, fără, însă a desconsidera total întregul, viziunea și abordarea teleologică. Realismul modern depășește gândirea atomist-empirică fondatoare și concentrarea obsesivă pe realitatea „obiectivă"; în științele socio-umane reliefează tot mai mult importanța ființei umane, a persoanei și valorilor/ experiențelor spirituale în existența socială și practica socială (Amall, apud Buzărnescu, 1995, p. 141). După Watt (1957), reprezentant de frunte al realismului modern, în linia de gândire a lui Descartes, Locke sau Reid, adevărul (adevărul social/ uman) poate fi descoperit cel mai bine prin simțire și prin modul în care este efectiv trăit de către persoană sau colectivitate, prin *experiență socială*.

În zona cercetării sau practicii sociale propune *metodele bazate pe evidențe* care presupun, atât fundamentarea concluziilor pe cercetarea științifică și dovezi/ evidențe incontestabile cât și concentrarea pe realitatea concretă nerecurentă, fenomenologică și experimentabilă a situației socioumane, evaluarea pleacă de la relevarea caracteristicilor legate de cultura locală, religie, etnie, surprinde relațiile, fenomenele și procese psihosociale ori empatetice (de atașament) specifice, caracteristicile culturii organizaționale ori specificitățile psiho-socio-culturale, antropologice și economice ale problemelor sociale. În activitatea de intervenție socială profesionistul operează cu calități profesionale și umane precum meticulozitate, rigoare, empatie, experiență profesională, umană și socială adecvate specificului mediului, problemei și clientului.

Gândirea/ orientarea sociologică și culturală postmodernă. Fără nici o îndoială gândirea sociologică și culturală postmodernă are un rol crucial în susținerea noilor orientări și practici din sociologie, nu doar pe raționamentul contemporaneității dar și pentru că multe dintre dintre teoriile sau valorile pe care le promovează se pot constitui în paradigme teoretice valoroase.

Așa cum bine se cunoaște postmodernismul în are originea în artă, însă, mișcarea, care s-a impus tot mai mult ca un curent de gândire major în contemporaneitate, a fost puternic resimțită în filosofie, între alții prin Thompson, Pannwitz sau chiar Nietzsche.

În sociologia contemporană postmodernismul este identificabil, printre altele, prin următoarele idei și valori (le enumerăm doar pe acelea care au relevanță pentru tema secțiunii:

- societatea, comunitatea, grupul etc. sunt entități deosebit de complexe, fără scopuri și ținte clare;

- societatea umană este o existență fragmentată, discontinuă și neunitară;

- dinamica socială este deosebit de fluidă, entitatea socială este în continuă schimbare, societatea nefiind modelabilă epistemologic și nefiind niciodată identică cu ea însăși (Beck, 1992).

- predomină indeterminarea și iraționalul;

- relația dintre instituții și persoană este ambivalentă și nesigură;

- de la economia bazată pe bunuri la economia bazată pe servicii, de la de la obiecte la infomație;

- hedonismul și relativismul moral/ cultural;

- de la teoria generală a sistemelor la teoria sistemelor complexe (a haosului) sau la teoria sistemelor emergente etc.

Fenomenologia comunității umane

Asistența socială umanistă se bazează, din punct de vedere sociologic-doctrinar, pe o paradigmă de tip fenomenologic-umanist, după care comunitatea umană se constituie procesual, în principal prin antrenarea personalităților oamenilor și relațiilor de atașament și compatetice care se stabilesc între aceștia.

Este un adevăr necontestabil, stiințele socioumane contemporane, cu referire specială la sociologie, nu reușesc să explice, în suficientă măsură, unele teme umane, sociale precum fenomenul empatetic, atașamentul, altruismul, iubirea, fericirea, libertatea, solidaritatea umană, cultura, morala sau să contribuie la rezolvarea unor probleme umane precum suferința, tragediile, războaiele, folosirea pe scară largă a substanțelor halucinogene, tocmai datorită faptului că sunt „obsedate" de preocuparea de a nu ieși din cadrele unor abordări consacrate, clasicizate, formulate în paradigme științifice rigide, autosuficiente, reducționiste, „obiective" (Buechler, 2008).

Foarte multe probleme de înțelegere și reprezentare epistemologic-științifică a problemelor socioumane își au originea în modul inadecvat în care este percepută și reprezentată comunitatea umană, grupul social, societatea, familia etc.

Există, în acest scop, o paradigmă, un sistem conceptul-teoretic încă insuficient utilizat, care poate oferi un cadru pentru multe explicații și pentru rezolvarea multor probleme umane, sau fundamenta o explicție umanistă a fenomenelor și proceselor sociale este vorba de paradigma ontologic-fenomenologică, cu tema sa centrală: teoria ființei și existenței. Astfe, grupul social, comunitatea umană sau societatea pot fi abordate și reprezentate prin intermediul acestei paradigme.

Ontologia – filosofia ființei și existenței – a consacrat triada ontologică fundamentală: ființă – existent – existență. În perspectivă fenomenologică *ființa* unei entități reprezintă esența, conținutul originar, invariabilul, fundamentul ontologic al entităților, existentului și existenței, *existentul* reprezintă forma concretă, unică, parte a unui context, latura expusă a ființei, dobândind caracteristici de formă ale mediului concret în care ființează și există, în timp ce *existența*, sau ființarea, reprezentă latura procesuală, contingentă, situațional-contextuală, expusă timpului, dinamică, experiențială (Maritain, 1956).

În acord cu paradigma filosofic-ontologică clasică vom încerca să reprezentăm procesele și fenomenele comunitare cu ajutorul aparatului conceptual-teoretic al teoriei ontologice, astfel se va considera că *ontosul comunitar* reprezintă ființa comunității, *instituțiile, simbolurile, controlul social*, existentul, iar *realitățile, fenomenele, procesele și activitatea socială* existența, procesualitatea comunitară.

În această paradigmă, existența socială, fenomenele, procesele sociale, comunitare pot fi interpretate și ca expresie a interacțiunii ontologice dintre ontosul comunitar și controlul social. Stabilitatea sau dinamica existenței comunitare fiind direct proporțională cu gradul de congruență ontologică dintre ontosul comunitar, pe de o parte, și instituții și control social pe de altă parte. Existența, funcționarea, fenomenologia comunității umane, procesul ontologic de construire a unei comunități, este mediat, printre altele, de ceea ce noi numim, deocamdată, cu titlu experimental, principiile sau **legitățile emergenței.**

În perspectivă principiilor emergenței social-ontologice procesele pot depăși uneori legile și principiile „naturale", fizice cunoscute. Nu se desconsideră rolul acestora, sunt necesare proceselor fizice, psihologice și sociale elementare, însă „spațiul" uman, comunitar, cultural se formează, dezvoltă, funcționează și după principiile *emergenței* și altora subiacente acestuia: principiile *transmergenței, telegenței, conmergenței sau imergenței*.

Transmergența proceselor, structurilor, fenomenelor comunitare/ sociale presupune proprietatea acestora de a se desfășura simultan, fără limitări și bariere fizice, spațiale și de organizare. Concomitent în același sistem se pot constitui și manifesta mai multe formațiuni, indiferent de natura, stadiul sau nivelul la care se găsesc. Procesele de constituire și funcționare a onto-formațiunilor comunitare transced organizările și formațiunile deja constitute, le atrag și antrenează în procesele de constituire și instituire a noilor formațiuni, fără să le altereze. Gradul de libertate este foarte mare, numărul combinațiilor și facilităților de structurare și „formatizare" comunitară fiind aproape nelimitat.

Telegența privește latura temporală a proceselor și fenomenelor comunitare. În universul uman-comunitar procesele nu au totdeauna un reper temporal determinat. Constituirea și funcționarea formațiunilor se realizează fără bariere temporale, un eveniment de cu zece ani în urmă se poate actualiza și integra, prin cultură, conștiință socială, ușor într-o formațiune comunitară în constituire, după cum un eveniment actual poate redimensiona, prin reinterpretare, evenimente din comunitate aparținând unor vremuri îndepărtate. Telegența comunitară reprezintă și proprietatea proceselor comunitare de a decurge în raport de un proiect și nu de o necesitate contingentă. Orice comunitate tinde spre mai bine, are, mai mult sau mai puțin asumat, proiecte. Prezentul este negat ca o insuficiență sau neîmplinire. Procesele reflectă mai degrabă caracteristici ale proiectului decât ale situației „obiective".

Imergența reprezintă propietatea sistemelor socioumane, comunitare de a se autodezvolta, genera și reconstrui din resurse exclusiv proprii.

Conmergența proceselor comunitare antrenează transmergența, telegența, imergența și promergența și reprezintă tendința formațiunilor și proceselor de se organiza și concentra „tematic" în sisteme și formațiuni, reflectând inerența unor funcții, dincolo de orice limitări de ordin „logistic" sau temporal.

Ontosul comunitar sau "ființa" comunității. Conceptele de ontos comunitar sau sau ființă a comunității le folosim cu sensuri asemănătoare celui de *ființă socială*, mai cunoscut și utilizat de unii filozofi și sociologi de orientare filozofică, având, desigur, ca fundament teoria metafizică a ființei (Lukacs, 1978),

Conceptul ontologic de ființă își are originea în filosofia antică, fiind utilizat îndeosebi cu sensul de existență primordială, realitatea absolută a lucrurilor, ceea ce se ascunde dincolo de aparențe. Tema ființei și existenței a făcut parte din marile dialoguri ale filosofiei pe întreg parcursul evoluției acesteia, regăsită în abordările și temele metafizice sau gnoseologice fundamentale precum existența, omul, libertatea, protocronismul, timpul, ordinea, binele, frumosul, Dumnezeu, fericirea, existența umană, sensul, Celălalt, lucrul, unu, calitatea, evenimentul, intenționalitatea, lipsa, esența, natura umană. Caracterul de fundament existențial, dual, polivalent sau contradictoriu al ființei fost surprins încă din antichitate (Kosman, 2013).

Problema ființei/ existenței a făcut parte din tema contradicției/ noncontradicției la Aristotel (Whitaker, 2002), iar Platon, considera, în celebrele Dialoguri (vezi Hamilton, Cairns, Cooper, 2005), că abordarea interogativă, contradictorie reprezintă căi esențiale în revelarea ființei, asimilând-o energiei. Cele mai multe școli filosofice antice, elene și romane, se consacră și prin temele de natură ontologică.

Tema existenței, fundamentelor sau dualității lumii, a omului ca ființă, sau existenței în comunitate (ființă – existență) este frecventă și în gândirea orientală, cu precădere în cea indiană (Hinduism, Jainism, Buddhism). În metafizica evului mediu scolasticii dezbat așa numitele "transcendentalii", sau „universalii" fiind clasică disputa dintre „realism" și „nominalism"; însă tema ființei ca atare și a existenței concrete, ca și categorii ale cunoașterii filosofice, s-a impus abia prin gânditori precum M. Heidegger, S. Kierkegaard, G.W.F Hegel, E. Husserl, ori J.P. Sartre.

Inspirat de fenomenologia lui Husserl, Heidegger (1995) a folosit sintagma „scoatere din ascundere" pentru a explica, în mod plastic, geneza și metamorfoza existențială a ființei în general, în timp ce Hegel identifică ființa cu ideea sau conceptul absolut. Mai mult orientat spre natura umană, Nietzche (1999), consideră voința de putere drept notă fundamentală a *ființei(umane)*. În toate filosofiile o caracteristică a ființei o reprezintă *unicitatea* acesteia, *singularitatea*. Unicitatea ființei umane fiind condiționată de intenționalitate, autodeterminare dar și de responsabilitate sau libertate.

Sartre (2004) insistă asupra importanței *celuilalt*, în constituirea și definirea ființei. Plecând de la primatul "intenționalității" a lui Husserl, constată că inițial ființa este o lipsă. Ceea ce o transformă în ființă este celălalt, mediul. Prin celălalt marele filosof francez nu se referă strict la persoane ci la tot ceea ce există în afara ordinii ființei, cu care acesta are direct sau indirect legături. Celălalt intră în constituția ontologică a ființei.

Atât filosofia lui Heidegger cât și a lui Sartre relevă un aspect ontologic crucial: nu există ființă fără existență și existență fără existent. După cum nu există existență fără ființă. Tot astfel putem spune că nu există ontos comunitar fără existență socială/ comunitară și existență comunitară fără instituții și control social/ comunitar.

Așa s-a văzut, după Sartre, ființa se construiește ontogenetic, ea nu există aprioric ci se confecționează din multitudinea de experiențe prin interacțiunea cu celălalt, mediul etc. În acord cu gândirea marelui filosof existențialist orice entitate, comunitate socioumană, relație socială nouă care tinde să se constituie trebuie, din punct de vedere ontologic, să ia procesul de la început, nivelul general la care a ajuns societatea umană nescutindu-o de parcurgerea unor etape absolut necesare până la a ajunge la stadiul de comunitate autonomă și instituită, parte a comunității mai largi sau societății.

În acest proces o etapă fundamentală, care așează practic bazele comunității ca entitate existențială o reprezintă, constituirea a, ceea ce noi numim în mod experimental-convențional, ontosul sociouman, dar pentru că ne referim la entități sociale precum familia, organizația profesională, societatea ca întreg ori localitatea administrativă, vom folosi sintagma ontos comunitar.

Dacă ne folosim de principiile transmergenței putem să ne imaginăm această onto-formațiune socială ca instituindu-se concomitent cu dezvoltările structurale și instituționale binecunoscute, cu constituirea altor formațiuni onto-sociale, într-o dinamică perpetuă pe tot parcursul existenței comunității respective.

Dar ce este ontosul comunitar? Să plecăm de la sintagma hedeggeriană ESTE DAT. Astfel, o mare parte din existența unei comunități umane ESTE DATĂ. Dacă în fazele superioare ale ontogenezei comunitare prin mecanisme proprii instituite, cultură, control social, administrație comunitatea poate controla propriile procese, în perioadele de început această posibilitate nu există. Este însă o perioadă de mare achiziție, în care controlul lipsește aproape cu desăvârșire. Asta însemnă că comunitatea umană se instituie existențial dintr-o eterogenă, potențial divergentă și relativ întâmplătoare sumă de elemente, procese și experiențe sociale inițial neorganizate, necoerente, iar prin instituirea ontosului social toate acestea se coagulează în perspectiva unui proces unificator. Procesul este foarte complex, doar unele experiențe și structuri sociale sunt reținute.

Localizarea ontosului comunitar nu este însă topică, spațială. Ontosul este o organizare care transcede dimensiunile fizice ale spațiului, timpului, mișcării și energiei. Este o irumpere în transcendent, legile așa-zis obiective nu au nici o aplicabilitate în acest „spațiu", este spațiul „ființei", al ființei comunitare care prin cultură, instituții, sufletele și eu-rile persoanelor se dis-temporalizează

Așa cum s-a precizat inițial, tot ceea ce urmează să cuprindă o comunitate sunt inițial niște "daturi" și sunt exterioare ontologic acesteia. Sunt elemente ale unor entități care-i sunt absolut străine aprioric, inițial. De aceea pentru început nu se poate vorbi despre comunitate ca despre o ființă. Există însă toate premisele. Heidegger a folosit sintagma „scoatere din ascundere" pentru a explica apariția și instituirea ființei în general, considerând că sursa ființei care urmează să se constituie se află în elementele care o premerg. Însă, după ce aceasta s-a instituit devine subiect de drept existențial.

> Ființa prin care orice ființare este desemnată ca ființare și înseamnă prezența statornică (Anweser) se arată a fi o *admitere - de - prezență*. De acum trebuie să gândim în mod autentic măsura în care este admisă prezența. Admiterea-de-prezență își modifică specificul prin faptul că aduce în stare de neascudere. A admite prezența înseamnă: a scoate din ascundere, a aduce în deschis. Acestei scoateri din ascundere îi este propriu un act de a da (Geben) și anume acela care în admiterea-de-prezență dă prezență statornică, respectiv dă Ființă (Heidegger, 1995, pag. 29).

Chiar în perspectiva ontologiei sociale comunitatea umană ca structură nu poate fi oricum, ea repetă matricea structurală, funcțională și genetică a organizării socioumane, în general, consacrată istoric, se instiuie automat odată cu întrunirea condițiilor necesare (Lukacs, 1978), însă procesul de constituire și instituire a ontosului unei comunități, care o solidifică și-i imprimă statornicie conduce și la particularizare „prezența statornică se arată ca *hen*, adică unicul, UNU, care unifică ca logos, care păstrează totalitatea" (Martin Heidegger, 1995, pag. 31).

Unicitatea este o caracteristică și condiție esențială a instituirii ființei și constituirii ontosului, este, așadar, terenul pe care se profilează și formează cultura specifică și în final comunitatea ca întreg, chiar dacă la început este o mulțime eterogenă de alter-ființe din spețele cele mai diverse.

Coagularea acestora și atragerea în „sfera" onto-socială este anevoioasă și presupune acțiunea modulatoare a culturii și societății ca întreg, paralel cu dezvoltarea accelerată a instanțelor proprii, controlului social, culturii politice (statornicia, admiterea-de-prezență).

Instituțiile și controlul social. Existența comunitară/ socială, temă de care ne vom ocupa în secțiunea care urmează, ca fapt și realitate nemijlocită, determinată spațial și temporal, aici, acum, astfel, este produsul interacțiunii ontologice dintre ontosul comunitar, la care ne-am referit mai sus, și controlul social și sistemul de instituții, de care ne vom ocupa în secțiunea de față.

Prin constituirea și funcționarea instituțiilor și mecanismelor de control comunitar scade rolul hazardului și indivizilor în determinarea proceselor și conduitelor de grup și personale. Este momentul în care încep să se structureze și mecanismele de protecție și apărare (Pound, 1996).

După instituirea acestora începe procesul de consolidare și instalare definitivă a controlului social asupra indivizilor, grupurilor, proceselor, inițiativa și acțiunea socială deplasându-se de pe persoane pe instituții (Ferréol, 1998, p. 45), tendința de a se detașa de indivizi și de a se disloca de mecanismele ontologice originare fiind tot mai accentuată cu cât comunitatea se dezvoltă și mărește. Această sporită autonomie este de fapt și o explicație a delimitării și opoziției față de contextul social mai larg.

Rolul instituțiilor și controlului social în comunitatea umană este foarte important, acesta preia toate comenzile interne, și le asumă și impun, formal sau informal, conduitele de satisfacere a juisanței sociale și personale. Acțiunea propriu-zisă este și rodul activității interne a unor actori care se dezvoltă în jurul factorilor de putere, cu statute și roluri bine definite în economia administrativă a comunității. În lipsa mecanismelor de control comunitatea s-ar putea dezintegra, aliena, dispare ca entitate socială (Inderbitzin, Bates, Gainey, 2012).

Dezvoltarea societății, solidaritatea, umanismul, economia au consacrat atitudini, instituții, comportamente dar și mecanisme care servesc, perpetuează specia umană ca strategie asumată și declarată în care interesul personal se îmbină cu cel comunitar. Comunitatea fiind și un mediu în care persoana se

„umanizează", se dimensionează cultural; construcția sa personală este produsul unor influențe onto-culturalizatoare, valorizatoare Mille, 2009) .

La nivelul persoanei este și sursa unor noi conflicte personale interne între tendințele originare endemice de conservare, de căutare, aici și acum, a satisfacției care elimină dismergența și comandamentele socio-culturale care îndeamnă la respectarea intereselor comune.

Rezolvarea conflictului se realizează și prin dezvoltare comunitară compatetică, care integrează și juisanța persoanei. În cazul în care comunitatea devine oprimantă sau anarhică una dintre aceste strategiile persoanei o reprezintă replierea pe minim, în care conduitele hedonice se restrâng iar cele ontofobice ori agresive se extind.

Nevoia de instituționale și control social este generată în principal de fragilitatea dar și complexitatea entităților socioumane (Ross, 2002). Așa cum s-a subliniat mai sus prin ontosul comunitar, comunitatea tinde să se instituie și ca ființă, autonomă, cu durată, procese, fenomene, însă este fragilă, relativă, determinată, limitată temporal, spațial și energetic, condiționată de funcționarea altor formațiuni, precum și de mediu. Fiecare dintre acestea tinde să se autoconserve, să se opună sau să preia din resursele noii comunități. Comunitatea fiind cea mai recentă și vulnerabilă formațiune în orice moment poate fi dezintegrată.

De aceea se poate afirma și că instituirea onto-formațiunilor comunitare nu este expresia strictă a unei programări societale, istorice, acestea se grefează pe structurile și realitățile existente în procesul creșterii și interacțiunii cu mediul social mai larg, cu care intră într-o acerbă luptă existențială, însă procesul fiind supus și unor factori contextuali aleatorii, din zona hazardului

Procesualitate și existență comunitară. Dacă ontosul comunitar, ca *ființă*, are o consistență și durabilitate ontologică incontestabilă, iar mecanismele de control social și instituțiile au și ele un grad sporit de stabilitate, existența socială, prin raportare la acestea, se caracterizează mai degrabă prin termeni opuși, precum inconsistența și lipsă de durabilitate, sau instabilitate.

În paradigma filozofică, procesualitatea și existența comunitara înseamnă și o admitere-de-prezență, o aducere în stare de neascundere, aducerea în deschis, care nu înseamnă altceva decât oferirea comunității ca entitate, deci ca ființă, a dreptului la existență proprie, la timp, la spațiu, la cultură, la politică dar mai ales dreptul de a le folosi în scopuri specifice proprii, precum și dreptul de a se însera în existența comunității mai largi, de a fi acceptată de mediu, de oameni, de societate.

În acest sens existența comunității înseamnă libertatea de alegere a propriului destin, propriilor lideri și valori, autodeterminarea dar și responsabilitatea pentru consecințe, cu afectarea securității în cazul depășirii unor limite impuse de obiectivitate (legitate) (Berger, Luckmann, 1967).

După Sarte libertatea pe care și-o câștigă omul prin rațiune și progres sociale este și sursa tragismului existenței sale; conștiința limitelor sale este o permanentă sursă de nesiguranță, instituind, spunem noi, la nivelul ontosului comunitar, ca o stare permanentă (componentă a ființei) instabilitatea socială.

„Criza" (fragilitatea) existenței umane/ socioumane este descrisă de către Kierkegaard prin termenul de *anxietate*. Părintele existențialismului, cum mai este cunoscut, descrie într-un mod destul de pitoresc starea existențial-umană de anxietate pe care o generează libertatea, asemănând-o cu amețeala omului care privește în jos în prăpastie. (Kierkegaard, 1998).

Spre deosebire de alte „ființe", regnuri, specii, etc. ființa umană, dar și comunitatea, este, generic vorbind, „în construcție", antropogeneza, preistoria, istoria, cultura, civilizația sunt căi către ființă și existență autonomă. Este motivul pentru care putem spune că gradul de entropie, nesiguranță, anxietate al entităților umane este, aprioric, foarte ridicat; fiecare individ, comunitate este o treaptă, încă o încercare pe care *ființa* o face, prin *existență*, pentru „a ieși din ascundere". Entropia este maximă în fazele ontice incipiente și scade odată cu instituirea ontosului comunitar, a sistemului său propriu compatetic, cultural și politic și cu instituirea instituțiilor, controlului social, *existentului.*

Elementele tuturor celorlalte formațiuni comunitare se pot regăsi în ontosul comunitar după cum ontosul comunitar cu sub-formațiunile sale „operează" specific în dinamica celorlalte formațiuni. Fiecare structură sau formațiune comunitară există numai în raport de existența celorlalte și a funcționării comunității ca ansmblu. De aceea trebuie să-i subliniem, să evidențiem conținutul eterogen, divers și chiar divergent; această eterogenitate și diversitate, chiar adversitate stă sub controlul ființei, deci a unității în fața existenței. Unitate care se câștigă prin lupta, în existența și procesualitatea comunitară, a unor agenți, actori din comunitate pentru supraviețuire, control (instituții) și obținerea unui statut în context comunitar mai larg.

Gradul de ontificare a diferitelor elemente, deci de persistență, de permanentizare nu este uniform. Se produce o stratificare, o organizare, am putea spune în mod convențional, metaforic, sferică, cu un nucleu dur, căruia i-am putea spune propriu-zis ființa comunității și alte straturi aflate în grade diferite de interferență cu celelalte formațiuni comunitare. Această viziune ne determină să considerăm ontosul centrul existențial, genetic și funcțional al comunității.

Dacă în fazele ontice inițiale sunt dominante sincretismul și sincronismul printr-o raportare contingentă și nediferențiată la stimuli ambientali (sociali, naturali, instituționali, culturali, politici, economici), treptat începe procesul de diferențiere, de constituire de noi sfere și de deschidere temporală - procesul se produce concomitent formării și dezvoltării altor formațiuni comunitare, preluând conținutul ontic al acestora. Un rol esențial îl are dezvoltarea socială generală, atașamentele și cultura organizațională, care dimensionează uman-spiritual ontosul comunitar.

Procesul de instituire existențială nu este automat, simplu și liniar. Experiențele sociale, economice, conflictele, dramele marchează semnificativ structura, organizarea și orientarea acestuia (Antony, 2008). Comunitatea puternică, dinamică, stabilă, care conferă fericire și împlinire umană membrilor se constituie pe fondul unui ontos solid, bine „înfipt" în existență. Acesta este o sursă generală de energie onto-socială și culturală pentru întreaga comunitate. Ontosul comunitar, astfel, nu se reduce la rolul de fundament existențial ci este și rezervorul, sursa de energie ontologică a acestuia. Această energie nu este doar un suport în procesul de confruntare cu mediul ci mult mai mlt, este un resort al propriei înființări, existențe și ființării sociale specifice.

Existența oricări comunități este condiționată și de schimbul permanent cu mediul. Instituirea unei comunități însemnă deja o realitate ierarhică, în care aceasta asimilează unele dintre elementele mediului. Procurarea lor presupune o anumită poziționare sau căutare, dar asimilarea este rezultatul unui foarte complex proces istoric.

Punctul de plecare în înțelegerea conceptului de existență comunitară îl reprezintă conceptul hedonic de *juisanță socială*, care încorporează atât nevoi, dorințe, aspirații personale cât și ale diferitelor categorii sau grupuri sociale (Saran, 1998). Aceasta are tendința de a se auto-organiza, caracteristica sa definitorie fiind dinamismul funcțional. Face legătura dintre trebuințe, exprimate prin tensiuni, experiențe disconfortante și instanțele superioare ale comunității, care le califică drept nevoi sociale și determină răspunsuri pentru acțiunea de căutare a formelor de organizare socială care să le satisfacă.

Modalitățile de organizare a juisanței comunitare pot fi dintre cele mai variate; compoziția, natura, forma și dinamica variind de la un caz la altul în funcție de ponderea diferitelor subcomponente, intensitatea acestora, legătura cu mediul, cultura sau societatea.

Societatea prin istoria, dinamica și structura ei se constituie astfel încât oamenii să obțină juisanță pozitivă cât mai sporită, chiar dacă aceste situații poartă diferite denumiri și au scopuri declarate de altă natură. Istoria omenirii, din această perspectivă, poate fi definită ca o luptă a omului pentru cât mai multă juisanță pozitivă – regăsibilă în idealurile de libertate, fericire, armonie (Illomen, 2011).

La nivel individual, subiectiv, personal juisanța se regăsește în aspirația spre fericire. Se produc procese mai mult sau mai puțin asumate, de erotizare a persoanei, ținutei corporale, comportamentului și chiar a culturii cu prețul atrofierii unor valori spirituale și morale constituite și afirmate istoric. Excesele pot fi catalogate ca regresii în evoluția istorică a omenirii numai în măsura în care afectează supraviețuirea ființei umane ca entitate morală.

Dealtfel căutarea plăcerii, erosul nu sunt în sine ceva negativ, societatea în întregul ei se autoreglează reconstruind sistemul de valori prin evoluții și revoluții culturale, sociale, spirituale, morale oferind fiecărei sfere spirituale, morale ponderea pe care o merită în societate și viața indivizilor.

Una dintre sublinierile care se impun, din perspectiva unei sociologii umaniste de factură ontologică, este și aceea că, în ultimă instanță ontosul și existența comunitară sunt susținute și constituite ontologic de "ontosurile" persoanelor care-l compun, chiar dacă se descrie ca o formațiune autonomă.

Această congruență ontologică, întărită și de sistemele de atașamente, empatii, compatii, reprezentări sociale comune este linatul ontologic care mentine unitatea și continuitatea comunităților umane. Un rol important în acest scop avândul și constituirea instituțiilor și mecanismelor de control social, comunitar, care este un proces stadial, complex și multidimensional.

Unitatea și congruența ontologică comunitară

În perspectiva ontologiei sociale, a paradigmei/ teoriei ontologice a organizării și funcționării unei comunități, societăți umane, dar și a teoriei umaniste a asistenței sociale ontosul comunitar, existența, viața socială/ comunitară și sistemul de instituții și control social ar trebui să constituie o *unitate ontologică*, o unică entitate existențială, caracterizată prin coerență structurală și congruență ontologic-funcțională.

Dar ce anume, în mod concret, cuprinde ontosul comunitar, viața, existența comunitară și sistemul instituțional și de control social/ comunitar?

Pornind totuși de la sublinierea că în sistemele emergente și transmergente, în care cuprindem și comunitatea umană (relații socioumane, grupuri, organizații, comunități locative, comunități online, etnii, popoare, națiuni, societăți, țări, structuri suprastatale și societatea globală, mondială) este foarte dificil de stabilit distincții clare între diferite niveluri sau sfere, ele interferând și ființând în multe cazuri în acceași "locație", structură, în același timp, loc etc. Totuși se pot realiza unele încadrări, cel puțin cu scop didactic.

Astfel vom încadra în ceea s-a numit **ontos comunitar**, și ar corespunde *ființei* în triada ontologică a comunității umane, printre altele, următoarele:

- Persoanele, ființele umane din respectiva comunitate, în principal cu motivațiile, nevoile, sufletele, eurile, ontosurile endemice, afective și spirituale ale acestora;

- Cultura, religia, morala, tradițiile obiceiurile etc, luate cu latura lor ne-rituală, ne-rațională, ca fundamente ontologic-spirituale ale comunității ca întreg, conduitelor și vieții comunitare;

- Istoria, trecutul comunității, ca forțe ontologic-spirituale ancestrale ne-raționale, identificat în reprezentările sociale inconștiente, prejudecăți, conștiința (subconștiința) persoanelor sau "conștiința" (subconștiința) comunității (imaginarul colectiv);

Ceea ce am numit **existență comunitară** ar cuprinde:
- Viețile trăite ale oamenilor, emoții, sentimente, manifestări psihosociale;
- Conduitele, fenomenele și procesele sociale, în dimensiunea lor temporală și experiențială;
- Procesul istoric, evenimente, schimbări, conflicte, războaie, revoluții, tragedii, epidemii;
- Viața socială curentă/ prezentă, manifestări, sărbători, muncă, viață de familie, activitate economică, de creație;
- Cultura, religia, morala, tradițiile obiceiurile etc, luate cu latura lor manifestă, trăită, ca suporturi/ argumente existențiale ale instituțiilor și instituirii structurilor de control și putere.

Existentul comunitar ar cuprinde, în principal:
- Comunitatea ca întreg și parte autonomă a comunității mai mari din care face parte, în raportul cu alte comunități și cu societatea ca întreg ori societatea globală, cu istoria și cultura;
- Sistemul juridic, administrativ-politic, de instituții, de control social;
- Cultura, religia, morala, tradițiile, obiceiurile, simbolurile etc, luate cu latura lor normativă, rațională, ca fundamente axiologic-spirituale ale comunității ca întreg, conduitelor și vieții comunitare;
- Cultura și sistemul economic, luate ca întreg și indicatori globali, de dezvoltare, comunitară, umană și economică – surse de rol și status în ierarhia internă și structura comunității superioare.

Pentru a putea lămuri ce ar presupune unitatea ontologică, coerența structurală și congruență funcțională a unei comunități, pe lângă prezentarea schematic-sumară a elementelor de mai sus, corespunzătoare sferei ontologice, existențial-procesuale și instituțional-juridice vom aduce în dezbatere și principiile emergenței, transmergenței și conmergenței, menționate în capitolul I a lucrării.

Ne reamintim astfel că sistemele emergente caracterizează în principal entitățile organice, sociale sau umane, în care încadrăm, fără îndoială, și comunitatea umană.

Comunitatea, de acest fel, este în mod inerent produsul unei geneze, dinamici, evoluții care rezultă din ceva anterior și care parcurge, și ea, niște etape aproape obligatorii: *de contact, acumulare, structurare și constituire*. După constituire urmează *instituirea* și în final *endemizarea/ ontificarea* sa, adică atingerea stadiului teleologic de ființă. Aici, în acest stadiu se poate vorbi de unitate ontologică. Ceea ce ar presupune o "subordonare" existențială, structurală și funcțională a celorlalte două sfere, procesual-existențiale și instituționale.

Comunitatea există astfel, funcționează în primul rând prin persoanele, ființele umane din respectiva comunitate, cu motivațiile, nevoile, sufletele, eurile, ontosurile endemice, afective și spirituale ale acestora, prin cultura, religia, morala, tradițiile obiceiurile acestor, pe suportul consistent al istoriei, trecutului propriu al comunității, ca forțe ontologic-spirituale ancestrale ne-raționale, identificat în reprezentările sociale inconștiente, prejudecăți, conștiința (sub-conștiința) persoanelor sau "conștiința" (subconștiința) comunității (imaginarul colectiv).

Structurile, politicile, simbolurile, sistemul juridic, administrativ-politic, de instituții, de control social, cultura, religia, morala, tradițiile, obiceiurile, sistemul economic emerg din acestea, din sfera ontologică, și nu sunt importate și aplicate mecanic, formal (teoria formelor fără fond).

Într-o comunitate definită ca unitară ontologic, funcțională, eficientă, în care oamenii se declară majoritar fericiți, există așadar congruență între sfere, ele emerg unele din altele, se condiționează și formează reciproc, însă ceea ce îi conferă cu adevărat consistență și durabilitate este viața socială, procesualitatea și existența comunitară concretă.

În mod real, și în ultimă instanță, comunitatea există, se desfășoară prin viețile trăite efectiv ale oamenilor, cu emoțiile, sentimentele, manifestările psihosociale ale acestora, prin conduitele, fenomenele și procesele sociale, în dimensiunea lor temporală și experiențială, prin evenimente, schimbări, conflicte, războaie, revoluții, tragedii, epidemii, prin muncă, viața de familie, activitate economică, de creație, prin cultură, religie, morală, tradiții obiceiuri etc, luate cu latura lor *uman*-manifestă, trăită (simțită) (Lukacs, 1978).

Comunitatea/ unitatea compatetică și compatia

Unitatea și congruența ontologică comunitară, respectiv între ontosul comunitar, sistemul de instituții și viața, existența socială/ comunitară generează și se află în foarte mare legătură cu ceea ce noi numim **comunitate compatetică**, categorie-valoare esențială în epistemologia asistenței sociale umaniste..

Orice grup social, comunitate sau organizație este și o comunitate compatetică. Multe suferințe umane, drame sau probleme sociale își au originea în insuficienta dezvoltare a acesteia, în carențe sau grave tulburări compatetice. Cunoașterea acestui aspect de către profesionistul din asistența socială este o necesitate și, mai mult decât atât, compatia, comunitatea empatetică, sistemul de simpatii și empatii pot fi *instrumente* foarte eficiente de *schimbare, ameliorare, de normalizare*. Cea mai elementară relație interpersonală, situație/ realitate socială, este, mai mult sau mai puțin, și o interacțiune/ congruență psihosocială empatetică și inter-empatetică (Rifkin, 2009). Este o interacțiune între sufletele/ personalitățile empatetic-spirituale ale membrilor. Această ascunsă interacțiune determină apariția unor procese și situații de grup mai subtile, de regulă neglijate de paradigma științifică psihosocială clasică.

Și procesele empatetice, chiar dacă sunt mai subtile și aparent mai neorganizate, au o importanță foarte mare în ceea ce privește *congruența, coerența, unitatea și funcționalitatea grupului social*. Cu cât grupul este mai mic cu atât probabilitatea ca empatia să aibă un rol mai important, cu cât grupul este mai mare, desigur, rolul empatiei scade, funcționalitatea fiind asigurată, în principal, de reguli, legi, valori etc (Pavlovich, Krahnke, 2013). Însă și la acest nivel, acționează empatia, ca trăsătură de personalitate a membrilor sau imprimată, prin comunitatea compatetică, în sistemul de norme și valori, contribuind la instituirea unei *culturi organizaționale*.

După Chelcea (2008, p.83) oamenii aflați în număr mare laolaltă tind să aibă un comportament dezorganizat. Interacțiunea socială empatică are, din punct de vedere social, funcția crucială de *liant* și *forță intenă de menținere a unității și constanței grupului*. Nici interesele, nici valorile, nici regulile și nici legile nu ar fi suficiente pentru a evita entropia socială. *Inter-empatia* personală unește între ele persoane de vârste, categorii sociale sau profesionale dintre cele mai diverse tocmai pentru că personalitățile individuale ale tuturor acestora conțin aceleași valori sau reprezentări sociale. Totodată funcția de liant și factor de unitate este dată și de calitatea inter-empatiei de a lega persoana de grup, organizație, situație.

Dacă empatia este o capacitate a unei persoane de a simți și gândi ceea ce simte celălalt inter-empatia este un fenomen *interpersonal, de grup, de organizație*. Eu „exist" în personalitatea celuilalt, iar celălalt există în personalitatea mea. Existența mea este condiționată de existența celuilalt. Organizația este o țesătură infinită de astfel de inter-empatii. Ea însăși depinde de membrii ei, iar membrii depind empatetic de aceasta. Este un fenomen crucial în asigurarea coeziunii grupului.

În comunitatea empatetică sunt atrase toate caracteristicile fizice, psihologice, sociale, culturale, morale ale persoanelor și mediului de conviețuire:

- caracteristici personale - vârste, aspect fizic, personalitate etc;
- relații interpersonale senzorial-cognitive și afective specifice;
- litere și cuvinte de amor propriu;
- sistem comun/specific de valori, sensibilități, gusturi, obiceiuri, reguli, cutume etc;
- specific cultural, de educație al membrilor;
- comportamente, gesturi, activități;
- memorie socială și afectivă comună;
- ecologie;
- interese, aspirații, proiecte comune.

Comunitatea empatetică se construiește și definește specific prin *circumstanțele comune, trăsăturile* și *conduitele* persoanelor care o compune. Cuprinde în principal trei tipuri de procese sau fenomene: *afective, cognitive* și *spirituale*. Fenomenele afective sunt de fapt relații, interacțiuni, compatii între sferele afective ale persoanelor, iar cele cognitive și spirituale sunt procese între sferele spirituale sau Eurile proiective ale acestora. Desigur, aria interacțiunilor, proceselor și fenomenelor compatetice este infinit mai largă.

În această perspectivă fiecare membru al unei comunități este un produs al unei *interacțiuni unice*, în funcție de personalitatea celorlalți (Golu, 1997, p. 136), loc, timp, nișă culturală, hazard. Fiecare persoană este de fapt un element al unui sistem compatetic particular. Acest sistem fiind la rândul său parte a unui sistem cuprinzătoar. Sistemul compatetic cel mai frecvent și cel mai consistent este familia.

Consistența compatetică este dată de faptul că personalitățile individuale sunt constituite din *experiențele comune*, din faptul că în personalitatea fiecăruia ființează prin, empatie și proiecție, ceilalți. Se instituie o *dependență existențială mutuală*; dispariția, plecarea sau nefericirea unuia este resimțită ca o angoasă și afectare a propriei ființe de către celălalt. Existența și fericirea celuilalt este condiție a integrității și fericirii proprii. Existența și fericirea unuia influențează *compatia* colectivului iar gradul de compatie al colectivului influențează existența și fericirea fiecărui membru.

Prin eul proiectiv sunt antrenate și complexe procese inter-cognitive, proiective. Eul fiecăruia este, în parte dimensionat de caracteristicile fizice, psihice sau spirituale ale celorlalți sau de *sistemul de valori* și cutume ale comunității. Aceste sisteme, la rândul lor sunt, în parte, produse ale caracterelor membrilor comunității. Procesele antrenează imaginarul colectiv, caracteristicile fizice și morale, conduitele interpersonale, activitățile, obiceiurilor, ritualurile etc. Astfel, fiecare eu este componentă a unui imaginar și existențe colective unitare și uniformizatoare. Tendința este ca forța de grup să depășească pe cea a individului, determinând și o anumită *conformare de grup* (Chelcea, 2008, pp. 271-273), procesele compatetice fiind foarte greu de monitorizat și controlat.

Dinamica lor scapă capacității de reprezentare și modelare a membrilor. Comunitatea empatetică se instituie astfel ca o entitate, forță în sine, ghidând holistic procesul de formare a personalității fiecărui membru al comunității.

Comunitatea empatetică funcționează, prin cultura organizațională, și ca un *sistem de simboluri ori valori* care își au originea în personalitatea sau activismul persoanelor. Aceste simboluri, valori se constituie astfel în resorturi de joncțiune și unitate între cele două părți. Existența și funcționarea lor conferă *sentimentul de apartenență*, de familiar, de cunoscut, conferă confort, siguranța, fericire, instituie un cadru afectiv-proiectiv de formare și dezvoltare a valorilor, ritualurilor, activităților comune, de dezvoltare culturală și morală, un cadru de exprimare și satisfacere a trebuințelor de toate felurile, de formare sau sporire a stimei de sine.

Comunitatea empatetică astfel definită reflectă și caracteristicile *ancestrale* ale ființei și personalității, ale modelului optim de conviețuire umană/ socială, instituindu-se și ca un *pattern of behavior* (Jung, 1991, 1994), un cadrul autentic prin care persoana se poate forma și manifesta conform definițiilor clasice filosofic-antropologice relative la natura și condiția umană, libertate și fericire autentică. Așadar, comunitatea empatetică este mai mult decât un simplu sistem de relații interpersonale, sociale, este un *univers existențial unic și unitar* de o complexitate enormă, în care operează specific timpul, spațiul, valorile, cutumele, ritualurile, juisanța. Este o entitate existențială care se formează ontogenetic, se dezvoltă sau regresează. Este un univers în care ia naștere un fenomen socio-spiritual unic precum **compatia.**

Chiar dacă compatia și comunitatea empatetică se descriu preponderent cu termeni afectivi și, cum am precizat, au dinamici greu controlabile, este și un mediu cu o anumită *predictibilitate*, în care se pot face anticipări sau pot preveni unele evoluții nefaste/ dramatice. Deci nu este o organizare de tip irațional. Prin dimensiunea și componenta intelectual-proiectivă comunitatea empatetică se instituie și ca un *spațiu al conștiinței, al libertății, al creației, al acțiunii.*

Prin asimilarea valorilor, a celuilalt, alteritatea nu mai este un potențial pericol ci o parte a propriei conștiințe și a propriei personalități, facilitând *coexistența* și *adaptarea*. Alăturându-se, oamenii vor sfârși prin a semăna unii cu alții (Moscovici, 1998, p. 116). Au loc complexe procese/ fenomene de compatibilizare, complementalizare, inter-cunoaștere, inter-acceptare. Se instituie cadre de colaborare, interese, proiecte și valori, reguli și obiceiuri comune. Pertinența acestora nu rezidă doar din presiunea socială, ca rezultat al instituționalizării sau regulilor democratice ale majorității, ci din asimilarea lor compatetică, din faptul că sunt parte a propriei personalități/ suflet, a propriei identități, a propriului statut ontologic, sau propriului Eu, dar și din faptul că sunt legate indestructibil de satisfacerea trebuințelor.

Spre deosebire de societatea sau comunitatea instituționalizată, în care primează valorile și obiectivele colective ori instituționale, în comunitatea compatetică, în pofida forței holiste a acesteia, primează valorile și scopurile persoanelor care o compun, relațiile fiind de regulă interpersonale, directe, contextuale. Fenomenele și caracteristicile prezentate ne conduc la concluzia că între comunitatea compatetică și persoanele care o compun se instituie un *echilibru ontologic, un optim existențial și funcțional*, în care se satisfac, în principiu, în mod armonios și neconflictual, atât trebuințele personale cât și cele colective.

Comunitatea empatetică și compatia pot avea și influențe nefaste, pot să fie un spațiu al non-valorii, al conflictului, ostilității sau excluziunii/ marginalizării sociale. Comunitatea empatetică poate avea o organizare și funcționare coerentă dar fundată pe non-valoare, pe atitudini antisociale, sau poate fi slab organizată, nefuncțională, imatură. În ambele cazuri membrii acestora sunt expuși la nedezvoltare personală, marginalizare sau inadaptare socială/ morală.

Microcomunitatea

În perspectivă ontologic-umanistă (în care se include și cea existențialistă) o comunitate socială, umană, ori, mai simplu, socioumană, este de fapt o interacțiune singulară complexă, profundă, în care sunt antrenate mii și milioane de combinații între elemente și factori umani, sociali, culturali, psihologici, etnografici, economici etc. Această complexă și unică interacțiune determină apariția unor structuri, procese și situații de grup aproape imposibil de modelat nomologic. Ele au o importanță foarte mare în ceea ce privește *congruența, unitatea, adaptabilitatea* și *funcționalitatea* grupului social, al comunității (Healy, 2008).

Sublinierea este necesară în principal în *analiza situațiilor sociale problemă* ori a *sistemului client*. Aceaste singularități și specificități sunt condiționate și de factori precum *proximitatea, logistica* și *temporalitatea* lor inconfundabilă. Se ajunge, în consecință, prin emergență și sinergie ontologică, la instituirea unor onto-sisteme locale, sub-comunități, precum:

- *Sistemul socio-afectiv*. Relațiile socio-afective din comunități reprezintă principalul factor intern de coeziune și durabilitate, în principal în grupurile mici, în familie. Instituie atașamentul interpersonal și de grup. Sunt relații cu o forță socială extraordinară. Comunitățile compacte în care relațiile de atașament se definesc ca nesigure sunt amenințate de destrămare, iar membrii pot dezvolta tulburări grave emoționale, de dezvoltare, adaptare, performanță sau de comportament (Stangor, 2004).

- *Sistemele cultural și economic*. Cuprinde: sisteme de concepții, convingeri, valori la nivel individual sau colectiv; religia; limba, obiceiurile, ritualurile etc; relațiile și condițiile economice specifice etc.

- *Sistemul socio-cognitiv.* Cuprinde: litere și cuvinte de amor propriu, limbajul, expresii uzuale specifice; imaginile cu privire la corpurile, fizionomiile, expresiile faciale, gesturile membrilor familiei; apercepțiile și reprezentările referitoare la personalitate, caracter, comportament, interese ale celorlalți; caracteristici de sex, vârstă, profesie; reprezentările și judecățile sociale etc.

- *Sistemul relațiilor și raporturilor rol-status ideografice.* Chiar dacă, de exemplu, prin natura ei familia este un grup mic informal, constituit preponderent în mod spontan dar și sub presiunea factorilor antropologic-culturali, în interiorul acesteia, se instituie ontogenetic, raporturi ideografice ierarhice, de sarcină, poziție sau reputație. Pe lângă rolul (structural) social de copil/fiică/fiu copilul este „cineva" în „universul" familial, este unic și este parte ontologică doar a „acestei" familii.

Onto-sistemele socioumane sunt forme de existență specifică, locală, determinată și singulară, sunt parte, sau contribuie la formarea macro-sistemului social ori societal. Specificul și unicitatea acestuia rezultă din *combinația absolut unică a elementelor* și onto-sistemelor dar și din *unicitatea existențială a fiecărui factor*. Grupul social devine o *entitate distinctă* în colectivitatea socială mai largă, în localitatea din care face parte, dobândește o identitate proprie nu doar prin nume ci și prin parametri spațiali, antropologici, culturali sau psihologic-personali. Chelcea (2008, p. 184) utilizează în acest sens sintagma „sentimentul de noi". În aceiași ordine de idei, Moghaddam (1998) atribuie grupurilor primare, în speță grupurilor familiale, caracteristici precum interacțiunea personală (față în față), identificarea puternică a membrilor cu grupul, relații afective puternice, precum și durată îndelungată de conviețuire.

Așadar, precum se vorbește de o ontologie a persoanei, se poate vorbi și despre o *ontologie a grupului social sau comunității*. Realitatea socială, așa cum este ea la un moment dat, este produsul unor circumstanțe și oportunități sociale, culturale, psiholgice și economice determinate și irepetabile (Weissman, 2000). Comunitatea sau situația problemă se descriu prin caracteristicile membrilor dar și prin aspecte de ordin cultural particular, diferențiindu-se și asemănându-se de celelalte în moduri absolut unice. Prin raportare la comunitatea lărgită și societate dobândesc *specificitate culturală, socială, psihosocială, economică* etc. (Collins, Jordan, Coleman, 2010).

În asistența socială a familiei, cu precădere, factorii psihosociali și umani contextuali, precum spațiul personal, învățarea socială, identitatea sau conceptul/ sentimentul de familie, atașamentul, empatia sunt foarte importanți. Primii ani de viață, pentru fiecare ființă umană sunt indestructibil legați de un anumit spațiu fizic, un anumit teritoriu, de un anumit design habitual, inclusiv mirosurile, sunetele sau culorile dominante, care îl condiționează fundamental, creând împreună cu alți factori de ordin simbolic, cultural sau social ceea ce se mai numește *spațiu personal*. Hall (1966) propune, pentru a delimita cadrul spațial și social propriu al unei persoane, conceptul de *proximitate*. Atât conceptul de proximitate cât şi cel de teritoriu cuprind pe lângă elemente de natură fizică, geografică, topică şi dimensiuni psihologice sau culturale particulare. Literatura de specialitate subliniază aspectul că adaptarea socială a copilului este şi expresia unui lung proces de influenţă şi învăţare socială a regulilor şi valorilor *specifice* mediului în care creşte. Între copil şi agentul de influenţă/învăţare socială se stabilesc atât relaţii sociale formale cât şi informale, afective, particulare, intime, unice.

Organizaţia de asistenţă socială este o ţesătură de inter-empatii în care, cu precădere în instituţiile pentru copii, personalitatea empatetică a profesionistului poate avea o funcţie educativă şi curativă crucială. Personalitatea profesionistului interacţionează cu toate caracteristicile sale fizice, psihologice, sociale, culturale, morale: caracteristici personale - vârste, aspect fizic, personalitate etc; limbaj; calităţi senzorial-cognitive şi afective specifice; sistem de valori, sensibilităţi, gusturi, obiceiuri, reguli, cutume etc; comportamente, gesturi, activităţi; memorie socială şi afectivă comună.

Organizaţia de asistenţă socială se defineşte prin *personalităţile* care o compune, inclusiv personalităţile profesioniştilor, cu cele trei dimensiuni: *afective, cognitive* şi *spirituale*. Fenomenele afective sunt de fapt relaţii, interacţiuni, compatii între sferele afective ale persoanelor, iar cele cognitive şi spirituale sunt procese între sferele spirituale sau Eurile proiective ale acestora. Desigur, aria interacţiunilor, proceselor şi fenomenelor compatetice din aceste organizaţii este infinit mai largă.

De exemplu, prin valenţele socializatoare şi spirituale ale personalităţii empatetice profesionistul dintr-o instituţie rezidenţială pentru copii poate contribui la crearea unui „univers" psihosocial şi cultural magic al satisfacerii trebuinţelor personale intime, profunde, empatetice, al creşterii şi educaţiei spirituale, afective şi morale a copilului. Este locul în care se construiesc bazele ontologice ale personalităţii umane. Este mediul în care copilul se alimentează ancestral cu energie spirituală şi morală. Este cadrul existenţial magic al formării, existenţei şi manifestării personalităţii, al fericirii autentice.

Comunitatea compatetică din instituţia rezidenţială realizează *unitatea* ontologică dintre individual şi social, dintre cognitiv şi afectiv dintre materie şi spirit. Unitate reflectată unitar, indestructibil, simultan în personalitatea copilului şi existenţa comunităţii empatetice organizaţionale. Copilul şi instituţia interacţionează, funcţionează printr-un *mecanism onto-social unic* şi *unitar*, în care au loc procese de comunicare informaţională, emoţională, spirituală.

Prezenţa lucrătorilor cu calităţi *umane* şi empatetice dezvoltate conduce la instituirea unui mediu caracterizat prin, *altruism, întrajutorare, coeziunea socială, morală şi culturală*, protecţie şi *predictibilite*, probleme sociale şi umane puţine. Însă aceast climat, *empatic-uman,* trebuie creată, iar, în acest scop aportul personalităţii empatetice a profesionistului este esenţial. Acesta nu este doar un creier sau un simplu organizator, coordonator sau supraveghetor al proceselor din organizație ci este parte ontologică și compatetică crucială, imprimând sensul și calitatea relațiilor interumane (Ștefăroi, 2009b, p 169). În schimb organizațiile în care predomină angajați cu calități empatetic-umane precare relațiile interpersonale sunt dominate de conflictualitate, sunt ostile, nefuncționale, inumane, asistații sunt nefericiți.

În perspectiva unei teorii autentic umaniste angajatul din asistența socială este o persoană empatică, sensibilă la suferința și problema clientului, sinceră, altruistă, modestă, respectuoasă, dezvoltată spiritual, moral, cu interes pentru cunoaștere și adevăr, pentru frumos și bine social, se auto-perfecționează, este interesată de dezvoltarea sa personală, aptitudinală și morală, caută rezolvarea pașnică a problemelor, îl ajută pe celălalt să depășească situația de dificultate oferindu-i mijloacele de autodeterminare, este o personalitate complexă, morală, spirituală, sociabilă, agreabilă și, în consecință, *eficientă*.

1.3.6. Asistența socială umanistă – forme/dimensiuni/orientări

După cum este bine cunoscut termenul umanist/ umanism s-a consacrat prin mai multe sensuri. Noi reținem, în acord cu tema lucrării, în principal două:

1) cu privire la *condiția și natura umană, ideea de unitate și solidaritate umană ancestrală*; reprezentarea persoanei ca parte ontologică a unei comunități de oameni solidari, mutual condiționați de interacțiunea ontogenetică interpersonală - surse ale solidarității sociale, atașamentului și empatiei, afecțiunii și grijii pentru binele celuilalt;

2) cu privire la *valorile și resursele intrinseci ale persoanei, la capacitățile individuale de afirmare, împlinire, dezvoltarea personală, autoactualizare, de autodeterminare*; reprezentarea persoanei ca eu, personalitate, cu voință, cu atributul libertății, creativității, responsabilității și demnității- surse de schimbare, creștere, autonomizare personală și socială, de responsabilizare a individului/ comunității.

Primul sens este, cu predilecție, exploatat și promovat de filozofie, antropologie, de psihologia transpersonală și religie/ teologie, în timp ce, cel de-al doilea, adesea cu o poziție asumat seculară, de psihologia umanistă și pozitivă, de pedagogia, psihoterapia umanistă și pozitivă .

În acord cu cele două sensuri teoretico-axiologice antropozofice consacrate și orientarea umanista din asistența socială generează două forme relativ distincte, atât ale teoriei cât și ale practicii, și anume *asistența socială umanist-solidaristă* și *asistență socială umanist-pozitivă*.

Asistența socială umanist-solidaristă, sprijinită, prin urmare, teoretic, metodologic și axiologic de filozofie, religie, psihologia umanist-spirituală/ transpersonală și antropologie (culturală), este mai apropiată sau chiar se identifică, într-o anumită măsură, cu asistența socială tradițională, prioritizând grija pentru confortul și bunăstarea persoanei în dificultate, pentru alinarea suferinței, prin diferite forme de asistență, prin solidaritate, altruism, atașament, empatie și compatie, în timp ce, **asistența socială umanist-pozitivă** este mai apropiată de asistența socială critică, radicală prin interesul pentru schimbare, dar nu pentru reformarea sistemului social/ politic, ci prin empowerment, prin exploatarea și valorificarea resurselor psihologic-personale ale personalității, a resurselor interne ale comunității, cu suportul teoretic, așadar, al psihologiei umanist-pozitive, psihoterapiei, pedagogiei pozitive dar și al sociologiei umaniste sau microsociologiei.

Deși, strict analitic, par oarecum opuse, de fapt, cele două, asistența socială umanist-solidaristă și asistența socială umanist-pozitivă, sunt "două fațete ale aceleiași monede", două părți și dimensiuni ale aceluiași proces, subsumate unei teorii unitare a asistenței sociale umaniste, în cadrul teoretico-metodologic mai larg al asistenței sociale ca întreg.

Observația se justifică prin faptul că misiunea asistenței sociale umaniste este atât aceea de a contribui la *bunăstarea și fericirea persoanei* (Ștefăroi, 2012, p. 168), obiectiv al asistenței sociale umanist-solidariste cât și la *autonomizarea persoanei și comunității, prin dezvoltare, schimbare și empowerment*, obiectiv al asistenței sociale umanist-pozitive. Așadar, în practica curentă, toate formele și orientările de asistență socială se regăsesc combinate unitar, în diferite proporții și maniere, determinate de filozofia de abordare, ideologia și politica socială, de specificul problemelor, metodelor folosite și obiectivele urmărite.

1.4. Teorii și specificul teoriilor

1.4.1. Teoriile dezvoltării, empowermentului și autonomizării (persoanei și comunității)

În asistența socială umanistă **dezvoltarea personală**, prin dezvoltare *umană*, și autonomizare, prin empowerment spiritual, sunt obiective fundamentale ale practicii. Conștiința *umană* ridicată, dezvoltarea spirituală, dezvoltarea socio-*umană*, dezvoltarea socio-afectivă, inteligența emoțională, realismul și echilibrul, speranța, proiectivitatea, gândirea pozitivă și optimismul rezistența la eșec și frustrare, dezvoltarea morală şi sensibilitatea estetică, dezvoltarea profesională, autonomia personală şi socială, dezvoltarea interpersonală, echilibrul existenţial, autocunoaşterea, adaptabilitatea, personalitatea matură sunt factori de rezilienţă şi calităţi care se constituie în predictori ai eficienţei şi adaptabilităţii socioumane a clientului şi de eficienţă profesională a practicianului. Rogers, Frankl, Maslaw, Allport, Buhler şi ceilalţi reprezentanţi ai psihologiei/ psihoterapiei umaniste consideră *nevoia/tendinţa de autoactualizare,* resortul fundamental al dezvoltării personale şi umane individuale, al adaptării, integrării şi autonomizării sociale.

O teorie interesantă, în perspectiva fundamentării teoretice a asistenţei sociale umaniste şi a temei calităţilor/ conduitelor profesionistului, o reprezintă *teoria dezvoltării psihosociale a persoanei,* elaborată de Erik Erikson (1998). Autorul identifică opt stadii ale dezvoltării umane şi personale. Cunoaşterea acestora este importantă pentru explicarea diferitelor cauze care au generat instalarea a unor tulburari afective ori de adaptare.

Erikson consideră că fiecare etapă de dezvoltare este caracterizată prin crize şi conflicte, evenimente, sarcini specifice de rezolvat, pe care fiecare persoană este obligată să le parcurgă. De fapt, personalitatea individului este un efect al modului cum au fost soluţionate aceste crize, specifice fiecărui stadiu. De aceea, aceste stadii de dezvoltare au mai fost numite şi crize de dezvoltare. Persoana care nu va fi capabilă să depăşească în mod adaptativ crizele va avea probleme în parcurgerea urmatoarelor stadii iar dezvoltarea personală, umană şi socială ulterioară va avea de suferit, chiar dacă experienţele nesoluţionate corespunzator dintr-un anumit stadiu pot fi compensate parţial ulterior.

Dezvoltarea personală şi umană reprezintă obiective esenţiale în toate domeniile practicii sociale (Masters, Wallace, 2010), de reabilitare şi adaptare socială a persoanei/ clientului, inclusiv în practica asistenţei sociale umaniste. Valorile acestor teorii sunt parte a teorie şi metodologie universale a asistenţei sociale. Din păcate, în practica asistenţei sociale acestea tind, în multe cazuri, să fie aşezate în plan secund, acţiunile şi intervenţiile se limitează astfel la elementarul sprijin, la îngrijire sau ajutor material.

Teoria asistenţei sociale umaniste promovează cu prioritate, ca *valoare şi obiectiv*, dezvoltarea personală şi umană, fiind şi o *resursă* inepuizabilă aflată la dispoziţia profesionistului în lucrul cu clientul, atât la nivelul personalităţii clientului, cât şi la nivelul propriei personalităţi. Ideea care pare însă să domine este aceea că dezvoltarea personală solidă, trainică, benefică este condiţionată şi de *nivelul dezvoltării culturale şi socioumane a comunităţii* în care convieţuieşte persoana (clientul) sau de calitatea relaţiilor interpersonale şi de grup (Bradford, Burke, 2005; Zamfir şi Stoica, 2006). Nivelul cultural al comunităţii şi calitatea relaţiilor interpersonale/ interumane şi de grup sunt factori importanţi de **dezvoltare organizaţională şi comunitară**, pe care teoria asistenţei sociale umaniste îi promovează, îndeosebi datorită funcţiei socializatoare şi umanizatoare a acestora.

Multe situații sociale problematice se explică tocmai prin mari vicii în ceea ce privește calitatea culturii organizaționale, relațiilor interumane și comunicării.

Dacă alături de obiectivul dezvoltare personală și umană a membrilor acestor organizații se va promova și obiectivul dezvoltare comunitară cu siguranța numărul și gravitatea problemelor sociale va scădea. Dezvoltarea organizațională, creșterea calității relațiilor interumane reprezintă în opinia noastră o resursă încă puțin utilizată, de aceea o considerăm o categorie crucială a teoriei asistenței sociale umaniste (Ștefăroi, 2012, p. 166).

De altfel, așa cum s-a precizat în secțiunile anterioare, valorile constituționale și misiunea de bază a asistenței sociale umaniste așează problema autonomizării clientului prin dezvoltare umană și spirituală, alături de diminuarea suferințelor și fericire, în centrul atenției profesioniștilor și serviciilor, însă **empowermentul** și **autonomizarea** (persoanei și comunității) cu adevărat consistentă presupune determinarea unor îmbunătățiri substanțiale a calității relațiilor interumane, a culturii organizaționale, ceea ce conduce la concluzia că sursa empowermentului și autonomizării pentru clientul serviciilor de asistență socială nu se limitează la personalitatea clientului, precum în psihoterapie ci antrenează, într-o ecuație foarte complexă, atât personalitatea clientului cât și întreagul sistem de relații și procese din comunitate (Payne, 2011, p. 16), inclusiv comunitatea compatetică.

Cu cât o comunitate este mai dezvoltată din punct de vedere uman, cultural, moral, economic, cu atât mai mult membrii ei sunt mai feriți de vulnerabilități și riscul de a intra în dificultate. Asistența socială umanistă promovează conceptul unei dezvoltări comunitare și organizaționale în care rolul factorilor uman și cultural este determinant, în fața celor tehnologici, economici sau politici, operând cu sintagme de genul comunitate/ **societate umanistă**, societate bună, societate frumoasă, armonioasă, *umană* etc.

Asistența socială umanistă, fiind animată axiologic-filozofic de marile idealuri și valori ancestrale și teleologice de organizare și existență umană socială, consideră, în mod firesc, organizarea și funcționarea optimă a societății și comunității ca sursă esențială a fericirii și împlinirii persoanei. Sociologiei umaniste îi revine, în acest sens, sarcina să rostească, deloc retoric, fraza, inspirată din Andre Malraux: "Societatea mileniului III va fi umanistă sau nu va fi deloc". Tot sociologiei umaniste îi va reveni o mare parte din sarcina de a identifica și promova soluții științifice, filosofice și practice pentru a pre-întâmpina alunecarea societății și a vieții oamenilor în tehnicism, consumerism și cibernetizare excesivă, sau alunecarea în anomie, haos, polarizare și injustiție socială, dezintegrare societală etc.

Așadar, pe lângă problema impactului tehnologiei, o temă de mare interes și provocare crucială pentru sociologia începutului mileniului III, și asistenței sociale umaniste, este cea reprezentată de *degradarea calității relațiilor umane, socio-umane, sufletești, despiritualizarea, desacralizarea persoanei și comunității*

(Nolan, Lenski, 2010). Este un proces care pare ireversibil, nefast în perspectiva dezvoltării umane autentice, prin pierdere, la nivelul persoanei de virtute, de suflet, de spirit, de sacru, de ancestralitate, de fericire autentică, de empatie, de profunzime, originalitate și unicitate ontologică, iar la nivelului comunității, de solidaritate *umană,* de compatie, de cultură, de morală, de resposabilitate, de raționalitate și control social în spiritul valorilor autentic umaniste (Freud, Strachey, Hitchens, Gay, 2010).

Procesul este de nivel planetar și este asociat polarizărilor de tot felul și globalizării uniformizatoare. Situația poate fi ușor comparată cu cea generată de excesele religioase de dinaintea Renașterii și Reformei. Paralela ne poate conduce la soluția unei Noi Renașteri și unui nou umanism, de această dată, însă nu pentru a afirma dreptul omului la libertate și dezvoltare prin știință și tehnică ci pentru a promova o reafirmare valorilor umaniste ancestrale, reîntoarcerea la cultură, spiritualitate, omenie și fericire (Seidman, 2004). În acest sens sociologia umanistă propune conceptul de *comunitate/ societate umanistă,* ca alternativă și concept-forță tampon la evoluțiile dezumanizante determinate degradarea valorilor tradiționale ale comunității și familiei, de tehnologie, globalizare etc.

În societatea umanistă, fundamentată pe principiul și conceptul de compatie, comunitatea *umană*, familia este leagănul formării și învățării comportamentelor și sentimentelor specific umane, aici este locul nemijlocit în care se reglează dar si satisfac nevoile fundamentale, în special cele specific umane, organizându-se și structurându-se ontologic astfel încât determină formarea unor structurări, sisteme, *organizări specifice* care să asigure condiții permanente de satisfacere a nevoilor de toate felurile.

Atunci când comunitatea este organizată și funcționează după principii și valori umaniste devine puternică, contribuie la instituirea unor sisteme de reguli și instituții (Znaniecki, 1969). În societatea umanistă instituțiile sunt deschise spre cetățean, relațiile sociale sunt bazate pe *respect, altruism, întrajutorare.*

Societățile umaniste asigură coeziunea socială, morală și culturală, au durabilitate, sunt ghidate de sisteme valorice și instituții solide, asigură protecție cetățenilor și predictibilite în evoluția socială, culturală și economică, au structuri și instituții solide, probleme sociale puține. În schimb societățile slab umaniste au structuri și instituții șubrede și fluctuante, cunosc frecvent tulburări sociale, revoluții, războaie, crize demografice, economice, culturale. Sunt medii în care problemele sociale precum abandonul familial, sărăcia, marginalitatea, devianța, depresia, ineficiența economică sunt fenomene curente.

Așadar, în perspectiva unei teorii sociologice autentic umaniste idealul social, societal, este cel de societate umanist-solidară. O astfel de societate promovează un model uman bazat pe demnitate și interes pentru binele celuilalt. Binele celuilalt fiind condiție a binelui personal. Persoana în societatea umanist-solidară este sinceră, altruistă, agreabilă, harnică, modestă, respectuoasă, dezvoltată spiritual, moral, cu interes pentru cunoaştere şi adevăr, pentru frumos şi bine social, se auto-perfecţionează, este interesată de dezvoltarea sa personală, aptitudinală şi morală, caută rezolvarea paşnică a problemelor (Adams, 1997).

Conceptul de societate umanistă încorporează două perspective, dimensiuni, cea filosofică a solidarităţii şi compatiei şi cea psihosociologică a autodeterminării şi empowermentului, fiind în corespondenţă cu cele două mari accepţiuni consacrate ale conceptului de umanism. Aşadar, sociologia umanistă promovează proiectul unei societăţi umaniste fundamentate nu doar pe solidaritate socială, compatie, întrajutorare şi altruism ci şi proiectul unei societăţi cu oameni responsabili, liberi, cu capacitate de autodeterminare. Societatea umanistă îmbină astfel cele două mari curente filosofico-politice şi ideologice cardinale, percepute uneori şi ca opuse, respectiv solidaritatea socială şi autodeterminarea persoanei. Ambele, sunt condiţii şi piloni indispensabili, fără de care nu poate fi reprezentat un model durabil de societate a viitorului.

O societate care şi-ar propune să promoveze un model de om reprezentat preponderent prin caracteristici ale civilizaţiei tehnologice sau ca simplu individ în comunităţi amorfe din punct de vedere cultural, spiritual, uman sau moral, ca simple piese în mecanisme economice şi societale dezumanizante ar putea fi sortite pieirii din acelaşi simplu motiv, că ar intra in incongruenţă cu istoria, cu umanitatea, cu ideea ancestrală consacrată de om, ar fi o întoarcere în spirală la elementara viaţă primitivă, a omului animal, care trăieşte prin nevoi bazale, libidinale, de această dată doar că locuieşte între pereţi de beton şi sticlă şi nu în peşteri. Milioane de ani de antropogeneză, zeci de mii de ani de istorie şi cultură, miliarde de fiinţe umane sacrificate prin suferinţă şi creaţie pentru ca OMUL să ajungă cât mai sus pe scara evoluţiei UMANE, credinţe, religii, naţiuni, opere de artă, civilizaţii ar fi fost zadar dacă nu se regăsesc, mai mult sau mai puţin în societatea viitorului.

Aici intervine în mod crucial rolul sociologiei, alături de filosofie, dar fiind ştiinţa socialului şi societăţii are prioritate, în a lucra nu doar la misiunea ei ştiinţifică originară de relevare a adevărurilor obiective, a reliefa legile universale ale socialului, ci şi de a cerceta în mod prospectiv evoluţia şi tendinţele dezvoltării societăţii. În această perspectivă nu se poate limita la simple constatări faptice, obiective sau cercetări ştiinţific-experimentale de laborator, ci trebuie să cerceteze, desigur în limitele graniţelor sale ştiinţifice şi *umanul*, sau *socioumanul* din comunitate şi societate (Outhwaite, 2006).

1.4.2. Teoria empatiei

Teoria ataşamentului şi teoria empatiei au, ambele, punctul de pornire, în definirea epistemologic-ştiinţifică specifică, sursa psihologic-ontologică comună a fenomenelor *umane* numite *atașament* și *empatie*, adică *sufletul omenesc*. Sufletul afectiv (social) fiind, în principal, sursa ontologic-psihologică a atașamentului și empatiei condiționate, contextuale, iar sufletul spiritual și nivelul superior al sufletului afectiv fiind sursă a empatiei generalizate, *umane* și compatiei, cu precădere prin sferele intelectuale și morale ale acestuia.

Teoriei empatiei i se acordă prioritate în asistența socială umanistă deoarece se consideră că în practica asistenței sociale empatia, calitățile empatetice și compatetice ale profesionistului sunt mai importante decât cele de atașament; prin empatie și compatie se poate opera cu mai multă eficiență pe termen lung determinând schimbări socioumane consistente, fundamentate pe valori și sentimente durabile, prin asumare conștientă a empowermentului, spre deosebire de atașament, care este crucial în conservarea unității și continuității în familie, în mediile domestice, de regulă consangvine, dar mai puțin recomandat în relația de spijin și empowerment profesionist-client, ori în mediile instituționale de ocrotire, din cauza dependenței emoționale pe care o generează, a fluctuației personalului și beneficiarilor și altor cauze de ordin psihosocial, moral, administrativ etc (Gerdes, Segal, 2011).

Studiul/ cercetarea fenomenelor și proceselor empatetice, a empatiei ca și obiect de cunoaștere științifică nu este doar o *necesitate epistemologică* ci și o necesitate de mare *importanță socială și umană* în perspectiva globalizării, a efectelor cibernetizării și „virtualizării" conviețuirii sociale, a degradării morale și culturale, a degradării valorilor familiei, a creșterii rolului factorului economic-tehnic în societate și viața de zi cu zi a omului.

Empatia reprezintă în prezent, în domeniul științelor socio-umane, cu precădere în psihologia socială, unul dintre conceptele cele mai misterioase, controversate, interesante dar și mai puțin studiate prin paradigma științifică/ experimentală clasică. Totuși, mai mult euristic, asupra conceptului și fenomenului psihosocial pe care îl reprezintă sau aplecat mai gânditori precum Lipps (a se simți pe sine în ceva), Allport (înțelegerea și simțirea celuilalt), Titchener (capacitatea de a gândi și simți ceea ce gândește și simte o altă persoană), Rogers (al patrulea stadiu în procesul de dezvoltare afectiv-personală; capacitatea de a te pune cu adevărat în locul altuia, de a vedea lumea așa cum o vede el), Batson (dispoziție/ motivație personală orientată spre altul). În România conceptul de empatie și fenomenul empatetic a fost sistematic cercetat, printre alții, de către Stroe Marcus (1971).

Hoffman (2000) interpretează dispoziția empatică a unei persoane ca efect al acțiunii cognitiv-afective a celuilalt, determinând astfel un răspuns afectiv mai apropiat de interesele acestuia decât ale sinelui, în timp ce Pavelcu (1972) atribuie conceptului de empatie următoarele sensuri: proiecție simpatetică a Eu-lui, fuziune afectivă, intuiție simpatică, comuniune afectivă, cunoaștere prin întrepătrundere, introiecțiune, tranzitivism, intropatie, simpatie, transpunere în starea de moment a celuilat, identificare cu altul, transfer, proiecție simpatetică.

Solomon Marcus (1987, p. 110) descrie condițiile de bază necesare ale proceselor empatetice:

- *condiții externe* – existența unor împrejurări externe, adică raportarea celui ce empatizează la un model extern de comportament pe care fie că îl percepe nemijlocit, fie că îl evocă, fie și-l imaginează;

- *condiții interne* – predispoziții psihice precum o mare sensibilitate pentru trăiri emoționale, o viață afectivă bogată, experiență emoțională, posibilități evocatoare și imaginative care asigură o mare posibilitate de integrare a stărilor altora, dorința de a stabili un contact emoțional și de a comunica; un contact viu cu propria viață emoțională care înseamnă un proces intensiv de autocunoaștere.

După același autor empatia are următoarele principale funcții: *cognitivă, de comunicare, anticipativă, de contagiune afectivă* și *performanțială*. În prezent se vorbește tot mai mult despre *funcția de solidaritate* - comportamentul altruist (Feldman, 1985), despre *comportamentul prosocial* - oamenii care au un nivel înalt al empatiei sunt mai apți să ajute decât cei cu nivel redus. *Capacitatea empatetică* este asociată cu *comportamentul prosocial* în timp ce nivelul redus al acesteia se corelează negativ cu comportamentul asocial (Batson, 2011).

Așadar, empatia și compatia sunt forme de cunoaștere a mediului uman, social, cultural și moral, deci un sunt procese cognitive, sunt forme de simțire și trăire a juisanței emoționale/ afective a celuilalt, așadar, procese afective, fiind și fenomene interpersonale sunt procese sociale și, nu în ultimul rând, sunt procese/ fenomene spirituale, prin capacitatea omului de a rezona la cultură, știință, filosofie, religie, dreptate, frumos, adevăr etc. Toate aceste fenomene și procese contribuie la instituirea a ceea ce s-ar putea denumi sensibilitate *umană* și spirituală, calități indispensabile profesionistului în asistența socială umanistă.

În asistența socială umanistă se operează cu versiunea unei empatii de tip *proactiv* (Rogers, 1977). Empatia este atât o relație/ reacție cognitivă și afectivă de inter-cunoaștere și comuniune emoțională dar și un instrument formativ (Hoffman, 2000), utilizat de către profesionist în îndeplinirea scopurilor specifice, în principal în reabilitarea umană și autonomizarea socială a clientului. Avem în vedere instrumente precum inter-empatie, compatie sau personalitate empatetică sau pur și simplu empatie activă, ori proactivă. Prin acest instrument conceptual-metodologic ieșim puțin din definiția originară a empatiei, care se descrie, de regulă, într-o interpretare de tip pasiv, respectiv capacitate sau trăsătură pasivă de personalitate.

Ce anume transferă profesionistul clientului ? Fără îndoială, în primul rând personalitatea sa empatetică, personalitatea eficientă și adaptată social, echilibrul ei, dinamismul și eficiența personală/ socială/ profesională. Clientul dispune și el, în mod inerent de o personalitate empatetică și, desigur, de personalitate în sensul general al termenului, însă personalitatea acestuia, în contextul general al situației sale sociale este afectată, nu neapărat patologic, ci mai degrabă tinde să se dezadapteze sau este dezadaptată, în contextul pierderii speranței de reabilitare sau ca urmare a unor traume suferite (Lietz și al., 2011).

Asistentul social nu-și propune să opereze precum un psiholog clinician (chiar dacă ar fi o sarcină a lui și aici) ci prin atribuțiile specifice urmărește reconstrucția psiho-socială și psiho-sufletească a acelui dispozitiv/ gestalt comportamental circumstanțial dezadaptativ determinat de situația socială și uman-compatetică deficitară în care se află. Mai nou, se vorbește și despre o implicare mai accentuată a asistentului social clinician în problema psihologică a clientului, fiind dificil să se disocieze problema socială de cea pur psihologică a clientului (Gerdes, Segal, 2009).

Oricum, trebuie să precizăm că, în pofida faptului că asistența socială umanistă se concentrează pe probleme la nivel microsocial și pe relația directă lucrător-client și clientul colectiv sau problemele sociale de mai mare amplitudine reprezintă zone de observație și intervenție. De fapt, dincolo de aspectele teoretico-metodologie concrete asistența socială umanistă este o filosofie, o antropologie, o atitudine față de tot ceea ce privește anormalitatea socială compatetică, *umană*. Serviciile de asistență socială din comunități, prin misiunea lor, trebuie să urmărească, în scop preventiv, instituirea unor relații umane de tip compatetic, dezvoltarea culturală și umană a organizațiilor pe care le monitorizează. Dacă se limitează la o elementara intervenție de criză atunci cu siguranță problemele sociale vor prolifera.

Metodele empatetice de evaluare și intervenție sunt foarte eficiente în centrele de plasament pentru copii, în activitatea asistenților maternali, în adăposturi, în centre de recuperare a persoanelor dependente, centre pentru vârstnici, în școli speciale, în centre de recuperare pentru persoana cu dizabilități, pentru reabilitarea persoanelor dependente de substanțe, copii, tineri și adulți cu tulburări de comportament, delincvenți, persoane victime ale violenței, sau au suferit altfel de traume, persoane cu tulburări de orice fel (Gerdes, 2011). Metoda umanist-empatetică, este utilă în diagnosticul, cura și prevenirea disfuncțiilor, tulburărilor psihosociale ale persoanelor, familiilor și grupurilor de persoane. Aceasta are ca drept ținta *bunăstarea sufletească, mintală, emoțională și socială a indivizilor, familiilor si grupurilor*. Metoda situează în centrul acțiunii sale îmbunătățirea relațiilor dintre indivizi și mediul înconjurător, folosind însă instrumente de intervenție din cele mai diferite școli.

1.4.3. Teoria ataşamentului

În general în asistenţa socială, dar cu precădere în asistenţa socială umanistă, teoria ataşamentului este utilă pentru că teoretizează importanţa afectivităţii în relaţiile interumane şi convieţuirea socială, cu precădere în ceea ce priveşte rolul *legăturii de ataşament copil-părinte în formarea armonioasă, eficientă şi adaptativă a personalităţii şi conduitei sociale a copilului*. Ataşamentul intrafamilial fiind astfel un factor crucial al menţinerii coeziunii familiale şi prevenirii intrării în situaţii de dificultate.

După Bowlby, ataşamentul este o *necesitate fundamentală a fiecărei fiinţe umane*, la fel cum este şi cea de hrană sau de împlinire personală (Bowlby, 1999). Nesatisfacerea nevoilor socio-afective poate afecta fundamental dezvoltarea şi creşterea bio-psiho-socială a copilului, formarea echilibrată şi solidă a personalităţii, dezvoltarea şi integrarea socioumană (Shemmings, 2011). Copiii care cresc în instituţii rezidenţiale resimt în mod nefast starea de privaţiune socioafectivă, determinată de lipsa părinţilor, familiei, afectându-le grav creşterea şi dezvoltarea personalităţii, conduita socială.

Copilul lipsit de afecţiune părintească consistentă şi constantă se comportă confuz, se autoprotejează, marginalizează, îşi pierde iremediabil stima de sine. Studiile în domeniu demonstrează că prezenţa constantă şi afecţiunea familiei sunt indispensabile unei dezvoltări fizice, psihice şi sociale normale a copilului (Hughes, 2000). Nici chiar cea mai bună instituţie de protecţie nu va reuşi vreodată să suplinească familia (Howe, 1995).

In funcţie de natura şi gradul de constituire a bazei de ataşament, literatura a consacrat trei tipuri/ niveluri de ataşament: *sigur, nesigur/ anxios* şi *foarte nesigur/ ambivalent* (Miftode, 1995, p. 135).

Teoria ataşamentului s-a îmbogăţit an de an, depăşind problematica creşterii copilului. Actualmente, ea depăşeşte diada mamă - copil, înglobând relaţiile cu ceilalţi membri ai anturajului social. La orice vârstă, o fiinţă umana este atrasă de alte fiinţe umane, fiind înclinată în mod natural spre relaţii de afecţiune cu semenii. Nevoia de celălalt devenind o problemă ontologică, trebuinţa socio-afectivă ocupă un loc important în economia internă a personalităţii, satisfacerea ei conducând la confort, siguranţa şi împlinire personală, pe când ruptura, frustrarea socială poate fi cauza unor întârzieri în dezvoltare, tulburări psihice sau de comportament.

În domeniul asistenţei sociale este interesant de urmărit rolul ataşamentului şi în ceea ce priveşte calitatea relaţiilor interumane între angajaţii instituţiilor şi serviciilor, între beneficiari, între angajaţi şi beneficiari, precum şi în ceea ce priveşte calitatea şi stilul managerial. Din acest punct de vedere Ainsworth, Blehar, Waters şi S Wall (1978)) disting, în acord cu paradigma consacrată a teoriei ataşamentului, trei stiluri caracteristice relaţiilor interumane din organizaţii în general: stilul de ataşament *sigur (securizant)*; stilul *anxios-ambivalent;* stilul *evitant*. Aceste stiluri au influenţă diferită asupra atitudinii faţă de muncă, colegi şi clienţi a angajaţilor. De exemplu, profesionistul cu un stil sigur nu va folosi activitatea profesională ca un refugiu in cazul neîmplinirii sale emoţionale (cum se întâmpla la stilul anxios-ambivalent), angajatul unei instituţii de asistenţă socială nu se va folosi de problemele clienţilor pentru a-şi rezolva o problemă afectivă sau de familie personală ci va considera rezolvarea problemelor clienţilor ca obiective profesionale în sine. În schimb angajaţii organizaţiilor de asistenţă socială anxioşi-ambivalenţi au tendinţa să identifice problemele personale, subiective cu cele ale clienţilor, cu efecte atât pozitive cât şi negative asupra eficienţei şi calităţii activităţii de asistenţă socială. De regulă această categorie de lucrători din domeniul asistenţei sociale se concentrează pe rezolvarea problemelor curente şi îndepărtarea sentimentelor negative contingente în detrimentul interesului pe termen mediu şi lung al clientului

1.4.4. Teoria fericirii

În general, **tema fericirii** este de o importanţă şi complexitate imensă în asistenţa socială, acordându-i-se însă o atenţie destul de redusă. Ridică probleme şi întrebări precum: ce se urmăreşte prin ajutorarea unor persoane în dificultate, să fie doar reintegrate social sau să se bucure de viaţă, de bunăstare, de fericire?

Aceasta porneşte de la alte întrebări:

- Omul este în primul rând o fiinţă socială sau o fiinţă eudemonică şi spirituală ?

- Importantă este calitatea şi demnitatea sa socială, moală şi ancestrală de om sau calitatea vieţii sale interioare, subiective, sufleteşti ?

- Scopul vieţii este fericirea, împlinirea sufletească sau supravieţuirea, virtutea ori datoria civică ?

- Politicile şi serviciile de asistenţă socială trebuie să aibă în vedere şi fericirea, bunăstarea spirituală, subiectivă a oamenilor sau doar cea materială? (Chelf, 1992, Bălţătescu, 2009).

Pornind de la aceste interogaţii eudemonice numărul temelor şi problemelor epistemologic-axiologice generate, pentru domeniul asistenţei sociale, ar putea creşte foarte mult. Un dintre acestea ar fi aceea a scopului, naturii resurselor alocate şi metodelor folosite.

Dacă se urmărește ca beneficiarii să fie fericiți serviciile trebuie să pună accent pe factorul subiectiv, uman și spiritual, dacă se urmărește doar supraviețuirea și refacerea funcționării sociale serviciile sunt minimale, materiale și instituționale.

În perspectiva **valorilor și misiunii asistenței sociale umaniste** *actul asistențial își găsește finalitatea doar în contextul în care se și pune problema fericirii*, în special pentru copii, ca obiectiv important, cu consecințele sale pozitive asupra dezvoltării psihosociale, schimbării, reabilitării, adaptării sociale.

Desigur se pune problema și a obiectivului fericire la bătrâni, persoane cu dizabilități, asistați în comunitate pe criterii de sărăcie. Interesează totuși mai mult copiii pentru că sunt în formare, iar, după cum s-a dovedit științific (Noddings, 2003) fericirea copilului este un factor esențial de dezvoltare și formare echilibrată a personalității, sporind astfel mult reziliența și capacitatea acestuia, inclusiv la maturitate, de a face față crizelor, problemelor, vulnerabilităților care l-ar putea aduce în situația de client al unor servicii de protecție și asistență socială.

Un copil fericit are, așadar, șanse mai mari de a se dezvolta normal și integra social. O persoană fericită, normală și activă își va găsi mai ușor un rost în societate, scutind serviciile de asistență socială de implicare și alocare de resurse. Se pleacă de la ipoteza că eficiența personală/ profesională/ socială este strâns legată de gradul de fericire al persoanei (Haidt, 2008), bunăstarea psihologic-spirituală fiind un *resort de energie și autodezvoltare/ autonomizare*, reducându-se gradul de vulnerabilitate socială și probabilitatea de a deveni client al serviciilor de asistență socială (Ștefăroi, 2009b).

În concepția noastră, teoria fericirii în asistența socială umanistă se întemeiază pe următoarele **principii**:

- fiecare om, indiferent de vârstă, sex, naționalitate, statut social, profesiune are dreptul la o viață demnă, la fericire, la împlinire personală;

- indicatorul esențial al calității vieții omului este reprezentat de gradul de satisfacție internă, resimțită subiectiv, de fericire și mulțumire de sine a persoanei;

- obiectul investigației pentru determinarea nivelului de satisfacție, fericire, realizare personală și de îndeplinire a obiectivelor asistențiale îl reprezintă personalitatea, sufletul persoanei, nu organismul (bunăstarea fiziologică) sau situația socio-economică, chiar dacă și acestea reprezintă sfere importante de interes;

- fericirea autentică este sursă de dezvoltare personală, eficiență socială/ profesională și factor de dobândire a capacității de reintegrare socială autonomă;

- omul nu este doar un consumator de servicii, de bunuri materiale și sociale ci este și o ființă culturală, spirituală, estetică, ludică – are în consecință, nevoi afective, culturale, spirituale, estetice, ludice - înscrise endemic în constituția ontologică personală, nevoi care necesită satisfăcute necondiționat.

Satisfacția, speranța, optimismul, accentul pe construirea personalității pozitive, active, cercetarea și valorificarea experienței pozitive sunt căi pe care le propune **psihologia pozitivă** pentru facilitarea accesului persoanei la fericire și mulțumire de sine. Dezvoltarea este condiționată de *orientarea activă spre viitor*, experiențele nefericite trebuie uitate, în schimb trebuiesc valorificate *experiențele pozitive*. Trăirea pozitivă, este sursă de energie, conferă confort și dinamism, determină productivitate profesională și îmbunătățește climatul social, interpersonal general. Individul primește feed-back-ul propriei stări de bine pe care o răspândește, se generalizează și recondiționează mediul de viață, ambianța, ce devine stimulativă, favorizantă prin contagiune/ influență socială și instituire organizațională (Seligman, 2002).

Tema fericirii nu este nouă. Încă din antichitate Aristotel a abordat-o, desigur în contextul mai larg al preocupărilor sale enciclopedice și pe fondul dezbaterilor etice și eudemonice din societatea ateniană privind raportul dintre binele colectiv și cel individual. În esență marele gânditor antic leagă, în operele sale consacrate, „Ethica Nicomachea" și „Ethica Eudemia", printre altele, fericirea de suflet, rațiune și rolul în cetate al persoanei. O opune întrucâtva plăcerii circumstanțiale, definind-o ca o structură și condiție de fond a ființei (Bywater, 2010).

Astăzi există o infinitate de teorii ale fericirii, abordată din toate perspectivele posibile: filozofice, psihologice, religioase, antropologice, estetice, sociologice etc. Ideea dominantă, care pare a se degaja, este aceea că fericirea autentică nu este identică cu plăcerea și satisfacția conjuncturală, superficială, ci mai degrabă este produsul unui sistem de personalitate care predispune persoana la bunăstare interioară, împlinire personală, eficiență socială, emoții și sentimente pozitive (Seligman, 2002, p. 6).

Jonathan Haidt (2008), abordează tema fericirii, prin prisma conceptului de metaforă. În spiritul psihologiei pozitive și dar și cognitive autorul consideră că de fapt fericirea este nu atât expresia unor stări psihologice obiective ci mai degrabă efect psihologic-personal al unor atribuiri cognitive și metafore, reliefând în context și rolul constructiv al emoțiilor pozitive și voinței. Pornind de la aceste premise dezvoltă o teorie coerentă a fericirii făcând apel atât la cuceririle științifice și filozofice contemporane cât și la cele din antichitate sau de mai târziu.

Noi am construit o teorie a fericirii inspirându-ne din acești mari autori, legând direct fericirea autentică, profundă, durabilă de constituirea/ instituirea, la nivelul personalității, unei onto-formațiuni psihologic-spirituale specifice, unui dispozitiv onto-psihologic personal funcțional particular, cu o componentă inter-*umană*, empatetică/ compatetică consistentă, ca sursă energetică, și cu sufletul ca formațiune onto-psihologică suport (fundament ontologic-spiritual).

În concepția noastră, acesta este una dintre sursele principale ale fericirii, bunăstării psihologic-sufletești, empatiei și capacității spirituale a lucrătorilor din domeniul asistenței sociale de a transmite fericire și bunăstare sufletească clienților, precum și resortul intern al acestora pentru împlinire personală/ umană, empowerment și autonomizare socioumană. În acest context și pe suportul acestor precizări aplicăm elementele teoriei fericirii și în asistența socială umanistă (Ștefăroi, 2009).

1.4.5. Teoria îngrijirii

Teoria îngrijirii, una dintre teoriile „fondatoare" ale asistenției sociale, este strâns legată de un principiul umanitar fundamental: *solidaritatea umană*. Cuvântul solidaritate este mult folosit în asistența socială și semnifică atitudinea, gestul sau acțiunea persoanelor/ grupurilor/ categoriilor sociale favorizate, normale, de sprijinire a persoanelor sau comunităților aflate în dificultate, îndeosebi din punct de vedere sanitar și economic (Arts, Muffels, Meulen, 2001).

Conceptul și reprezentarea psihologică sau profesională de client al serviciilor de asistență socială se construiesc prin inferarea logică sau psihologic-etică a unor propoziții și idei de genul: soarta a făcut ca unele persoane să se nască în medii și contexte favorizante iar altele, din nefericire, să se nască cu handicapuri sociale, culturale, morale sau fizice și, corect este, ca prin acțiunea primilor această situație să fie oarecum echilibrată; oamenii ca specie și ființă ancestrală sunt o creație unitară care trebuie să împartă în mod echitabil resursele, binele și răul; fiecare om are dreptul la o viață demnă, la fericire, la împlinire personală.

Modelul solidarist stă la baza religiei, a moralei dar și a organizării sociale/ societale impunând solidaritatea socială ca formă activă de promovare a valorilor sale.

Modelul solidarist-minimalist răspunde unor aserțiuni de genul: dăm de la noi că avem mai mult, dar numai pentru supraviețuire. Perspectiva ascunde și note de umilință, milă sau toleranță față de client, tinzând să contureze o reprezentare tot restrictivă a acestuia; în spatele etichetei asistat sau beneficiar putând să se ascundă reprezentări de genul: persoană inactivă, leneșă, săracă cu duhul, incapabilă să-și managerieze prin efort individual propria viață.

Aceste persoane au, în consecință, nevoie de ajutor, intervenind aici, pe lângă inițiative private și rolul instituțiilor din comunitate sau ale statului. În acest scop, se instituie instrumente administrative specifice, se pregătesc specialiști, se elaborează legi și impun mecanisme de prevenire și intervenție profesionalizată, instituționalizată.

Abordarea solidarist-minimalistă presupune însă, cu preponderență, o atitudine pasivă față de client, atenția fiind focalizată mai mult pe subzistență decât pe recuperare/ reintegrare sau fericire, impunând practici și concepte precum *ajutor* sau *îngrijire*.

Teoria îngrijirii s-a consacrat, din păcate, pe reprezentarea preponderent materialist-biologistă a persoanei, își are originea în gândirea dialectic-materialist relativă la raportul dintre materie și spirit. Abordarea reducționist-materialistă tinde să reducă omul și viața socială la legitățile fizicii și materiei (substanței) iar personalitatea la tiparul de construcție și funcționare a organismului.

Conform acestei reprezentări omul este o ființă biologică înzestrată cu inteligentă (și aceasta se originează în mecanismele neurofiziologice), în concluzie satisfacerea nevoilor materiale (hrană, îmbrăcăminte, locuință etc) este primordială, asigurând supraviețuirea. Formațiunile personale superioare, sferele și trăirile spirituale sunt epifenomene, sau atribuiri epistemologice speculative, nefiind definitorii pentru condiția și natura umană (Stairs, 2000). Clișeul operează involuntar chiar în gândirea și practica multor specialiști din domeniul asistenței sociale, concepând sistemul client în mod restrictiv, reducând necesitățile clientului la zona inferioară a piramidei motivaționale, proiectând soluții și acționând profesional în consecință.

Asistența socială umanistă propune, în schimb, fără a desconsidera practica îngrijirii corpului și bunăstarea materială, o focalizarea pe îngrijirea sufletului și personalității persoanei în suferință. Grija pentru suferința sufletească, pentru pierderile și traumele pe care le-a suferit sau suferă clientul, pentru dezumanizarea acestea sunt preocupări evaluative și curative ale profesionistului umanist din asistența socială.

În această paradigmă îngrijirea are o semnificativă dimensiune recuperativă și integrativă a persoanei. La fel, profesionistul este interesat, pe lângă bunăstarea materială, hrană, locuință, confort de bunăstarea spirituală a persoanei în suferință, de demnitatea și de condiția de ființă umană cu toate drepturile pe care le presupune acest statut existențial (Payne, 2011, p. 139). Calitatea relațiilor interumane de atașament și empatie, calitatea empatetică, umană și culturală a comunității în care conviețuiește clientul, calitatea climatului sociomoral sunt factori importanți care fac parte din aceeași grijă pentru îngrijirea sufletului și personalității și pentru sporirea șanselor de reabilitare și integrare socială. Îngrijire înseamnă așadar îngrijire a corpului, dar și a sufletului afectiv sau spriritual, a personalității psihologice și praxiologice sau îngrijire a personalității sociomorale.

În această viziunea îngrijirea este parte crucială a procesului de reconstrucție a arhitecturii complexe, ontologice, psihologice și sociomorale a personalității, de reconstrucție și optimizare a contextului sociouman în care conviețuiește, este așadar nu doar un gest umanitar ci un proces curativ.

1.4.6. Teoria acțiunii și teoria participării

Teoria acțiunii, ca soluție atât epistemologică cât și praxiologică, promovează acțiunea umană și socială, activismul social, schimbarea structurii, imuabilului (Parsons, 1978); reliefează, în asistența socială umanistă, aspectul că doar atunci când clientul *se autonomizează și prin propriile forțe și resurse umane interne acțiunea terapeutică a profesionistului și-a îndeplinit obiectivul*. Dacă se urmăresc doar obiective comportamentale ori socio-economice punctuale impuse și nu realizate prin antrenarea personalității și activismului constant și asumat al clientului atunci este previzibil eșecul „acțiunii" de intervenție. În virtutea acestei teorii schimbarea este condiționată de transferul acțiunii (competențelor praxiologic-*umane*) de la profesionist la client (Corey, 2012).

Teoria participării, promovează, în asistența socială umanistă, atât participarea „strategică" a profesionistului cât și *prezența sa spirituală, umană, compatetică*, nu doar formală sau instituțională, în activitatea de evaluare și intervenție. Experiența aplicării diferitelor programe și proiecte de schimbare, dezvoltare și empowerment destinate categoriilor vulnerabile, mai ales a copiilor, arată că eficiența activităților întreprinse este condiționată, în mare măsură, de gradul de implicare și participare al subiecților (Cloke și Davies, 1995).

1.5. Specificul metodelor și practicilor asistenței sociale umaniste

1.5.1. Obiective, valori și principii ale practicii

Diminuarea suferințelor clientului nefericit, în impas și în suferință, sporirea bunăstării sufletești/ spirituale, dezvoltarea personală și dobândirea autonomiei, dezvoltarea morală și integrarea sociumană sunt, în opinia noastră, printre **obiectivele-valoare** cele mai importante ale practicii asistenței sociale umaniste (Ștefăroi, 2012, p. 163).

Fără îndoială, **valorile** și metodele umaniste trebuie să se coreleze cu celelalte tipuri de valori și abordări, sau să se impună ca o componentă importantă a axiologiei și metodologiei unitare de evaluare, intervenție ori monitorizare, ceea ce presupune și o mare deschidere culturală (multiculturalismul) a profesionistului (Wing Sue, (2006) spre abordări multiple, *integralitatea metodologic-axiologică*, flexibilitatea fiind, de altfel, atitudini esențiale cu care operează profesionistul umanist în asistența socială.

Promovarea justiției sociale, dezvoltarea personală a clientului și profesionistului, complexitatea ființei umane, flexibilitatea metodologică, valorificarea creativității clientului și profesionistului, dezvoltarea Self-ului și valorificarea potențialului de spiritualitate al personalității umane, promovarea securității și dezvoltarea reziliențtei persoanei sunt, după Payne (2011), **principiile** definitorii ale practicii asistenței sociale umaniste.

În context metodologic-axiologic complex și unitar asistentul social umanist se va concentra pe sfera, problema sufletească, spirituală, psihologică și socio-umană a clientului. Scopul este și acela al armonizării ontologice interne și externe a relațiilor din interiorul comunității/ grupului, cu efecte asupra creșterii consistenței ontologice a personalității și diminuării riscului menținerii sau intrării în situație de risc.

1.5.2. Specificul practicilor bazate pe evidențe

În "sistemul" asistenței sociale umaniste specificul practicilor bazate pe evidențe constă în faptul că promovează, în activitatea concretă a profesionistului, de **evaluare sau intervenție**, în paralel, *apelul la dovezi științifice și clinice,* și concentrarea pe realitatea socioumană concretă nerecurentă, "fenomenologică" a situației sociale și sufletești a clientului, pe de altă parte (Roberts, Yeager, 2006). Construcția tabloului evaluativ pornește de la ceea ce se identifică ca existent, real și verificabil. Se realizează preponderent prin activitatea de teren și prin contactul direct, empatetic, al profesionistului cu realitatea clientului, însă se fundamentează, așadar, și pe rezultatele cercetărilor științifice ori experiențelor clinice anterioare din speța respectivă (Payne, 2011, p. 76; O'Hare, 2005).

Fiecare comunitate, grup, persoană are un trecut propriu, cultură și condiții socio-culturale, morale sau umane specifice și de aceea problemele care intră în atenția serviciilor de asistență socială trebuiesc analizate, abordate inclusiv prin prisma acestor caracteristici (Gilgun, 2008).

La nivel de **politică socială** metodele și practicile bazate pe evidențe pot contribui la diminuarea fenomenelor sociale negative, prin adaptarea efectivă a legislației, strategiilor și proiectelor la specificul național, socio-cultural, uman și problemelor sociale complexe, prin instituirea unor practici și metode extrase sau adaptate condițiilor socioumane și culturale specifice, evidențiate de experiența practică sau de studii și cercetări științifice (Buzducea, 2009).

În **activitatea profesionistului** care operează cu metodele bazate pe evidențe predomină *conduite și atitudini* precum:

- Lucrează în strânsă colaborare cu clientul, stimulează participarea și implicarea activă a acestuia;

- Expertiză complementară și distribuirea competențelor în funcție de complexitatea cazului, specificul sau diversitatea problemelor în interiorul echipei de profesioniști sau între autorități;

- Încredere și respect reciproc între profesioniști, stabilirea unor obiective prin consultări, negocieri etc;

- Deschidere și onestitate, comunicare clară, flexibilitate;

- Meticulozitate, atenție și focalizare pe realitatea concretă, contingentă și manifestările efective ale clientului, în paralel cu cercetarea dovezilor și literaturii științifice din speța investigată (Grinnell, Unrau, 2010;

- Autoanaliză și auto-interogare permanentă a profesionistului - dacă ceea ce face este adecvat grupului, persoanei sau problemelor pe care le au și nu sunt doar activități de rutină sau efectuate din constrângere administrativă;

- Necesitatea monitorizării, înregistrării, catalogării datelor obținute și verificării științifice a eficienței intervenției prin analiza feed-back-urilor;

- Aptitudini, calități empatetic-umane (sensibilitate sufletească), experiență profesională, umană și socială a profesionistului adecvate specificului mediului, problemei și clientului și comunității (Smith, 2004, p. 10-11).

1.5.3. Metodele adoptate/ adaptate din psihoterapia umanistă

Toate metodele psihoterapiei umaniste propun relația de egalitate dintre terapeut și client și sporirea rolului proceselor empatic-afective în relația terapeutică (Mitrofan, 2001). Acestea au fost preluate și aduc în asistența socială principiul reabilitării (integrării sociale) prin *centrarea pe client/ sistem client, dezvoltare umană și spirituală, focalizarea intervenției pe resursă (umană, spirituală)* și nu pe problemă (Payne, 2005, p. 186-187).

De altfel, centrarea pe client, non-directivitatea, aprecierea și valorizarea personală, dezvoltarea personală și spirituală, empatia în relația de intervenție, congruența profesionist-client, exteriorizarea și valorizarea sentimentelor și emoțiilor, intervenția non-directivă, centrarea pe punctul de vedere al clientului nu al problemei, subiectivitatea, actualizarea de sine, terapia de grup, grup de întâlnire etc. au devenit categorii, valori, principii și metode curente, de orientare umanistă în toate tipurile de intervenție sau domenii ale practicii sociale (Ward, 2010).

Chiar dacă Rogers, de exemplu, nu s-a consacrat, în teoria sau terapia sa, prin atenția prioritară acordată asistenței sociale, astăzi o mare parte a teoriei și metodologiei acestuia a fost preluată, cu precădere prin intermediul psihologiei/ psihoterapiei, de către teoria și practica asistenței sociale, devenind instrumente epistemologice și metodologice cruciale ale teoriei și, cu precădere, ale practicii clinice pentru mulți profesioniști, mai ales în țările occidentale. Prin **terapia centrată pe client** Rogers (1951) are, astfel, meritul crucial de fi lucrat la temelia teoriei și metodei asistenței sociale moderne, inclusiv a asistenței sociale umaniste, prin valorile și metodele terapeutic-umaniste promovate.

Psihoterapia existențială se fundamentează pe o serie de teze filozofice existențialiste, propunând identificarea angoaselor/ crizelor existențiale și reechilibrarea ontologică internă prin dezvoltare personală/ umană. În asistența socială, ancheta, studiul de caz, istoricul, ecomapa urmăresc, în principal, să identifice prin *evaluare existențial-umanistă* aspecte precum: *impasul existențial, criza existențială, anxietatea existențială a clientului* etc. Metodele existențial-umaniste au ca sursă principală ceea ce s-a consacrat în psihoterapie ca *analiza existențială*. Ca teorie și metodă terapeutică este legată de o serie de nume precum Rollo May, Ludwig Biswanger, Max Scheler sau Viktor Frankl. În practică se operează cu termeni/ categorii precum: impas existențial, criză existențială, sens existențial, anxietate existențială, sistem axiologic, dialog existențial, scenariul existențial etc.

Analiza/ ancheta existențială nu abordează clientul ca pe un caz patologic, în această abordare nu există boală psihică ci numai situații problematice și impasuri existențiale, ceea ce înseamnă *pierderea sensului existențial* (Mitrofan și Buzducea, 2005, pp. 137-139). Analiza existențială a atras, cu precădere prin Hankl, și dimensiunea spirituală/ noetică. După Frank (2009), neglijarea dimensiunii sensului, a ontologiei persoanei sau a laturii spirituale poate conduce la apariția unor tulburări psihice sau comportamentale foarte grave.

În practica asistenței sociale analiza existențial-umanistă mai presupune:

- analiza existențială a relațiilor psihosociale și inter-*umane* actuale;
- analiza onto-sistemelor sociale și comunității compatetice;
- analiza culturală, axiologică și spirituală;

- identificarea, analiza și descrierea situațiilor concrete de impas existențial, criză existențială, pierderea sensului existențial-*uman* și existențial-spiritual (Mitrofan și Buzducea, 2005, pp. 137-139);
- analiza legăturilor dintre anxietatea existențială, pierderea sensului existențial și situația problemă/ problema socială (umană).

Fără îndoială lista posibilelor „analize" existențiale este mult mai lungă. Această activitate are cu precădere rol de evaluare însă analiza existențială generează și propune și metode sau tehnici de intervenție, în scop ameliorativ, precum: *stabiliea unui nou sistem axiologic, explorarea sensului vieții, examinarea problemelor spirituale, explorarea eului, reconstrucția realității socioumane, schimbarea sensului vieții, analiza și clarificarea valorilor etc.* Utilizarea acestora în activitatea asistentului social umanist trebuie realizată în strânsă legătură celelalte laturi ale situației de dificulate, a sistemului client și prin corelare cu metodele consacrate în asistența socială.

Prin *intervenție „existențială-umanistă"* profesionistul, în asistența socială umanistă, lucrează la construcția unui nou *modus vivendi* spiritual și cultural, a unei *noi existențe socioumane*, cu *instrumente existențial-umaniste* și pe baza unui *scenariu social existențial-umanist*.

Psihoterapia gestaltistă propune și presupune în practica asistenței sociale umaniste realizarea convergenței dintre conștiință, comportament, trăire și viața socioumană, „dintre figură și fond" (Wheeler, 1991, p. 65), în timp ce **psihoterapia pozitivă** este bazată pe convingerea ca oamenii sunt fundamental buni și au capacitatea constituțională de a fi fericiți (Seligman și Csikszentmihalyi, 2000; Seligman, 2002; Timberlake, Cutler, 2000).

Și **metodele și tehnicile de grup,** tot mai mult utilizate în asistența socială, pot fi eficiente și în practica asistenței sociale umaniste. S-au impus cu precădere:

- *T-Grupul* (grupul de învățare - *„Training group"*);
- Grupul de întâlnire (*„Encounter - Group"*);
- Grupul de formare și educare a senzitivității („Sensitivity Group");
- Grupul centrat tematic (*„Theme-Centred-Group"*);
- Grupul de confruntare („Confrontation - Group").

Cu precădere în **asistența socială umanistă clinică** se poate apela și la analiza tranzactională, terapia centrată pe emoții, analiza existențială, drama-terapia, dans-terapie și terapia prin mișcare, art-terapia, focusing, psihodrama, psihoterapia transpersonală etc.

1.5.4. Metodele apreciative

Metodele apreciative, făcând parte din categoria așa-ziselor *metode pozitive,* sunt din ce în ce mai mult prezente în practica serviciilor și profesioniștilor din asistența socială. În marea lor majoritate se concentrează pe viitor și nu pe trecut, pe perspectiva fericirii și a binelui și nu a suferinței sau depresiei, a împlinirii și nu a eșecului.

Organismul, personalitatea, conduita, cariera, viața socială vor lua în devenirea lor drumul pe care îl deschide atitudinea și gândirea (aprecierea) clientului și profesionistului. O atitudine pozitivă determină constituirea unor spirale bio-psiho-sociale virtuoase, organismul determină secreția de endorfină și alte substanțe euforice ori proactive. Substanțele vor determina în consecință o stare psihică pozitivă, fericire și succes social. Acestea vor conduce la sporirea secreției endorfinei și construirea unor paternuri mental-atitudinale orientate spre succes și acțiune, și așa spirala se dezvoltă conducând organismul, personalitatea, conduita și destinul într-un sens pozitiv, constructiv, eficient. Astfel se instituie o stare generală de optimism, favorabilă vindecării, dezvoltării personale sau adaptării sociale.

Rolul fundamental al evaluării și intervenției apreciative este acela de a identifica resurse și determina aceste spirale virtuoase care îi conferă persoanei dinamism, optimism și eficiență.

În **practica asistenței sociale** metodele pozitive au fost preluate cu precădere prin așa-zisele *tehnici sau metode apreciative de evaluare și intervenție*. Acestea își propun, ca obiectiv dar și ca strategie principală, *rezolvarea problemelor sociale ale clienților, individuali sau colectivi, prin aprecierea, cunoașterea și amplificarea expectanțelor optimiste, pozitive.*

Operează cu instrumente clasice ale asistenței sociale, precum ancheta, supervizarea, proiectul de intervenție și managementul de caz, care sunt redimensionate prin categorii ale *metodei pozitiv-apreciative,* preluând și paradigme cruciale ale psihologiei cogniției, psihoterapiei sau teoriei acțiunii sociale. Un rol fundamental în aceste tehnici îl are *potențialitatea limbajului* (Sandu, 2009; 2013). Limbajul, paradigma semantică, reprezintă un vehicol cu care se operează în scop de schimbare de atitudini, reabilitare umană și integrare socială.

Ancheta socială apreciativă respectă o serie de principii precum *principiul construcționist,* al *simultaneității, principiul poetic, principiul pozitiv* sau al *anticipării* (Cojocaru, 2005). Principiul construcționist relevă caracterul relativ și dinamic al organizațiilor. Acestea nu sunt un dat ci construcții ocazionate de interacțiunea unui cumul de factori sociali și psihologici determinați. Principiul solicită de la asistentul social, în demersul de realizare a anchetei sociale, multă imaginație și viziune. Principiul anticipării pleacă de la prezumția că harta (mentală) anticipă realitatea. Altfel spus, pentru asistentul social este foarte important să aibă proiecte de schimbare, situația clientului se va schimba în bine, sau șansa este mai mare, dacă există anticiparea, viziunea, optimismul (Ștefăroi, 2012, p. 171).

În **activitatea de intervenție** metoda propune renunțarea la paradigma deficienței și orientarea spre valorificarea capacităților reziduale și proiective ale clientului sau situației sociale, promovând principii umaniste, propunând și conceptul de *management prin valori* (Cojocaru, 2005), foarte util în managementul instituțiilor și serviciilor de asistență socială.

1.5.5. Metoda balanței

Este o metodă e tip "economic". Are atât valențe evaluative cât și curative (Mc Call, 2001, Rășcanu, 2001, pp. 218-219).

În asistența socială, cu precădere în activitatea de **evaluare**, cu această metodă se pot evidenția dominantele sufletești, situaționale ale clientului prin așezarea în "talerele" balanței", a aspectelor negative și a celor pozitive, iar în scop curativ poate interveni pentru echilibrare sau înclinare pozitivă prin așezarea în talerul pozitiv de noi sarcini, și/ sau luarea din talerul negativ a unor sarcini care îngreunează situația clientului.

În perspectiva valorilor și misiunii asistenței sociale umaniste atât evaluarea cât și **intervenția** se face pentru echilibrarea și ameliorarea stării sufletești și calității mediului și relațiilor socio-*umane* ale clientului, prin intervenție atât în sfera personalității cât și a comunității în care trăiește.

Foarte multe suferințe, eșecuri personale și sociale, vulnerabilități sau situații de dificultate ale persoanelor și comunităților se explică sau își au cauza în dezechilibrele instituite între diferite sfere și componente ale vieții interioare a oamenilor, între persoană și comunitate sau între diferite sfere și laturi ale comunității (Barlow, 2007)

Chiar dacă dezechilibrul este un motor al dezvoltării, echilibrul perfect nefiind posibil și nici de dorit, în domeniul asistenței sociale dezechilibrul grav poate fi sursă a problemelor din cauza impactului psihologic-sufletesc sau socio-compatetic negativ, instituirii unor dezechilibre accentuate sau profunde care pune practic persoana sau comunitatea în imposibilitatea de a se remonta și a avea o existență normală, întreținând suferințe cronice, stari de anormalitate, disfuncții, conflicte, marginalizare, devianță sau sărăcie (Rutter, Smith, 1995).

Modelarea realizată prin metoda balanței permite surprinderea tehnică și economică a acestor dezechilibre, oferind astfel profesionistului și o pârghie eficientă de intervenție. În acest scop, în opinia noastră, se poate opera cu următoarele **onto-balanțe**:

- *Balanța onto-sistemelor socio-afective*. Este un instrument care poate fi folosit de către profesionistul social în procesul de integrare într-un mediu alterativ. Privește analiza în contrapondere a relațiilor de atașament pe care le-a avut persoana în grupul de origine și cel substitut. Dacă după mult timp de la integrare se constată o slabă relație de atașament cu membrii noii organizații, în condițiile în care în grupul de origine a avut legături afective puternice, atunci situația este îngrijorătoare devenind un indiciu clar de inadaptare, de apariție a unor posibile tulburări emoționale sau de comportament.

- *Balanța onto-sistemelor atitudinale, culturale și spirituale*. De regulă în managementul de caz și în hotărârea de plasament nu se acordă o importanță foarte mare acestor aspecte. Noi credem că importanța lor este foarte mare. Nu ne referim la nivelul sau standardul cultural/ moral al celor două grupuri ci la probleme de sensibilitate spirituală, gusturi, orientări, sau estetică socială, de exemplu. Par mici detalii însă în sufletul persoanei din grupul substitutiv pot avea o semnificație specială.

- *Balanța onto-sistemelor conduitelor, competențelor și obiceiurilor*. Modalitățile de reacție și acțiune a noilor parteneri de viață, temperamentele, altruismul, conduitele verbale, comunicarea nonverbală, abilitățile, aptitudinile, deprinderile, obiceiurile, hobiurile, modul în care este servită masa, cum sunt aniversate diferite sărbători constituie conținutul efectiv al unei zile și elementele cele mai evidente cu care intră asistatul în contact într-o instituție rezidențială, de exemplu. Dacă foarte multe dintre elementele enumerate, cu un anumit specific în mediul de proveniență, nu se vor regăsi în modalități asemănătoare în noul mediu atunci este foarte probabil ca procesul de adaptare la caracteristicile acestuia să întâmpine probleme serioase.

- *Balanța onto-sistemelor socio-cognitive*. Urmărește evaluarea prin contrapunere a elementelor mediilor (reprezentărilor) socio-cognitive ale persoanei și comunității. În activitatea de evaluare vor fi urmărite aspecte cu privire la constituția fizică, numărul și structura pe roluri sau vârste a celor două entități, aspecte referitoare la referitoare la personalitate, caracter, interese ale membrilor celor două grupuri. Se vor menționa și importanța punerii în balanță a aspectelor rederitoare la habitat, obiecte sau ființe dragi.

- *Balanța onto-sistemelor relațiilor și raporturilor rol-status* poate fi realizată destul de ușor, iar echilibrul la fel. Este totuși util să se evalueze după un timp de la plasament poziția persoanei în noul grup și modul în care o percepe el prin raportare la situația pe care a avut-o în grupul de origine.

Metoda balanței este, de fapt, doar un element într-un sistem metodologic foarte complex, din care fac parte atât metodele umaniste, adică cele adoptate/ adaptate din psihoterapia umanistă, cele apreciative sau bazate pe evidențe (umane) cât și toate celelalte metode și practici consacrate în asistența socială: psihosociale, psihodinamice, cognitiviste etc. De fapt, deschiderea, flexibilitatea, complexitatea și integralitatea metodologică caracterizează în cel mai înalt grad practica umanistă, asistența socială umanistă

Capitolul 2
PERSONALITATEA *UMANĂ* – SFERA/DIMENSIUNEA ONTOLOGIC-SPIRITUALĂ

Introducere /119
2.1. Personalitatea. Specificul paradigmei umaniste /123
2.2. Specificul teoriei umanist-ontologice a personalității /125
2.3. Personalitatea umană. Sfera ontologic-spirituală /126
2.4. Sufletul /128
    2.4.1. Ontosul personal – fundament și cadru psihologic-ontologic de formare și funcționare a sufletului /128
    2.4.2. Celălalt, mediul uman, valorile - surse generice ale formării sufletului /137
    2.4.3. Formarea și constituirea sufletului /137
    2.4.4. Instituirea sufletului ca formațiune psihologic-ontologică autonomă și structură de personalitate /139
2.5. Sufletul afectiv (social) /140
    2.5.1. Emoția și afectivitatea /140
    2.5.2. Constituirea și instituirea sufletului afectiv ca sursă a atașamentului și empatiei primare /145
2.6. Sufletul spiritual /146
    2.6.1. Ontosul proiectiv – fundament și cadru psihologic-ontologic de formare și funcționare a sufletului spiritual /147
    2.6.2. Sufletul mistic, sufletul ludic, sufletul estetic, sufletul intelectual, sufletul moral /155
2.7. Onto-formațiunea fericirii /159
2.8. Eul onto-proiectiv /162

Introducere

În acest capitol atenția se concentrează, în cea mai mare măsură, pe ceea ce ar fi și s-ar putea denumi, în concepția noastră, *sursa psihologic-ontologică principală a calităților umane și sufletești ale profesionistului în asistența socială umanistă*, adică *sufletul omenesc*.

De asemenea, în capitol se schițează și câteva considerațiuni referitoare la alte două onto-formațiuni personale importante în explicația factorilor și surselor personalității *umane,* a calităților sufletești (eudemonice, spirituale, prosociale) ale profesionistului, respectiv *onto-formațiunea fericirii* și *eul onto-proiectiv*.

Fără a desconsidera alte tipuri de abordări și concepții asupra *originii, naturii și existenței sufletului*, noi abordăm și prezentăm o paradigmă teoretică *ontologic-umanistă*, în mare parte științifică și "clinică", a acestuia, un suflet care se formează ontogenetic și stadial cu concursul factorilor interni și externi.

Modelul de personalitate pe care îl aplicăm în această lucrare, respectiv onto-personologic, în care sufletul ocupă locul central, elaborat de noi, a mai fost utilizat în alte apariții ale noastre, respectiv în articolele "Perspectiva umanistă asupra clientului în asistența socială" (nr. 1-2, 2009), și "Tulburări de dezvoltare socioafectivă ale copilului instituționalizat" (nr. 1-2, 2008), publicate în *Revista de Asistență Socială*, Editura Polirom,, și în volumul publicat la Editura Lumen în 2009, "Teoria Fericirii în Asistența Socială: De la managementul îngrijirii la managementul fericirii", de aceea ne vom limita a face doar câteva referiri sumare la contextul și reperele teoretice esențiale ale acestuia.

Imediat după ce am început activitatea de psiholog în sistemul de protecție a copilului aflat în dificultate, am rămas neplăcut surprins de preocuparea excesivă și accentul care se pune pe latura instrumental-comportamentală a personalității și problemelor pe care le au copiii și de interesul minor pentru sufletul, latura spirituală, empatică, subiectivă, afectivă a copilului – atât în ceea ce privește activitatea de cunoaștere/ evaluare/ diagnostic cât și cea de educație, îngrijire sau intervenție.

Observând că de fapt adevăratele probleme ale acestor copii sunt de ordin afectiv, sufletesc aș spune, am început căutările pentru identificarea unor teorii și paradigme, în literatura română și străină, care să-mi confere cadrul teoretic și metodologic pentru un alt tip de abordare a relației profesionale cu copilul, în care accentul să cadă nu atât pe latura comportamentală ci pe resorturi și funcții intime, originare, sufletești, autentice, afective ale copilului. M-a interesat, în special, găsirea unui model de formare, creștere și dezvoltare a acestuia astfel încât să pot cunoaște copiii, în funcție de vârstă, și din aceste puncte de vedere, care cred eu, sunt foarte importante și relevante pentru specificul problemelor pe care le are această categorie de copii.

Am rămas profund dezamăgit, paradigmele și teoriile pe care le cunoșteam și pe care le-am identificat nu s-au apropiat deloc de scopul căutărilor. Modelul piagetian se concentrează pe latura cognitiv-instrumentală și psihomotrică, cel psihanalitic pe latura biologică (sexuală), psihologia umanist-pozitivă propune multe modele, dar nesistematizate, mai degrabă „romantice" și fără dinamici ontogenetice, stadiale și nivelare specifice, clare și funcționale, oricum în mare parte inoperabile.

De fapt neajunsurile vin, probabil, dintr-o concepție/ abordare destul de restrictivă cu privire la definiția personalității și psihicului uman, care în accepțiunea academică consacrată exclude sufletul, "ființa", eul spiritual, descriind funcționarea psihică și personalitatea mai degrabă în termeni cibernetici (neuro-psihologie), explicând dezvoltarea și existența psihicului uman aproape exclusiv în termeni "fizici" sau cognitivi-operaționali, eventuali biologici (vezi neuro-psihologia emoției), lăsând la o parte un termen folosit de toată lumea, de toate civilizații și culturile, în toate timpurile, pe care îl simte ca făcând parte din ființa sa orice om, dar pe care știința îl neglijează sau marginalizează: *sufletul*.

Această stare de lucruri are efecte nefaste asupra activității psihologilor și lucrătorilor din domeniul asistenței sociale și altor domenii conexe, în special asupra activității de protecție și educație a copilului instituționalizat. Marea lor problemă nu o constituie nici retardul de dezvoltare cognitivă, nici experiențele sexuale reprimate din debutul copilăriei ci sufletul lor distrus de circumstanțe sociale și instituționale nefavorabile, inclusiv cele din sistemul de protecție instituționalizat, precum și hiper-dezvoltarea formațiunilor fobic-depresive, instituirii nefericirii ca stare dominantă - surse ale dezvoltărilor carențiale de personalitate, a eșecului social.

În condițiile date am început să lucrez la un model ontogenetic propriu plecând de la următoarele principii și obiective:

- folosirea tuturor teoriilor și paradigmelor psihologice deja existente și validate în practică și literatură;

- deschiderea și spre modelele filozofice, antropologice, sociologice, biologice, teologice, estetice, sociologice și mistice;

- ținta dezvoltării ontogenetice nu o constituie doar formarea intelectului și personalității ci și a sufletului și persoanei ca unitate, întreg, existent și funcțional;

- construirea unui model de creştere şi dezvoltare coerent, funcţional şi aplicabil concentrat însă pe latura umană, empatică, ontică, sufletească a persoanei;
- ontosul personal înlocuieşte organismul ca fundament al personalităţii şi ansamblului personal, iar experienţele subiective asimilate în formaţiuni specifice înlocuieşte mediul (fără a le diminua din rolul specific în ontogeneză);
- introducerea, cu toate riscurile previzibile, a unor noi termeni, sintagme, încă neconsacrate în literatură şi a unor noi principii de formare şi dezvoltare ontogenetică (transmergenţa, telegenţa, conmergenţa, promergenţa, dismergenţa, imergenţa, ontos personal, onto-formaţiune etc).

Teza fundamentală a acestei teorii este aceea că scopul ontogenezei îl reprezintă constituirea persoanei şi nu doar a personalităţii, nu vom vorbi de o psihologie genetică ci, în consecinţă, de personologie genetică, aşadar, obiectivul acestui proces nu îl reprezintă doar dezvoltarea psihică/ intelectuală şi formarea personalităţii psihologice ci şi a sufletului şi altor onto-formaţiuni personale, *umane*.

Constituirea onto-persoanei şi personalităţii *umane* este produsul unor formatizări succesive şi concomitente, adică de formare/ instituire de onto-formaţiuni holistice personale. Cele mai importante dintre aceste formaţiuni sunt, nu neapărat în ordinea apariţiei: formaţiunea onto-hedonică, formaţiunea onto-fobică, formaţiunea onto-noetică, formaţiunea onto-afectivă (sufletul) şi formaţiunea onto-proiectivă (formaţiunea fericirii/ depresivă, formaţiunea ludică, formaţiunea spirituală, formaţiunea estetică, formaţiunea mistică). Numărul lor poate fi nelimitat, pe orizontală şi verticală. Acestea sunt componente a ceea ce, am putea denumi, bază psihologic-ontică a persoanei. Pe suportul şi în contextul acestor formaţiuni se vor constitui, ulterior sau concomitent: personalitatea, conştiinţa şi, în final, persoana (ansamblul personal) ca macro-formaţiune integratoare/ adaptativă şi scop al ontogenezei umane individuale.

Fiecare formaţiune trece, până la constituire, prin următoarele stadii: de contact, achiziţie, structurare şi constituire. După constituire urmează instituirea onto-formaţiunii în ansamblul ontic-personal şi în final endemizarea/ *ontificarea* sa, adică înscrierea definitivă în constituţia psihologic-ontică a persoanei. Procesele pot depăşi uneori legile şi principiile „naturale", fizice cunoscute. Nu se desconsideră rolul şi importanţa acestora, sunt necesare fenomenelor fizice, biologice şi psihice elementare, dar considerăm că „spaţiul" *uman* subiectiv se formează, există, dezvoltă, funcţionează şi după principiile emergenţei şi altora subiacente acestuia, respectiv principiile transmergenţei, telegenţei, imergenţei, sinmergenţei şi conmergenţei, care răspund în primul rând nevoii fundamentale a omului pur şi simplu de a fi şi nu atât de a acţiona, după care se defineşte personalitatea în accepţiunile consacrate.

Transmergența reprezintă însușirea și capacitatea proceselor și fenomenelor onto-subiective personale de a se desfășura simultan, în „spațiu", fără limitări și bariere fizice, spațiale și de organizare. Concomitent în același spațiu subiectiv-personal se pot constitui și manifesta mai multe formațiuni, indiferent de natura, stadiul sau nivelul la care se găsesc. Constituirea și funcționarea onto-formațiunilor transced organizările și formațiunile deja constitute, le atrag și antrenează în procesele de constituire și instituire a noilor formațiuni, fără să le altereze. Gradul de libertate/ acțiune este foarte mare, numărul combinațiilor și facilităților de structurare și „formatizare" este aproape nelimitat.

Telegența înseamnă cam același lucru, însă privește latura temporală a proceselor și fenomenelor. În universul onto-personal experiențele și trăirile nu au totdeauna un reper temporal determinat. Constituirea și funcționarea formațiunilor se realizează fără bariere temporale, o experiență de cu zece ani în urmă se poate actualiza și integra ușor într-o formațiune în constituire, după cum o experiență actuală poate redimensiona onto-gestalturi de mult înscrise în arhitectura psihologică a persoanei. Telegența reprezintă și calitatea proceselor onto-personale de a decurge în raport de un proiect și nu de o necesitate contingentă. Omul este ceea ce dorește și tinde să fie nu numai ceea ce este în prezent. Prezentul este negat ca o insuficiență sau neîmplinire. Procesele reflectă mai degrabă caracteristici ale proiectului decât ale situației „obiective".

Imergența reprezintă proprietatea și capacitatea sistemelor organice și spirituale de a se forma, dezvolta, evolua prin ele însele, în sine, din nimic, din inerție, "subversiv", paralel cu dezvoltările cauzate de factori determinați.

Promergența și *dismergența* sunt proprietăți ontologic opuse și reflectă tendințele obiective ale sistemelor vii și spirituale de conservare/ dezvoltare sau entropie/ degradare. În orice moment o serie de formațiuni, dimensiuni sau procese se află în creștere, avansare, formare, sunt promergente, iar altele sunt în degradare, descreștere, involuție, fiind dismergente.

Conmergența antrenează transmergența, telegența, imergența și promergența și reprezintă tendința formațiunilor și proceselor de se organiza și concentra „tematic" în formațiuni, reflectând inerența unor funcții, dincolo de orice limitări de ordin „logistic" sau temporal. Este și proprietatea subiectiv-personală determinantă în procesul gradual și stadial de onto-formatizare și formare a personalității ontologice și *umane*.

Precizăm faptul că în pofida terminologiei, în unele cazuri, cu accente filozofice/ metafizice sau mistice teoria noastră este concepută doar în cadrele științei, cu apel la filozofia, terminologia, cultura științifică și psihologică consacrate; se bazează și pe experiența psiho-logică și profesională personală. Nu contestă forma, orientarea actuală a psihologiei (psihologiei genetice), îi folosește limbajul, teoriile și paradigmele, dar caută și să adauge o nouă latură, adică suportul ontic-psihologic personal, subiectiv-individual, id-ul psihologic, ontosul personal, constituit ontogenetic, FIINȚA, care credem noi lipsește în momentul de față paradigmei de bază a psihologiei ca știință, chiar dacă prim ramuri precum psihologia umanistă, logoterapia, psihologia ecologică etc se fac progrese consemnabile în „reabilitarea" ei.

Modesta noastră ipoteză este și o propunere de completare, o continuare a căutărilor temerare (științific-speculative) din psihologia personalității, necesare în această știință, care este totuși (în opinia noastră) încă la începuturile ei și are nevoie de multe ipoteze. Această paradigmă (onto-personologie genetică) poate fi sursă a multor reconsiderări și inovații paradigmatice psihologice, psihogenetice, personologice și aplicative. Printre posibilele teme enumerăm: (onto-)personologie genetică; dezvoltarea personală în perspectivă ontic-psihologică și ontic-formativă; conceptul de onto-formațiune personală; onto-formatizarea personală; teoria dezvoltării umane individuale - de la psiho-geneză la onto-geneză și perso-geneză; personalitatea ca ansamblu structurat și cronicizat de onto-balanțe și ca mega-balanță integrativă; sinele și eul în abordare onto-personologică; structura și dinamica personalității între teza psihanalitică și ipoteza onto-personologică; psihologia personalității între teza inconștientului și ipoteza ontosului psiho-personal; psihologia generală în abordare onto-psihologică și perso-genetică; conceptul de ontos (onto-formațiune) psiho-personal; ontosul endemic; ontosul hedonic; onto-formațiunea fobică; subiectul onto-personal; sinele onto-psihologic; ontosul afectiv; ontosul noetic; ontosul proiectiv; onto-psihologia sufletului; geneza onto-proiectivă a personalității; onto-personologie socială; psihologia fericirii autentice; aplicații ale paradigmei în știință și viața socială, cu deosebire în psihiatrie, psihoterapie și asistență socială (Ștefăroi, 2009).

2.1. Personalitatea. Specificul paradigmei umaniste

Personalitatea umană, ca realitate, concept sau teorie, a reprezentat în istoria cunoașterii și constituie și în prezent una dintre cele mai mari provocări filosofice și științifice. Nici o definiție, nici o teorie și nici o știință nu a reușit, și probabil nu va reuși vreo dată, să o reprezinte teoretic și definească în tot adevărul ontologic și complexitatea sa structurală imensă.

În limbajul comun sau în diferite științe socio-umane, cu precădere în psihologie sau pedagogie, termenul de personalitate este utilizat, în principal, pentru a desemna *ansamblul caracteristicilor psihologic-comportamentale constante ale unei persoane, reliefând cu predilecție aspectele de unitate a conduitei și dominanță/ constanță a unor trăsături,* mai ales *temperamentale și caracteriale* (Maslow, 2011; Friedman, Schustack, 2010; Cottraux, 2003, p. 232).

Una din definițiile psihologice importante subliniază aspectul că personalitatea „este reprezentată de trăsăturile cognitive, afective, voliționale, comportamentale care conferă identitate și unicitate persoanei" (Cosman, 2010, p. 146).

În funcție de perspectiva de abordare sau de alte criterii, în psihologie s-au conturat câteva **paradigme și teorii mai importante** ale personalității, printre care remarcăm:

- paradigma umanistă (C. Rogers, G. Allport, R. May, A. Maslow, V. Frankl ș.a.);
- teoria psihodinamică și analitică (S. Freud, C. Jung, A. Adler ș.a.);
- paradigma funcționalistă și behavioristă (W. James, B.-F- Skinner, E. Thorndike, J. Dollard, N. Miller);
- paradigma structuralistă și tipologică (R. Cattell, H. Eysenck, K. Leonhard, A. Liciko, W. Sheldon, E. Kretschmer);
- teoria cognitivistă și social-cognitivistă (E. Kelly, J. Atkinson, A. Bandura, W. Mischel) etc.

Reprezentarea/ abordarea umanistă a personalității s-a impus și consacrat, după observația noastră, prin două mari curente. Unul este mai mult exploatat, este vorba despre curentul *pozitiv-psihologic*, care se focalizează pe dezvoltarea psihologic-personală prin exploatarea resurselor psihologic-voliționale, proactive și adaptative ale eului și despre curentul *ontologic-spiritual*, care valorizează bogăția de conținut a sinelui, sufletului și personalității profunde, ontologice, resursele spirituale, morale ale acesteia - promovează compatibilitatea și congruența dintre diferite niveluri și sfere ale personalității, precum și dintre personalitate și mediul de viață, acesta fiind și obiectivul fundamental în terapia umanist-spirituală a personalității (C. Rogers, 2008).

O paradigmă ontologică interesantă a personalității este și cea a marelui gânditor medieval Toma din Aguino. După acesta, inspirându-se din marii antici, dar și în contextul gândirii teologice ori scolasticii vremurilor, personalitatea are trei mai dimensiuni: psihologică, ontologică și morală, vorbind chiar de o *personalitate psihologică,* o *personalitate ontologică,* și o *personalitate morală* (Garrigou-Lagrange și Cummins, 1950)

Teoriile psihologice umanist-pozitive ale personalității se impun și diferențiază de alte abordări printr-o serie de aspecte, precum:

- terminologie cu accentuate voluntarist-praxiologice;
- caracterul unic, particular, singular al personalității (Moustakas, 1994);

- personalitatea ca sursă de autodezvoltare și dezvoltare personală, de libertate, voință și responsabilitate;
- idea de totalitate, integralitate, unitate și stabilitate - abordarea holistă (Frankl, 2009);
- o focalizare semnificativă pe studiul experienței eului și individualității personale (Zlate, 2002, pp. 84-87);

Abordările umanist-pozitive percep, explică și descriu personalitatea ca *ființă (liberă) și capabilă de afirmare, fericire și împlinire personală, ca rezervor inepuizabil de voință, optimism, speranță, sursă de auto-actualizare permanentă, de adaptare și integrare socială* (Rogers, 2008).

Majoritatea adepților și practicanților psihoterapiei umanist-pozitive reprezintă personalitatea ca resursă psihologică *în sine* de formare, dezvoltare personală autodepășire și împlinire personală ori socială, ca izvor de fericire, bunăstare și reabilitare/ recuperare (Zlate, 2001, pp. 52-53).

Maslow (1993) afirmă că o adevărată psihologie a personalității trebuie să fie o *psihologie a persoanei, individuale, concrete, active*. El se distanțează de abordările nomotetice, precum și de cele abisale, care nu surprind adevărul, autenticitatea ființei umane individuale, determinate, unice, care deconsideră capacitatea persoanei de autodepășire și auto-împlinire. După Maslaw, orice om, normal din punct de vedere psihic, în condiții sociale obișnuite, are capacitatea înnăscută de dezvoltare optimă, de a se împlini social și profesional, prin *auto-actualizare*.

2.2. Specificul teoriei umanist-ontologice a personalității

Perspectiva umanist-ontologică asupra personalității conferă, cum este și firesc, *sferei ontologic-spirituale* a acesteia rol etiologic și structural primordial.

După Rogers conceptul structural, cheie al teoriei umanist-ontologice a personalității este *sinele*. Acesta afirmă că sinele este un element important al experienței umane și că scopul ideal al formării și dezvoltării personalității fiecărui om ar fi acela de a deveni cu adevărat el însuși prin valorizarea propriului potențial, propriului sine (Rogers, 1980).

Maslow, în lucrarea "Toward A Psychology of Being", apărută în 1962, retipărită în 2011, semnalează o mare lacună a psihologiei "academice", anume lipsa din structura și compoziția personalității umane, a conținutului ei ontologic, a ființei. În acest context el preconiza că viitorul psihologiei, implicit al psihoterapiei, va depinde, în mare măsură, și de preocupările de redefinire a personalității umane, unde latura/ dimensiunea ontologic-spirituală va trebuie să i se acorde o atenție tot mai mare.

Frankl (2009) explică capacitatea unică, miraculoasă, a personalității umane de emancipare și adaptare socială prin existența unui nucleu psihologic personal, unei „ființe" noetice/ spirituale profunde, care se construiește ontogenetic din experiențele și trăirile cotidiane sublime ale persoanei. Astfel personalitatea reprezintă în sine o resursă inepuizabilă de dezvoltare personală și fericire. Frankl abordează personalitatea în cadrele unui existențialism de tip spiritualist, promovând simultan necesitatea raportării la valori spirituale dar și la condiția particulară unică, prozaică, a persoanei.

În literatura românească, Rădulescu-Motru (2009) consideră personalitatea umană o complexă alcătuire de factori sufletești, una din funcțiile esențiale ale acesteia fiind aceea de a asigura adaptabilitatea dar și împlinirea persoanei prin resursele sale interne, în timp ce, după Elena Zamfir (2009), individul uman, prin personalitate, se poate exprima așa cum este el în sine, în mod unic, prin natura sa autentică.

Noi, în volumul *Teoria Fericirii în Asistența Socială* (Ștefăroi, 2009b), apărut la Editura Lumen în 2009, dar și printr-o serie de articole științifice, în special în *Revista de Asistență Socială*, care apare la Editura Polirom, am prezentat elemente ale unei teorii ontologic-umaniste a personalității în care *sufletul* reprezintă formațiunea ontologic-spirituală centrală, sursă constituțională a ceea ce, în această lucrare, numim personalitate *umană*. Aspecte ale acestei teorii le vom prezenta și în această lucrare, considerând sufletul, ca formațiune centrală a personalității *umane, sursa cea mai importanta a calităților sufletești ale profesionistului în practica asistenței sociale umaniste.*

2.3. Personalitatea *umană*. Sfera ontologic-spirituală

Utilizăm, convențional, sintagma personalitate *umană* atât pentru a face referire la o calitate, dimensiune sau trăsătură a personalității cât și pentru desemna o componentă a personalității globale. Cuvântul *umană*, marcat așadar prin *italic*, înseamnă omenie, omenesc, sufletesc, bunătate, altruism, personalitate deschisă spre juisanța omenească în general, sensibilitate sporită față de suferința/ tragedia *umană* a celuilalt, resursă în sine dar și emergentă de impowerment, bine și fericire pentru persoanele din ambianță.

Cuprinde, **sfera ontologic-spirituală**, care are în centrul său *sufletul,* cu două sub-componente ontologic-constituționale, respectiv *sufletul afectiv* sau social, sursă, în principal, a atașamentelor interpersonale, și *sufletul spiritual*, sursă a empatiei și compatiei (cu concursul sufletului afectiv, conștiinței și eului onto-proiectiv) dar și a sensibilității spirituale. Așadar, sufletul, în întregul său, este componenta centrală constituțională a personalității *umane* și *sursa principală a sensibilității* **umane**. Tot în sfera ontologic-spirituală se formează și ființează **onto-formațiunea fericirii**, în principal *sursă ontologic-psihologică a bunăstării sufletești și fericirii persoanei*. Atât empatia și sensibilitatea spirituală cât și fericirea fiind calități indispensabile profesionistului în asistența socială umanistă.

Totuși personalitatea *umană* cuprinde și ale sfere, de care ne vom ocupa în alt volum, respectiv **sfera intelectual-axiologică**, cu elemente precum *aparatul mintal/ cognitiv* și *inteligența*, inclusiv cea emoțională și socială, surprinse însă cu dimensiunea și orientarea lor *umană*, adică orientate spre oameni și valori, precum și **sfera personală, relațională și praxiologică** în care conceptul de „persoană" este cucial. Trebuie subliniat, în perspectiva valorilor practicii, rolurilor și conduitei profesionistului în asistența socială umaniste, că este foarte important să se pună accent pe factorii și fundamentele *caracterului* profesionistului, orientarea și consistența umanistă a acestuia, pe sistemul de atitudini umaniste, voința morală și virtutea dar și pe rolul caracterului în personalitatea și practica umanistă a profesionistului. Sfera relațională și praxiologică poate fi cel mai bine abordată prin identificarea a ceea ce s-ar putea numi *sistemul de deprinderi și abilități socio-***umane** ale practicianului în asistența socială umanistă. La nivelul sferei personale și comportamentale se finalizează procesul de constituire/ instituire a personalității *umane,* care se operaționalizează în trăsături și conduite *umane* precum: *altruismul, bunăstarea și dezvoltarea personală, agreabilitatea, omenia, deprinderea de a face bine semenilor, sociabilitatea și comunicativitatea, toleranța, modestia, răbdarea, carisma, capacitatea persuasivă etc.*

În această lucrare ne vom focaliza pe dimensiunea, sfera ontologic-spirituală a personalității *umane*, cu accent pe suflet - afectiv și spiritual - deoarece este baza, sursa calităților sufletești ale profesionistului în asistența socială umanistă; sufletul afectiv generând, în principal, capacitatea de atașament, prin zona bazală, endemică, sangvină a acestuia, dar și calități superioare, precum altruismul sau forme elementare de empatie (condiționată, contingentă), prin zona confluentă cu sufletul spiritual, care este sursă de bază a sensibilității spirituale și empatiei orientate general uman, umanitaristă, ancestrală, a compatiei, solidarității umane, generozității, altruismului dezinteresat.

2.4. Sufletul

2.4.1. Ontosul personal – fundament și cadru psihologic-ontologic de formare și funcționare a sufletului

În perspectivă ontologic-umanistă sufletul este nucleul personalității însă constituirea acestuia se realizează în și prin intermediul *ontosului personal*. Constituirea și instituirea sufletului în cadrul ontosului personal este asistată sau condiționată de constituirea și funcționarea altor formațiuni și structuri ontologic-psihologice precum *sinele ontic, subiectul* și *eul ontic, ontosul hedonic, formațiunea fobică*.

Ontosul personal este o "construcție"/ organizare holist-transmergentă care transcede dimensiunile fizice ale spațiului, timpului, mișcării și energiei. Este un fel de "irumpere" în transcendent, legile așa-zis obiective nu au aplicabilitate în acest „spațiu", este spațiul „ființei", al ființei *umane* (spirituale) ca unicitate existențială, rezistentă la generalizarea științifică, care prin emergență, cunoaștere, afect, sentiment, subiect se distemporalizează, chiar, mai mult, se atemporalizează.

Se instituie în contextul general al constituției și funcționării organismului specific uman, formării și dezvoltării generale a personalității, sub influența factorilor de mediu, și cu acțiunea internă a **principiilor** *emergenței, imergenței, transmergenței*, etc.

Conform acestora sfera ontică devine un spațiu distemporalizat, eliberat de acțiunea legilor așa-zis obiective (fizice), elementele biologice, fizice, chimice pot fi cu ușurință traduse noetic sau simpatetic și invers, posibilitățile și combinațiile devenind practic nelimitate. Acest mediu ontic-imergent nu poate fi localizat nici delimitat material sau experimental deoarece nu este un existent și nu ființează, este sfera fundament și cadru al FIINȚEI (esenței persoanei), sufletului – spațiu în care se instituie indeterminarea - este și sursa eului, intenționalității și libertății persoanei.

Fiecare formațiune care se constituie în sfera ontosului personal trece, până la constituire, prin următoarele **stadii**: *de contact, achiziție, structurare și constituire*. După constituire urmează *instituirea* onto-formațiunii în ansamblul ontic-personal și în final *endemizarea/ ontificarea* sa, adică înscrierea definitivă în constituția psihologic-ontică a persoanei (Ștefăroi, 2009b, p. 14).

Pe suportul și în contextul existenței onto-formațiunilor constituite se vor forma, ulterior sau concomitent: personalitatea (psihologică), conștiința și, în final, persoana (ansamblul personal) ca macro-formațiune integratoare/ adaptativă și scop al ontogenezei umane individuale.

Procesul de constituire a ontosului personal nu este, automat, simplu și liniar prin datul corpului în societate. Experiențele biologice, senzoriale, cognitive, afective, succesele, eșecurile, traumele marchează semnificativ structura, organizarea, arhitectura/ compoziția și orientarea (hedonică, afectivă, socială, intelectuală, spirituală) a acestuia.

La rândul ei, personalitatea puternică, accentuată, dinamică, stabilă, tenace se constituie pe fondul unui ontos solid, bine „ancorat" în existență. Este o sursă generală de energie pentru întreaga persoană și pentru procesul ontogenetic de înfăptuire a personalității.

Ontosul personal, totuși, nu se reduce la rolul de fundament/ cadu ontologic al sufletului și juisanței persoanei ci este și rezervor, *sursă de energie psihologic-existențială* a acestora.

Sinele ontic

Majoritatea autorilor, teoreticienilor de orientare umanistă ai personalității consideră sinele, natura firească, autentică și profundă a acesteia, o resursă inepuizabilă de dezvoltare și fericire, valorificarea și "actualizarea" acestuia determinând schimbări și reabilitări miraculoase în procesul terapeutic (Maslow, 2011).

La naștere, la venirea pe lume, la „lumina zilei", orice ființă umană se reduce la un corpuleț, fragil, vulnerabil dar care structural și funcțional este punctul de pornire fundamental și absolut necesar al formării persoanei. Activitatea internă a organismului, metabolismul, morfologia organelor, creierul, sistemul nervos central și periferic, organele de simț, fiziologia și dinamica corporală generală reprezintă o altă componentă fundamentală a ontogenezei personale. Considerăm parte a sinelui și condiție fundamentală pentru personalizare *capacitățile senzoriale, neuro-motorii, libidoul, reflexul, emoția, capacitățile și mecanismele senzorial-periferice și intelectuale de cunoaștere*, etc.

Sinele, ca existență exterioară subiectului, *explică dismergența, entropia, instalarea celuilalt dar și altruismul*. Elementele sinelui au tendința de a se auto-organiza, ele au o existență și o funcționare autonomă. Determină inerția și tendința entropică, reprezintă ne-ființa în ordinea persoanei (Freud, 2004). Entropia generală, procesele degenerative sunt expresia acțiunii unor entități existențiale asupra altora.

„Prezența" sinelui face ca ontogeneza și funcționarea personală să fie procese în esență tensionate, dihotomice aflate permanent sub semnul luptei, contradicției;

este sursa fundamentală a constituirii polare, chiar multipolare a persoanei (Reuchlin, 1999).

Persoana este un teren al acestei „dialectici", în care unele „forțe" se organizează, sistematizează, intrând în procese complexe de personalizare și în contradicție cu sinele. Prin aceste valențe sinele este sursă de *nedezvoltare personală, lene, inactivitate socială, agresivitate, sinucidere, marginalitate sau inadaptare socială.* Formarea și instituirea sufletului reduce forța sinelui și facilitează dezvoltarea personalității umane.

Subiectul, eul ontic

Constituirea sufletului și personalității nu este rodul exclusiv al unor procese și dinamici sui-generis ci a unor interacțiuni emergente/ imergente de foarte mare complexitate, în care prezența unei instanțe unificatoare este crucială. *Subiectul ontic* îndeplinește acest rol. Însă, și acesta se construiește ontogenetic, pe fondul constituției organice, factorilor ambientali, trăirilor, experiențelor subiective ale persoanei și funcționării acestor onto-formațiuni sau ansamblului personal.

Formarea și instituirea subiectului ontic este un *proces stadial, complex și multi-dimensional*. Dacă primele coagulări subiective sunt asistate de mecanismele senzoriale treptat crește rolul subformațiunilor mintale care la rândul lor sunt influențate sau determinate de procesele de subiectivare. Dismergența ca semnal al lipsei și disconfortului activează procesele de cunoaștere în scopul căutării obiectului hedonic, real sau imaginar (reprezentare, fantezie).

Permanentizarea și ontificarea acestei activități determină apariția și instituirea conștientului, cu un anumit grad de autonomie, dar oricum sub tutela subiectului. Acesta asigură permanentizarea gnostică a relației dintre nevoie și obiectul care o suprimă. Procesul are la bază capacitatea cerebrală (memorie) de a fixa și stoca informația senzorială.

Obiectul astfel asimilat (ca reprezentare) devine parte a ontosului noetic, cu trebuințe proprii de cunoaștere. Procesul (trebuința) continuă de identificare a reprezentării cu percepția explică fenomenul conștiinței.

Subiectul ontic uman este produsul unei *unificări emergente, imergente și sinmergente, transmergente și telegente* într-o tendință continuă de auto-organizare și auto-interiorizare – re-ontificarea propriilor conținuturi, într-o tentativă mereu eșuată de identificare cu sine.

După formarea subiectului epistemic începe procesul de *consolidare și instalare* definitivă a subiectului în constituția generală a organismului și personalității. Inițiativa comportamentului deplasându-se de pe instincte, impulsuri și reacții primare adaptative spre inițiative, comenzi cu origini „subiective".

Organizarea presupune existența unui nucleu nediferențiat unde sunt aspirate trăirile dismergente, fiind transformate, prin procese, pe care nu le putem descrie, în *energii ontice primare*, fundamentale care iradiază, se întorc ca energie a vieții psihice, cu rol fundamental în autoconservare ontic-subiectivă. Subiectul nu este „loc" fix, undeva în economia sau topica psihologic-personală, ci o formațiune pan-personală, hiper-complexă, omniprezentă, emergentă, transmergentă.

Construcția celei mai mari părți ale subiectului în câmpul mintal determină o sporită ipostaziere a acestuia în imaginar. Tendința de a se disloca de mecanismele interne ale organismului și de procurare a siguranței ori plăcerii determină orientarea spre reprezentări, simboluri, fantezii, ficțiuni, obiecte ipotetice care pot oferi satisfacție, echilibru.

Creșterea capacității de control al relațiilor cu aceste „obiecte" favorizează ruptura de obiectele reale, directe, nemijlocite, materiale, dar și de senzațiile, trăirile pozitive sau negative. Această ruptură, sporită autonomie este de fapt o delimitare de contingent, de instinct, de organism și de mediu, o autoinstituire, o tendință (greu finalizabilă) de auto-ființare.

Subiectul devine sursa a autonomiei personale, a delimitării și opoziției față de mediu și celălalt (Gerald, 1987), a individualizării și în final a personalizării ca proces ontogenetic. Se instituie astfel relația particulară a subiectului/ persoanei cu mediul, cu mediul fizic și uman. Funcționarea organismului după instituirea subiectului poate sau nu poate fi afectată. Oricum, mecanismele neurovegetative și pertenția continuă să-și facă în continuare treaba indiferent de „puterea" subiectului.

Capacitatea subiectului de a produce modificări este mare în relația cu mediul dar limitată în relațiile cu mediul intern. Totuși, întoarcerea subiectului spre sine e o necesitate, face parte din mecanismul de conservare. Subiectul trebuie să se alimenteze atât din organic cât și din epistemic. El caută în permanență legătura originară, auto-simțirea chiar dacă e furat de mirajul mediului exterior.

Efectiv subiectul e ancorat organic în corp și persoană, entitățile pe care le determină și de care este determinat, dar înțelegerea fenomenului e condiționată de o deschidere amplă spre o viziune pan-existențială, prin luarea în considerare a factorului proiectiv, prin cele trei dimensiuni: *retroiecția, proiecția și transiecția*.

Acesta din urmă subliniază proprietatea „mediului" personal de a oferi posibilitatea unei culisări neîngrădite a inițiativei subiective, în trecut, prezent și viitor în funcție de cerințele dinamice ale uneia sau alteia dintre formațiunile ontice. Subiectul se auto-redimensionează și asimilează caracteristicile acestui mediu (transiecția, proiecția, retroiecția etc), depășind cu mult granițele unei formațiuni localizate (Danesh, 1994).

Unul dintre scopurile acestei manevre îl constituie căutarea în trecut, prezent sau viitor a resurselor hedonice sau antifobice, antientropia/ negentropia printr-o perpetuă replicare, mai mult sau mai puțin controlată, de sine; deoarece subiectul este o „ființă" vie, entropică dar care nu se alimentează decât prin satisfacerea/ nesatisfacereaa formațiunilor care-l întrețin și pe care le deservește. Iar pentru aceasta are ramificații în întreg ansamblul personal, ghidând motivele, atitudinile, interesele, gândurile, sentimentele și folosind mintea, în special ontosul noetic, ca pe un servomecanism.

Apogeul procesului de constituire a subiectului îl constituie *ontificarea*. O dată ontificat subiectul funcționează cu toate componentele, nivelurile și elementele sale, devenind cea ce e programat să fie: nucleul ontic al persoanei.

Funcționarea subiectului în cadrul dinamic al persoanei presupune deci o delimitare clară de mediu și de celălalt. Dar și o identificare cu caracteristicile speciei, speței. Delimitarea se realizează față de entitățile/ dimensiunile determinate, particulare iar identificarea presupune apartenența la speța umană așa cum s-a instituit ea cosmic, filogenetic, istoric și socio-cultural.

Relația cu mediul este de opoziție, conflict deoarece toate entitățile tind să-și conserve statutul, pe când subiectul, persoana urmărește să le folosească pentru propria conservare. Totuși, dezvoltarea societății, solidaritatea, umanismul, economia au consacrat atitudini, instituții, comportamente care servesc, perpetuează specia umană ca strategie asumată și declarată, în care interesul personal tinde să fie asimilat celui comunitar.

Societatea, comunitatea umană, sunt medii în care subiectul ontic se „umanizează", se dimensionează cultural și moral, se înstrăinează, alienează. Construcția sa personală ca *eu (ontic)* devenind produsul acțiunii unor factori și valori, în mare parte, total independenți de ontologia acestuia.

Binomul (mecanismul) psihologic-ontologic fundamental

Ontosul hedonic în interacțiune dinamică, complexă și emergentă cu *formațiunea* fobică, se constituie în fundamentul ontologic-subiectiv al constituirii tuturor celorlalte onto-formațiuni și al personalității/ ființei ca întreg sau entitate.

Formațiunile superioare pot fi intepretate și ca dezvoltări ale acestora, ori ca replicări sau reacții. În cadrul ontosului personal cele două formațiuni endemice, operează adesea în balanță, ori ca servomecanism sau resort pentru procesele de ontificare/ personalizare superioare.

Ontosul hedonic instituie „binele" persoanei, în timp de formațiunea fobică are rolul de a-l proteja și menține, în orice stadiu de dezvoltare personală sau în oricare dintre nivelurile sau sferele personalității.

Ontosul hedonic

Constituirea şi existenţa acestei onto-formaţiuni endemice fundamentale a personalităţii ontologice este o consecinţă naturală a existenţei organismului uman, subiectului ontic, juisanţei umane, sistemului motivaţional şi libidoului, mecanismelor excitaţie-inhibiţie şi a plăcerii, precum şi a capacităţii de retenţie şi organizare inerente condiţiei de organism şi personalitate (Ştefăroi, 2009b).

Este consecinţa organizării ca formaţiune ontic-personală a libidoului şi juisanţei persoanei, în primul rând ca organism şi apoi ca personalitate. Presupune *internalizarea/ organizarea juisanţei hedonice* nu atât prin mecanismele de semnalizare şi reacţie comportamentală cât prin cele organic-subiective endemice, juisanţa internă devine astfel, prin ontosul hedonic obiect al dorinţei, fără vreo legătură cu obiectul extern al dorinţei.

Sensul conceptului de ontos hedonic nu este reductibil la cel de excitaţie sau tensiune şi nici la cel de libidou sau eros, el priveşte starea generală fundamentală de existenţă onto-dinamică a persoanei şi mai cuprinde deci şi organizările hedonice de la nivelul formaţiunilor superioare.

Obiectivul ontologic fundamental al activităţii persoanei este bunăstarea, realizarea socială, echilibrul, securitatea etc. Aceste obiective creează la rândul lor stări de tensiune resimţite subiectiv, care se organizează şi autonomizează. Comportamentul, realizările personale, bunăstarea, status-rolul dobândit conform aşteptărilor detensionează şi eliberează disconfortul personal existent.

Prin repetiţie şi ontificare experienţele şi conduitele care produc satisfacţie sunt reţinute şi cultivate. Se nasc atitudini, strategii mintale şi comportamentale care ghidează conduitele de identificare, căutare şi provocare a stărilor şi ritualurilor valorizate ca *pozitive* în raport de obiectivele superioare ale persoanei.

Chiar şi preocupările artistice, ştiinţifice, politice, spirituale sunt ghidate de resorturi ale ontosului hedonic, care au acelaşi obiectiv: obţinerea stării fundamentale de bine, echilibru şi realizare. Nu greşim deloc dacă am vorbi chiar de un hedonism intelectual şi creativ.

Formaţiunea fobică

Dezagregarea, decentrarea, denaturarea, alienarea sunt pericole permanente care ameninţă stabilitatea subiectului, pentru că "organele" în care se instituie subiectul ca vietate are proprietatea de a permite dinamici şi interacţiuni energetice şi structurale nelimitate şi e sarcina subiectului să se *securizeze* în raport de acele procese care i-ar dăuna.

Relaţia dintre subiect şi noua formaţiune care se profilează (fobică) nu este univocă. Nu ne referim la faptul că în lipsa subiectului existenţa i-ar putea fi inutilă ci că în procesul de formare a subiectului formaţiunea fobică acţionează ca *factor constructiv*. Într-o înțelegere mai largă nici nu ar trebui să vorbim de două formațiuni .

Dacă, am văzut, emoția, trăirea pozitivă, reconfortantă este expresia unei organizări specifice – ontosul hedonic – atunci emoția negativă, trauma, disconfortul, trebuie să reprezinte, la rândul ei, o structură similară, noi îi spunem formațiune fobică.

Odată constituită și instituită, formațiunea fobică va dezvolta propriile procese și modalități de organizare, urmând tendința de autonomizare pe care o încearcă orice altă formațiune. Această tendință, însă, se poate finaliza doar în cazuri limită deoarece formațiunea fobică nu există decât prin subiect și funcționează în contextul existenței și dinamicii persoanei ca întreg.

Dacă inițial această formațiune instituie stările de angoasă și nesiguranță permanentizând conduitele subiective de evitare a surselor de agresiune și căutare a conflictului în procesul de formare a personalității activitatea fobică are un rol important în organizarea proiectului de realizare personală, a eului, caracterului, comportamentului etc.

Funcția esențială a formațiunii fobice este aceea de a determina *organizări personale și tipare comportamentale care să evite alienarea, nerealizarea*. Rolul acestei nu se limitează la semnificarea situațională și reacția actuală la stimuli potențiali traumatizanți ci, fiind o componentă de bază a ontosului, devine un fundament al organizării generale ontogenetice a persoanei în scopul unei bune integrări, adaptări la mediu și împlinirii destinului personal. De aceea formațiunea fobică acționează ca un agent critic intern, un reglator al proceselor de organizare și structurare personală (Ștefăroi, 2008, p.78).

Motivația și juisanța

Potrivit Dicționarului Larousse (2009) motivația este o modificare psihologică și fiziologică care creează o nevoie și determină un comportament vizând refacerea echilibrului psihologic și fiziologic prin satisfacerea acelei nevoi. Prin raportare la activitatea și comportamentul uman, motivația este un proces în care oamenii aleg între forme alternative de comportament în vederea atingerii scopurilor personale, aceasta reprezintă suma energiilor interne si externe care inițiază si dirijează comportamentul spre un scop care, odată atins, va determina satisfacerea unei necesități (Robert și al., 1998) .

Punctul de plecare în înțelegerea motivației îl reprezintă conceptul de *trebuință*, chiar dacă nici pe departe nu poate fi pus între ele semnul egalității. Organismul funcționează, în perspectiva existenței sale integrale, genetice, „proiectate" iar o lipsă este semnalată și resimțită ca atare printr-o tensiune. Această tensiune poate fi localizată sau trăită de ansamblul funcțional. Toate aceste procese și stări organice, funcționale și disfuncționale antrenează energii, substanțe, reacții, impulsuri prin intermediul *mecanismului excitație-inhibiție*.

Trebuința, care reflectă lipsa, este resimțită ca o tensiune disconfortantă de către organism sau subiect cu atât mai mult cu cât momentul până la care este satisfăcută este mai îndepărtat. După repetarea multor asemenea experiențe disconfortante, are loc un proces de interiorizare, permanentizare, generalizare, internalizare a stării de trebuință și tensiune care stă la originea dezvoltării psihice generale. Starea de anxietate, durere, tensiune dispare aproape instantaneu odată cu satisfacerea trebuinței. Repetarea experienței determină sistemul psihic să rețină condițiile care au favorizat-o și să generalizeze caracteristicile.

Clasificarea trebuințelor (ierarhia motivațional-umană) care s-a remarcat în literatura de specialitate este cea realizată de către Maslaw (2008), fiind numită și *piramida trebuințelor*. La baza piramidei se situează trebuințele fiziologice, urmează cele de afiliere, sociale, ale eului și nivelul superior, cele de realizare personală. Intensitatea trebuințelor scade de la bază spre vârf, o trebuință superioara nu se satisface decât dacă n-au fost satisfăcute intr-o oarecare măsură, cele inferioare ei. Cu cat o trebuința este mai înaltă, cu atât este mai caracteristică pentru om.

Se remarcă dimensiunea „umană" a acestei clasificări, detașându-se radical de interpretările mecaniciste și topice ale motivației, care se fundamentează pe ipoteza bio-psihologică. Chiar trebuințele elementare tind să se „umanizeze" prin socializare, educație și personalizare. Ele pot căpăta morfologii adaptate, dar și nevoile superioare, spirituale se configurează prin integrarea caracteristicilor celor primare. Structura de personalitate, persoana integrată vor încorpora astfel un compromis intre caracteristicile trebuințelor primare și celor superioare.

Dezvoltarea personală ontogenetică presupune o complexă integrare și coagulare a forțele interne, organice, subiective și mintale. Organizarea excitațiilor, proceselor organice, trebuințelor, tensiunilor și satisfacțiilor este parte a *libidoului*. Psihanaliza freudiană l-a consacrat mai ales în legătură cu trăirea sexuală, dar și-n acest caz sexualitatea este înțeleasă ca o activitate excitativă generală. Libidoul îl putem defini atât ca pe o subformațiune cât și ca activitate organo-psihică complexă care „gestionează" energiile interne, preponderent biologice, dar cu implicații subiective și mintale foarte complexe. „Funcționarea" libidoului se realizează efectiv în contextul activității și funcționării organice și subiective determinate. Alimentația și sexualitatea prin organele și aparatele specifice reprezintă poli esențiali ai genezei și funcționării libidoului. Același Freud prezintă patru stadii de dezvoltare a libidoului, respectiv oral, sadic-anal, falic și genital, punând deci accent pe latura sexuală a ontogenezei. Trecerea de la un stadiu la altul constituie un salt, o deplasare, dar și o reorganizare a libidoului (Freud,1994), chiar dacă în genere psihanaliza freudiană se ferește să facă ierarhii. Stadiul ultim, genital este cel mai complex antrenând libidoul genital-organic dar și organizarea organo-psihică generală.

Un concept crucial în teoria biopsihologică a motivației îl reprezintă *homeostazia*. Potrivit modelului homeostatic organismul ar fi înzestrat cu mecanisme de reglare, care tind să mențină constante (sau să mențină în anumite limite) unele caracteristici ale organismului/personalității. Apariția unei abateri intre valoarea normală a unei asemenea caracteristici și valoarea sa la un moment dat ar declanșa conduitele care tind sa reducă această abatere și în consecință, să reducă starea de disconfort, tensiunea provocata de ecartul respectiv (Reuchlin,. 1999, p. 391).

Sensul conceptului de *motivație umană* nu este reductibil la cel de excitație sau tensiune și nici la cel de juisanță sau eros, el privește starea generală fundamentală de existență onto-dinamică a persoanei și mai cuprinde deci și organizările hedonice de la nivelul formațiunilor superioare. Obiectivul activității persoanei este bunăstarea, realizarea socială, echilibrul, securitatea etc. Aceste obiective creează la rândul lor stări de tensiune resimțite subiectiv, care se organizează și autonomizează. Comportamentul manifest, realizările personale, bunăstarea, status-rolul dobândit conform așteptărilor detensionează și eliberează disconfortul personal existent. Prin repetiție și internalizare experiențele și conduitele care produc satisfacție sunt reținute și cultivate. Se nasc atitudini, strategii mintale și comportamentale care ghidează conduitele de identificare, căutare și provocare a stărilor și ritualurilor valorizate ca pozitive în raport de obiectivele superioare ale persoanei. Chiar preocupările artistice, științifice, politice, spirituale sunt ghidate de resorturi motivațional-libidinale, care au același obiectiv: obținerea stării fundamentale de bine, echilibru și realizare (Jung, 1994). Nu greșim deloc dacă am vorbi chiar de un hedonism intelectual și creativ.

Înțelegerea motivației și juisanței în geneza și funcționarea persoanei nu ar fi deplină dacă nu am adăuga faptul că omul ca ființă rațională și spirituală are capacități retroactive și proiective. În acestă abordare atât libidoul, erosul, plăcerea cât și funcționarea ca atare capătă o nouă dimensiune. Ființa umană, spre deosebire de animale își poate satisface o parte dintre trebuințe în lipsa obiectului, prin construcția sa imaginativă mintală și prin trăirea reconstructivă, evocativă, proiectivă sau ipotetică. În acest caz putem vorbi despre un univers motivațional construit în zonele imaginarului. Aceastā libertate poate fi însă și nefastă chiar letală. Ipostazierea hedonică imaginativă retrospectivă și proiectivă disociază subiectul de realitate, dorințele construite astfel pot afect echilibrul psihic și personal, interesele de realizare umană autentică, procesele de formare a celorlalte formațiuni, a sufletului și personalității pot fi serios perturbate.

2.4.2. Celălalt, mediul uman, valorile - surse generice ale formării sufletului

Conturarea primară a cadrului formativ care prefigurează formarea sufletului este precedată de instituirea unor micro-formațiuni afective centrate în principal pe persoanele, obiectele și valorile semnificative. Odată instituite operează ca formațiuni ontic-personale relativ autonome dar fiind condiționate de relații determinate, incidentale. Vor persista doar atâta timp cât persoanele, valorile sau obiectele respective se vor impune prin prezență sau importanță pentru subiect.

Unele dintre acestea, îndeosebi persoanele, capătă o semnificație existențială crucială, cum este mama, sau, după caz, alte persoane din micro-mediul originar al copilului. Aceste persoane au rol de „pivot" în travaliul de constituire a sufletului. Fizionomia, comportamentul, gestica etc vor reprezenta treptat elemente de identificare și dezvoltare. Însă nu acțiunea directă a lor ca entități sau reprezentări operează ca factori formativi ci apercepțiile, trăirile, experiențele interne pe care le determină.

Așadar, „pivotul" în jurul căruia se derulează procesul de formare a sufletului îl constituie, în principal, *Celălalt,* însă un celălalt perceput ca tot ceea ce există în afara ordinii intrinseci a subiectului endemic. Deci celălalt va fi și eul ideal, eul dezirabil, corpul, eul auto-perceput, eul social, reprezentările sociale ale propriei persoane, valorile culturale, morale etc.

Desigur, în procesul general de formare a sufletului, cel mai important *celălalt* este *eul* dar urmează persoanele care s-au impus în ordinea trăirilor subiectului prin prezență și importanță (au asigurat hrană, securitate, libidou, prestigiu, stimă de sine etc). La vârste inferioare este de presupus că formarea sufletului e îngreunată de incapacitatea despărțirii eului de subiectul endemic. Atunci când eul se identifică cu subiectul nu sunt necesare și nici posibile manifestările sufletului ci se impun manifestări hedonice sau fobice reflexiv-instinctuale.

Constituirea sufletului, cu precădere a celui spiritual, presupune deci un salt în ordinea mintală, cognitivă, voluntară, spirituală personală care să conducă la formarea capacităților de auto- și alo-reprezentare critică și valorizatoare (spirituală/ *umană*) (Ștefăroi, 2008, p. 71).

2.4.3. Formarea și constituirea sufletului

Așadar, sufletul se formează ca ontoformațiune distinctă, apoi se ontifică și devine ființă, „în sine", ființă a persoanei, în principal prin *internalizarea reprezentării și juisanței empatizate a celuilalt semnificativ*. Celălalt devine o *parte constituțională a existenței persoanei* și în mod inevitabil este asimilat și internalizat prin concursul activismului și juisanței interne a acesteia.

Celălalt persoană, obiect, habitat, situație, colectivitate, valoare nu este total indiferent subiectului. Celălalt (mediul) este miloc de existență și resursă vitală, materială și spirituală, sursă de bine, satisfacție, împlinire și fericire, și de aceea trebuie asimilat și trebuie să se formeze structuri interne și formațiuni specializate în acest sens.

Trăirile/ experiențele, pozitive sau negative, aferente interacțiunii cu celălalt sunt, în parte, reținute, în anumite sfere și dimensiuni ale personalității, în strânsă legătură cu juisanța endemică a subiectului, tinzând să se organizeze și să se impună ca entități onto-personale autonome.

Procesul conduce la constituirea unei multitudini de onto-formațiuni afective/ spirituale relative la persoane, situații, valori etc. Se finalizează în formarea, constituirea și instituirea emergentă, conmergentă și transmergentă a sufletului, ca formațiune importantă, holistă și determinantă a ontosului personal și personalității.

Formarea sufletului reprezintă și unul dintre proiectele, țintele onto-genetice fundamentale ale procesului de constituire/ instituire a ontosului personal, de dimensionare ca ființă socială, morală și spirituală a persoanei. Este finalitatea internalizării și instituirii celuilalt în sine. A celuilalt proiectat în sine prin intermediul mecanismelor bio-psiho-ontologice ale subiectului.

Deci sufletul este o sinteză, o emergență, o sinmergență, o conmergență și o telegență, însă imergența, prin calitatea auto-organizării și auto-instituirii, are un rol crucial în dezvoltare. Este o sinteză ontologică între celălalt (persoane, obiecte, valori etc) și sistemul bio-psihic, subiectul, sinele persoanei.

Organizarea sufletului respectă organizarea și existența celuilalt, inclusiv a sinelui. Internalizarea afectivă a sinelui conduce și la formarea și instituirea *sufletului endemic* sau *primar*.

Interacțiunea cu celălalt persoană reală, apropiată, dragă, cu grupul de referință, cu mediu fizic apropiat, conduce la formarea *sufletului secundar*, contextual, afectiv și a *atașamentului*. Reflectă interacțiunea personală concretă, contingentă și apartenența persoanei la grupul ori contextul social determinat.

Interacțiunea cu celălalt simbolic, concept, cu celălalt status, prin facilitățile mintale ale generalizării, idealizării, proiectivității și simbolizării, conduce la formarea *sufletului terțiar sau spiritual*, generic și a *empatiei, capacității compatetice*. Reflectă calitatea generală de ființă socială și culturală a persoanei și apartenența la societatea și condiția umană. *Sufletul terțiar*, proiectiv-spiritual, este, așadar, produsul generalizării socioumane, enculturației și capacității de idealizare și proiecție a subiectului (Ștefăroi, 2009a). Determină calități personale precum *omenia* sau *umanismul, solidaritatea umană, moralitatea, credița, sensibilitatea estetică, sensibilitatea umană* etc. Reflectă calitatea persoanei de ființă culturală, morală, spirituală, creativă și ancestrală.

Desigur, cele trei sfere sau niveluri ale sufletului formează, după constituire, o unitate bio-psiho-ontologică și nu greșim dacă vom considera sufletul, ca *entitatea existențială fundamentală a persoanei*, natura ontologic-spirituală, chiar dacă formarea sufletului este condiționată de existența și manifestările organic-psihice elementare.

E posibil că mecanismele cibernetice de *feed-back-ul* și *feed-before* să contribuie la funcționarea interacțiunii și "internalizării" de persoane, obiecte, valori, în procesul de formare a sufletului. Însă, în acest proces nu este vorba despre niște etape, care odată depășite, formațiunile constituite se vor contopi în noi etape sau formațiuni ci ele înseie au o succesiune de etape, faze care conlucrează în procesul general de formare și dezvoltare a personalității fără a-și pierde din statut și consistență; ba dimpotrivă prezența în ansambluri și structuri superioare mai complexe le potențează rolul și semnificația (Ștefăroi, 2008, p. 72).

2.4.4. Instituirea sufletului ca formațiune psihologic-ontologică autonomă și structură de personalitate

Este o etapă importantă deoarece presupune *instalarea în ansamblul psihologic al persoanei și creșterea gradului de autonomie al formațiunii*. La acest nivel începe procesul de desprindere accentuată de referințe, de *autonomizare accelerată*. Persoana (copilul) începe să devină receptivă la valori și critic în raport de conduitele și atitudinile persoanelor apropiate. Sufletul începe să contribuie esențial, de aici, la constituirea și a celorlalte formațiuni, integratoare, precum personalitatea psihologică.

Trecerea de la dependență, care este o relație în care primează obiectivele subiectului endemic, la faza în care primează scopurile celuilalt se realizează tot în acest stadiu, este momentul în care celălalt este reprezentat ca subiect dezirant și tot mai puțin ca obiect dezirabil. Practic de aici se instituie *celălalt* (în cadrul personalității) ca entitate psihică relativ autonomă și nu ca obiect care satisface unele trebuințe.

Celălalt ca subiect dezirant, cu trebuințe, temeri, scopuri se ancorează adânc în structura ontică a persoanei, poate controla, prin mecanisme, pârghii și strategii, preponderent involuntare, personalitatea și chiar conștiința. Persoana acceptă această situație, nu neapărat intenționat sau conștient, deoarece *celălalt* oferă conținut vieții interioare, trăiri și chiar securitate emoțională.

Aspectul este deosebit de complex, noi nu putem decât să surprindem punctual câteva caracteristici, mai mult sau mai puțin definitorii. Ceea ce putem susține cu convingere este faptul că sufletul „există", el se formează, explicabil științific. Este o formațiune cardinală în economia internă a persoanei.

Această formațiune se instituie și își atinge ținta ontogenetică la maturitate, atunci când persoana devine responsabilă/ dependentă de destinul/ situația altor persoane, de creșterea, integrarea și realizarea lor socială/individuală. Operează în contextul proceselor interne complexe după ce personalitatea s-a instituit iar conștiința s-a constituit. În acest stadiu sufletul are un rol determinant *în formarea credințelor și convingerilor* și un rol foarte important în *determinarea orientării caracterului, atitudinilor și chiar intereselor personale, sociale și profesionale.*

În cazuri limită disocierea de concret și individual poate deveni aproape totală, persoana este receptivă la obiecte „ideale", valori, chiar creator – ca expresie supremă a „abstractizării" afective, sufletești. Interesele celuilalt „operează" nu direct în mecanica relațiilor inter-personale ci, mijlocite de construcțiile superioare ale persoanei, prin suflet și prin *Celălalt.*

Nu trebuie totuși să facem unele confuzii. Sufletul, în natura sa generică, se impune și instalează ca expresie a dorinței celuilalt instituit iar aproape toate dezvoltările ulterioare respectă acest ordine. Dar, după cum am mai precizat, celălalt nu se reduce la persoane sau obiecte determinate, casa părintească, mama, de pildă, ci poate fi orice entitate, valoare etc care s-a impus în mediul de viața al oamenilor - cultura, istoria, știința, religia, comunitatea, societatea, arta – receptate atât fenomenal cât și categorial (Text preluat din volumul *Teoria fericirii în asistența socială*, Petru Ștefăroi, Editura Lumen, Iași, 2009, pp. 93-97).

În perspectiva constituirii personalității socio-afective a copilului instituționalizat ne interesează și relația dintre *procesul de formare a sufletului* și *dezvoltarea personală echilibrată și eficientă,* în special în perspectiva autonomizării sociale, dezvoltării capacității de desprindere de sistemul de protecție.

2.5. Sufletul afectiv (social)

2.5.1. Emoția și afectivitatea

Teoriile fiziologice, somatice reliefează importanța proceselor și mecanismelor biologice, cu precădere a celor nervoase, vegetative și endocrine în explicația apariției emoțiilor, descriindu-le printr-o serie de modificări în homeostazia acestora sau a organismului în ansamblu (Vincent, Hughes, 1990).

În schimb teoriile cognitiviste, fără să desconsidere rolul funcțiilor fiziologice, se focalizează pe rolul percepției, gândirii, memoriei, imaginației sau inteligenței în geneza sau dinamica proceselor afective (Minsky, 2007). În această abordare emoțiile, afectele, sentimentele, pasiunile nu sunt altceva decât expresii ale proceselor cognitive, atribuirilor și semnificațiilor pe care noi le acordăm unor situații, obiecte, persoane etc. În lipsa acestora situațiile respective sunt neutre, procese materiale obiective fără nici un efect psihologic asupra persoanei. Așa se explică și succesul terapiilor cognitive sau NPL în tratarea unor afecțiuni de natură preponderent afectivă, precum anxietatea, fobiile sau depresiile.

Și teoriile motivaționale se alătură eforturilor de explicare a proceselor și fenomenelor emoțional-afective. Adepții acestei orientări descriu emoția prin raportare la trebuințe, instincte, motive sau interese. În această optică trăirea emoțională, pozitivă sau negativă, este de fapt o reacție la satisfacerea sau nesatisfacerea unei trebuințe sau dorințe (Young, 1961).

În sens restrâns, emoția este definită ca o trăire afectivă de intensitate mare sau medie, cu durată relativ scurtă, fiind însoțită adesea de modificări în activitățile organismului sau comportamentului (Vincent, Hughes, 1990). Emoția mai este prezentată ca și conținut efectiv, propriu al vieții psihice sau ca semnal ori mecanism de apărare. Fiecare ființă vie are întipărită, în structura și resorturile profunde, teama endemică de dezagregare, de pierdere a unității care tinde să anihileze ființa, eul, existența. Însă pericolul nu este atribuit în totalitate imperfecțiunilor organizării interne ci și mediului, celuilalt. Aici este cazul să vorbim despre conceptul de *agresiune,* fenomen foarte prezent în grupurile de copii instituționalizați.

De exemplu apariția fobiilor este un răspuns la virtuale sau reale agresiuni, este expresia unei stări de insecuritate acută sau generalizată. În general, de la cele mai elementare forme de viață, micro-celulare, până la mamifere, organismele sunt predestinate agresiunii mediului fizico-chimic dar și a celui socio-uman. Unele elemente ale mediului, de fapt cea mai mare parte, sunt percepute ca indiferente și deci neglijate, altele ca binefăcătoare, care demobilizează. Foarte multe, însă, sunt percepute ca agresiuni declanșând instinctual sau rațional (în cazul omului) reacții de răspuns, îndepărtare, agresiune sau reorganizare internă.

Modalitatea cea mai simplă de răspuns a organismului la agresiune este *iritabilitatea*, care se manifestă comportamental prin îndepărtarea mecanică de sursa agresivă. Dar organismele mai evoluate și personalitatea funcționează cu mecanisme și structuri mai complexe de răspuns, prin organizări internalizate ale mecanismului stimul-răspuns, structuri bio-neuro-psihice care susțin afectele iar în cazul persoanei emoția, sentimentele, atitudinile, aptitudinile, concepțiile sau strategiile inteligente (conștiente), precum și prin organizări specifice, de pildă formațiunea fobică.

Așadar, emoția este unul dintre mecanismele și strategiile principale de răspuns și adaptare la agresiune, este însă și mobil central al procesului de constituire a personalității. Nu greșim dacă considerăm emoția un factor și barometru al vieții bio-psihice. Dacă emoția, trăirea pozitivă, reconfortantă conduc la constituirea unei personalități echilibrate, dinamice și adaptate, atunci emoția negativă, disconfortul conduc la constituirea personalității dezadaptate, ineficiente, nefericite (Watson, Clark, Tellegen, 1988).

În teoria personalității emoția este studiată în contextul mai larg al capacității și proceselor afective ale persoanei. Conceptul de **afectivitate** este mult mai complex și mai cuprinzătoar, deoarece presupune raportări la celălalt. Capacitatea afectivă, prin intermediul trăirii emoționale, facilitează internalizarea dorinței și/ sau anxietății existențiale a celuilalt semnificativ.

În psihologie, afectivitatea este atât proces, cât și funcție sau capacitate psihică, fiind cel mai adesea definită ca ansamblul proceselor emoționale care reflectă concordanța, respectiv, discordanță, dintre stările proprii de necesitate, motivație și dinamica evenimentelor externe (Myers, 2004). Procesele afective se descriu și ele prin polaritate, intensitate, durată, convertibilitate și ambivalență. Una din funcțiile cruciale ale afectivității este aceea de susținere energetică. Prin afectivitate, omul dobândește capacitatea să vibreze, să empatizeze, să se transpună și să trăiască în plan intern raporturile sale cu celălalt, cu mediul material, social sau cultural (Cosmovici, 2005).

Fundamentală este însă, pentru ființa umană, pentru clientul social și pentru tema cărții noastre, în perspectiva asistenței sociale umaniste, relația afectivă cu celălalt personală. Coexistența socială determină instituirea unor dependențe de prezența, existența și acțiunile celuilalt. În formarea și dezvoltarea afectivă a copilului relația cu celălalt (mama, tata, frații etc.) este pentru început obiectuală, strict senzorială. Mama asigură hrana necesară, securitatea, confortul. Copilul nu face distincția dintre obiecte și persoane din punct de vedere calitativ. Poate că, așa cum susține Jung (1981), copilul ar avea înnăscut un arhetip care prefigurează cumva raporturile afective cu persoanele. Dar la fel de adevărat ar putea fi și faptul că formarea relației afective interumane în forma personală nu este posibilă decât prin parcurgerea traseului ontogenetic universal, în care un rol destul de important îl au modelarea socio-culturală și educația.

Satisfacerea trebuinței de către obiectul-celălalt creează automat dependență, acesta poate constitui o sursă care asigură supraviețuirea. Procesul se desfășoară, desigur, la nivelul sinelui în condițiile în care la acest stadiu formațiunile superioare sunt insuficient formate. Dar persoana-obiect este totuși altceva decât obiectul-lucru. Aceasta se deplasează, este sau nu este prezentă și are schimbări de înfățișare și conduită. Relația se particularizează mai mult odată cu formarea și dezvoltarea mintală generală și a limbajului verbal. Comunicarea este una dintre modalitățile esențiale prin care celălalt este asimilat și internalizat emoțional ca subiect nu ca obiect (desigur un subiect mai special, i-am putea spune proiectiv). Capacitatea de a percepe auto-interogarea celuilalt este o primă treaptă în a atribui celuilalt autonomie și dorință. Această atribuire este urmată de crearea unei trăiri disconfortante determinate de posibilitatea sau realitatea ruperii „cordonului ombilical" ce a asigurat necondiționat confortul în perioada de început a vieții. Perspectiva disocierii, alimentată de experiențele traumatizante determinate de lipsa celuilalt protector favorizează o tendință de idealizare a celuilalt personal, de generalizare, abstractizare, reconstrucție internă și de satisfacere imaginară a dorinței (n lipsa celuilalt).

Dar în plan imaginar satisfacerea nu este deplină, tensiunea persistă și chiar se agravează, prilej cu care celălalt lipsă este investit cu capacitatea de satisfacere care-i depășește competențele. Agonia lipsei face ca apariția și prezența să fie imaginate și dorite cu ardoare, acesta poate lua chiar locul satisfacerii autentice, de alimentare, sex sau securitate. Se instituie o trebuință de celălalt, un celălalt în sine și nu neapărat un celălalt sursă a satisfacerii trebuințelor primare.

Alternanța lipsă-prezență constituie mecanismul fundamental care condiționează stabilirea relației afective cu celălalt. Totuși încă nu putem vorbi de o relație afectivă, în sensul în care suntem obișnuiți să o utilizăm. Această relație presupune trăirea dismergenței (disconfortului, suferinței) celuilalt. Deocamdată copilul trăiește propria dismergență, determinată de lipsa fizică sau inconsistența celuilalt. Totul se explică prin propria dismergență. Drumul până la perceperea, dar mai ales trăirea dismergenței celuilalt este foarte lung, iar acesta poate fi străbătut și este străbătut de toți copiii normali și constă într-un proces de umanizare. Chiar dacă și animalul dezvoltă capacități afective, noi le integrăm holistic în categoria fenomenelor umane, deoarece explicăm evoluția lumii vii ca un proces spre umanizare (personalizare, la nivel individual).

O componentă fundamentală a acestui proces de umanizare este formarea capacității de internalizare și trăire a dismergenței celuilalt, nu prin telepatie ci prin atribuire. Procesul este condiționat cognitiv deoarece nu există dovada vreunei legături pertinente de influență bio-energetică, magnetică, cuantică, metafizică sau de altă natură care să constituie mediul de propagare a trăirilor afective. Dar nici perspectiva simplistă, unilaterală nu este recomandabilă. Chiar dacă nu există dovezi pertinente și poate nu se vor descoperi vreodată pot fi presupuse totuși și alte „medii" de comunicare inter-umană, care ar explica multe dintre fenomenele umane pe care știința și chiar metafizica nu le poate lămuri.

Oricum natura trăirii și relației afective constituie încă necunoscute nu pentru că nu s-ar fi făcut pași în explicarea fenomenelor care se produc în timpul trăirii ci pentru faptul că discutăm despre un fenomen care se desfășoară antrenând organismul și persoana ca sisteme dar într-o interacțiune și determinare holistică, emergentă, transmergentă, sinmergentă, telegentă. Asta înseamnă că multe dintre explicațiile desfășurării unui proces se pot găsi în afara persoanei, în celălalt, în obiecte, în mediu, în cultură, istorie, în viitor dar şi în sfere insondabile ale eului (eul ca sine şi eul ca celălalt). Omul, prin conştiinţă, are capacitatea de a se detaşa de sine şi de a „exista", acţiona în afara propriilor limite, fizice şi sociale, se poate ipostazia ca observator de sine dintr-un sistem care îl exclude. De acolo propria persoană poate deveni obiect al trăirii emoţionale, empatiei, compătimirii, admiraţiei, respingerii sau chiar negării existenţiale absolute.

Pentru descrierea procesului de formare şi funcţionare a sferei afective este esenţială relaţia cu celălalt concret, real, existent, apropiat - mama, copilul, fratele, tata, vecinul etc. Dar acesta nu ar putea fi explicat şi nu s-ar instala deplin decât prin intermediul celuilalt generalizat, care reprezintă poarta de intrare a celuilalt real dar şi cadrele instalării sale. Celălalt este identificat prin caracteristicile corporale, vârstă, sex, nume dar şi prin raportul congenetic cu subiectul sau capacitatea de a satisface unele trebuinţe, de la cele fiziologice (alimentare, sexuale) până la cele, aşa-zise, spirituale.

Această idee, de instalare a celuilalt în sine, ar părea foarte ciudată dacă nu am face câteva precizări. Celălalt există în sine. Acestuia îi sunt proprii toate caracteristicile pe care noi le descriem ca fiind proprii persoanei în general. În multe cazuri sensul şi acoperirea termenului de celălalt ar fi similar celui de alteritate sau mediu. Şi acestea există în sine iar dacă le spunem tot celălalt este pentru că subiectul are tendinţa să „umanizeze" (personalizeze) tot ceea intră cu el în contact. Dar e mult mai evident faptul că este vorba de o convenţie.

Filozofia consacră modelul persoanei libere, responsabile, stăpâne pe fiinţa şi destinul său. Ştiinţa biologică, prin organizarea sistemic-unitară a organismului, nu vorbeşte aproape deloc despre rolul vreunui celălalt, animal, obiect sau om în geneza şi constituţia personală. În schimb psihanaliza şi psihologia socială susţin prin abordări specifice şi în doze diferite rolul celuilalt în determinismul onto-personal. Ideea unei instalări şi a unei funcţionări autonome a unui celălalt în sine nu a fost încă suficient susţinută. Noi nu ne putem lipsi de această viziune, a înserării celuilalt în sine deoarece, vom vedea mai încolo, persoana în întregul ei este o compoziţie, mai mult sau mai puţin organizată unitar şi funcţional, între elemente existenţiale dintre cele mai diverse. Perspectiva unităţi este, mai degrabă, pentru persoană un obiectiv decât o caracteristică. Unitatea este permanent subminată tocmai de această "existenţă" internă, a celuilalt, o sursă a multor tensiuni emoţionale şi una dintre explicaţiile capacităţii afective, empatetice a persoanei, precum şi o resursă crucială a asistenţei sociale umaniste.

2.5.2. Constituirea și instituirea sufletului afectiv ca sursă a atașamentului și empatiei primare

În procesul de formare a sufletului afectiv (social) sunt antrenate emoția, afectivitatea, precum și *binomul (mecanismul) psihologic-ontologic fundamental*, prin formațiunea hedonică și formațiunea fobică. Formarea unor mecanisme, automatisme, montaje, complexe, scheme de funcționare a trăirilor reprezintă de fapt actul cristalizării sufletului afectiv. Așadar, chiar dacă formațiunile afective sunt mult condiționate de relațiile cu mediul instituirea acestuia presupune constituirea și dezvoltarea unor montaje, scheme, automatisme, structuri generice, cu puternice componente fiziologice, cognitive și voliționale.

Odată sufletul afectiv constituit va funcționa ca toate celelalte formațiuni dar va avea nevoie de trăiri afective, în principal socio-afective, ca sursă a existenței și dezvoltării.

Este interesant de reflectat asupra modului în care trăirile sunt asimilate de către suflet ca sursă a existenței sale, după cum, după constituire, prin funcționarea specifică în cadrul ansamblului personal sufletul afectiv este el însuși producător de trăiri.

Deosebirea este aceea că înainte de instituirea sufletului afectiv ca formațiune trăirile se realizau cu preponderență din manifestările emoționale primare – plăcere, durere, emoție – pe când, după ce acesta se impune ca formațiune psihologic-personală, trăirile antrenează persoana ca ansamblu și se descriu prin montaje holistice de tipul sentimentelor, emoțiilor sociale etc (Ștefăroi, 2008, p. 68).

Prin sufletul afectiv fiecare persoană este și o sumă virtuală, eterogenă și multivalentă, de persoane, relații și valori sociale. Doar prin facilitatea comunicării, minții, limbajului, comunității, conviețuirii și prin contribuția mijlocitoare a sufletului social se constituie și definește ca un ansamblu mai mult sau mai mult unificat.

Unificarea se realizează sub semnul intelectului, conștiinței și personalității, eului, dar cum acestea nu trec, de regulă de stadiul constituirii rămâne să concluzionăm că nota fundamentală a existenței individuale personale interioare pentru majoritatea oamenilor o reprezintă *interacțiunea afectivă, socială, dintre subiect și celălalt*, în pofida etichetelor generalizatoare consacrate de genul „omul este o ființă rațională".

Structurile realizate de către personalitate reușesc să impună „compromisuri" prin care să se satisfacă „interesele" subiectului dar și ale celuilalt. Instituirea acestor compromisuri stă, în parte, la baza constituirii caracterului.

La acest nivel sufletul afectiv a trecut de faza de constituire și nu reprezintă principala „preocupare" a travaliului ontogenetic, el intră în faza de instituire unde se impune ca factor reglator între cele două tendințe, aparent opuse, care angoasează de regulă adolescența, de formare a eului și de socializare - eul în ordinea subiectului și socializarea în ordinea celuilalt.

Din perspectiva sufletului afectiv esențială este *prezența, securitatea și fericirea celuilalt drag.* Nu este un altruism total dezinteresat. Deoarece Celălalt instalat operează ca o entitate proprio-existențială, intrând practic în constituția eului și personalității.

Persoana, definită ca o asimilare virtuală a juisanței celuilalt se îmbogățește ea însăși, deoarece în lipsa experienței celuilalt pierde prilejul de a se *umaniza.* La naștere, „ființa" e în celălalt, corpul în sine nu este suficient pentru procesul de personalizare.

Aceasta este calea prin care omul accede la experiență socială, la trăirile și experiența celuilalt semnificativ, în special a părinților, a persoanelor cu care conviețuiește o perioadă îndelungată și se ajunge la un grad sporit de intimitate ori se experimentează în comun evenimente cu impact emoțional mare (Ștefăroi, 2008).

Instituirea și ontificarea sufletului afectiv determină *capacitatea de atașament, empatetică interpersonală, altruismul, iubirea aproapelui.,* procesele fiind deosebit de complexe deoarece se realizează pe mai multe planuri, fizic, cognitiv, afectiv, voluntar, moral și comportamental.

2.6. Sufletul spiritual

Prin această onto-formațiune miraculoasă a personalității umane subiectul accede la cultură, istorie, practic *asimilează experiențial-ontologic și ontogenetic evoluția/ universul spiritualității și comunității umane,* prin contactul cu mediul cultural concret purtător de valențe universale, cu valorile, cu experiența umană ancestrală, generalizată.

După instituirea în constituția personalității determină capacitatea empatetică a persoanei (atașamentul necondiționat față de celălalt, față de om în general), compatia, sensibilitatea spirituală, fericirea autentică, superizarea personalității și conduitei; este factor crucial în constituirea personalității *umane,* inclusiv a profesionistului din asistența socială.

Această formațiune onto-personală, crucială în arhitectura personalității umane, se formează și instituie ca efect al "internalizării" și organizării experiențelor/ trăirilor subiective noetice, eu-proiective sau spirituale (mistice, ludice, epistemice, estetice, morale etc). În această sferă se instalează ceea ce am putea numi *ființa proiectiv-spirituală a persoanei*.

Se constituie pe fundamentul personalității biopsihologice, sufletului afectiv, minții și în contextul instituirii celorlalte onto-formațiuni personale, ontosul endemic și ontosul afectiv, pe care cronologic, le succede (chiar dacă procesele de formare și instituire sunt concomitente sau interactive).

În funcție de tipul trăirilor, experiențelor subiective se vor forma sufletul ludic, sufletul estetic, sufletul gnostic, sufletul etic etc. Procesul de formare și existența sufletului spiritual sunt condiționate de existența/ constituirea ontosului proiectiv (Ștefăroi, 2009a).

2.6.1. Ontosul proiectiv – fundament și cadru psihologic-ontologic de formare și funcționare a sufletului spiritual

Formarea și funcționarea ontosului proiectiv sunt precedate, condiționate sau implică existența/ constituirea *minții*, intelectului și inteligenței și unei formațiuni ontice de sinteză (mintală și experiențială), *ontosul noetic*.

Mintea

Dacă inițial procesul/ etapele de formare a facultăților cognitive poartă notele determinărilor organice, fiind în fapt abilități ale unor funcții biologice în relația cu mediul fizic, în final gnoza personală este sinonimă conștiinței, contopindu-se în activismul socio-profesional cotidian sau în manifestările sublime, spirituale ale creativității ori experiențelor mistice.

Rațiune, intelect, inteligență, minte, gândire, spirit, cunoaștere – sunt termeni, cuvinte, concepte, categorii pe care teoria filosofică și științifică îi folosește pentru a desemna o dimensiune, așadar, fundamentală a existenței umane, este vorba, în principal, despre capacitatea de a reflecta, interioriza cognitiv realitatea, asimilarea acesteia, de a procesa, interpreta, de a crea și a o reconstrui reflexiv.

Mintea, conceptul și termenul generic pe care îl folosim pentru a desemna universul personal cognitiv-reflexiv, numită de către Osho (2001, p. 41) *cutie a Pandorei*, este un factor determinant și punct crucial de pornire nu atât al ontogenezei cognitive ci propriu-zis a ontogenezei personale. O persoană care în evoluția sa ontogenetică nu trece prin această fază, de constituire a elementelor și mecanismelor acestei formațiuni, nu are nici o șansă să devină o ființă capabilă să se adapteze rigorilor minimale ale unei comunități, societăți umane. Existența acestei formațiuni este consubstanțială definițiilor și teoriilor filozofice privind natura și esența umană dar reprezintă și cadrul/ mecanismul psihologic-personal de dezvoltare și constituire a formațiunilor intelectuale și morale superioare.

Constituirea minții, ca formațiune personală autonomă, este, pe de o parte, expresia evoluției și dezvoltării biologice a persoanei ca ființă dotată cu capacitatea cerebrală de a asimila informație, de a o stoca, de a crea mecanisme neuro-funcționale care facilitează percepția, reprezentarea, generalizarea, ideația, judecata, abstractizarea, pe de altă parte, este condiționată de integrarea într-un proces ontogenetic de constituire a formațiunilor persoanei ca ființă socio-culturală și spirituală (Sousa, 2010).

În această calitate individul uman, copilul asimilează nu doar cunoștințe ci însăși modelul, matricea existenței și funcționării sociouname. Mediul exercită presiuni de acomodare/ conformare și de asimilar, impunându-i însăși logica internă, intimă de organizare și funcționare.

Dincolo de individualitatea naturală a nou-născutului, care intră pe traiectorii determinate de personalizare, mintea ca o primă fază și premisă fundamentală a personalizării rămâne totuși în mare parte apersonală, calitate determinată nu doar de presiunea de asimilare/ acomodare și uniformizare logică (abstractizare) dar, mai ales, de unitatea neuro-funcțională a creierului uman, diferențierea făcându-se mai ales prin apariția unor formațiuni emergente cognitiv-spirituale, pe trepte superioare de organizare personală.

La nivelul mecanismelor ei intime, profunde mintea rămâne neutră, fiind în acest sens doar un „servomecanism" care este folosit de fiecare formațiune de dezvoltare pentru propria-i constituire și funcționare ca și de ansamblul/ sistemul funcțional general al personalității.

La nivelul personalității morale, spirituale rolul minții, ca mecanism intim și fundamental rămâne dar crește rolul altor facultăți, procese, activități, precum intelectul, conștiința, imaginația, fantezia, inspirația, creativitatea (Tanzi, Chopra, 2013), exprimându-se printre altele în constituirea și funcționarea ontosului noetic, ontosului proiectiv, sufletului spiritual, eului ontoproiectiv etc.

Ontosul noetic

Produsele activității mintale, să le spunem conținuturi noetice, care au depășit fazele de procesare, semnificare și interpretare, fiind asimilate de către subiect ca adevăruri intră în ansambluri/ sisteme de conținuturi grupate după criterii de semnificație subiectivă sau obiectivă, care se organizează în microformațiuni cu dinamici autonome.

Aceste microformațiuni noetice sunt niște mici lumi, reprezentări mult deformate, personalizate, similare, oarecum cu constructele personale ale lui Kelly (1991). Aceste entități intră în conexiune, formând ansambluri, după criterii pe care nu el putem preciza, ca în final să se constituie formațiunea mintală pe care o numim ontos noetic.

Acest ontos noetic se poate disocia, în parte, de activitățile mintale și personale curente, intrând în procese autonome de organizare, structurare, evoluție, contribuind și la constituirea a ceea ce Yung (1991, 1994, pp. 70-73), numește *pattern of behavior*.

Conținuturile acestor formațiuni nu îl formează reprezentările senzoriale, noțiunile, conceptele, ideile, teoriile ci conținuturile noetice autonome, adică *semnificațiile*/ experiențele ontice asimilate de către subiect ca trăiri/ sentimente epistemice nemijlocite.

Acestea nu depind de legitățile obiective ale entităților similare din realitate decât parțial, gradul de obiectivitate fiind determinat de nivelul de informare și de realismul gnostic al subiectului. Această „lume" auto-suficientă poate constitui „obiectul" de interes al unui alt subiect epistemic, mult mai rafinat și mai puțin, sau aproape deloc, condiționat de contingentul interacțiunii cu mediul extern (natural, socio-cultural). Pseuho-subiectului i-ar putea fi atribuită „rațiunea pură" și apriorismul despre care vorbea Kant (1998). În jurul lui se poate organiza o lume a spiritului, a speranței, a idealului, a eului ideal.

Ontosul proiectiv-spiritual

Constituit prin ontosul/ sufletul noetic, ontosul proiectiv-spiritual este, fără nici o îndoială, o versiune a lumii, o existență, o ființă cu o natură mai specială. Natura mai specială a acestui ansamblu ontic este dată atât de imensa diversitate, întindere, complexitate și profunzime, cât și (poate mai ales) de conținutului ideatic, semantic, valoric și proiectiv al acestuia.

Prin conținut nu înțelegem esență. Pentru că esența este ființa, fiind vorba de ontos. Este ceva profund subiectiv dar nu atât de mult precum în cazul formațiunilor („ființelor") endemice. În ontosul proiectiv se ancorează, după cum vom vedea, multe elemente ale mediului, în ușoară opoziție cu ontosul endemic – mult ancorat în organism.

În economia ontică internă a persoanei apreciem că totuși ontosul proiectiv este un ansamblu, formațiune, cum vrem să-i zicem, care reprezintă o organizare ontică secundară ontosului endemic și celui afectiv. Conferă nota definitorie de ființă umană prin *ontificarea valorilor, ideilor, cunoștințelor, idealurilor, speranțelor*. Practic va fi un univers ontic interior în care se vor sintetiza, prin dublă proiecție, subiectivul și obiectivul, organismul și mediul, interior și exterior, simțirea și gândirea.

Pe de altă parte manifestările ontice subiective se vor proiecta în reprezentări, după cum trăirile vor reflecta prin intro-proiecție caracteristicile mediului. De aceea și considerăm formațiunile onto-proiective ca secundare, ele nu emerg direct din nevoile fiziologice și fundamentele psihice ale persoanei precum ontosul hedonic, formațiunea fobică sau subiectul ci decurg din dinamica particulară a relației cu mediul cultural, reflectând în mod transformativ/ proiectiv caracteristicile acestuia.

Caracteristica subiectiv-proiectivă sau onto-proiectivă cea mai evidentă o reprezintă totuși faptul că individul uman se naște biologic, dar trebuie să se mai nască o dată socio-uman, pentru aceasta este nevoie de un *proiect.* De aceea el trebuie să asimileze simboluri, semnificații, valorile mediului în care trăiește.

Omul nu este însă un calculator care depozitează informația. El trăiește, crește, se formează existențial, de aceea așa-zisa asimilare este de fapt o proiecție. Obiectele, persoanele, situațiile nu sunt asimilate în obiectualitatea lor fizic-senzorială ci prin semnificațiile sociale/ culturale subiectivate onto-proiectiv.

Astfel subiectul se înserează într-o lume noetică, axiologică, culturală unde nu poate supraviețui ca om integral decât dacă se integrează într-un câmp, univers de relații, raporturi, structuri, ansambluri, formațiuni socio-culturale de o complexitate extrem de mare. Doar proiecția acestora în formațiuni onto-personale și constituirea ansamblului personal în raport de ele asigură această supraviețuire. Indivizii incapabili de acest proces se autoexclud sau sunt excluși (Ștefăroi, 2009a).

Sunt câteva procese care ne interesează în perspectiva înțelegerii travaliului de formare a ontosului proiectiv. Unul dintre acestea îl reprezintă idealizarea. Este un proces logic, de *esențializare, abstractizare și selecție* a unor caracteristici cât și unul onto-proiectiv de ghidare a procesului. Reprezintă atât o activitate mintală, mai mult inconștientă de sistematizare, esențializare, abstractizare, unificare. Dar și de direcționare ontică.

Idealizarea este mai pronunțată în domenii precum cel al cunoașterii științifice, filozofiei, misticii și mai restrânsă în cel al vieții cotidiene, unde contingentul împinge la concretizare și relativizare. Ne interesează mai mult procesul de idealizare care antrenează formațiuni ontice, ontințele și mai puțin cele care tind spre formatizarea logic-conceptuală. De aceea e bine să reamintim că onto-formatizarea proiectivă se realizează pe fondul dismergenței ontice, a lipsei și angoasei existențiale. O reprezentare, o noțiune, un concept, o idee, o credință reprezintă simptome ale lipsei ontice dar prin formatizare ele vor deveni surse ale dismergenței prin alăturarea la ansamblul ontic al persoanei (Ștefăroi, 2009a).

Lacan (1991) spune că inconștientul este structurat ca un limbaj. Parafrazând, noi spunem că universul onto-proiectiv, prin idealizare, se structurează ca o lume a ideilor. Sensul conceptului de idee trebuie forțat până a cuprinde întreg universul *onto-gnostic* al subiectului. Astfel structurarea ca un limbaj a inconştientului, la renumitul psihanalist francez, este în cazul nostru o organizare a universului onto-logic şi epistemologic al persoanei. Univers care e mult mai mult decât o însumare de reprezentări şi noţiuni.

Punem vorbi despre o geneză a acestui univers, despre o structură, compoziţie, organizare, conţinut, natură şi aşa mai departe, dar lucrul cel mai interesant pentru noi îl reprezintă dimensiunea ontic-proiectivă a acestuia. Informatica, psihologia cognitivă, logica, gramatica va descrie acest univers în termeni tehnici, funcţionali, percepându-l ca pe o maşinărie cibernetică.

Dar nici funcţionarea, nici geneza, nici existenţa acestui univers nu ar fi posibile fără o puternică ancorare ontică, subiectivă, existenţială, motivaţională. Această lume onto-subiectivă a ideilor are două tendinţe fundamentale. Una logic-informaţională iar alta onto-proiectivă. Această a doua tendinţă va constitui vectorul principal de constituire a *formaţiunii onto-proiective*.

Universul ideatic al persoanei are deci două dimensiuni, complementare dar şi divergente. O latură dimensiune tinde spre interesul celuilalt, societatea, universul, natura obiectivă, istoria, cultura, civilizaţia – înţelese în dinamica şi finalitatea lor intrinsecă, asimilată prin cunoaştere. Cealaltă este cea referitoare la sine şi la universul proxim de simţuri, interese şi valori, dezvoltată prin trăiri. Prima va determina formarea conştiinţei, cealaltă a universului ontic-personal proiectiv.

Aceasta din urmă nu va fi străină nici de latura „obiectivă", în raport de care se va forma concepţia faţă de lume, unele credinţe, atitudinile faţă lume, celălalt, viaţă etc. Latura „subiectivă" se va concentra şi orienta mult spre sine, subiect şi va ava un rol important în construcţia de sine şi a eului. Legătura dintre cele două laturi este indestructibilă, însăşi subiectul va avea tendinţa continuă de a asimila totul, dar şi de a reduce lumea la propriul univers, în pofida tendinţei psihologice (ontogenetice) de decentrare.

Idealizarea este un proces preponderent logic, de esenţializare, abstractizare şi selecţie. Idealizarea reprezintă atât o activitate mintală, mai mult inconştientă, de sistematizare, esenţializare, abstractizare, unificare dar şi de direcţionare ontică. Idealizarea este mai pronunţată în domenii precum cel al cunoaşterii ştiinţifice, filozofiei, misticii şi mai restrânsă în cel al vieţii cotidiene, unde practica împinge la concretizare şi relativizare.

Ne interesează mai mult procesul de idealizare care antrenează formaţiuni ontice, dorinţele şi mai puţin cele care tind spre formalizarea logic-conceptuală. De aceea e bine să reamintim că organizarea onto-proiectivă se realizează pe fondul dis-mergenţei ontice, a lipsei şi angoasei existenţiale. O reprezentare, o noţiune, un concept, o idee, o credinţă reprezintă simptome ale lipsei ontice dar prin formatizare ele vor deveni surse ale pro-mergenţei prin alăturarea la ansamblul ontic al persoanei.

Idealizarea nu vizează doar domenii ale existenței sociale, morale, culturale a omului. Tendința de idealizare o cunoaște și reprezentarea propriului trecut, viitorului, carierei, destinului celuilalt, eului. Practic, așa cum am precizat, tot bagajul de reprezentări, informații și interese ale subiectului.

De unde constatarea că procesul complex de personalizare, dezvoltare psihologică și maturizare se fundamentează pe acest miraculos fenomen. Fără idealizare omul ar rămâne la stadiul de animal ori ar putea fi asimilat lumii ordinatoarelor. Și aici nu ne referim, așa cum am precizat, la procesul logic de generalizare, abstractizare, idealizare ci la cel de conversie a motivelor în scopuri. Idealizarea determină formarea idealurilor ca ținte onto-proeictive, subiective .

Procesul de conversie a dorințelor în idealuri nu este deloc simplu. După cum nici idealul nu trebuie să-l luăm cu înțelesul curent consacrat de obiectiv suprem motivațional. Ci mai degrabă ca organizare superioară a unei zone ontice importante, relative la destinul social și moral al persoanei dar și la scopurile empirice, contingente, relative la eu și la evitarea dis-mergenței entropice.

Perceperea idealului ca eșec al echilibrării ontice endemice nu ar fi o eroare. Idealul, prin natura lui, odată construit onto-mintal va deveni o sursă suplimentară de entropie, amânând reechilibrarea ontică și propulsând-o în ipotetic. Chiar dacă, genetic, apariția idealurilor trebuie legată de nevoia de reechilibrare ontică iată că noua formațiune nu doar că nu va satisface ci, dimpotrivă, ridică nivelul de tensiune. Acesta este un semn că se construiește un nou edificiu : *formațiunea onto-proiectivă*

La construcția acestui impresionant edificiu lucrează întregul ansamblu personal, în strânsă corelare cu factorii de mediu. Pornind de la organism ca suport, gazdă și condiție a persoanei până la educație, instituție socială, cultură fiecare are un rol destul de bine localizat. Dezvoltarea onto-proiectivă nu este un proces în sine, chiar dacă treptat tinde să se autonomizeze. El este un produs al dezvoltării generale și solicitărilor tot mai complexe ale mediului, necesității asumării unor roluri și statusuri sociale superioare.

Prin formarea ontosului proiectiv de fapt subiectul asimilează mediul, mai mult decât atât, ajunge să se identifice cu el. Nu este suficientă o simplă achiziție, memorare de cunoștințe ci presupune o proiectare dinamică, vie, interactivă, emergentă în construcția de ansamblu a persoanei. Se produce, pe de parte, o aservire a persoanei la mediu, pe de altă parte, persoana capătă conținut și valență umană autentică, prin cultură, profesie, educație, activități sociale curente.

Toate aceste procese se derulează gradual și sunt dublate (influențate, determinate) de dezvoltarea mintală generală. Gândirea asigură generalizarea, abstractizare, analiza, sinteza, categorizarea, fără de care procesul de idealizare și identificare proiectivă nu ar putea fi posibile. Rolul limbajului este incontestabil, acesta poate fi asemănat cu cel a sistemului nervos sau cardiovascular prin faptul că reprezintă infrastructura și echipamentul prin care „curge" ideea. Memoria fixează achizițiile iar imaginația este atât o funcție, o mașinărie cât și un loc, un câmp, microunivers de manifestare și procesare complexă a ideilor și de profilare a idealurilor.

Nu vom înțelege procesările de informații și idei ca simple operații epistemologice, ci ca pe niște lumi care se negociază, purtătoare de valențe ontice pe care subiectul în orice moment le poate „pescui" și integra în propria arhitectură/dinamică psihologic-ontică.

Psihanaliza este ramura psihologică care se apropie cel mai mult de paradigma noastră. Teza de bază a psihanalizei se bazează pe afirmația că pulsiunile libidinale și agresive, expresii endemice ale nevoilor biologice elementare, sunt în mare parte reprimate și refulate, neacceptate, neexprimate din cauza restricțiilor mediului sociomoral sau autocenzurii. Atunci acestea dezvoltă, în inconștient, ca răspuns atipic, adaptativ o "lume" interioară profundă, inaccesibilă, atemporală, alogică și imprevizibilă specifică (Freud, 2004).

Starea de normalitate care ar preveni această situație, uneori patologică, ar fi aceea în care toate pulsiunile să fie preluate funcțional și traduse integral în trăiri și conduite emergente, de satisfacție, eliberatoare. Cum însă ființa umană, spre deosebire de animale trăiește în comunități cu reguli puternic marcate moral și cultural, ca fundament existențial particular, o mare parte a acestor tendințe rămân neexprimate sau sunt deturnate, convertite ori pur și simplu reprimate.

Acestea, acolo în inconștient, nu rămân inerte sau se așează cuminți în niște rafturi, așteptându-și rândul la exteriorizare, ci se combină, condensează, transferă, proiectează, deplasează și încearcă cu diferite tertipuri înșelarea vigilenței conștiinței, cenzurii, percepției să se exprime. Aceste căi sunt în principal: sublimarea, proiecția, actele ratate, visele, conversia psihosomatică, fantezia.

Dintre conceptele enumerate cele mai potrivite pentru teoria noastră ar fi desigur proiecția dar și sublimarea, deplasarea, conversia – nu psihosomatică, ci psiho-ideatică, fantezia. Întrucât modul în care operează acestea și transferul din inconștient în conștient sau conduită a conținuturilor refulate este arhicunoscut ne limităm să facem doar niște particularizări și comparații relative la procesele de formatizare onto-proiectivă.

În primul rând, în dezvoltarea și funcționarea onto-proiectivă nu semnalăm atâtea bariere, cenzuri, limitări și nu subliniem existența vreunei instanțe profunde obscure care ar depozita experiențe sau reprezentări refulate, decât în cazuri patologice, sau în mică măsură, nesemnificativ. Credem că este normal ca mare parte a dorințelor și impulsurilor să nu se realizeze, datorită capacității enorme a ansamblului personal de a produce aceste formațiuni și capacității reduse comportamentale, de satisfacere. Organismul, ansamblul personal găsesc soluții suficiente, multiple de reorganizare și numai în cazuri patologice acestea s-ar instala conflictual-disfuncțional în constituția subiectului. Perspectiva noastră privește ne-realizarea ca o necesitate legică în construirea ansamblului personal, a personalității și comportamentului adaptativ nu ca pe o disfuncție ontogenetică.

În al doilea rând, proiecția, fantezia, deplasarea, conversia nu sunt, în concepția noastră, doar strategii, tertipuri de înșelare a vigilenței conștiinței ci mai degrabă modalități normale de dezvoltare, acumulare, structurare, formare și consolidare a personalității și formațiunilor onto-proiective.

Dacă în psihanaliza clasică construirea de fantasme, de pildă, este interpretată ca o strategie disperată a inconștientului traumatizat de a se exterioriza și elibera de tensiunea distructivă prin bizareria unor imagini și idei aberante, în paradigma noastră acestea nu sunt altceva decât traduceri, transformări în plan superior, mintal al unor manifestări ontice firești. Ele urmează să fie integrate în construcții onto-proiective necesare, superioare. Ontosul proiectiv este una dintre acestea.

Constituirea ontosului proiectiv ca formatiune integrată și unitară, este condiționată/ determinată în principal de două procese: evoluția, creșterea, dezvoltarea personală generală, care impune constituirea unor noi formațiuni cu funcții specifice și procesul de organizare, conmergență, sinteză a puzderiei de formațiuni ontosproiective primare și secundare.

Neconstituirea ontosului proiectiv ar curma procesul de formare personală, limitându-l la stadiul ontos-endemic și ontos-afectiv, achiziții insuficiente pentru definiția persoanei, iar pe de altă parte, menținerea neorganizată unui număr foarte mare de onto-formațiuni proiective primare și secundare ar susține trăiri și conduite haotice, dezaptative, primitive.

Constituirea ontosului proiectiv se realizează pe două planuri. Unul este cel al comasării formațiunilor primare și secundare, a unora dintre ele desigur, altul privește organizarea de ansamblu, unitară, ca formațiune unică, ca ființă, ca funcție.

„Sinteza" pre-formațiunilor nu se realizează întâmplător ci este expresia unor tendințe și acțiuni de forță a unor vectori existențiali, omologi ai formațiunilor endemice ontosul hedonic, formațiunea fobică, subiectul endemic/ ontic etc.

Nu se poate ști cu exactitate câte formațiuni vor rămâne și se vor institui ca autonome în cadrul ontosului proiectiv odată constituit. Numărul lor poate fi nelimitat, oricum imposibil de monitorizat. Credem cu certitudine că se poate vorbi de următoarele: sufletul spiritual, formațiunea fericirii, formațiunea depresivă și eul (onto-proiectiv).

Factorii de bază ai ontificării proiectiv-spirituale sunt mediul și educația culturală, spirituală, capacitatea intelectual-proiectivă și valorizatoare, nevoia de dezvoltare și organizare superioară personală, nevoia de securitate și, nu în ultimul rând, nevoia de exprimare și umanizare o ontosului endemic și celui afectiv.

Ontosul afectiv contribuie esențial la constituirea onto-formațiunilor proiective, în special a celei mistice dar și a ontosului/ sufletului ludic, estetic, chiar și a celui gnostic. Fără îndoială constituirea onto-genetică a acestora este produsul interacțiunii și dinamicii uni complex de factori, condiții și evoluții, dar cei enumerați mai sus se constituie în premise necesare.

În fapt ontosul spiritual unește organismul, mintea, sufletul, mediul și cultura prin sacru și capacitatea proiectivă, transmergentă (telegentă), inerente genezei personale. Focalizarea acestor energii și procese este creatoare de „spirit", despre care s-a vorbit foarte mult în istorie însă se vorbește din ce în ce mai puțin. Conținutul ei este afectul superior, sublim, aproape revelat, imposibil de analizat și descris științific (Ștefăroi, 2009a).

2.6.2. Sufletul mistic, sufletul ludic, sufletul estetic, sufletul intelectual, sufletul moral

Sufletul mistic

Este „epicentrul" spiritualității persoanei și se prezintă ca o formațiune care onto-genetic a asimilat tot ceea ce percepe și trăiește ca *sacru, metafizic, magic, inexplicabil, irațional, supranatural, spiritual* subiectul. Acestă formațiune se **constituie** în strânsă legătură cu formațiunea fobică și depresivă/ malsentică, cu ipoteza morții, neființa. Este latura sa "malefică". Există și o latura benefică, care se descrie prin raportare la bine, dezirabil, ideal. Legătura este, desigur, cu ontosul hedonic și onto-formațiunea fericirii/ prosentică. Aici vorbim despre supranatural, mistica binelui, iubirea, îndrăgostirea, sfântul ca model și aspirație, raiul, fericirea fantastică, creația, juisanța spirituală.

Cultura, istoria, religia a consacrat, ca expresie absolută a misticii ideii, și existența lui Dumnezeu. Este încununarea virtuală a tuturor valorilor mistice la modul maximal și ideal-abstract, reper spiritual, moral și uman al existenței individuale și comunitare, sursă a supremei științe, previziunii, adevărului, relevanței și salvării prin gândirea și simțirea mistică, metafizică, primordială, sacră.

Mistica religioasă se desfășoară în cadrele fundamentale ale existenței sociale și personale: naștere, moarte, căsătorie, cicluri temporale și naturale, fiind puternic imprimate ancestral-istoric în imaginarul colectiv, în constituția indivizilor și societății, oricât s-ar încerca lepădarea de aceste „relicve" ale trecutului (Bean, 2013).

Mistica nu este o opțiune, este o dimensiune al constituției ontologic-psihologice a persoanei, iar acest lucru se materializează în constituirea unor onto-formațiuni specifice (Ștefăroi, 2009a, p.22), la fel cum sufletul mistic nu este o adunătură de reprezentări, idei sau experiențe mistice ci o superizare emergentă cu importante esențializări și transformări. Actul formativ este definitivat doar prin ontificarea lor și definitivarea ca *ființă*. La acest nivel nu vorbim deci nici de reprezentări, nici de idei, nici de idealuri ci de „ființe" mistice, de existența în sine a unei lumi interioare, personale, „para-normale", sursă a definiției omului ca ființă transcedentală.

Sufletul mistic se **instituie** la polul opus celui endemic. Ambii poli sunt totuși ființe, adică au existență autonomă, nevoi și produc dorințe. Dorințele mistice solicită experiențe mistice, nevoia de sacru, revelații, trăiri sublime, asceză, credință, iubire, eroism. Formațiunile sufletului mistic sunt departe de procesele contingente ale conștiinței, rațiunii și conduitei. Sunt „implanturi" ancestrale profunde în inconștient, repere ale convingerilor și credințelor persoanei, surse de instabilitate emoțională, fanatism și paranoia (ca patologie).

Prin sufletul mistic experiențele și cunoștințele paranormale ori supranaturale, metafizice, neadevărurile devin adevăruri personale, subiective, trăirile și experiențele sunt resimțite ca parte a existenței ancestrale, cosmice, absolute, personale. Acestea tind să reconstruiască persoana, iar în unele cazuri acest lucru se întâmplă nu în sens patologic ci dimpotrivă construiește un altfel de normalitate, mai apropiată de persoana universală, autentică, ideală, „proiectată". Pentru că, în dimensiunea „bună" a misticii se încrustează coordonatele existenței autentice, acontingente, ancestrale, cu perspectivă multimilenară, atemporală, divină, teleologică.

Sufletul gnostic sau intelectual

Are multe asemănări și legături cu formațiunea noetică. Ceea ce le diferențiază este faptul că ontosul noetic este o organizare a ideilor în sine, o lume obiectivă, logică, intrinsecă, cognitivă, autosuficientă, în timp ce sufletul gnostic se constituie cultural-contextual, este impregnat subiectiv și afectiv și determină nevoia superioară a subiectului de a căuta gnoze care produc satisfacție personală.

În timp ce pentru ontosul noetic nevoia fundamentală este de adevăr, în cazul sufletului gnostic se impune nevoia sufletească de cunoaștere propriu-zisă. Ambele tipuri de nevoi sunt foarte intense la oamenii de știință, filozofi etc, dar mai puțin semnificative la oamenii obișnuiți. Pare paradoxal, însă și aceste nevoi, „intelectuale", vor facilita, organizarea superioară ca suflet, cu trăsăturile caracteristice acestuia: generalitate, esenţialitate, concentrare, intensitate, subiectivitate.

Sufletul ludic, sufletul estetic, sufletul etic (moral)

Constituirea ontosului spiritual generează şi nevoi estetice, ludice şi gnostice. Ele sunt expresia existenţei unor formaţiuni ontoproiective precum: sufletul ludic, sufletul estetic şi chiar a sufletului etic.

Între sufletul mistic şi cel gnostic, sau cu concursul acestora, se formează şi funcţionează sufletul ludic, cel estetic şi cel moral. Desigur fiecare dintre aceste formaţiuni concentrate vor cunoaşte fazele de acumulare şi constituire.

Încorporează şi interacţiunea sublimă, superioară dintre organism şi mediu, mediul uman, social, cultural, mistic, istoric, ancestral, spiritual. Acestea impun constituirea unor entităţi existenţiale abstracte, "fiinţe" psihologic-spirituale detaşate de contingent, atât temporal, spaţial dar mai ales social. Impune ruptura de endemic şi crearea unui univers interior liber, autosuficient într-o anumită măsură, dar corespondent totuşi cu realul, înţeles mai mult ca sursă şi mai puţin ca determinare.

Una dintre caracteristicile acestei noi ordini o constituie spiritul ludic, care impune nevoia persoanei de libertate, divertisment, ironie în faţa limitelor existenţei, detaşare. Personalitatea va reflecta, într-o dimensiune a ei, acest spirit, fiind condiţie a acţiunii sociale, culturale, morale dar şi a creativităţii.

Mediul şi sursa **sufletului ludic** este o altă lume decât cea reală, configurată cu elemente şi legităţi ale acesteia dar aşezată într-o ordine inerent contestabilă. Spiritul ludic luminează şi fluidizează căile de comunicare internă şi cu mediul, dă persoanei confort, fericire şi senzaţia nemuririi ori a existenţei necondiţionate de factori contextuali, a existenţei concordante cu sine, sinele liber, spiritual.

Din spiritul ludic se alimentează şi procesul de formare a **sufletului estetic**. De fapt este destul de greu de realizat distincţia clară dintre cele două formaţiuni onto-personale proiective. Totuşi sufletul estetic se raportează la valori consacrate istoric-cultural, impuse de societate, asimilate subiectiv de către persoană.

Ne interesează, dincolo de aspectele sociale, culturale, istorice organizarea individuală, deci ca suflet a acestor valori. Se poate afirma că prin impunerea valorilor, drept comandamente sociale, sufletul estetic se mai disciplinează, permiţând organizarea în structuri de personalitate şi conduite personale.

Nevoia estetică astfel instituită dezvoltă dorinţe care caută armonia, echilibrul, ritmul dar şi conflictul, tragedia – totul sub semnul frumosului ca ideal estetic. Muzica, pictura, sculptura, arhitectura, poezia sunt medii şi surse ale sufletului estetic.

Dar ar fi simplist să considerăm că sufletul estetic, frumosul ar fi nişte lumi în sine. Ele se relevă în contextul general al manifestării aspiraţiei/ dorinţei de adevăr (cunoaştere), nemurire sau bine.

Se poate vorbi şi despre un **suflet moral, etic**, care instituie nevoia de dreptate, justiţie socială. Suflet etic are un rol determinant în configurarea caracterului, umanismului, empatiei, comportamentului prosocial, altruismul ca trăsătură de personalitate.

Toate aceste formaţiuni, respectiv sufletul mistic, ludic, estetic, gnostic, moral şi altele, întregesc şi tind să definitiveze definiţia integrală a sufletului în perspectivă pers-ontică holistă. Trebuie să înţelegem rolul ontosului spiritual în perspectiva genezei personale, ca tendinţă spre sublim şi umanizare. Deci dincolo de aspectul structural, static se distinge latura/ dimensiunea dinamică, pro-activă şi funcţională, factor esenţial al dezvoltării personale.

Se poate vorbi atât despre o funcţie mistică a acestuia, o funcţie estetică, ludică, gnostică şi morală, precum şi de una spirituală, ca emergentă a acestora. Ajungem la legătura dintre funcţie şi fiinţă şi deducem faptul că în procesul de constituire şi instituire a ontosului spiritual are loc şi constituirea "fiinţei" spirituale a persoanei.

În travaliul general de personalizare prin apariţia ontosului spiritual, a sufletului are loc un proces subtil, sublim şi complex general de spiritualizare/ umanizare. Efectul este acela că individul face saltul de la psihic şi personalitate la persoană şi de la animal sau robot la fiinţă umană, cu definiţia consacrată cultural/ filosofic în multe mii de ani, antropogeneză, preistorie, istorie şi civilizaţie.

Spiritualizarea presupune detaşarea (relativă) de natură, materia brută şi tehnică şi ancorarea în magia ideilor religioase, ştiinţifice, a metaforei ludice şi estetice. Presupune valorificarea inepuizabilelor resurse oferite de creaţia umană, de cultură şi religie. Acestea aduc satisfacţii mult mai intense, autentice şi sublime, cu investiţii şi eforturi minime, în comparaţie cu investiţiile care trebuiesc făcute pentru obţinerea de satisfacţie şi fericire prin bunăstare materială.

Se spune că resursele materiale ale omenirii sunt limitate, însă resursele spirituale sunt inepuizabile şi regenerabile şi nu trebuie decât ca omul viitorului să le „extragă", atât din cultură, istorie, religie etc, cât şi, poate mai ales, din propria fiinţă, din interior, din suflet, din personalitatea umană.

Preistoria, istoria umanităţii, în travalii dramatice imposibil de imaginat şi miliarde de suflete, destine umane sacrificate prin suferinţă au generat cultura, religia, spiritualitatea umană., „sedimentată" în multe straturi şi ascunse în adâncimi spirituale, în cultură, în sufletul şi personalitatea oamenilor. Pentru a le descoperi nu trebuie să se opereze cu excavatorul, sonda sau lopăţica ci cu simţirea autentică, sentimentul, empatia, cunoaşterea, iubirea. Aceste „resurse" ar putea asigura supravieţuirea omenirii încă multe sute şi mii de ani.

Acestea sunt și principalele resurse pe care le promovează și valorifică asistența socială umanistă atât din personalitatea clientului cât și a profesionistului, operând așadar, la nivelul persoanei precum și relațiilor și comunităților în care aceștia trăiesc (Ștefăroi, 2009a).

2.7. Onto-formațiunea fericirii

Această onto-formațiune psihologic-spirituală se constituie, ontogenetic, în copilărie, la toți oamenii; funcția de bază fiind cea hedonic-eudemonică. Se formează, există și funcționează tot astfel cum există formațiuni organice, nervoase și endocrine ale plăcerii sau euforiei, pe care onto-formațiunea fericirii, constituită la un nivel superior, sufletesc, psihologic-spiritual, le prelungește, dezvoltă, redimensionează, integrează.

Aceasta antrenează sufletul, dar se formează cu preponderență, în „spațiul" onto-proiectiv subiectiv al persoanei integrându-se treptat în structura de personalitate și *ansamblul psihologic-personal*. Una dintre funcțiile formațiunii fericirii fiind aceea de a asigura orientarea pozitivă, creativă, activă spre viitor și acțiune, de a tonifia și echilibra forțele interne prin juisanță eudemonică, deschidere proiectivă, de a întreține și susține onto-subiectiv persoana, de generator psihologic-ontic al acțiunii persoanei.

Formațiunea fericirii operează atât în ariile motivaționale, intelectuale, în cele afective cât și în cele voliționale sau decizional-comportamentale. Este o formațiune emergent-proiectivă, de aceea operează unificator în întreg arealul subiectiv-personal.

Doar prin capacitatea onto-proiectivă a subiectului este posibilă constituirea formațiunii fericirii și definitivarea procesului de constituire a sufletului, de redimensionare și proiectare a juisanței hedonice pe un nivel superior.

Constituirea formațiunii fericirii ca produs și sursă a dezvoltării personale

Constituirea formațiunii fericirii este condiționată/ determinată în principal de două procese: evoluția, creșterea, dezvoltarea personală generală, care impune constituirea unor noi formațiuni cu funcții specifice, și de procesul de organizare, conmergență, sinteză a puzderiei de formațiuni onto-proiective hedonice primare și secundare. Neconstituirea formațiunii fericirii ar curma procesul de formare personală, limitându-l la stadiul onto-endemic și onto-afectiv, achiziții/ dimensiuni insuficiente pentru definiția persoanei. Iar pe de altă parte, menținerea unui număr foarte mare de onto-formațiuni proiective primare și secundare, lipsite de organizare și coordonare ar susține trăiri și conduite haotice, dezadaptative, primitive.

Marea majoritate a oamenilor experimentează această etapă importantă, adică de organizare, relativ unitară, conmergentă și telegentă a ansamblului formațiunilor și achizițiilor onto-proiective hedonice. Procesul nu este deloc simplu, liniar, previzibil. Dimpotrivă, se poate vorbi de adevărate tensiuni între tendința de unificare și cea de menținere a autonomiei formațiunilor secundare, care, așa cum am precizat anterior, reprezintă fiecare un mic univers. Procesele sunt subsumate tendințelor generale de evoluție și formare a ansamblului personal, lupta se dă și între tendințele de superizare, impusă de mediu, necesitatea adaptării sociale, culturale, morale, profesionale și tendința endemică a subiectului endemic de confort și conservare.

Cu toată opoziția și dificultatea procesele de organizare onto-proiectivă hedonică continuă iar, în paradigma noastră, următoarea etapă o reprezintă *constituirea* onto-formațiunii fericirii ca organizare integratoare, de sine stătătoare, autonomă cu rol și funcții proprii în cadrul ansamblului ontic și personal. Onto-formațiunea fericirii tinde să se impună ca o formațiune, funcție în sine, cu resorturi proprii.

Așadar, ipoteza de la care plecăm este aceea că fericirea nu este doar o trăire sau o stare ci și o funcție, o „ființă" subiectiv-personală dar mai ales o formațiune. Aceasta se construiește ontogenetic, rolul factorilor ambientali fiind, în consecință, important. Odată constituită se va integra în structura de ansamblu a personalității și va influența mult creșterea, dezvoltarea, eficiența socială, realizarea personală.

Constituirea formațiunii fericirii se definitivează abia, așa cum s-a subliniat, la nivelul onto-proiectiv al personalității și se va impune ca resortul și indicatorul central al bunăstării psihice interne, al dezvoltării și împlinirii personale eudemonice autentice. Constituirea sufletului este una dintre condițiile de bază a constituirii acestei formațiuni onto-proiective. Este caracteristică doar ființei umane - sociale, intelectuale, morale, spirituale, estetice, ludice. Sintetizează/ asimilează dezvoltările și experiențele hedonice endemice și afective (sufletești) dar propulsează ființa interioară a persoanei într-o zonă superioară, spirituală, umană, antrenând proiecții, idealuri, aspirații, așteptări. În esență constituirea este condiționată de acumulările și sintezele proiective primare și secundare de o anumită factură. Adică cele care întrețin binele (proiectiv) al subiectului. Trăirile, reprezentările, ideile sunt asimilate/ preluate din experiența personală, dar și din cultură, știință, comunitate.

Suntem înconjurați încă din primii ani de viață de stimuli, situații, informații cu privire la ceea ce este bine și ceea ce este rău pentru noi, pentru om în general. La foarte puține dintre referințele reale ale lor avem acces efectiv. Nerealizările asociate idealurilor de bine și fericire sunt interiorizate, dar ele rămân într-o zonă ipotetică, dezirabilă.

Dacă inițial acestea au doar valoare de reprezentare, cu ușoare ancore subiective, prin re-prezentare mentală și re-activare intră în stările și trăirile curente ale subiectului, de cele mai multe ori, însă, fără perspectiva realizării. Repetarea experiențelor le proiectează în zone noetice și afective tot mai rupte de contingent. Tendință este de „abstractizare" și transformare a lor în entități proiective „pure". Se constituie o „lume" proiectivă „în sine" a binelui personal, mecanismele sunt aproape în totalitate inconștiente, fără să însemne aceasta că subiectul, eul, conștiința nu ar fi active.

Trebuie să precizăm și să întărim aspectul că formațiunea fericiri nu este o liniară prelungire proiectivă a formațiunii hedonice endemice sau afective (sufletului) ci tinde să se instituie ca "ființă" în sine, în plus mai are o caracteristică care o distinge în mod consistent. Spre deosebire de formațiunea hedonică endemică care caută starea de bine prin raportare la contingent, imediat și endemic, iar satisfacerea înlătură anxietatea, în cazul formațiunii fericirii alimentarea constă nu în satisfacere ci în perpetuarea și amplificarea iluziei, perspectivei de împlinire, de satisfacere. Anxietatea proiectivă a fericirii nu se elimină odată cu împlinirea unei dorințe ci cu reactivarea și relansarea ei. Este unul dintre mecanismele care susțin trendul pozitiv al ontogenezei personale. În această interpretare plăcerea și fericirea tind să se excludă reciproc.

Dar, care sunt elementele constitutive, conținutul/ structura formațiunii fericirii și geneza acesteia ? De ce este importantă cunoașterea ei în scopul îmbunătățirii activității în domeniul asistenței sociale, cu precăderea în asistența socială a copilului?

Copilul crește printre stimuli dezirabili (benefici), ostili (malefici) și neutri. Acei stimuli benefici dar neaccesibili, doar evocați, deduși, ipotetici, identificați prin reprezentare imaginativă/ proiectivă sau senzații constituie punctul de plecare în procesul de formare a formațiunii fericirii. Este vorba despre „obiecte" inaccesibile sau pierdute, situații, persoane, personaje sociale și culturale (eroi), modele, ipostaze, roluri, statusuri sociale, economice, afective, sexuale. Prin conviețuire, cultură, comunicare, mass-media subiectul intră în contact cu acestea, conștient sau inconștient, fiind interiorizate. Dimensiunea care se realizează intră în travaliul onto-hedonic endemic, iar cea nerealizată intră în procesul de formatizare onto-proiectivă eudemonică.

Universul ontic-subiectiv al fericirii, subcomponentă a celui onto-proiectiv personal, fiind atât de superficial, adică disociat relativ de legile obiective va trebui să se organizeze cumva, în jurul unui vector catalizator, altfel am putea vorbi de paranoia ori schizofrenie. În condiții de normalitate formațiunea fericirii este oarecum limitată în conținut și arie și se află sub un anumit control conștient. O mare parte a conținuturilor se revarsă în scopuri și obiective pragmatice, se regăsesc în sensibilitatea estetică, credințe, idealuri și contribuie la ideo-structurarea juisanței personale.

Chiar dacă, prin natura ei, această formațiune este mult disociată de experiențele onto-endemice organice și active totuși procesele și trăirile pozitive sunt dublate, într-o manieră mai sublimă, de activitățile organo-psihice bazale, emoții, reacții fiziologice, endocrine, manifestări nervoase și neurovegetative, percepții. Un aspect care trebuie cu necesitate semnalat este faptul că o mare parte a energiei ontice endemic-subiective se proiectează în formațiunea fericiri. Subiectul tinde să se identifice cu proiecțiile pozitive și să acționeze „ca și cum ar fi", dispărând granița dintre real și imaginar-ipotetic. Această identificare și atribuire conferă conținut trăirilor personale, pozitivând atitudinile, stările, comportamentul chiar dacă statutul și situația personală reală nu-i conferă justificare pentru o asemenea identificare, cu atribuirile corespunzătoare.

Prin acest proces subiectul se eudemonizează, proiecțiile determină auto-atribuiri hedonic-spirituale importante. În lipsa acestor procese persoana ar rămâne bidimensională, contingentă, in-umană, simplă, inadaptabilă. Identificările sunt generate de tendința subiectului de a căuta starea de bine personală, care este similară proiectului generic de realizare personală prin raportare la modelul personal generic, universal, realizabil, hedonic, atemporal, nemuritor, ființa supremă, Dumnezeu. La toate acestea cultura – mai ales cea populară - a așezat un numitor comun: *fericirea*.

În paradigma noastră fericirea trebuie înțeleasă ca o stare pe care subiectul în mod aprioric o caută, o trăire sublimă generică, atemporală, care însoțește sau este efect al experiențelor de alimentare și satisfacere. Formațiunea fericirii fiind astfel o *ființă* care are nevoie de alimentare. Căutarea fericirii este consecutivă experiențelor pozitive erotice, estetice, sociale, familiale, dar pe cât este de prezentă pe atât diminuează forța ontologică a formațiunii. La fel de adevărat este că și nefericirea permanentizată poate diminua ponderea formațiunii fericirii. Fiecare persoană își construiește o imagine și senzație proiectivă proprie a fericirii sentimentale, sexuale, sociale, economice. Raiul, puterea, extazul erotic, statutul, bogăția, iubirea, iubitul ideal dezirabil sunt produse (metafore) ale formațiunii fericirii, dar și semn al dezvoltării și funcționării ei (Text preluat din volumul "Teoria fericirii în asistența socială", Editura Lumen, Iași, 2009).

2.8. Eul onto-proiectiv

Acordăm spațiu acestui subiect deoarece prin constituirea eului onto-proiectiv persoana dobândește capacitatea de a se proiecta și exista în afara sinelui, contingenței, eului "obiectiv", dominat de instinctele de conservare, permițând proiecția și existența inconștientă în și prin juisanța (suferința, trăirea, fericirea) unui *celălalt*.

Astfel, eul onto-proiectiv contribuie la formarea empatiei/ capacității empatetice, sensibilității *umane* și spirituale, bunăstării sufletești și fericirii persoanei, a idealismului și umanismului în atitudinea și conduita acesteia. Este o sferă, dimensiune, latură, componentă superioară a eului personal/ total și este subordonat, totuși, în mare măsură, cerințelor subiectivității, trebuințelor endemice existențiale personale, mecanismelor și balanțelor onto-endemice fundamentale (hedonice, fobice, anti-entropice), nefiind doar o simplă reacție la instituirea celuilalt ci și o necesitate ontologică, constituțională.

Misunea sa crucială este aceea de a conserva existența personală specifică, unicitatea, originalitatea persoanei, de a reprezenta la nivel superior, intelectual, proiectiv, teleonomic trebuințele și scopurile autentice ale subiectului.

Instituirea eului onto-proiectiv determină vectorul ființei, inițiativei și acțiunii personale să de deplaseze din instinct în sfera mentală, noetică și ideală. Între cele două sfere, endemică și mentală/ spirituală există o confruntare funcțională continuă, cu o „culisare" frecventă, în funcție de raporturile de forțe și de conjuncturi. „Soluția" comportamentală va fi impusă de un complex de raporturi de forțe din care face parte și eul onto-proiectiv, instituind și capacitatea empatetică.

În procesul de constituire, dar și în funcționarea acestei onto-formațiuni, extrem de complexe, un rol crucial îl are proprietatea/ capacitatea telegentă, teleologică și proiectivă. Telegența și proiecția permit extraordinara detașare de sincretic, contingent și determinare, impunând experiența onto-proiectivă a sinelui, existența în imaginar, în viitor, în posibil, în spirit, în alteritate, în celălalt.

În această sferă personală onto-proiectivă se reportează o parte importantă din juisanța subiectului. Eul onto-personal tinde să devină *ființă în sine*, cu legități, forțe și conținut propriu, reprezentând cea mai mare parte a eului personal, configurând personalitatea; identitatea, existența autentică a subiectului nefiind dată de eul real, care este, de fapt, un non-eu. Nu poate exista eu real. Poate exista situație concretă, obiectivă, reală a persoanei.

Eul este expresia unei interogații ontologic-reflexive, raționale (Goldstein, 1995), iar rațiunea prin exprimare specifică proiectează juisanța în ipotetic, celălalt și dorință, deci în proiect. Astfel juisanța personală instalându-se în zona intelectul-proiectivă va opera de acolo prin scopuri, idealuri și dorințe nu ca aspirații spre ceva ci ca tendință de completare și alimentare a ceva ce există deja, cu valență de ființă, de existență instituită.

Prin instituire eul onto-proiectiv tinde să se identifice cu persoana, care va gândi și se va comporta „ca și cum ar fi". Astfel că rolul, statutul social, bunăstarea materială, poziția socială dorită vor acționa ca factori ontologici de presiune asupra conduitei pentru a le confirma ca entități de drept existențial, ca realități personale și nu doar ca aspirații sau proiecte de viitor, chiar dacă, prin inteligență, subiectul este conștient de statutul său prezent.

Totuși, precum și ontosul proiectiv, eul onto-proiectiv, în cele mai multe cazuri, nu va reuși să atingă gradul de consistență al formațiunilor endemice, însă perspectiva diferențială facilitează perceperea acestei onto-formațiuni ca o organizare solidă pentru multe persoane, categorii de persoane sau pentru unele individualități din domeniul artei, științei, religiei, educației, asistenței sociale etc, unde realizează o „specializare" impusă de necesitățile domeniului în care activează profesional sau pasional.

Pentru astfel de persoane lumea în care trăiesc și se alimentează nu este localitatea, familia, casa, persoanele, obiectele concrete, ci o lume construită în universul lor interior - ideală, proiectivă, fantastică, frumoasă, posibilă, ipotetică, artistică, mistică, ludică. La valorile și reperele acestora se va raporta orice: binele și răul, fericirea, realizarea personală, destinul, viața și moartea, totul. Lumea reală este un punct de plecare, o platformă, rădăcină, dar nu și lumea eului său.

Eul onto-proiectiv are o capacitate extraordinară de regenerare, multiplicare, autodeterminare și autoalimentare, tinzând se devină o lume subiectivă în sine. Dacă persoana asimilează experiențe și cunoștințe limitate temporal și fizic acestea sunt procesate și integrate în dinamici interne foarte sofisticate. În fazele de maturitate ale eului proiectiv funcționarea nu mai are nici o legătură cu imput-urile sau inshigt-urile ambientale concrete, autoalimentându-se și autodeterminându-se. Probabil funcționează bucle, „motoare", mecanisme de procesare inimaginabile ca și complexitate în raport de paradigmele explicativ-funcționaliste cunoscute. Pentru a le înțelege ar trebui să mai abandonăm niște rigidități științifice.

Capitolul 3
PERSONALITATEA *UMANĂ* ȘI CALITĂȚILE PSIHOLOGIC-SUFLETEȘTI ALE PROFESIONISTULUI ÎN ASISTENȚA SOCIALĂ UMANISTĂ

Introducere /167
3.1. Personalitatea *umană* a profesionistului /168
    3.1.1. Personalitatea profesionistului. Perspective și tipuri de abordări /168
    3.1.2. Perspectiva umanistă. Personalitatea *umană* a profesionistului /171
    3.1.3. Personalitatea *umană* a profesionistului și personalitatea clientului /173
3.2. Empatia și compatia /175
    3.2.1. Importanța empatiei și compatiei în activitatea profesionistului /175
    3.2.2. Sufletul, empatia și compatia /176
    3.2.3. Personalitatea *umană*, empatia și compatia /177
    3.2.4. Empatia/ compatia și eficiența activității profesionistului în asistența socială umanistă /180
3.3. Fericirea și bunăstarea sufletească /182
    3.3.1. Fericirea clientului și fericirea profesionistului /182
    3.3.2. Bunăstarea sufletească și fericirea profesionistului /184
    3.3.3. Starea de fericire, bunăstare sufletească și eficiența activității profesionistului în asistența socială umanistă /188
3.4. Dezvoltarea personală și *umană* /190
    3.4.1. Dezvoltarea personală /191
    3.4.2. Dezvoltarea umană /192
    3.4.3. Calitățile personale/ umane și eficiența activității profesionistului în asistența socială umanistă /193
3.5. Dezvoltarea și sensibilitatea spirituală /194
    3.5.1. Dezvoltarea și sensibilitatea spirituală – resursă magică inepuizabilă a personalității profesionistului /194
    3.5.2. Dezvoltarea/sensibilitatea spirituală și eficiența activității profesionistului în asistența socială umanistă /196
3.6. Creativitatea, cultura, multiculturalismul /197
3.7. Altruismul, agreabilitatea, toleranța, carisma /200

Introducere

Dacă primele două capitole ale volumului de față, sunt, cum probabil s-a remarcat, teoretic-introductive; în primul, *Asistența socială umanistă - a treia cale în teoria și practica asistenței sociale*, s-a încercat o descriere și deschidere a cadrului conceptual-teoretică general în care este abordată tema centrală a lucrării, iar în al doilea, *Personalitatea umană – sfera/ dimensiunea ontologic-spirituală*, s-a făcut o sumară prezentare a ceea ce ar însemna conceptul și elementele personalității *umane* în general, în cadrul personalității globale, cu accent pe rolul sufletului (afectiv și spiritual) în determinarea calităților psihogic-sufletești, în acest capitol se ajunge efectiv la tema centrală a lucrării, calitățile psihologic-sufletești ale profesionistului în asistența socială umanistă, care va fi dezvoltată, practic-aplicativ, în capitolele IV și V, pe suportul oferit de conținutul și ideile din capitolele precedente, în principal din acest capitol..

Se pornește de la conceptul de **personalitate umană a profesionistului** (abordată în legătură cu personalitatea clientului), care cuprinde, ca formațiune nucleu, **sfera ontologic-spirituală**, având în centrul său ***sufletul***, cu două sub-componente ontologic-constituționale, respectiv *sufletul afectiv* sau social, produs, în sfera sa bazală, al vieții sociale private, domestice, intime, sursă a atașamentelor primare, determinate în principal de calitatea, intensitatea și continuitatea relațiilor socioumane, inclusiv din comunitatea în care s-a format profesionistul, în sfera superioară a sufletului afectiv, și *sufletul spiritual*, sursă a empatiei și compatiei profesionistului, a sensibilității/ bogăției spirituale, formate și dezvoltate atât în mediul domestic de viață, de mediul cultural, educațional, precum și de sistemul de valori din societate și mulți alți factori care țin de ontologia și juisanța spirituală, *umană* ancestrală a personalității profesionistului.

*Empatia și compatia, fericirea și bunăstarea sufletească, dezvoltarea **umană** și sensibilitatea spirituală*, calități cruciale, indispensabile profesionistului în asistența socială umanistă, care își au, în principal, așa cum s-a văzut, sursa psihologic-ontologică în suflet și personalitatea *umană*, sunt abordate în acest capitol, în mare parte, și prin prisma experienței noastre profesionale ori prin raportare la profesiuni sau domenii apropiate ale practicii sociale cu literatură mai dezvoltată; literatura de specialitate pe domeniul și tema abordată în lucrare, fiind, din păcate, foarte săracă.

3.1. Personalitatea *umană* a profesionistului

3.1.1. Personalitatea profesionistului. Perspective și tipuri de abordări

O literatură consistentă privind personalitatea profesionistului din asistența socială, cel puțin în țara noastră, nu se poate spune că există. Tema nu este foarte mult prezentă nici în literatura străină, focalizându-se cu precădere pe deprinderi și cunoștințe ale asistenților sociali (Cournoyer, 2013; Cummins, Sevel și Pedrick, 2011; Hepworth și al., 2009; Hardcastle, 2011, Neamțu, 2011) și ale personalului de îngrijire, mai ales fizică (Walsh, 2006; Beaulieu, 2012), și mai puțin pe calitățile și trăsăturile interioare, psihologic-ontologice, sufletești ori interpersonale.

În concepția noastră, problema personalității profesionistului în asistența socială este de mare importanță, de aceea necesită și o abordare complexă, din multe perspective. Desigur asistența socială umanistă promovează modelul umanist, dar nu desconsideră nici valențele celorlalte perspective/ modele de reprezentare a profesionistului în sistemul general al asistenței și protecției sociale, care, după observația noastră, cele mai relevante ar fi cele pe care le vom aduce în atenție mai jos.

Perspectiva sociologic-funcționalistă

Profesionistul este un agent al instituțiilor de controlul social, al societății și comunității. Conduita specifică a profesionistului impune și o privire dinspre societatea instituită asupra clientului (Harkness, 2002), care este în mod inerent, metodologic, redus la categoria de element, individ fără personalitate.

Printre trăsăturile de personalitate și conduită definitorii se află *rigiditatea atitudinală și răceala sufletească, insensibilitatea față de suferințele și situația umană complexă a clientului, gândirea șablonardă.*

În activitatea de evaluare, profesionistul va reprezenta clientul prin termeni de ineficiența socială și incapacitate de a îndeplini obligațiile, rolurile și funcțiile sociale, ori ca exclus, marginalizat, inadaptat sau deviant, găsind sursa excluderii în anomia socială/ culturală, în disfuncțiile de comunicare sau relaționare interpersonală, ori în incompetența social-funcțională a clientului.

Perspectiva birocratică

Printre trăsăturile de personalitate și conduită definitorii ale profesionistului din asistența socială, în perspectiva modelului birocratic, se remarcă *obsesia acestuia pentru respectarea legislației, loialitatea față de șefi și instituție, asociate în multe cazuri cu rigiditatea atitudinală și răceala sufletească, insensibilitatea față de suferințele și situația umană concretă a clientului.*

În perspectivă modelului birocratic activitatea de evaluare sau intervenție a profesionistului tinde să se realizeze modular pierzând perspectiva ansamblului și unității ontologice sau pragmatice a persoanei/ clientului (Netting, Kettner, McMurtry, Thomas, 2011).

Printre posibilele consecințe ale conduitei birocratice se remarcă: neglijarea subiectului ontic; nu contează progresele și situația reală a clientului ci doar cea reflectată în documente și raportată; esențiale sunt procedurile și nu activitatea reală de asistență sau intervenție; dacă procedurile sunt corect aplicate sarcinile profesionale sunt îndeplinite; în instanțe, comisii, diferite organisme nu contează realitatea subiectului ci doar cea reflectată în dosare; locul clientului este luat de dosar; standardizarea și machetarea activităților de reprezentare și constituire a bazelor de date referitoare la client.

Îndeosebi în sistemul de asistență socială public, după cum bine se știe, serviciile și activitățile de asistență socială sunt foarte birocratizate și tehnicizate. Dacă referentul de educație sau asistentul social dintr-un centru de plasament au legături și reprezentări concrete, vii, unitare cu clienții, cu cât ne detașăm de contactul direct cu acesta cu atât modelul de reprezentare a acestuia este mai abstractizat, fragmentat și mai instrumentalizat.

Prin structura personalității și conduita specifică, profesionistul își va reprezenta clientul prin simbolizări și machetări în așa-zisele dosare. În administrație există o diviziune a muncii (modelul birocratic, propus de Weber (2001), sarcinile sunt secvențializate, fiecare funcționar sau specialist cu atribuții administrative se ocupă de o anumită latură a evaluării sau recuperării clientului, ceea ce conduce inerent și la o „secvențializare" a reprezentării acestuia. De latura socială se ocupă asistentul social sau sociologul, de cea psihologică psihologul, de cea medicală medicul, de cea juridică juristul s.a..

Această stare de lucruri conduce de fapt la apariția mai multor reprezentări și dosare ale aceluiași client, existând riscul ca prin „re-îmbinare", în timp, să rezulte un client cu caracteristici inactuale. În urma acestor modulări și disocieri multe componente ale personalității și situației clientului pot rămâne neinstrumentate, de regulă cele care privesc dimensiunile ontologică, axiologică și teleologică, ceea ce conduce, în consecință, foarte probabil, la ineficiență a proceselor de intervenție sau asistență (Ștefăroi, 2009a, p. 12).

Perspectiva științifică/ academică

În perspectiva acestui model profesionistului acționează mai mult ca un om de știință decât un practician. Este și modelul proiectat în mediile academice, *foarte bine pregătit teoretic dar cât de mult se poate de invalid din punct de vedere sufletesc, spiritual,* **uman**.

Este expresia unor limite și neputințe asumate ale sistemului de învățământ care pregătește profesioniști foarte competenți din punct de vedere intelectual, dar cu mari dificultăți în încercarea de a se adapta și aborda problemele socioumane complexe cu care se confruntă atunci când sunt puși în situația de a înțelege, empatiza cu clientul și a răspunde unor obiective precum autonomizarea persoanei ori comunității prin empowerment, unde se solicită multă empatie și creativitate, sau obiective precum fericirea clienților, unde este nevoie de multă bunăstare sufletească și umană a profesionistului, el însuși trebuind să fie un om bogat spiritual și fericit (Ellis, 1974).

Această stare de lucruri își are originea și în modul "științific-academic" în care este reprezentată ființa umană, personalitatea, cum este statuată și operează ierarhia nevoilor și valorilor, precum și modul în care este reprezentată comunitatea umană, grupul social, organizația, familia, modul în care sunt analizate relațiile interpersonale.

Atât timp cât în structura personalității nu se recunoaște de către mediile academice, științifice și profesionale existența și rolul crucial al sufletului și a relațiillor interumane, condiționate de dezvoltarea și funcționarea acestuia, este și foarte dificil să se elaboreze programe fezabile de formare și evaluare a personalului, programe care neglijează în prezent laturi și sfere constituționale, fundamentale ale personalității umane, precum spiritualitatea, fericirea, empatia.

Activitatea de evaluare a profesionistului, în perspectivă științific-academică, presupune tehnici holistice de categorisire și analiză, eliminând prin abstractizare și esențializare detaliile, „erorile", sau sursele de eroare, „variabilele parazite".

Efectele asupra reprezentării clientului constau nu doar într-o definire esențializată ci și într-un posibil reducționism "științific" (Ellis, Abrams, Abrams, 2008)), în timp ce activitatea de intervenție se focalizează pe obiectivele asumate însă fără preocupare specială pentru suferințele și costurile *umane* ale procesului, ori pentru implicațiile de ordin spiritual și moral.

3.1.2. Perspectiva umanistă. Personalitatea *umană* a profesionistului

Perspectiva umanistă asupra profesionistului în asistența socială operează cu un concept de *personalitatei profesională de tip empatetic,* în care se îmbină dimensiunea *umană* cu cea spirituală și cu cea pragmatică. De aceea și în procesul de pregătire a specialiștilor se pune accent pe un *curriculum de tip umanist* (Horner, Kindred,1997), scopul este și acela al formării și cultivării *personalității empatic-profesionale,* capacității de a rezona la suferințele și problemele concrete ale clienților.

Sensibilitatea *umană,* funcție esențială a personalități și ființei umane, reprezintă o resursă asistențială și obiectiv în ceea ce privește clientul, dar totodată aceasta trebuie să fie bine dezvoltată în primul rând la profesioniștii din domeniu.

Calități precum *altruismul, empatia, omenia, bunăstarea sufletească și fericirea, sensibilitatea spirituală, sociabilitatea, dezvoltarea* **umană** *și personală, carisma* nu ar trebui să lipsească nici asistentului social, dar nici îngrijitorului, pentru că acesta reprezintă persoana concretă cu care empatizează asistatul.

Cum formarea personalității este și un proces de spiritualizare (Zamfir, 2008) și formarea personalității *umane* a profesionistului, în viața privată și sistemul de învățământ, este, în primul rând, un proces de spiritualizare și umanizare. În travaliul general de personalizare, prin formarea sufletului spiritual, are loc și un proces subtil, sublim și complex de spiritualizare și umanizare a personalității și conduitei, cu influență esențială asupra calității și eficienței activității profesionale

Spiritualizarea și *umanizarea* presupun valorificarea inepuizabilelor resurse oferite de creația umană istorică, de cultură și religie. Conferă omului, în general, și personalității profesionistului, în special, capacități și trăsături personale care-l fac apt să cunoască resorturile profunde ale suferinței și situației de dificultate și îi conferă accesul la resurse superioare de recuperare și integrare socioumană a clientului.

Utilizăm sintagma *personalitate umană a profesionistului din asistența socială* atât pentru a face referire la un set de calități, dimensiuni sau trăsături, precum omenie, bunăstare sufletească, personalitate deschisă spre juisanța clientului, sensibilitate față de suferința fizică și sufletească a acestuia, resursă în sine dar și emergentă de empowerment, bine și fericire pentru beneficiari și colegi, cât și pentru desemna o componentă sau dimensiune a personalității globale a acestuia.

Personalitatea *umană* a profesionistului cuprinde, ca formațiune nucleu, sfera ontologic-spirituală, care are în centrul său sufletul, cu două sub-componente ontologic-constituționale, respectiv sufletul afectiv sau social, produs al vieții sociale private, domestice, sociale sursă, în principal, a atașamentelor sale interpersonale consangvine dar determinate și de calitatea, intensitatea și continuitatea relațiilor sociale din comunitatea extinsă, inclusiv profesională, și sufletul spiritual, sursă a empatiei și compatiei (cu concursul sufletului afectiv, conștiinței și eului onto-proiectiv) dar și a sensibilității spirituale, format și dezvoltat atât în mediul domestic de viață, de mediul cultural, educațional precum și de sistemul de valori din societate și mulți alți factori care țin de ontologia intimă a personalității acestuia.

Formarea sufletului profesionistului, în întregul său, ca parte componentă centrală constituțională a personalității *umane* și sursa principală a sensibilității *umane* a acestuia, calitate cardinală în activitatea cu oameni în suferință sau impas, este un proces care se derulează din prima clipă de viață, chiar poate înainte de naștere, este condiționată endemic de biologia personalității, temperament, de factorii naturali, însă factorii determinanți sunt cei socio-culturali, morali, spirituali, educaționali, paternurile culturale, morale, atitudinale de comportament și conviețuire dominante din grupurile, comunitățile în care s-a format ca om.

Desigur, personalitatea *umană* a profesionistului cuprinde și ale sfere, de care ne vom ocupa în alt volum, respectiv sfera intelectual-axiologică, sistemul de atitudini umaniste, voința morală și virtutea dar și ceea ce s-ar putea numi sistemul de deprinderi și abilități socio-*umane* ale practicianului în asistența socială umanistă. Abia la nivelul sferei personale și comportamentale se finalizează procesul de constituire a personalității *umane* a profesionistului, care se operaționalizează în trăsături și conduite *umane* precum: altruismul, bunăstarea și dezvoltarea personală, agreabilitatea, omenia, deprinderea de a face bine semenilor, sociabilitatea și comunicativitatea, toleranța, modestia, răbdarea, carisma și capacitatea persuasivă etc.

În cele ce urmează ne vom focaliza pe *dimensiunea, sfera ontologic-spirituală a personalității umane a profesionistului în asistența socială*, cu accent pe *suflet*, afectiv și spiritual, deoarece este baza, *sursa calităților sale sufletești*; sufletul afectiv generând în principal capacitatea de atașament, mila, atașamentul și sensibilitatea personală pentru suferința și necazurile clientului, iar sufletul spiritual, care este sursă de bază a sensibilității spirituale și empatiei orientate general uman, umanitaristă, ancestrală, a compatiei, solidarității umane, generozității, generează, pe lângă calitățile indispensabile enumerate, resursele sale principale, de natură sufletească, spirituală, morală, pentru acțiunea de intervenție cu scop recuperativ, de reabilitare și integrare socioumană, prin empowerment și autonomizare.

3.1.3. Personalitatea *umană* a profesionistului și personalitatea clientului

Conceptul de personalitatea *umană* a profesionistului are la bază și *reprezentarea umanistă a clientului și personalității acestuia* și pornește de la abordarea acestuia (a clientului) ca personalitate complexă, profundă, unică, ca individualitate existențială concretă, ca suflet nu un simplu element al unei structuri sociale, ca simplu organism biologic sau nume într-un dosar.

Clientul, ca persoană și personalitate, trăiește într-un context socio-uman particular, în organizații și comunități cu caracteristici determinate, dincolo de paternurile și legitățile de organizare și funcționare socială obiectivă, de reflectările sociologic-științifice abstracte, generalizatoare. De către serviciile de asistență socială el trebuie perceput, evaluat și abordat ca unicitate psihologică, socială, culturală, ca problemă socială și situație de dificultate diferențiată, concretă și particulară.

Se pornește de la principiul-valoare că beneficiarul serviciilor de asistență socială dispune în mod natural, prin sufletul și personalitatea sa, de resurse pentru fericire și împlinire sufletească, de capacitățile elementare de dezvoltare personală și socială, de integrare socială autonomă și eficientă.

Clientul, în general, este reprezentat în viziunea orientărilor terapeutice umaniste (orientarea existențială, gestaltterapia, artterapia, terapia experiențială, terapia centrata pe client, terapia rogersiana, terapia adleriana, analiza tranzacțională etc) ca o resursă în sine de dezvoltare personală și integrare socială prin însăși condiția și funcția personalității (Bowling, Hoffman, 2003).

În spiritul misiunii și obiectivelor asistenței sociale umaniste profesionistul percepe și abordează clientul nu ca pe un asistat, pacient sau învățăcel ci ca pe o "personalitate", cu abilitatea naturală de a se emancipa și depăși situația în care se află temporar. Rolul profesionistului este acela de a conferi acestuia, inclusiv prin resursele și calitățile propriei personalități, cadrul și prilejul sociouman și spiritual de a-și valoriza în mod demn propriile resurse spirituale, psihologice, morale, comportamentale.

Conform viziunii umanist-holistice participative clientul este un sistem unitar, unic dar și aflat într-un proces continuu de schimbare, de unificare a experienței și reflectare a ei în voință, conștiință și ansamblul personalității (Elkin, 2009). Intervenția umanistă solicită activismul epistemologic și axiologic al clientului, dezvoltarea conștiinței de sine, creșterea încrederii în forțele și abilitățile proprii de părăsire a sistemului de asistență socială, însă în aceste procese se include și personalitatea și conduita profesionistului, care cu calitățile sale trebuie să valorifice și integreze resursele *umane*, spirituale, sufletești, culturale, morale disponibile în procesul de empowerment, autonomizare sau dobândire a bunăstării sufletești și fericirii clientului.

În acest scop important este modul în care profesionistul își reprezintă personalitatea clientului, precum și capacitatea sa de a rezona experiențial la trăirile sale sufletești, de a construi un model cât mai adecvat al personalității *umane* și spirituale a acestuia, ceea ce impune necesitatea luării în considerare și a trebuințelor socioafective, estetice, ludice, epistemologice, mistice ale clientului.

Satisfacerea și dezvoltarea nevoilor *umane* și spirituale reprezintă una dintre căile, metodele cele mai eficiente pentru dezvoltarea personală a clientului și sporirea perspectivei de autonomizare personală/ socială, indiferent de nivelul de studii, proveniență, vârstă sau tipul problemei sociale/ umane. Nu necesită mari investiții materiale, multe resurse. Investițiile sunt cu precădere „umane", spirituale.

Accesul la aceste resursele *umane* și spirituale este la dispoziția tuturor. Ele se află în bogăția, tezaurul, rezervoarele de spiritualitate ale culturii și însăși personalității umane. Sunt bun public și cu acces ușor. Nu trebuie decât să se accepte ideea că fiecare om este în sine un rezervor de cultură și spiritualitate, de umanism și doar prin acest lucru putem spune că am descoperit cea mai importantă „comoară". Dacă instituțiile, serviciile de asistență sociale, lucrătorii care sunt în contact direct cu asistații vor recunoaște și căuta cu seriozitate această resursă cu siguranță sistemul de asistență socială în câțiva ani ar putea cunoaște metamorfoze surprinzătoare.

Scopul activității profesionistului nu este de a transforma clientul într-o ființă "spirituală" ci de a valorifica din personalitatea acestuia resursele de umanism și spiritualitate cu scop de recuperare, fericire, autonomizare și reintegrare socială, ceea ce necesită reprezentarea acestuia în primul rând ca personalitate, suflet, ființă spirituală și trecerea în plan secund (tehnic) reprezentarea ca organism, psihic sau viață socială elementară, așezarea în prim-planul strategiilor de asistență și intervenție a obiectivului satisfacerii nevoilor aferente acestora, odată cu obiectivul valorificării/ stimulării și dezvoltării lor; ceea ce presupune o deplasare de pe obiectivele minimale, de supraviețuire spre obiective „umanist-spirituale".

În procesul de intervenție, obiectivul impune instituirea *climatului empatic-uman*, unde compatia și congruența *uman*-spirituală între personalitatea *umană* a profesionistului și personalitatea *umană* a clientului reprezintă factorul generator determinant.

Prin acestă compatie și congruență se instituie un "spațiu" comun, spiritual-*uman* în care se pot vehicula și transmite clientului resurse de reabilitare sufletească și socială; prin calitatea/ capacitatea empatică, *umană*, creativitate, personalitate echilibrată lucrătorii vor transmite vor stimula *dezvoltarea trăsăturilor spirituale și la clienți,* transmițând de fapt energie pozitivă, fericire, calități estetice, ludice, intelectuale, spirituale; contribuind astfel, în mai mare la măsură, la dezvoltarea lor personală, creșterea stimei de sine, a conștiinței sociale, a capacității de inițiativă și a autonomiei sociale, conducând astfel spre îndeplinirea adevăratei misiuni a asistenței sociale.

Astfel, prin antrenarea și a resurselor umane și spirituale ale personalității profesionistului, obiectivul intervenției ar urmări stimularea dezvoltării sau formării unei structuri de personalitate a clientului în care, formațiunea spirituală are consistență și pondere superioară în structura și economia personalității, de asemenea, clientul va avea o percepție realistă dar optimistă de sine, o stimă de sine relativ ridicată, încredere, aspirații, un ego consistent; clientul reabilitat *uman* se va descrie ca o persoană *activă, adaptabilă, cu relații interpersonale funcționale, cu prezență de spirit, fericită, dornică de a se reintegra social și a-și recâștiga demnitatea* (Ștefăroi, 2009, pp. 26-28).

3.2. Empatia și compatia

3.2.1. Importanța empatiei și compatiei în activitatea profesionistului

Empatia reprezintă, fără nici o îndoială, una dintre resursele *umane* terapeutice insuficient exploatate în științele și practicile sociale (Rogers, 1959), inclusiv în asistența socială. În asistența socială umanistă importanța acesteia este crucială, cu precădere atunci când se are în vedere relația asistențială directă profesionist-client; profesionistul prin capacitatea empatetică a personalității reușind să aibă o sporită eficiență atât în obiectivele care privesc bunăstarea sufletească și fericirea cât și în cele care urmăresc empowermentul, autonomizarea, integrarea socioumană.

Din păcate, concentrarea psihologiei, pedagogiei, sociologiei și altor științe socioumane cu precădere pe relațiile, fenomenele și procesele ușor teoretizabile și instrumentabile științific sau terapeutic a îndepărtat interesul epistemologic de această extraordinară resursă și mijloc de intervenție, chiar dacă nu se poate afirma că a fost total desconsiderată.

Există o literatură științifică și aplicativă importantă a empatiei și fenomenelor socio-umane pe care le generează sau implică în activitatea profesioniștilor, inclusiv din asistența socială, însă abordarea se concentrează aproape în totalitate pe procesele psihologice individuale pe care le antrenează, cu slab interes pentru zone aplicative, precum personalitatea și conduita profesionistului în asistența socială.

Nici psihologia socială, în care tema empatiei este „la ea acasă", nu-i acordă importanța pe care o merită în raport de rolul acesteia în existența psihosocială și de grup a oamenilor. Teme precum învățarea socială, atribuirea, cogniția socială, influența, conformarea, identitatea, câmpul social, comportamentul colectiv, conflictul, comunicarea sunt mult mai mult abordate/ cercetate teoretic și instrumentate metodologic.

Oricum, toate aceste categorii și teme psihosociale sunt necesare în studiul și instrumentarea temei empatiei în general, și la nivelul personalității/ sufletului profesionistului din asistența socială, în special contribuind și la fundamentarea epistemologică a *compatiei*, concept și calitate umană foarte importantă în asistența socială umanistă, compatia fiind și un *background* antropo-cultural de reprezentări, valori și sentimente comune.

Ceea ce particularizează și diferențiază compatia de empatie este în primul rând faptul că, în timp ce empatia este, în mare măsură, un fenomen psihologic interpersonal, compatia este un fenomen și proces, preponderent social, cultural și moral, precum și o capacitate a persoanei de a resimți juisanța tipică a unor categorii de persoane, a unei comunități, etc, antrenând caracterul, conștiința, sistemul de valori socio-morale al persoanei.

Atât empatia cât și compatia, proprietăți și produse ale sufletului omenesc, sunt fenomene și procese de mare complexitate, profunzime sau finețe, în principal compatia antrenând concomitent profesionisul și clientul, profesionistul și grupul de beneficiari, clientul și comunitatea, sentimente și reprezentări, valori și credințe, trăiri și idei, existența materială și cea spirituală a actorilor implicați.

3.2.2. Sufletul, empatia și compatia

Profesionistului din asistența socială nu-i este recomandat să dezvolte relații puternice de atașament cu clienții, relațiile dintre aceștia fiind, în principal, profesionale; empatia este însă recomandată, necesară și benefică (Gerdes, Segal, 2011). Empatia, ca trăsură personală și conduită a profesionistului, după cum s-a reliefat în lucrare, are ca sursă sufletul acestuia, de aceea dezvoltarea sufletească, cu precădere, prin sfera empatetic-spirituală, este promovată cu prioritate în asistența socială umanistă.

Așa cum s-a mai precizat, simpla existență consistentă, ca și nucleu ontologic al personalității, a sufletului (spiritual) determină empatia, compasiunea, iubirea de oameni, sensibilitatea estetică, atașamentul, vocația profesională, concepția față de lume, credința religioasă, sensibilitatea *umană* etc. Forma concretă de manifestare și intensitatea acestora depinzând, desigur, de stadiul de formare/ instituire sau multe caracterstici individuale.

În general, în procesul de constituire a personalității, prin instituirea sufletului, are loc *umanizarea organismului*, însuflețirea prin celălalt (omul generic, sursă), cel care trebuie asimilat, pentru ca organismul de la naștere să poată deveni Om. În lipsa sufletului organismul ar deveni ceea ce cibernetica se străduiește să construiască, cu intenția de imita și reconstrui ființa umană, adică robot, într-o exprimare plastică, o casă frumoasă dar nelocuită. Formarea și instituirea sufletului face ca organismul să devină om și nu robot, de aceea este atât de importantă creșterea copiilor în familie, în medii bazate pe atașament, afecțiune, respect pentru celălalt. Celălalt este sursa propriei dezvoltări.

În acest sens, rolul principal al sufletului și personalității *umane,* în economia personalității profesionistului, este acela de a *resimți suferința* și *disfuncția clientului* și de a determina acțiuni și competențe care să *reinstituie binele, normalitatea, fericirea* acestuia.

Se poate vorbi de un *fond sufletesc comun al profesioniștilor în asistența socială umanistă* (compatie), în care se încrustează tiparul relațional-afectiv generic al ființei umane - o structură de fond personală care determină capacitatea empatetică generală și sensibilitatea *umană*, dar și de o specializare în funcție de particularitățile biologice, psihologice individuale sau domeniul de activitate, caracteristicile suferințelor, problemelor și personalității clienților. După cum, se poate vorbi și de o specializare (compatie specializată) în funcție de natura activității desfășurate; configurația sufletească a îngrijitorului copiilor grav bolnavi sau cu dizabilități, care lucrează cu sufletul și trupul în suferință al copilului, e diferită de cea a economistului din încăperea alăturată, care lucrează preponderent cu hârtii și cifre.

3.2.3. Personalitatea *umană*, empatia și compatia

Așa cum probabil s-a consacrat, ca o teză a lucrării de față, una dintre valențele și funcțiile esențiale ale personalității *umane* și sufletului profesionistului din asistența socială este aceea a capacității care i-o conferă de a intra în congruență experiențială cu clientul, adică capacitatea empatetică, mai mult, compatetică. Adică nu resimte doar la modul senzorial-cognitiv dismergența subiectivă și socială a acestuia ci și la modul experiențial-ontologic.

Vorbim despre empatie/ compatie, ca despre una dintre calitățile indispensabile profesionistului în asistența socială umanistă. Pe de o parte, ca trăsătură de personalitate, capacitate personală de a resimți suferința, trăirea și gândirea clientului, capacitatea de a se pune cu adevărat în locul altuia, de a vedea lumea așa cum o vede el, proiecție simpatetică, fuziunea afectivă, comuniune afectivă cu acesta, transpunere în starea de moment, identificarea cu situația socioumană a acestuia, iar, pe de altă parte, ca trăsătură, calitate a conduitei și activității profesionistului, regăsită prin *altruism, agreabilitate, toleranță, răbdare, sacrificiu* (Hoffman, 2000).

Problema se pune și în funcție de categoria de clienți sau natura activități. Pentru personalul funcționăresc, de administrare și conducere calitățile empatetice ale personalității *umane* se regăsesc în sistemul de credințe, convingeri, concepții, cunoștințe, deci cu precădere în sfera conștiinței socio-morale și caracterului. Pentru profesioniștii care lucrează direct și permanent cu clienții aceste calități sunt necesare cu precădere la nivelul comportamentului social, interpersonal, în comunicare și conviețuire organizațională, în timp ce asistenții sociali, psihologii, medicii, terapeuții etc trebuie să încorporeze calitățile empatetice pozitive atât la nivelul conștiinței și caracterului cât și al conduitei,

Capacitatea și conduita empatetică nu este o alternativă ci o necesitate/ cerință consubstanțială oricărei profesiuni din asistența socială (Zamfir, 1998), cu precădere în asistența socială a copilului, vârstnicilor, persoanelor cu dizabilități. Prin empatie personalitatea acestora dobândește sensibilitate la suferințele și problemele, trăirile oamenilor aflați în dificultate, iar în plan comportamental agreabilitate și valențe persuasive.

Personalitatea *umană*, empatia profesionistului operează prin dimensiunile/ funcțiile sale definitorii, *cognitivă, de comunicare, anticipativă, de contagiune afectivă/ socială* și *performanțială, de solidaritate, prosocială*. Este o modalitate fundamentală de cunoaștere a clientului și mediului în care conviețuiește de cunoaștere a mediului, deci un *proces cognitiv*, este o formă de simțire și trăire emoțională a experienței clientului, așadar, un *proces afectiv;* fiind un proces interpersonal este și un *proces social* și, nu în ultimul rând, un *proces/ fenomen spiritual*, prin capacitatea personalității *umane* a profesionistului de a intra în congruență culturală și spirituală cu clientul.

Toate aceste calități și capacități ale personalității *umane* a profesionistului se modelează și adaptează în timp prin experiența nemijlocită profesională, prin internalizarea problemelor și experiențelor clienților, având astfel loc un proces de modulare, diferențiere "specializare" empatetică și compatetică, în funcție de personalitatea și conduita clienților, categoria de clienți, natura și specificul activității, postului, funcției etc.

Mai mult decât o simplă datorie profesională, prin empatie și compatie, prin personalitatea sa *umană* profesionistul se simte solidar cu situația și destinul clientului, chiar responsabil/ dependent de destinul/ situația clientului, de bunăstarea sufletească și fericirea acestuia, de integrarea și împlinirea sa socială, personală.

Activitatea prelungită cu clienții în suferință și dificultate are un rol important în reformarea credințelor și convingerilor sale, a atitudinilor și chiar intereselor sociale și profesionale. Chiar dacă în debutul profesional capacitățile și conduitele empatetice/ compatetice sunt puțin dezvoltate, prezente și manifeste, implicarea profesională, dăruirea, umanismul atitudinal pot conduce la formarea, dezvoltarea și specializarea acestora, cu efecte benefice atât pentru clienți cât și pentru profesionist (Gerdes, Segal, 2009).

Nici personalitatea *umană* a profesionistului, nici capacitatea empatetică nu ar fi posibile, așa cum s-a mai reliefat pe parcursul lucrării, în lipsa dimensiunii, capacității onto-proiective, miraculoase, a personalității, eul onto-proiectiv având în acest sens, un rol determinant.

Una dintre consecințele constituirii și funcționării eului onto-proiectiv o reprezintă apariția a, ceea ce am putea denumi, *dorințe fără trebuințe, dar și identificarea compatetică cu celălalt*, în cazul profesionistului din asistența socială, *identificarea ontologic-proiectivă și epistemologic-experiențială, cu clientul, cu eul acestuia*. Legile psihologice, consacrate până în prezent de către știință, nu ar recunoaște această posibilitate dar perspectiva onto-proiectivă ne permite această abordare. De fapt aici este miezul, esența, cheia înțelegerii fenomenului ontos-proiectiv personal, capacității empatetice și sensibilității umane a profesionistului în asistența socială.

La modul generic, complexitatea procesului de constituire/ instituire a eului este determinată și de diversitatea factorilor. Imput-rile/ insight-urile proiective provin nu numai din circumstanțele vitale ambientale ale individului ci și din, ceea ce Jung (1981) a denumit inconștient colectiv, arhetip sau pattern of behavior. Practic universul onto-proiectiv transmerge și emerge individul, subiectul plasând discursul „imaginar-experiențial" în istorie, cultură, preistorie, viitor, oriunde sau oricând, ori în juisanța clientului, în cazul activității profesionistului din asistența socială. Procesele se regularizează odată cu apariția unor entități transpersonale, ontos-proiective autonome, un fel de construcții, patternuri ontos-proiective, fundamente, principii ale credințelor și convingerilor religioase, artistice, morale și factori determinanți ai formării și dezvoltării superioare, *umane*.

Tot la modul generic, în procesul de formare a personalității, apariția dorinței fără trebuință și identificarea ontologic-empatetică cu celălalt (persoane, mediu, situații, valori) este un salt de la psihic la persoană, de la ființa biologică la cea umană, spirituală, empatetică, universală, de la personalitate la personalitate *umană*. Capacitatea/ proprietatea este crucială în dezvoltarea personală și adaptare socială/ culturală. În formarea profesionistului din asistența socială este capacitatea care favorizează dezvoltarea și interacțiunea socioumană, conștiința morală, asimilarea normelor și valorilor profesionale, construirea identității profesionale (Edwin, 2007); este, așadar o capacitate recomandată pentru orice profesionist în asistența socială umanistă.

Prin eul onto-proiectiv profesionistul dobândește capacitatea de a se proiecta și exista în afara sinelelui, contingenței, eului obiectiv, dominat de instinctele de consevare, permițând proiecția în juisanța (suferința, trăirea, fericirea) clientului, eul său onto-proiectiv contribuind astfel la formarea capacității empatetice/ compatetice, sensibilității *umane* și spirituale, bunăstării sufletești și fericirii personale, a idealismului și umanismului în atitudinea și conduita profesională, în managementul de caz ori în activitatea curentă de spijin, îngrijire, educație, consilere, terapie etc.

3.2.4. Empatia/ compatia și eficiența activității profesionistului în asistența socială umanistă

Fără nici un dubiu, *calitățile empatetice ale profesionistului din orice orientare, formă, doctrină de asistență socială, se constituie în predictori esențiali de eficiență*, cu atât mai mult în asistența socială umanistă, unde această calitatea a profesionistului depășește semnificația psihosocială originară, instituindu-se și ca *valoare a practicii*. Motivul este acela că în asistența socială umanistă, prin resursa empatetică a personalității proprii, profesionistul poate antrena cel mai eficient resursele de reabilitare spirituală (sufletească) și socială ale clientului, obiectivele fundamente ale acestei căi de asistență socială proprie începului de mileniu III (Payne, 2012).

Calităție empatetice ale lucrătorului dintr-o instituție rezidențială, de pildă, au o importanță foarte mare și în ceea ce privește *congruența, coerența, unitatea și funcționalitatea* organizației, condiționând astfel eficiența întregii organizații. În aceste organizații empatia are un rol foarte important.

Rogers (1959) consideră inter-empatia profesionist-client condiția și premisa incontestabilă a eficienței terapeutice, cu precădere în cazul clienților aflați în diferite forme de suferință prin pierderi, catastrofe etc. În acest sens, și în organizația de asistență socială, ca țesătură complexă de inter-empatii, capacitatea empatetică a profesionistului poate avea o funcție curativă și recuperativă crucială (Gerdes, Segal, 2011).

Organizația de asistență socială se definește astfel și prin *personalitățile* **umane** ale tuturor persoanelor care o compun, inclusiv personalitățile profesioniștilor, cu cele trei dimensiuni: *afective, cognitive* și *spirituale*. Fenomenele și procesele afective sunt de fapt relații, interacțiuni, compatii între sferele afective ale persoanelor, iar cele cognitive și spirituale sunt procese între sferele spirituale sau eurile proiective ale acestora. Desigur, aria interacțiunilor, proceselor și fenomenelor compatetice din aceste organizații este infinit mai largă.

De exemplu, prin valențele socializatoare și spirituale ale personalității *umane* profesionistul dintr-o instituție rezidențială pentru copii poate contribui la crearea unui „univers" psihosocial și cultural magic al satisfacerii trebuințelor personale intime, profunde, empatetice, al creșterii și educației spirituale, afective și morale a copilului. Pentru că instituția este locul în care se construiesc bazele ontologice ale personalității *umane* a copilului dacă acesta crește aici. Este mediul în care copilul se alimentează ancestral cu energie spirituală și morală. Este cadrul existențial magic al formării, existenței și manifestării personalității, al fericirii autentice.

Comunitatea compatetică din instituția rezidențială realizează *unitatea* dintre individual și social, dintre cognitiv și afectiv dintre materie și spirit. Unitate reflectată unitar, indestructibil, simultan în personalitatea copilului și existența comunității compatetice organizaționale. Copilul și instituția funcționează printr-un *mecanism onto-social unic* și *unitar*, în care au loc procese de comunicare informațională, emoțională, spirituală.

Prezența lucrătorilor cu calități *umane* și empatetice dezvoltate conduce la instituirea unui mediu caracterizat prin*, altruism, întrajutorare, coeziune socială, morală și culturală*, protecție și *predictibilite,* probleme sociale și umane puține (Gerdes, Segal, 2009) și în consecință eficiență ridicată în realizarea obiectivelor, cu resursele materiale existente, însă cu antrenarea resurselor spirituale, *umane*, culturale, disponibile din belșug în personalitatea *umană* a profesioniștilor și asistaților.

Aceast climat *empatic-uman* trebuie creat, iar, în acest scop aportul personalității empatetice a profesionistului este esențial. Acesta nu este doar un creier sau un simplu organizator, coordonator sau supraveghetor al proceselor din organizație ci este parte ontologică și compatetică crucială, imprimând sensul și calitatea relațiilor interumane.

În schimb, în organizațiile în care predomină angajați cu calități empatetic-umane precare relațiile interpersonale sunt dominate de conflictualitate, sunt ostile, nefuncționale, inumane, asistații sunt nefericiți, conducând la neîndeplinirea obiectivelor, la ineficiență, chiar în condițiile unor investiții materiale și organizațional-instituționale ridicate.

În aceste condiții, în perspectiva unei teorii autentic umaniste angajatul din asistența socială trebuie să fie o persoană cu o mare capacitate empatetică și compatetică sensibilă la suferința și problema clientului, sinceră, altruistă, modestă, respectuoasă, dezvoltată spiritual, moral, cu interes pentru cunoaștere și adevăr, pentru frumos și bine social, se auto-perfecționează, este interesată de dezvoltarea sa personală, aptitudinală și morală, caută rezolvarea pașnică a problemelor, îl ajută pe celălalt să depășească situația de dificultate oferindu-i mijloacele de autodeterminare, este o personalitate complexă, morală, spirituală, sociabilă, agreabilă și, în consecință, *eficientă*.

Profesionistul care cunoaște importanța empatiei și fenomenelor psihosociale aferente, în etiologia, fenomenologia, sau dinamica problemelor sociale utilizează, ca foarte importantă, în activitatea profesională și evaluarea uman-empatetică (Ștefăroi, 2009a, p.31). Fără dubiu, capacitatea empatetică și compatetică o personalității profesionistului este o resursă capitală a practicii, o trăsătură personală indispensabilă oricărei persoane care activează în „sistemul" asistenței sociale umaniste.

3.3. Fericirea și bunăstarea sufletească

Unul dintre obiectivele constituționale ale practicii profesionistului în asistența socială umanistă îl reprezintă sporirea bunăstării sufletești/ *umane* și fericirii beneficiarilor, cu precădere în cazul copiilor și vârstnicilor, de aceea este crucial de subliniat aspectul că nu se poate vorbi de fericire a acestora în medii în care personalul, angajații sunt nefericiți, săraci sufletește. Este motivul pentru care asistența socială umanistă promovează, după empatie, bunăstarea sufletească și fericirea ca drept calități cruciale ale profesionistului.

3.3.1. Fericirea clientului și fericirea profesionistului

În asistența socială umanistă, în procesul asistențial, terapeutic sau de integrare socioumană a clientului, cei doi actori, *clientul și profesionistul, formează o unitate social-ontologică, deci și eudemonică*. Juisanța eudemonică comună este factor generator de eficiență, de aceea este bine să fie cultivată. Gradul în care acest factor operează depinde și de structura/ bogăția eudemonic-spirituală a personalității actorilor implicați.

Unde identificăm, așadar, în structura personalității și piramida trebuințelor a lui Maslow (2008) nevoia de fericire a clientului, și cu ce model motivațional o descriem? Este nevoia de fericire distinctă în „piramidă" și trebuie să-i găsim un nivel propriu? Este aferentă unei structuri sau funcții specifice sau este un efect de sistem și are o etiologie și dinamică emergentă? Șirul întrebărilor ar putea continua.

Primul lucru pe care probabil cu toții îl observăm este faptul că despre această trebuință crucială a clientului sau calitate a profesionistului literatura de specialitate nu vorbește prea mult, chiar dacă cuvântul *fericire* este pe buzele multor oameni iar nevoia de fericire este în mod cert o nevoie umană existențială. Este totuși clar faptul că este o nevoie și calitate personală importantă; se identifică, în unele optici, cu rostul, sensul vieții, cu definiția antropologic-etică a existenței individuale.

Este de regulă percepută ca fiind aferentă obținerii împlinirii personale, deci se situează pe o treaptă superioară a piramidei, sau se identifică cu trăirile pozitive, euforice, cu satisfacția sau plăcerea, stări care pot fi aferente unor nevoi de pe trepte inferioare. Dicționarul Larousse (2009) descrie fericirea pur și simplu ca *stare de satisfacție completă*, iar psihologia pozitivă o corelează cu emoțiile pozitive. Astfel că elemente și dimensiuni ale fericirii (nevoii de fericire) pot fi regăsite la toate nivelurile piramidei.

Pentru domeniul asistenței sociale noi credem că accepțiunea cea mai indicată a fericirii ar fi aceea descrierii ei în termeni de *bunăstare sufletească* și de *structură/ funcționare unitară a personalității, cu stările de echilibru și eficiență pe care le generează*. În acest context vom spune că de fapt nevoia de fericire este de fapt nevoia de bunăstare/ echilibru psihologic și ontologic-spiritual, de structură personală echilibrată, personalitate adaptabilă, dezvoltare personală plenară în plan fizic, psihic și social.

Este dificil să se opteze pentru versiunea „euforică" a fericirii, clădită pe o alimentare sporită și nesusținută cu emoții pozitive, a fericirii clientului serviciilor de asistență socială, pentru că aceasta ar putea fi mai degrabă un fel de ciclotimie decât fericire autentică și eficientă în perspectiva autonomizării sociale, atingerii scopurilor asumat umaniste ale serviciilor de asistență socială. Nici versiunea libidinală (plăcere senzorială) nu este recomandabilă pentru că asistatul, ar putea cu ușurință identifica o zonă personală de confort, devenind victima propriilor simțuri, ușor exploatabile, abandonând obiectivul dezvoltării personale și reintegrării autonome.

Una dintre concluzia acestui paragraf este aceea că o persoană este sau devine client al serviciilor de asistență socială nu doar din cauza unor circumstanțe sociale sau economice, așa cum se afirmă adesea, ci și pentru că personalitatea sa este sau se structurează socio-dezadaptiv, iar un rol esențial în acest proces îl are nesatisfacerea sau satisfacerea vicioasă a nevoii de fericire, de bunăstare eudemonic-sufletească, de stări psihice pozitive, de satisfacții, de alimentare a ego-ului, a stimei de sine. În zadar se va interveni asupra sistemului client individual cu măsuri economice dacă problema este fapt psihologic-sufletească ori socio-*umană*.

Aici intervine astfel rolul profesionistului din asistența socială, asistent social, psiholog, îngrijitor, manager etc., care prin proiectul de intervenție, conduită și cu precădere *cu propria bunăstare și fericire, să contribuie la bunăstarea sufletească și fericirea clientului*, la împlinirea sa umană, personală, la adaptarea și integrarea socioumană a acestuia.

3.3.2. Bunăstarea sufletească și fericirea profesionistului

În zadar serviciile de asistență socială alocă resurse însemnate pentru calificarea profesioniștilor dacă interesul nu se orientează și spre latura umană, sufletească, spiritual-eudemonică a personalității acestora.

Întrucât condiționăm fericirea de dezvoltarea sufletului și a unei personalități puternice și echilibrate ținta/ obiectivul unor astfel de preocupări ar trebui se concentreze pe:

- la *nivel onto-psihologic* personalitatea profesionistului se descrie ca o megaformațiune echilibrată în care formațiunea fericirii și formațiunile proiectivspirituale au consistență și pondere superioară în raport de formațiunea fobică și formațiunea depresivă, cu tendințe de marginalizare sau de limitare a rolului acestora din urmă;

- la *nivel eu – conștiință* subiectul are o percepție realistă dar optimistă de sine, o stimă de sine relativ ridicată, încredere, aspirații, un ego consistent;

- la *nivel comportamental* persoana se descrie ca empatică, agreabilă, altruistă, dar și activă, adaptativă, cu relații interpersonale funcționale și mulțumită de rolul și statusul său social.

În acest scop evaluarea profesionistul, în scop de angajare, promovare etc, în asistența socială umanistă, vizează nu doar latura intelectuală ci și *gradul de fericire, bunăstare sufletească, dezvoltare umană și împlinire personală*.

În momentul de față climatul socio-moral din societate este foarte deprimant, favorizând instalarea frustrărilor, nervozității, nefericirii și sărăciei spirituale și pentru angajații din asistența socială. Aceștia dezvoltă astfel onto-formațiuni depresive hipertrofiate ca urmare a experiențelor materiale și morale frustrante, lipsei compatiei, cu deturnări patologice de structură și natură a formațiunii hedonice (concentrare pe satisfacerea nevoilor de bază), insuficienta dezvoltare a formațiunii fericirii și a celei spirituale, constituirea de formațiuni afective carențiale. Suferă grav procesul de structurare subiectivă a personalității, definirea identității profesionale,

Procesul de formare/ dezvoltare sufletească, personală și eudemonică ar trebui să vizeze și dezvoltarea/ cultivarea laturii eudemonic-spirituale a personalității profesionistului, constituirea unei structuri onto-personale echilibrate, dinamice și funcționale, în care formațiunea afectivă să se dezvolte pe componenta empatică și spirituală, formațiunea hedonică și cea a fericirii să se fixeze pe atitudini și conduite adaptative, iar formațiunea fobică și cea depresivă să se dezvoltă atât cât este necesar pentru asigurarea condiției minimale de securitate internă și externă.

Noi vom considera că, în general, profesionistul la care onto-formațiunea fericirii are o greutate mai mare în balanța ontologic-psihologic internă și o pondere importantă în ansamblul onto-personal sunt mai eficienți din punct de vedere profesional. În acest caz vom spune că acesta are o onto-balanță *pozitivă* și este aprioric condiționat pentru eficiență în activitatea cu persoane în suferință sau dificultate. Onto-balanța *negativă*, adică dominanța formațiunii depresive este predispoziție pentru ineficiență. Explicația psihologică este aceea că onto-formațiunea fericirii este fundament energetic solid al persoanei, generatoare de stimă de sine, capacitate superioară de mobilizare. Acestea sunt premise pentru constituirea/ dezvoltarea unei personalități echilibrate și adaptabile, solidă din punct de vedere hedonic, motivațional, volițional și praxiologic.

Una dintre caracteristicile psihologic-eudemonice importante ale profesionistului ineficient în lucrul cu clientul o reprezintă afectarea gravă, iremediabilă și profundă în multe situații, a dezvoltării personalității socio-afective, a sufletului, și cu replica sa nefericită: hiperdezvoltarea formațiunilor fobic-depresive. Putem folosi pentru această situație sintagma, improprie, *suflete sărace și nefericite*. Din păcate, la angajare sau în activitatea de evaluare periodică, identificarea unor metode, tehnici sau instrumente pentru investigarea acestor trăsături negative ale profesioniștilor din asistența socială este destul de dificilă. Este atât o problemă de obiect de investigație cât și de metodă.

Noi propunem, în contextul altor soluții posibile, metoda, sau tehnica *balanței fericirii*, sau în altă exprimare *balanței fericire-depresie*. Așadar, după cum am văzut, stările, trăirile, reprezentările, experiențele tind să se coaguleze/ organizeze în formațiuni onto-personale, procese care se derulează progresiv, stadial, cumulativ, nivelar, emergent dar și holistic, organizându-se/ instituindu-se specific în cadrul ansamblului personal. Ne interesează în special următoarele niveluri: onto-hedonic bazal, onto-afectiv, onto-proiectiv și holistic-personal. La fiecare dintre aceste niveluri se află scări și *balanțe hedonice* specifice, iar nivelul holistic-personal le integrează, valorizează și operaționalizează prin facilitatea conștiinței, personalității integratoare și comportamentului.

Dacă la nivel hedonic bazal și afectiv se constituie scări și balanțe regăsibile și la regnul animal *balanța hedonic-proiectivă* este specifică doar omului. Este aferentă aptitudinii și capacității proiective, intelectuale și axiologice, imaginației, personalității și conștiinței. Doar la acest nivel se poate, în consecință, vorbi de fericire, fericire autentică, tocmai pentru că sunt specific umane, antrenează personalitatea, istoria și proiectul umanității și au caracteristica durabilități/ universalității versus contingenței. La nivelele inferioare sunt caracteristice plăcerea detensionantă, starea de bine, echilibrul, fericirea circumstanțială. Ele sunt de regulă localizate, nu antrenează întregul, personalitatea. Însă prin capacitatea și formațiunea onto-proiectivă, descrisă mai sus se face saltul crucial și în ceea ce privește latura hedonică, regăsibilă în formațiunea fericirii și stărilor corespunzătoare acesteia. Balanța se descrie și ca opoziție dinamică între formațiunea fericirii și formațiunea depresivă, operează ca un mecanism reactiv și reglator cu rol fundamental în dezvoltarea personală și funcționarea sistemului de personalitate. Analiza stării hedonic-proiective poate fi realizată și prin instrumente epistemologic-metodologice sau investigative, precum scări, factori de personalitate, trăsături. O persoană cu o formațiune a fericirii dezvoltată mai mult decât formațiunea depresivă va fi descrisă prin trăsături pozitive de genul *agreabilitate, stimă de sine ridicată, activitate, optimism.*

Dacă, în schimb balanța va înclina spre formațiunea depresivă personalitatea se va descrie preponderent prin trăsături precum introversiunea, depresia, ostilitatea, apatia sau pesimismul. Formațiunea depresivă va acționa ca un factor disfuncțional, restrictiv, defensiv, chiar distructiv prin dominanța ontogenetică a experiențelor traumatizante și întipărirea lor în structura onto-hedonică a persoanei, regăsibile în montaje, mecanisme bio-psihice și comportamentale dominante.

Întrebarea care se pune este: ce anume reglează și determină orientarea și înclinarea balanței? Probabil „greutatea" respectivei formațiuni în ansamblul onto-hedonic personal dar și factori externi, educativi, evenimențiali sau factori interni, precum temperamentul, tipul de sistem nervos, activitatea specifică a substanțelor endocrine precum serotonina, endorfinele, dopamina, adrenalina și altele.

Balanța cu cei doi poli poate fi considerată și ea o onto-formațiune în sine, o formațiune duală sau dinamică în cadrul ansamblului onto-hedonic sau onto-proiectiv al persoanei. Astfel de formațiuni (balanțe) probabil se întâlnesc la toate nivelele și în toate stadiile de dezvoltare, înclinarea într-o parte sau alta imprimând sensul de dezvoltare a diferitelor funcții sau a sistemului de personalitate, a ansamblului personal.

Analiza se poate realiza și vertical vorbind despre balanțe între elemente ale unor nivele diferite, reglate local sau prin pârghiile personalității conștiinței sau conduitei. Sunt posibile balanțe instituite sau circumstanțiale chiar în interiorul formațiunii fericirii sau a celei depresive. Orice reprezentare privind persoane, situații, amintiri sau proiecții are încărcătură ontic-psihologică și funcționează ca o balanță sau un cumul de onto-psiho-balanțe.

Balanțele inter-nivelare și transpersonale pot fi surprinse cel mai bine la nivel holistic-personal, unde se exprimă în stări psihice, afecte, emoții, sentimente, comportament, activitate, creativitate. În acest plan personalitatea (ontică) se prezintă ca o construcție complexă din formațiuni și balanțe onto-hedonice biologice, afective și proiective. Starea psihică generală exprimă configurația, arhitectura și interacțiunea acestora în contextul activității factorilor contextuali externi dar și a unor instanțe psihice relativ autonome precum conștiința sau voința. Maturizarea și definitivarea procesor de dezvoltare psihică și formare a personalității vor găsi toate aceste balanțe, în mare, în poziții definitivate însă cu marje mari de reglaj în continuare, în raport de experiențele concrete prin care va trece persoana, trăiri, relații sociale, sănătate etc .

Credem că la nivel holistic-personal se realizează marea balanță hedonic-fobică, și ca sub-balanță și culme a acesteia, balanța fericirii, cu cele două poziții extreme: *formațiunea holistic-personală a fericirii* și *formațiunea holistic-personală depresivă*, conturând practic constituția onto-hedonică proiectivă a persoanei. Sunt aferente *proiectului existențial-eudemonic personal*, înscris ontogenetic inconștient în constituția persoanei, reflectă organizarea/ integrarea tuturor formațiunilor și balanțelor ontic-hedonice, indiferent de nivel sau natură. Imprimă condiția hedonist-afectivă de fond a persoanei, firea, condiționează fundamental formarea și dezvoltarea celorlalte sfere ale personalității și conduitei, tonusul, comunicarea, adaptarea socială, alegerea partenerului, profesiunea, credința .

Abordarea diferențială ar pune problema dominantei hedonice a persoanei. Care dintre nivele, formațiuni sau balanțe este dominantă, cum se reglează raporturile dintre acestea în ontogeneză, structură și funcționare? Unele persoane s-ar descrie astfel prin dominanța balanței hedonice bazale, concentrate pe satisfacții și plăceri organice sau psihice circumstanțiale, altele s-ar încadra în categoria celor care își găsesc echilibrul și fericirea prin celălalt, dominantă fiind în acest sens formațiunea afectivă. Fericirea autentică, însă, consistentă, superioară, spirituală, durabilă o pot atinge mai ales acele persoane care au dezvoltate formațiunile onto-proiective, spirituale, cu înclinarea balanței spre formațiunea fericirii.

Există persoane cu dezvoltări onto-hedonice pe toate nivelele sau cu un nivel de dezvoltare personală generală superioară care vor dispune de o constituție onto-personală hedonică predispusă apriorc la optimism, fericire, succes, agreabilitate. Pentru această categorie de persoane fericirea nu este un scop sau un eveniment ci o caracteristică existențială, un mod de a fi. În aceste persoane se împlinește procesul de formare și dezvoltare personală și *umană* ontogenetică. Creativitatea, spiritualitatea, etica, profesionalismul, credința religioasă autentică presupun calități care se întâlnesc la această categorie de persoane. În acest context se verifică adevărata definiție a fericirii, altceva decât ceea ce s-a consacrat în societatea de consum ca drept fericire condiționată de plăcere, de bunăstarea materială, obținerea de plăceri sexuale sau alimentare etc, ori fericire ocazionată de factori exteriori, accidentali, contextual condiționată.

Și în realizarea obiectivelor asistențiale, de reabilitare și integrare a clientului este eficientă operarea cu termenii unei fericiri autentice, empatice și aferente unei personalități echilibrate, puternice și „spirituale". Chiar dacă termenii par pretențioși, poate chiar extravaganți, în realitate ei sunt reflectări epistemologice și axiologice a ceea ce este de fapt natura umană autentică, ancestrală. Așa cum în psihologia cognitivă și socială se operează cu sintagma eroare de atribuire, expresie a unei percepții eronate relative la o stare de lucruri obiectivă tot astfel în definiția clientului serviciilor de asistență socială, se poate vorbi de o eroare de atribuire în ceea ce privește definiția clientului și a sistemului client, a surselor problemelor care-i determină situația de dificultate. Clientul și problema lui fiind percepute, de regulă, ca fiind de ordin economic sau social când în realitate problema/ sursa este de ordin axiologic, moral, psihologic sau spiritual eudemonic (Ștefăroi, 2009b).

Așadar, metoda *balanței* pe care o propunem presupune evaluarea și a resorturilor intime, profunde, autentice ale profesionistului, prin operarea, investigativă asupra celor două onto-formațiuni psihologic-personale constituite ontogenetic, formațiunea fericirii și formațiunea depresivă, prin atragerea în „ecuație", pe lângă aspecte „vizibile", curente, instrumentale, socio-ambientale și a unor construcții, formațiuni onto-personale, profunde, constituționale și „spirituale" ale personalității acestuia.

Empatia, agreabilitatea, bunăvoința, toleranța, înțelegerea, perceperea și înțelegerea „durerilor" sufletești ale clientului sunt atitudini și conduite ale profesionistului care își au sursa și în constituția eudemonic-spirituală a personalității acestuia, atitudini și conduite care au „acces" la sensibilitatea și resorturile onto-personale profunde ale clientului, la formațiunea fericirii și formațiunea depresivă, la onto-balanța fericirii. Acțiunea voluntară sau spontană asupra acestei balanțe se poate realiza și prin aceste conduite. Prin această pârghie lucrătorul social poate opera curativ sau educativ, poate contribui la diminuarea suferințelor, sporirea bunăstării sufletești și fericirii, precum la procesul de dezvoltare personală/ *umană*, împlinire și integrare socială a clientului.

3.3.3. Starea de fericire, bunăstare sufletească și eficiența activității profesionistului în asistența socială umanistă

Studiile relevă, fără dubiu, faptul că eficiența profesională/ organizațională în aproape toate domeniile este strâns legată de gradul de fericire și stimă de sine al angajaților. În contextul grupului, eficiența personală este corelată cu gradul individual de satisfacție, echilibrul psihologic precum și cu fericirea, și a fost conceputa la nivel individual ca o predispoziție, credință psihologic-atitudinală pentru a îndeplini obligațiile in sarcină (Jex, Gudanowski, 1992).

Există o serie de caracteristici personale/ de personalitate precum *confortul interior, ironia, atitudinea relaxată față de greutățile vieții și dificultățile profesionale*, adică bunăstarea sufletească și fericirea, care se constituie în calități cruciale în practica asistenței sociale, pentru că ele sunt sursă a sensibilității *umane*/ umanitare, empatiei, carismei, agreabilității – trăsături-cerință definitorii ale profesioniștilor, cu precădere a celor care lucrează direct cu minori, bătrâni sau persoane cu dizabilități.

Starea de „fericire" profesională este strâns legată de caracteristicile mediului dar și de unele caracteristici și predispoziții de personalitate, precum fondul psiho-afectiv dominant (pozitiv/ negativ), toleranța la ironie, relaxarea și atitudinea pozitivă față de viață, muncă și sine. Nu greșim dacă le numim calități/ trăsături „eudemonice".

Clienții sunt persoane în suferință, în impas existențial, unii, cu viață eșuată, ratată definitiv, cu existențe sensibile dar și foarte complexe. Au sentimente, emoții angoasante, la limită, trăiri, gânduri, proiecte, așteptări, temeri, complexe etc. Lucrătorul va opera mai mult cu acestea decât cu statutusul social sau cu comportamentul manifest al acestora.

Așadar, relația cu clientul nu este doar obiectuală, ci eudemonică și spirituală (Achor, 2010). Termenii ne pot ajuta mai mult să înțelegem mai profund, complet și complex natura și specificul relației angajat-client. Dincolo de obiectivul primar al reintegrării sociale sau reabilitării economice, clientul așteaptă și servicii mai subtile precum toleranță, înțelegere, umor, simț estetic, moralitate, creativitate, spiritualitate (Ștefăroi, 2009b, p.174).

În activitatea de recrutare a personalului se urmărește ca viitorul angajat să aibă acele calități care să-i permită să ofere și astfel de „servicii", de care depinde de multe ori însăși succesul intervenției. Ele sunt determinanți esențiali ai eficienței profesionale în asistența socială. Sursa autentică a acestor calități o constituie sufletul și starea de fericire instituită, onto-formațiunea fericirii bine dezvoltate și onto-balanța hedonic-afective pozitivă.

Așadar, este imposibil a se imagina eficiență profesională/ organizațională în posturi care presupun lucrul cu oameni fără bunăstare sufletească și fericire. Literatura concluzionează faptul că performanța profesională este puternic condiționată de gradul de fericire și confort intern al persoanei. Eficiența profesională este corelată direct cu atitudinea pozitivă, cu gradul de relaxare interioară, de ironie și de fericire personală (Bandura, Locke, 2003)). James (1981) este de părere că fericirea/ satisfacția profesională este, la rândul ei, raportul între aspirațiile și realizările persoanei. În același timp, fericirea este o caracteristică psihologică onto-subiectivă care condiționează profesionistul social pentru performanță.

În acord și cu aceste teorii vom considera că profesioniștii din asistența socială (profesioniști sociali, psihologi, sociologi, educatori, îngrijitori, manageri etc) la care onto-formațiunea fericirii are o greutate mai mare în juisanța personală sunt ipotetic vorbind mai eficiente din punct de vedere organizațional-profesional.

Așa cum s-a precizat și mai sus, profesionistul cu o onto-balanță pozitivă este aprioric condiționat pozitiv pentru eficiență în activități sociale/ umane, pentru profesiuni în asistența socială. Juisanța negativă, adică dominanța formațiunii depresive este predispoziție pentru ineficiență socială, plecând de la premisa că eficiența personală/ profesională/ organizațională este strâns legată de gradul de fericire și stimă de sine al persoanei.

În mare măsură, următoarele predispoziții și factori psihologici/ de personalitate, ca reflectări structural-operaționale ale dispozitivului onto-personal al fericirii (suflet, formațiunea fericirii etc), favorizează eficiența profesionistului din asistența socială în efortul de realizare a sarcinilor profesionale specifice, în îndeplinirea obiectivelor umaniste ale activității: *conținut ontic-psihologic bogat, stare generală de bine/ fericire, stimă de sine ridicată, flexibilitate funcțională, agreabilitate, extraversiune, spirit democratic, toleranță, adaptabilitate, respect pentru viața, fericirea și valorile personale ale celuilalt, deschidere pentru idei noi, flexibilitate epistemologică și metodologică, personalitatea matură, stabilitate emoțională, autocontrol, detașare* etc.

Dacă vom transforma indicatorii enumerați în niște scări și profesionistul se va situa cu majoritatea la nivele scăzute cu siguranță acesta va avea mari probleme de relaționare *umană* și în consecință de eficiență în activitatea specifică de asistența socială.

3.4. Dezvoltarea personală și *umană*

Așa cum nu se poate reprezenta personalitatea *umană* decât în contextul personalității globale tot astfel nu se poate reprezenta dezvoltarea *umană* a profesionistului din asistența socială decât în contextul dezvoltării globale a personalității, a dezvoltării personale generale. Dezvoltarea *umană* în cadrul dezvoltării personale poate fi analizată atât ca dimensiune sau calitate a dezvoltării personale generale dar și ca domeniu sau componentă distinctă alături de dezvoltarea intelectuală sau socială.

3.4.1. Dezvoltarea personală

Conceptul de dezvoltare personală este asociat sau identificat cu o serie de alte concepte precum *dezvoltare psihică, creștere, adaptare, dezvoltare socială* etc. Este o categorie crucială a curentului umanist-pozitiv din științele socio-umane și, în ceea ce privește profesionistul din "sistemul" asistenței sociale umaniste, presupune, reliefează, privește următoarele aspecte:

- Grad ridicat de conștientizare, de cunoștere de sine, stimă de sine (Maslaw);
- Maximizarea și valorificarea potențialului intern de dezvoltare, auto-actualizare, optimizare, eficientizare personală și socială (Rogers);
- Stare de bine psihologic-emoțional, satisfacție, fericire, hedonism (Seligman);
- Dezvoltare socioemoțională, controlul emoțiilor, dezvoltarea inteligenție emoționale (Erikson);
- Auto-cunoaștere, realism și echilibru;
- Dezvoltarea voinței, rezistenței la eșec și frustrare;
- Speranță, proiectivitate, orientare spre viitor;
- Atitudine pozitivă, optimism, gândire activă;
- Dezvoltare morală;
- Dezvoltare și sensibilitate estetică;
- Valorificare maximală a aptitudinilor și talentelor;
- Dezvoltare profesională;
- Autonomie personală și socială;
- Dezvoltare interpersonală;
- Depășirea crizelor, diminuarea neliniștilor existențiale (Frankl);
- Maturizare a personalității, adaptabilitate.

După Rogers (1977, 2008) fiecare dintre noi are un potențial unic de dezvoltare personală, psihologică și socială, de creștere și schimbare în bine. Acest potențial ghidează toate conduitele noastre, autorul a numit această capacitate auto-actualizare.

Rogers a lansat această teorie ca alternantivă la teoriile pesimiste și patologice ale psihanalizei. În general scrierile și teoriile lui Rogers oferă o vedere optimistă a capacității omului de auto-dezvoltare și schimbare; comportamentul este ghidat de tendința unică de auto-actualizare a fiecărei persoane. Personalitatea este guvernată de o înnascută tendința de actualizare. Personalitatea nu tinde către nedezvoltare ci către dezvoltare și auto-construire. Tendința de actualizare și dezvoltare poate fi gândită ca având doua sensuri. Tendințe care conduc la comportamente care ne mențin starea și tendințe care conduc la creșterea gradului de autonomie sau independență, la dezvoltare personală (Rogers, 2008).

Un alt mare teoretician al dezvoltării personale este Abraham Maslaw. Cunoscut în principal prin teoria ierarhiei trebuințelor, gânditorul american consideră nevoia de împlinire resortul/ mobilul fundamental al dezvoltării personale și umane individuale (2008).

Calitățile sufletești ale profesionistului, cu precădere cele din sfera empatetic-spirituală, au mare legătură cu dezvoltarea personală generală. Indubitabil, acolo unde se îmbină dezvoltarea personală cu cea spirituală, sufletească rezultă un nivel deosebit de dezvoltare *umană* a personalității profesionistului, predictor incontestabil de eficiența a activității în asistența socială.

3.4.2. Dezvoltarea *umană*

În teoria și axiologia asistenței sociale umaniste se consideră că dezvoltarea *umană*, prin dezvoltare sufletească, socioafectivă și morală, prin *"internalizarea" ontogenetică a celuilalt generalizat*, a omului ca ființă ancestrală, morală și spirituală reprezintă unul dintre factorii fundamentali ai succesului în activitatea profesionistului.

Așadar, dezvoltarea *umană* este strâns legată de bunăstarea sufletească, de dezvoltarea sufletului, social și spiritual, în contextul dezvoltării personale generale, intelectuale, morale, caracteriale, precum și de dezvoltarea culturală (Arnet, 2011). Mai ales în aceste condiții personalitatea profesionistului este resursă și factor de prevenire/ reabilitare a clientului, de dezvoltare personală, psihologică și socială, de creștere și schimbare în bine a acestuia.

Zestrea personală *umană* (sufletească, psihologică, morală, comportamentală) a profesionistului se transferă în personalitatea clientului, îl îmbogățește și dezvoltă uman, spiritual, moral, cultural, psihologic, și ghidează sau influențează toate conduitele de evaluare, intervenție sau îngrijire din activitatea acestuia.

În schimb carențele sau tulburările de dezvoltare *umană* a lucrătorului pot reprezenta sursă de eșecuri, suferințe sau întârzieri, cu precădere în asistența socială a copilului. Astfel, dezvoltarea personală și *umană* a profesionistului reprezintă unul dintre factorii esențiali de reabilitare, integrare/ adaptare socială a clientului în asistența socială umanistă.

Din păcate, aceste calități, în practica asistenței sociale sau în activitatea de instruire și evaluare a personalului, tind în multe cazuri să fie dacă nu chiar desconsiderate neimportante. Teoria asistenței sociale umaniste promovează însă cu prioritate interesul pentru dezvoltarea personală, *umană* și spirituală a profesionistului, cu accent pe procesul de formare/ instruire și cel de evaluare la intrarea în "sistem".

3.4.3. Calitățile personale/*umane* și eficiența activității profesionistului în asistența socială umanistă

Referitor la rolul calităților sufletești ale profesionistului în practica asistenței sociale, apare și problema, întrebarea: oare empatia/ compatia, sensibilitatea umană, fericirea și bunăstarea sufletească, dezvoltarea personală și *umană*, dezvoltarea și sensibilitatea spirituală etc. sunt cu adevărat resurse și mijloace care produc îmbunătățiri evidente în starea și situația clientului, îl ajută să se simtă mai bine, să crească în bunăstare, să-i sporească autonomia, să se integreze mai ușor în colectivitate?

Fără îndoială, răspunsul este pozitiv, însă cu câteva precizări. Calitățile sufletești au în spatele lor o personalitate, personalitatea profesionistului. Psihologia umanistă susține, prin teoria și practica terapeutică că, dincolo de rolul ontologic, existențial în sine al personalității, aceasta conține și o extraordinară rezervă de umanism, spiritualitate, altruism și empatie, cu valențe terapeutice miraculoase pentru persoanele din ambianță, mecanismele de transfer și influențare operând prin antrenarea unor procese cognitiv-senzoriale și socio-afective foarte complexe (Ellis, 1974).

Transferul fiind, așadar, inter-personal, având efect prin interacțiunea directă, persoană cu persoană, tragem concluzia că eficiența calităților sufletești și a dezvoltării *umane* a profesionistului este cu atât mai mare cu cât profesionistul interacționează mai mult cu clienții, deci în cazul terapeuților, îngrijitorilor, educatorilor, supraveghetorilor, asistenților sociali din centre de plasament etc, categorii foarte numeroase în sistemul asistenței sociale din România.

Pentru profesioniștii care nu lucrează direct cu clienții, sau foarte rar, calitățile sufletești sunt eficiente în măsura în care se reflectă în conștiința profesională, atitudini, valori, cunoștințe și mai ales în decizii și efectele activității lor asupra funcționării serviciilor, instituțiilor care depind de activitatea acestora.

Pentru toți profesioniștii, într-un fel sau altul, calități personale și *umane* precum altruismul, omenia, empatia, dezvoltarea socio-emoțională, echilibrul, voința puternică, rezistența la eșec și frustrare, dezvoltarea profesională, autonomia personală și socială, liniștea existențială, adaptabilitatea, dezvoltarea interpersonală, vizionarismul, proiectivitatea, sensibilitatea estetică, creativitatea, fericirea, sunt trăsuri resursă care inevitabil sporesc calitatea muncii și eficiența activităților specifice desfășurate, fie că sunt adresate bătrânilor, persoanelor cu dizabilități ori copiilor separați de părinți, fie consumatorilor de stupefiante, deținuților ori șomerilor, instituindu-se astfel ca importanți predictori ai eficienței profesionale.

3.5. Dezvoltarea și sensibilitatea spirituală

3.5.1. Dezvoltarea și sensibilitatea spirituală – resursă magică inepuizabilă a personalității profesionistului

Ontosul proiectiv, sufletul spiritual, sufletul mistic, sufletul ludic, sufletul estetic, sufletul intelectual, sufletul moral sunt denumiri ale unor formațiuni psihologic-spirituale prin care s-a evidențiat, în subcapitolul privind sufletul spiritual, un univers psihologic interior al personalității umane care poate fi considerată cea mai mare bogăție a omenirii; în proces, din păcate, de dispariție, odată cu evoluțiile dezumanizante pe care le determină tehnologizarea, globalizarea, de-culturalizarea, despiritualizarea persoanei.

Sufletul nostru spiritual devine tot mai sărac, mai lipsit de conținut, personalitatea noastră robotizându-se sau degradându-se tot mai mult prin întoarcerea la juisanța plăcerilor organice și instinctelor primare. Aceaste degradări și pierderi de ordin spiritual își lasă foarte mult amprenta negativă și asupra activității profesioniștilor din asistența socială.

Din fericire, mai este mult până atunci când omul își va pierde în totalitate virtuțiile și bogăția sufletească, spirituală interioară, iar în domeniul asistenței sociale *majoritatea profesioniștilor dispun încă de suficiente resurse și calități spirituale, sensibilitate estetică, sentimente intelectuale și morale cu care să contribuie la emanciparea spirituală, umană și morală a clienților, la fericirea, empowermentul și autonomizarea socială a acestora.* Problema care se pune este însă cea a identificării și valorificării acestor resurse "magice" inepuizabile.

Aceste resurse/ calități spirituale, ale personalității profesionistului, pe lângă faptul că reflectă o dispoziție, o structură, o bogăție în sine a personalității profesionistului în asistența socială umanistă, sunt oarecum și un produs sau efect al calităților despre care s-a vorbit mai sus, adică al bunăstării sufletești și dezvoltării *umane* generale. De fapt, raportul este de inter-determinare, sau, se poate spune, că toate aceste trăsături și procese se află în congruență psihologic-ontologică și conmergență generativă, condiționând și constituirea/ instituirea sferei psihologic-spirituale a personalități, generatoare de calități psihologic-spirituale superioare, sensibilitatea spirituală fiind printre cele mai importante.

Sfera psihologic-spirituală a personalității, pe lângă faptul este un nivel, o achiziție, o dimensiune, o sferă autonomă, are și un rol integrator cu valențe importante în configurarea self-personalității, a capacității de decizie, a voinței, conștiinței sociale și a conștiinței de sine (Beaumont, Cobb, 2012). Astfel că, observăm, sfera spirituală nu este un epifenomen sau o opțiune epistemologic-filozofică ci, în mod obiectiv, însăși esența personalității *umane*, devenind astfel, în cazul profesionistului, resursă și pârghie esențială în practica asistenței sociale umaniste.

Personalitatea profesionistului, în întregul ei, se redimensionează psihologic-spiritual, devenind condiție a acțiunii socioumane, culturale, morale eficiente, a creativității și schimbării/ reabilitării clientului prin miraculoasa transformare pe care o poate genera în climatul sociomoral sau în personalitatea clientului.

Pentru adepții unei asistențe sociale de subzistență misiunea asistentului social ar fi aceea de a identifica soluții pentru asigurarea un minimum de condiții materiale necesare supraviețuirii clientului, de aceea calitățile acestuia ar fi în principal legate de cunoștințele și abilitățile necesare pentru a procura și asigura bunurile/ serviciile necesare în scopul satisfacerii nevoii de supraviețuire a clienților.

Teoria umanistă însă subliniază faptul tocmai neglijarea sau abordarea inadecvată, atât teoretică cât și practică, a soluțiilor umanist-spirituale, nu doar în asistența socială ci, în general, în societate, cultură, educație, sănătate, se constituie, istoric, economic și social, în surse importante ale generării anomiei sociale, sărăciei și handicapurilor social-morale de toate felurile (Bergin, 2003).

Argumentul principal în susținerea necesității unei abordări de tip umanist-spiritual a personalității profesionistului în asistența socială îl constituie și faptul că metodele și perspectivele cu care se operează în momentul de față, în literatură și practică, nu reușesc, din păcate, să răspundă misiunii originare și scopurilor umaniste declarate în asistența socială, iar nevoia unor abordări mai complexe, care să includă și resursele spirituale, ale profesionistului și clientului, devine tot mai evidentă.

3.5.2. Dezvoltarea/ sensibilitatea spirituală și eficiența activității profesionistului în asistența socială umanistă

Fundamentul epistemologic al reprezentării clientului în perspectivă umanist-spirtuală îl constituie abordarea acestuia ca personalitate, suflet, ființă spirituală și trecerea în plan secund (tehnic) reprezentarea ca organism, psihic sau viață socială elementară, în acord cu așezarea în prim-planul strategiilor de asistență și intervenție a obiectivului satisfacerii nevoilor spirituale ale clientului.

Ceea ce presupune, în plan strategic, o *deplasare de pe obiectivele minimale, de supraviețuire spre obiective „umanist-spirituale"*, de pe obiectivele de satisfacere a nevoilor de la baza piramidei motivaționale a personalității pe *satisfacerea nevoilor de pe niveluri superioare sau oricum mai complexe, emergente, spirituale, culturale.*

Din păcate, de puține ori observăm sau auzim de intenții de satisfacere a unor nevoi spirituale ale clienților în domeniul asistenței sociale. Chiar dacă strategiile, proiectele și obiectivele de asistență socială conțin și elemente de acest ordin, enumerarea acestora este de multe ori strict protocolară sau reprezintă ținte greu de atins, de aceea sunt abandonate pe parcurs. Vom auzi însă adesea că obiectivul serviciilor de asistență socială îl reprezintă asigurarea unui minim de condiții materiale, asigurarea condițiilor pentru o viață decentă, un venit minim garantat, condiții pentru creștere și dezvoltare normală. De unde și concentrarea pedagogică pe formarea unei personalități de tip economic/ pragmatic sau intelectual al profesionistului.

Atât timp cât un serviciu social care se declară prin natură preocupat de client în calitate de „om", se ocupă cu preponderență de client în calitate de simplu „organism", logic, este imposibil, să apară rezultate conform așteptărilor. Pentru că omul este o ființă bio-psiho-socio-culturală, și în consecință, și spirituală, iar nesatisfacerea nevoilor acestor sfere predispune inerent la ineficiență.

Conform *principiului integralității personalității umane* (Storr, 1992) omiterea unei laturi sau dimensiuni constituționale nu doar că modifică configurația particulară a ansamblului personal ci alterează grav însăși natura și calitatea intrinsecă de persoană, ființă umană. În plus, principiul integralității personale presupune aserțiunea că sfera spirituală, reprezentând în natura ei expresia holist-emergentă a dezvoltării personale, are un caracter integrator, unificator și marchează prin procese complexe de *feed-back* și *feed-before* caracterul de unitate și unicitate în organizarea internă, generând tendințe complexe de omogenizare (nu de uniformizare), impunând chiar sensul de dezvoltare, caracteristicile de personalitate și, în sens antropologic, natura, esența, condiția de ființă umană, conferind totodată persoanei dimensiunea universalității și ancestralității (Schreurs, 2001).

Clienții serviciilor de asistență socială sunt ființe umane complexe (Berkowitz, 1996), au nevoi și dorințe mistice, artistice, ludice și de cunoaștere. Acestea nu sunt niște mofturi sau nevoi extravagante, ci sunt expresia existenței unor formațiuni onto-proiective, constituționale personalității umane, precum: sufletul ludic, sufletul estetic, sufletul mistic, chiar a sufletului etic sau gnostic (Ștefăroi, 2009a, p. 25). Nesatisfacerea acestor nevoi determinând tulburări grave de echilibru psihic, de dezvoltare, conduită și adaptare/ integrare socioumană. În scopul satisfacerii acestor nevoi și personalitatea profesionistului trebuie să aibă dezvoltate aceste trăsături, calități, sfere, onto-formațiuni psihologic-spirituale personale.

De satisfacerea acestor nevoi și valorificarea resurselor psihologic-spirituale ale clientului și profesionistului, depinde, în optica teoretic-axiologică a asistenței sociale umaniste, și eficiența proceselor de intervenție. Acest lucru presupune, din partea profesionistului, apelul la valori, la cultură, la cunoaștere, artă, spirit. Aceste valori trebuie să caracterizeze, așadar, în primul rând profesionistul, la care se vor defini nu doar ca valențe personale ci și ca atitudini sau calități intelectuale/ profesionale, sau instrumente și resurse ale practicii.

Modelul de intervenție umanist-spiritual nu este numai al clientului, al situației problemă ci, este o reprezentare anticipativ-proiectivă și operațională din care face parte, așadar, în primul rând personalitatea profesionistului. Scopul este acela de a maximiza valorificarea, din sistemul client și comunitatea socioumană, resursele de umanism și spiritualitate cu scop de recuperare/ reabilitare, fericire, autonomizare și reintegrare socială, folosind atât inteligența emoțională, ludică, mistică, estetică, noetică proprie a clientului cât și a profesionistului.

3.6. Creativitatea, cultura, multiculturalismul

În paradigma umanistă a asistenței sociale profesionistul, pe lângă faptul că este „un om cu suflet mare", capabil să rezoneze la suferințele și problemele clientului *este și un om cult, informat, erudit, înțelept și mai ales creativ.*

De altfel, cel puțin pentru domeniul asistenței sociale, bunăstarea sufletească, cultura și creativitatea nu pot fi concepute decât împreună. Este motivul pentru care și creativitatea, cultura sau multiculturalismul sunt prezente în capitol, în contextul în care totuși fac parte, în cea mai mare măsură, din categoria calităților intelectuale.

Importanța acestor calități este evidențiată de adevărul că numai o persoană cu calități spirituale dublate de cele "culturale" este aptă să rezoneze și să-și reprezinte în complexitatea sa clientul ca ființa umană complexă, profundă, spirituală, imprevizibilă, creativă, unică; care dincolo de modelările sociologice sau psihologice simplificatoare, este o lume în sine, cu dinamici imprevizibile, pentru a căror modelare este necesar să se apeleze la multă inventivitate, cunoștințe și informații din toate domeniile științifice și filosofice.

Sociologia, psihologia, antropologia, teologia, filosofia, etica, estetica trebuie să constituie permanent preocupări de cunoștere ale profesionistului și surse la care să apeleze pentru a modela cât mai fidel o situație problemă sau pentru a înțelege o persoană, o existență umană aflată în impas existențial, eșec personal sau suferință.

Prin cultură și atitudinea/ gândirea multiculturalistă profesionistul surprinde, în activitatea de investigație sau intervenție, aspectele de *unicitate* dar și de *specificitate culturală, psihosocială ori economică*. Doar o abordare și o gândire *multiculturalistă* poate surprinde, în fenomenologia și etiologia complexă a unei situații sociale concrete, particulare, locale elementele sau factorii de specificitate sau unicitate culturată (Wing Sue, 2006).

În lipsa relevării acestora evaluarea ar fi săracă, nerelevantă și ineficientă în perspectiva obiectivelor unei eventuale intervenții în scop de schimbare și ameliorare. S-ar limita la o simplă modelare epistemologică structurală și funcțională universală, aplicabilă mecanică unui număr nelimitat de situații (ipotezate convențional ca identice), când, în realitate, sursa problemei sociale/ situației de dificultate și *resursa schimbării* ar sta în factorii de ordin contextual-cultural, locali.

Interesul tot mai mare pentru metodele și abordările de tip multicultural, cu accent pe specificul local, este justificat și de caracteristicile noilor problemelor sociale, altele și de altă natură/ origine decât cele de acu câteva decenii. Odată cu globalizarea și în paralel cu dezvoltarea socială, economică, culturală (multiculturalismul), cu apariția unor noi tipuri de probleme sociale, multe dintre cauze sunt identificate la nivel local, prin factori de ordin cultural, administrativ, etnic sau psihosocial.

Fiecare țară are un trecut propriu, cultură și condiții socio-economice specifice și de aceea problemele care intră în atenția serviciilor de asistență socială trebuiesc analizate, abordate și prin prisma acestor caracteristici. Interpretarea și abordarea superficială, neadaptată, „ad litteram", sau eronată a realității și problemelor sociale reprezintă, probabil, în una dintre cauzele eșecului multor programe de asistență socială, a creșterii numărului de persoane sau categorii sociale asistate, sau a slabului interes pentru asistența socială preventivă (Muntean, Sagebiel, 2007, p. 235).

Deschiderea gândirii, atitudinii și empatiei profesionistului către specificul cultural local poate contribui la diminuarea acestor tendințe negative prin adaptarea efectivă a metodelor și practicilor importate și adaptate de aiurea la specificul problemelor sociale de la noi, prin instituirea unor abordări, metode și practici extrase sau adaptate condițiilor socio-economice și culturale specifice.

Din acest punct vedere activitatea curentă de evaluare, a profesioniștilor din asistența socială impune, în principal evidențierea unor specificități locale și caracteristici culturale de unicitate, care desigur se alătură machetelor standard, universale. Atenția se focalizează, în principal, pe:

- caracteristici ale culturii organizaționale;

- caracteristicile socio-organizaționale;

- caracteristici legate de cultura locală, religie, etnie;

- specificității psiho-socio-culturale, antropologice și economice ale situației de dificultate;

- gradul de integrare culturală și compatetică a clientului individual sau colectiv.

Atitudini, principii și valori ale practicii umaniste multiculturaliste:

- Focalizarea, în scop de reprezentare științifică și instrumentare metodologic-asistențială, pe specificul socrouman și cultural al comunității, situației și problemei sociale;

- Comunitatea și situația de dificultate sunt reprezentate ca sisteme complexe integrate - sociale, psihologice, morale, ontologic-empatetice - instituind un fenomen ontologic local și o unicitate culturală;

- Focalizarea pe factorul psihologic-uman, reliefarea compatibilităților empatetice, pe procesele de comunicare umană, cele de cooperare și întrajutorare, cele de solidaritate și compasiune;

- Principala resursă de rezolvare a problemei sociale se află în comunitatea empatetică și culturală locală, în personalitatea actorilor angajați în procesul de intervenție și reintegrare socială;

- Prudență în reprezentarea categorială a problemei și situației de dificultate - este recomandat a nu se pierde în nici un moment perspectiva specificități și unicității culturale, psiho-sociale sau naționale;

- Comunitatea/ situația/ problema socială se află într-un proces continuu de schimbare culturală/ spirituală.

Valorile sau principiile care stau la baza teoriei asistenței sociale „multiculturaliste", sau care ghidează activitatea de evaluare și intervenție, au o rațiune crucială: aceea de a se regăsi ca finalitate în situația clientului sau comunității. Totuși, teoria, valorile, principiile pot fi foarte ușor de enumerat, ele sunt valori universale, accesabile cu ușurință din tezaurul filosofic-științific al omenirii, însă dificultatea și misiunea autentică este cea a operaționalizării lor, a *transformării lor, prin schimbare, în realități umane și sociale concrete.*

Rolul fundamental în acest scop îl au metodele, strategiile și tehnicile utilizate, precum și modul concret de operaționalizare a lor. Însă, totul pleacă, totuși, de la reprezentarea (optica) paradigmatică a existenței socioumane, a fenomenelor și procesele sociale, a situațiilor de risc sau dificultate. Paradigma umanist-culturalistă este o soluție. Este o teorie umanistă, în acord cu obiectivele fundamentale ale asistenței sociale, dar și o formulă de succes, eficientă în activitatea curentă a profesionistului din asistența socială.

3.7. Altruismul, agreabilitatea, toleranța, carisma

Toate calitățile la care s-a făcut referire mai sus, respectiv empatia și compatia, sensibilitatea *umană*, fericirea și bunăstarea sufletească, dezvoltarea personală și *umană*, sensibilitatea spirituală, creativitatea, cultura, multiculturalismul și multe altele, aferente personalității profesionistului din asistența socială, fie că este vorba de asistentul social, de psiholog/ psihopedagog sau de profesionistul din cadrul personalului de îngrijire, educație, terapii de recuperare etc, fie de asistentul maternal profesionist, profesionistul din aparatul de conducere, profesionistul din aparatul funcționăresc și de deservire sau de voluntarul, lucrătorul din organizații neguvernamentale, umanitare etc. în sine nu sunt cu nimic folositoare dacă nu se regăsesc în conduita profesională curentă, în managmentul de caz, case work și procesul de intervenție, în etica activității acestuia, prin trăsături de relație și conviețuire precum altruismul, agreabilitatea, toleranța, carisma și multe altele.

Așadar, calitățile psihologic-ontologice ale profesionistului din asistența socială, precum capacitatea empatetică și compatetică, sensibilitatea *umană*, fericirea și bunăstarea sufletească trebuiesc interpretate și prin prisma calităților interpersonale. De fapt, ceea ce am putea numi personalitate comportamentală, interpersonală este și expresia celei ontologice, a sufletului. De aceea dacă se interpretează personalitatea *umană*, prin suflet, și ca o "internalizare" emergentă de persoane ori valori și sentimente general umane atunci se va reprezenta și personalitatea comportamentală, socială, inter-personală ca un produs al interacțiunii ontogenetice cu mediul social inter-personal.

Capacitățile dobândite astfel conferă personalității comportamentale calități precum altruismul, toleranța, omenia, voluntarismul (a nu se confunda cu voluntariatul sau unele curente psihologice) ori agreabilitatea, determinând o sporită competență operațională în lucrul cu oameni, în activitatea asistențială, de sprijin, intervenție și schimbare terapeutică.

După Comte (2004) și Moscovici (1998, pp. 61-62) altruismul și comportamentul prosocial este constituțional ființei umane, naturii și existenței sociale a acesteia și reprezintă chiar o obligație morală a persoanei de a renunța parțial la sine pentru binele celuilalt și interesul comun.

Identificarea unor trăsături de personalitate precum altruismul, agreabilitatea, toleranța, omenia etc. și nu doar a abilităților și cunoștințelor strict profesionale este tot mai mult o practică curentă în activitatea de recrutare și angajare a personalului în asistența socială în sistemele avansate (Barty, Redding, 2013). Motivul este foarte simplu, a lucra cu oameni, mai ales aflați în suferință, dificultate și eșec personal, solicită aceste calități. În activitatea de evaluare, așadar, sunt urmărite trăsături de personalitate care predispun profesionistul umanist la eficiență în activitatea cu persoane în suferință sau dificultate, precum: spirit ludic, jovialitate, aspect general plăcut, sociabilitate, sensibilitate umană (umanitară), agreabilitate, vocație pentru lucrul cu persoana în suferință, personalitate echilibrată, confort interior, ironie, flexibilitate, extraversiune, toleranță, nediscriminare, adaptabilitate, respect pentru viața, fericirea și valorile personale ale celuilalt, încredere în capacitățile clientului de auto-determinare, idealism, stabilitate emoțională, autocontrol, prezență de spirit, rezistență la frustrare, deschidere spre noi idei și valori etc (Baumeister, Bushman, 2013).

Dimpotrivă, următoarele dispozitive, predispoziții și factori de personalitate limitează, frânează eficiența lucrătorului în efortul de realizare a sarcinilor profesionale, și nu numai, ne referim la disconfortul psihic cronicizat, lipsa de toleranță la ironie, fondul și riscul depresiv, rezistența la schimbare, tendință de conservare a unui sistem de valori, opoziție la nou, conformism – obediență, fixitate funcțională, lipsă de flexibilitate și suplețe a gândirii, profil psihologic încărcat de stereotipie, dogmatism, adaptabilitate redusă, încăpățânare, idei preconcepute, rigiditate atitudinală, rezistența la informare și corectare, atitudini inflexibile față preferințe politice, orientări sexuale, minorități, discriminarea, labilitatea afectivă, personalitatea imatură, irascibilitatea, egoismul, suspiciunea și neîncrederea etc.

Argumentul principal al promovării/ cultivării unor trăsături și conduite ale profesionistului precum altruismul, agreabilitatea, toleranța, carisma, în practica asistenței sociale umaniste, este faptul că acesta nu doar oferă un simplu ajutor compensator, nu doar îngrijește sau oferă „servicii", nu se preocupă doar de supraviețuire, chiar dacă sunt obiective importante, ci urmărește și *alinarea suferințelor clientului, fericirea acestuia, empowermentul prin simpla sa prezență, prin carisma, compatia, emergența și pozitivismul personalității sale.*

Capitolul 4
CALITĂȚI PSIHOLOGIC-SUFLETEȘTI ȘI CONDUITE ALE PROFESIONIȘTILOR ÎN "SISTEMUL" ASISTENȚEI SOCIALE UMANISTE

Introducere /205
4.1. "Sistemul" asistenței sociale umaniste /206
4.2. Clientul în sistemul asistenței sociale umaniste /208
    4.2.1. Limite și erori în reprezentarea și abordarea clientului /208
    4.2.2. Reprezentarea și abordarea umanistă a clientului /211
    4.2.3. Nevoile *umane* și spirituale ale clientului /214
4.3. Conduita profesionistului în sistemul asistenței sociale umaniste /217
    4.3.1. Comportamentul profesional umanist /217
    4.3.2. Comportamentul profesional umanist și calitățile psihologic-sufletești ale profesionistului în managmentul de caz, case work și procesul de intervenție /218
    4.3.3. Codul deontologic al profesionistului în sistemul asistenței sociale umaniste /220
4.4. Calități psihologic-sufletești și conduite specifice ale profesioniștilor în sistemul asistenței sociale umaniste /221
    4.4.1. Asistentul social /221
    4.4.2. Psihologul/ psihopedagogul /226
    4.4.3. Profesionistul din cadrul personalului de îngrijire, educație, terapii de recuperare etc. /232
    4.4.4. Asistentul maternal profesionist /237
    4.4.5. Profesionistul din aparatul de conducere /240
    4.4.6. Angajatul din aparatul funcționăresc și de deservire /241
    4.4.7. Voluntarul, lucrătorul din organizații neguvernamentale, umanitare etc. /242

Introducere

Dacă în capitolul anterior s-a încercat o prezentare generală și universală a calităților psihologic-sufletești necesare profesionistului în "sistemul" asistenței sociale umaniste, în principal empatia și compatia, fericirea și bunăstarea sufletească, dezvoltarea personală și *umană,* sensibilitatea spirituală, în capitolul de față aceste calități/ trăsături sunt urmărite prin *caracteristice lor specifice necesare profesioniștilor în diferite activități și acțiuni pe care le desfășoară,* în principal, în *managmentul de caz și casework, în procesul de evaluare* și *procesul de intervenție,* sau în diferite *roluri ocupaționale și profesionale* - atenția, de această dată, distribuindu-se, aproape în mod egal, pe rolurile de asistentul social, psiholog, profesionist din cadrul personalului de îngrijire, educație, terapii de recuperare sau asistent maternal profesionist.

Deoarece, în asistența socială umanistă, activitatea, conduita și calitățile tuturor profesioniștilor sunt importante, în capitol se abordează și problematica calităților sufletești ale profesionistului din aparatul de conducere, din cadrul aparatului funcționăresc și de deservire, a voluntarului, lucrătorului din organizații neguvernamentale, umanitare etc., recunoscându-se astfel importanța activității acestora, care, direct sau indirect, contribuie în îndeplinirea obiectivelor stabilite de către servicii, instituții, autorități, entități neguvernamentale cu atribuții de asistență și/ sau protecție socială

Desigur, și în sistemul asistenței sociale umaniste *asistentul social rămâne profesionistul de bază,* însă *sporește rolul psihologului și profesionistului din cadrul personalului de îngrijire, educație, terapii de recuperare,* deoarece oricât de bune ar fi managementul de caz, măsurile sociale, politica socială, oricât de bune și performante ar fi sistemul de asistență socială, stategiile, programele, proiectele, activitatea șefilor de instituții, în ultimă instanță, rezultatele activității multor servicii și instituții de asistență socială, cu precădere cele pentru copii, bătrâni, persoane bolnave sau cu dizabilități, depind de calitatea activității personalului de îngrijire, educație, recuperare și de supraveghere, de activitatea asistenților maternali și personali, a personalului de recuperare, a personalului medical, chiar a supraveghetorilor, chiar dacă conduitele și calitățile/ trăsăturile personale ale acestora par, la prima vedere, de importanță secundară.

4.1. "Sistemul" asistenței sociale umaniste

Conceptul de "sistem" al asistenței sociale umaniste este folosit în lucrare nu pentru a face referire la o altă formă globală/ unitară de organizare și funcționare a serviciilor și instituțiilor de asistență socială decât cea existență, ci este un instrument mai mult filozofic/ axiologic de promovare a idealurilor și valorilor asistenței sociale umaniste în contextul sistemului existent de asistență socială, putându-se vorbi astfel de un *sistem de idealuri, valori, principii și metode asumat umaniste*, aplicabile ca *deziderate* realităților organizaționale și funcționale din prezent.

În acest sens, sistemul asistenței sociale umaniste, afirmă/ promovează primatul unor valori, obiective și metode, precum fericirea prin bunăstare sufletească și autonomizarea prin empowerment, spiritual, uman și cultural, susține instruirea, selecția, evaluarea personalului prin promovarea unor calități precum dezvoltarea sufletească, umană și personală, debirocratizarea, depolitizarea, dezetatizarea și externalizarea, pe cât posibil, a serviciilor, cu precădere a celor pentru copii, creșterea importanței acordate altor profesiuni, pe lângă cea de asistent social, precum și reconsiderarea statutului de asistent social, prin extinderea și re-dimensionarea competențelor/ atribuțiilor și, eventual, schimbarea denumirii în "profesionist social", sau altfel,

Conceptul de sistem al asistenței sociale umaniste pornește, după cum s-a subliniat, de la cel existent, care mai este reprezentat, de criticii acestuia, ca o construcție/ organizare uniformizatoare, depersonalizantă, politizantă/ politizată, manipulabilă, chiar dacă la nivel declarativ sau în plan juridic-legislativ are la bază valori și principii declarat umaniste (Bounds, 2010).

Legea Asistenței Sociale Nr. 292 (2011) așează la baza sistemului național de asistență socială principii profund umaniste, selectăm pe cele mai relevante:

- solidaritatea socială, potrivit căreia întreaga comunitate participă la sprijinirea persoanelor vulnerabile care necesită suport și măsuri de protecție socială pentru depășirea sau limitarea unor situații de dificultate, în scopul asigurării incluziunii sociale a acestei categorii de populație;

- universalitatea, potrivit căreia fiecare persoană are dreptul la asistență socială, în condițiile prevăzute de lege;

- respectarea demnității umane, potrivit căreia fiecărei persoane îi este garantată dezvoltarea liberă și deplină a personalității, îi sunt respectate statutul individual și social și dreptul la intimitate și protecție împotriva oricărui abuz fizic, psihic, intelectual, politic sau economic;

- abordarea individuală, potrivit căreia măsurile de asistență socială trebuie adaptate situației particulare de viață a fiecărui individ; acest principiu ia în considerare caracterul și cauza unor situații de urgență care pot afecta abilitățile individuale, condiția fizică și mentală, precum și nivelul de integrare socială a persoanei; suportul adresat situației de dificultate individuală constă inclusiv în măsuri de susținere adresate membrilor familiei beneficiarului;

- participarea beneficiarilor, potrivit căreia beneficiarii participă la formularea și implementarea politicilor cu impact direct asupra lor, la realizarea programelor individualizate de suport social și se implică activ în viața comunității, prin intermediul formelor de asociere sau direct, prin activități voluntare desfășurate în folosul persoanelor vulnerabile;

- nediscriminarea, potrivit căreia persoanele vulnerabile beneficiază de măsuri și acțiuni de protecție socială fără restricție sau preferință față de rasă, naționalitate, origine etnică, limbă, religie, categorie socială, opinie, sex ori orientare sexuală, vârstă, apartenență politică, dizabilitate, boală cronică necontagioasă, infectare HIV sau apartenență la o categorie defavorizată;

- l) respectarea dreptului la autodeterminare, potrivit căreia fiecare persoană are dreptul de a face propriile alegeri, indiferent de valorile sale sociale, asigurându-se că aceasta nu amenință drepturile sau interesele legitime ale celorlalți;

- m) activizarea, potrivit căreia măsurile de asistență socială au ca obiectiv final încurajarea ocupării, în scopul integrării/reintegrării sociale și creșterii calității vieții persoanei, și întărire a nucleului familial;

- r) egalitatea de șanse, potrivit căreia beneficiarii, fără niciun fel de discriminare, au acces în mod egal la oportunitățile de împlinire și dezvoltare personală, dar și la măsurile și acțiunile de protecție socială;

- t) echitatea, potrivit căreia toate persoanele care dispun de resurse socioeconomice similare, pentru aceleași tipuri de nevoi, beneficiază de drepturi sociale egale (Monitorul Oficial NR. 905 din 20 decembrie 2011).

Organizarea sistemului de asistență socială are la bază, așadar, multe principii și valori relative la condiția umană, conviețuirea socială, valorile morale (Buzducea, 2009, Lazăr, 2010); toate enunțurile teoretice, strategiile, legislația sunt, așadar, dominate de un limbaj umanist. Din păcate, realitatea procesului și sistemului de asistență socială este, în mare parte, încă tributară unor valori și practici care lezează demnitatea persoanei.

Așa cum s-a instituit, în fapt, sistemul de asistență socială este, în mare parte, organizat astfel încât să satisfacă cu precădere nevoile economice elementare pentru persoanele sau categoriile defavorizate, iar în ceea ce privește asistența socială rezidențială concentrarea este, din păcate pe îngrijire și mai puțin pe fericire sau reabilitare umană (integrare socioumană).

Conceptul de sistem umanist de asistență socială propune o reîntoarcere la valorile originare, la comunitate, la microgrup, la ființa umană și existența sa tragică, propune o reevaluare a situației sistemului și promovarea unor principii și valori care să conducă la deplasarea de pe supraviețuire și îngrijire pe reabilitarea umană, fericirea și integrarea socială a clientului, în principal prin reabilitare *umană*, optimizare, dezvoltare personală și organizațională. În această abordare, politica și sistemul de asistență socială pun pe plan secund valorile economice, funcționaliste ori politice și așază ca fundament etic-axiologic conceptele valoare de *ființă umană demnă, autonomă și fericită.* Sistemul reflectă, în acest caz, nevoile oamenilor de demnitate și fericire, asigurând un cadrul în care acestea se pot împlini prin activismul auto-asumat; totodată este și un cadru în care persoanele în suferință și dificultate își pot găsi echilibrul și reabilitarea.

În concluzie, principiile și obiectivele umaniste ale sistemului de asistență socială urmăresc, cu precădere, să-l integreze pe client în mediul social din care fac parte, să-l reabiliteze din punct de vedere spiritual, uman și social. Urmăresc să dezvolte și capacitatea comunităților de a mențiune coeziunea socială și valorile umaniste în cultura organizațională a acestora. În final urmăresc să dezvolte *capacitatea adaptativă a clientului* de a-și dobândi autonomia și de a părăsi astfel sistemul de asistență socială.

4.2. Clientul în sistemul asistenței sociale umaniste

4.2.1. Limite și erori în reprezentarea și abordarea clientului

Sistemul asistenței sociale din România, precum și literatura de specialitate au fost nevoite ca, într-un timp relativ scurt, să realizeze ceea ce în alte sisteme s-a realizat în multe decenii sau chiar secole. Abordarea, s-a concentrat, cum era și firesc, pe aspectele formale (juridice), instituționale, metodologice sau teoretice generale, tinzând să piardă din vedere „obiectul" de intervenție sau cercetare: *clientul în sine, ca personalitate, individualitate, ființă umană concretă, suflet, juisanță, viață socioumană.*

Altfel spus, a predominat abordarea formală, instituțională sau cantitativă, explicate, în mare măsură, de o serie de limite sau constrângeri obiective dar și de multe erori de atribuire, percepție, interpretare etc. Atât în literatura de specialitate cât și în politica/ practica asistenței sociale se operează încă cu modele simpliste de reprezentare și abordare a clientului; predilecția pentru modelele reducționiste, instrumentaliste ori sociologist-simpliste ale clientului în dauna celor umaniste, existențialiste neavând la bază doar explicații obiective sau istorice ci și explicații de ordin psihologic sau psihosociologic.

Științele cogniției, precum și alte domenii științifice, printre care psihologia socială, consacră secțiuni importante unui fenomen psihologic și social, aparent neimportant, dar care se impune pe timp ce trece ca un subiect crucial în foarte multe lucrări și studii, este vorba despre erorile în atribuirea de însușiri și în stabilirea relațiilor de cauzalitate între diferite entități sau fenomene umane, psihosociale, adesea prezente în judecățile și conduitele profesioniștilor, cu precădere în aprecierea și evaluarea situației de dificultate a clientului, cu efecte asupra măsurilor instituționale și activității de intervenție/ asistență.

În rândurile care urmează vom urmări modul în care aceste erori, descrise, cu precădere, în literatura psihosociologică (Heider, *apud* Chelcea, 2008, p. 294; Baumeister, Bushman, 2013; Doise, Deschamp, Mugny, 1996, pp. 173 etc), au aplicabilitate și în domeniul asistenței sociale, cu focalizare pe reprezentarea și abordarea clientului.

Eroarea fundamentală de atribuire în reprezentarea clientului

Psihologia socială subliniază faptul că oamenii au tendința de a explica comportamentul celorlalți pe baza personalității și intențiilor acestora și mai puțin prin luarea în considerare a situației concrete în care se găsesc, a factorilor obiectivi, contextuali. În domeniul asistenței sociale și a abordării/ reprezentării „asistatului" de către profesionist teoria operează prin etichetare și ca percepție sau atitudine apriorie culpabilizatoare la adresa clientului, relativ la sursa situației lui de dificultate, interpretând incapacitatea de adaptare socială autonomă sau de desprindere de sistemul asistenței sociale ca un viciu de voință sau personalitate a acestuia. Mai privește și deprinderea de acuzare a părinților pentru dizabilitățile copiilor, a vârstnicilor, pentru bătrânețea lipsită de resurse (nu au muncit la timp, au fost preocupați de plăceri de moment, neglijând viitorul) etc. Mai concis „teza" acestei erori fundamentale de atribuire în asistența socială este aceea că beneficiarul însuși sau persoanele semnificative pentru acesta (reprezentați prin categorii personal-voliționale) sunt cauza principală a situației de dificultate sau risc.

Tendința de a aborda clientul exclusiv din punctul de vedere propriu sau al sferei de apartenență

Operează involuntar și la profesioniștii din asistența socială, care tind prin eticheta profesiei, de *asistent social*, să abordeze clientul preponderent prin latura „socială", desconsiderând alte tipuri de abordări, să conceapă strategii sau să intervină cu precădere prin serviciul „asistență", neglijând aspectele de ordin ontologic sau spiritual ori obiectivele care privesc bunăstarea sufletească, de reabilitare sau integrare socială.

Tendința de a reduce riscurile la zero și de a dori ca lucrurile să rămână neschimbate

La nivelul atitudinii și reflecției profesionistului conduce la construirea unui model client previzibil, „fără personalitate", controlabil, limitat la trăsături de tipul obedienței sau neimplicării. Limitează sfera de nevoi a clientului la palerul inferior, cu care se construiește proiectul de evaluare și intervenție. Satisfacerea nevoilor superioare, spirituale, dezvoltarea personalității, voinței, conștiinței de sine pot constitui factori de risc – copilul instituționalizat ar putea cere mai multe drepturi, mai multă libertate, satisfacerea mai multor nevoi, ar putea deveni mai „obraznic"; persoanele cu dizabilități locomotorii reabilitate ar putea crea probleme noi personalului, aceștia și-ar putea pierde locurile de muncă etc.

Tendința de concentrare pe soluțiile cu mare încărcătură emoțională și cu impact imediat

Profesioniștii cu nivel scăzut de dezvoltare personală, emoționali, intuitivi, dar și cu pregătire profesională și deontologică precară acționează cu precădere sub impulsul emoțiilor și impresiilor de moment, urmărind scopuri cu impact imediat, pierzând din vedere perspectiva, abordarea teleologică. Se operează astfel, inconștient, cu un model client-obiectiv, din care lipsește personalitatea și abilitatea socială, autonomia personală/ socială, împlinirea profesională și familială la maturitate, în cazul copiilor. Este aferent cu precădere măsurilor de urgență care se iau pentru găsirea unor soluții pentru copilul maltratat. Impactul emoțional din opinia, publică, presă face ca problema să se rezolve pe moment, în mod precipitat, riscând să se sacrifice interesele clientului pe termen lung. Ca exemplu: ridicarea pompieristică a copiilor din familii foarte sărace sau neglijente și plasarea lor de urgență în instituții sau familii alternative, când prin niște investiții materiale sau umane (consiliere) mult mai puțin costisitoare, pe termen lung, copilul ar putea rămâne să crească în sfera familia sau comunitatea de origine.

Tendința de a acorda mai multă importanță evenimentelor și datelor inițiale

Construcția reprezentării profesionale a sistemului client cu datele preluate din evaluările și evenimentele consumate în momentul „întocmirii dosarului" este o necesitate. Însă, fără nicio îndoială, că acest prototip va marca mult evaluările ulterioare. Ori aceste reevaluări nu se mai fac și se operează cu modelul inițial, ori se fac formal și se preiau mecanic datele inițiale, ori se fac cu seriozitate și operează involuntar această eroare descrisă de psihologia cognitivă. În aceste cazuri reprezentarea este lipsită de realism, conformitate, flexibilitate și eficiență. Favorizează orientarea către modelul de tip instrumentalist-birocratic.

Tendința de a considera că lucrurile sunt așa cum trebuie să fie, iar oamenii primesc ceea ce merită

Determină construirea unor reprezentări-client de tip fatalist, lipsit de dinamică și perspectivă. Opinia publică, mediul familial, comunitatea, serviciile de asistență socială nu își fac mari probleme pentru faptul că unele persoane suferă, au dizabilități, sunt neintegrate social, sărace sau se află în situație de risc. Eroarea, operează ca un arhetip/ automatism și predispune la pasivitate, lipsa unor strategii sau proiecte de reabilitate. Favorizează orientarea către modelul solidarist-minimal.

Impactul evidenței în reprezentarea clientului și proiectarea măsurilor

Eroarea operează, la nivelul atitudinii, gândirii și conduitei profesionistului ca o „setare" pentru simplificare și luarea în considerare a laturii fizice, organice, sociale bazale, comportamentale, instrumentale a clientului - care țin, desigur, de domeniul evidenței, concretului, verificabilului și incontestabilului. De asemenea, automatismele perceptive ale profesionistului/ evaluatorului, vor exclude din reprezentare componentele de dinamică, perspectivă, cauzalitate sau calitate (umanist-spirituale). Vom mai preciza aspectul că „mecanismul eroare" nu face diferențieri foarte mari între profesioniștii cu studii superioare și fără, între psihologi și îngrijitori.

Toate aceste capcane în care pot cădea profesioniștii pot fi evitate dacă activitățile se concep și abordează de pe pozițiile asistenței sociale umaniste, care prioritizează importanța atitudinii, gândirii și conduitei umaniste, a personalității *umane* a profesionistului și congruenței ontologic-terapeutice cu cea a clientului.

4.2.2. Reprezentarea și abordarea umanistă a clientului

Unul dintre obiectivele lucrării de față este acela ca, prin intermediul valorilor asistenței sociale umaniste, să ne alăturăm eforturilor tot mai evidente, atât în plan instituțional/ organizatoric cât și științific/ academic sau profesional, de *deplasare a accentului de pe abordarea cantitativă spre cea calitativă/ intensivă în reprezentarea clientului*, adică de pe administrare și satisfacerea trebuințelor materiale pe empowerment și satisfacerea nevoilor *umane* concrete ale clientului, reprezentat nu atât instrumental sau simbolic, cât prin atribute demne de calitatea de *om*, precum: personalitate plenară, fericire, demnitate, dezvoltare personală, autoactualizare, integrare socială/ umană, categorii ale orientărilor umaniste, tot mai prezente în literatura și practica din toate domeniile socio-umane. În acest sens, în "sistemul" asistenței sociale umaniste clientul poate fi abordat/ reprezentat astfel:

- **Clientul este o ființă spirituală și culturală**, ceea ce impune necesitatea luării în considerare a trebuințelor sale estetice, ludice, epistemologice și mistice. Satisfacerea și dezvoltarea nevoilor spirituale, culturale, morale, intelectuale reprezintă una dintre căile, metodele cele mai eficiente pentru dezvoltarea personală/ umană și sporirea perspectivei de autonomizare personală/ socială, indiferent de nivelul de studii, proveniență, vârstă sau tipul problemei sociale/ umane. Construcția modelului umanist-spiritual al clientului presupune, așadar, apelul la valori, la cultură, la cunoaștere, artă, spirit etc.

- Fundamentul epistemologic al reprezentării clientului în perspectivă umanist-spirituală îl constituie, de fapt, reprezentarea acestuia ca personalitate, suflet, ființă spirituală, de aceea este necesară așezarea, în prim-planul strategiilor de asistență și intervenție, a obiectivului satisfacerii nevoilor aferente acestora, odată cu obiectivul valorificării/ stimulării și dezvoltării lor; ceea ce presupune o deplasare de pe obiectivele minimale, de supraviețuire spre **obiective umanist-spirituale**, demersuri care nu pot fi făcute decât de profesioniști ei înșiși reprezentați cu resurse, calități umane și spirituale foarte bine dezvoltate. Așadar modelul de reprezentare a clientului nu este numai al clientului ci și al profesionistului, este o reprezentare anticipativ-proiectivă și operațională din care face parte în primul rând personalitatea și conduita profesionistului.

- Clientul „social" este o personalitate, o individualitate existențială concretă, un suflet nu un simplu element al unei entități sociale sau un nume într-un dosar. Acesta, ca persoană, trăiește într-un context socio-uman particular, în organizații și comunități cu caracteristici determinate, dincolo de paternurile și legitățile de organizare și funcționare socială obiectivă, de reflectările sociologic-științifice abstracte, generalizatoare. De către serviciile de asistență socială el trebuie perceput, evaluat și abordat ca **unicitate psihologică, socială, culturală, ca problemă socială și situație de dificultate diferențiată, concretă și particulară**. Strategiile și tehnicile de evaluare/intervenție nu neglijează componenta teoretic-generalizatoare, plasarea clientului în context social global, dar vor desprinde din acestea acele caracteristici care conferă reprezentării clientului relief și specificitate.

- Fiecare persoană dispune în mod constituțional de capacitățile elementare de dezvoltare personală și socială, de integrare socială autonomă și eficientă. Clientul, în general, este reprezentat în viziunea orientărilor terapeutice umaniste (orientarea existențială, gestalt-terapia, art-terapia, psiho-terapia experiențială, terapia centrata pe client, terapia rogersiana, terapia adleriana, analiza tranzacțională etc) ca o resursă în sine de dezvoltare personală și integrare socială prin însăși condiția și funcția personalității. Lucrurile stau la fel și în cazul clientului serviciilor de asistență socială. În activitatea de educația și îngrijire a copilului instituționalizat, a copilului crescut în familii substitut, a persoanelor cu dizabilități, în asistența socială a vârstnicilor, bolnavilor, dependenților de substanțe halucinogene etc. asistentul social, psihologul sau medicul trebuie să-i perceapă și reprezinte în primul rând ca **resursă și actor principal al propriei recuperări sociale, psihologice sau morale** și deloc ca „inapți", „incapabili", „nedotați", „neadaptați". Aplicarea principiilor orientărilor umanist-pozitive în științele socioumane, consacrate mai ales în zona psihoterapiei, ar conduce, în asistența socială, la definiția unui client activ, determinat, orientat conștient și voluntar către propria reabilitate și părăsire a sistemului de asistență socială.

- Orientările umaniste percep și definesc clientul nu ca pe un asistat, pacient sau învățăcel ci ca pe o **persoană demnă**, cu toate drepturile/ valențele sociale, morale și psihologic-acționale, cu abilitatea naturală de a se ridica din situația în care se află temporar. Rolul serviciilor de asistență socială este acela de conferi acestuia cadrul și prilejul și a-și valoriza, în mod autonom, resursele, potențialitățile. Nici asistentul social, nici educatorul, nici psihologul nu au vreun fel de ascendență față de client. Cele două părți se situează pe poziții de egalitate în ceea ce privește demnitatea și drepturile fundamentale. Clientul este, aprioric, o ființă umană cu toate drepturile ancestrale, istorice și morale, la fel ca toți ceilalți oameni. Profesionistul din asistența socială îl va percepe și aborda așa, sau va face tot posibilul pentru a ajunge să beneficieze de aceste drepturi.

- Intervenția în scop de reabilitare sufletească sau socială pornește de la **o reprezentare și abordare de tip holistic**, unitar a clientului, sistemului client, respingând tendințele de „disociere" și definire secvențială a acestuia. Chiar dacă tehnologia de evaluare și intervenție presupun inevitabil și aceste proceduri este recomandat a nu se pierde în nici un moment din vedere perspectiva ansamblului, unității, complexității și unicității sistemului client (Ștefăroi, 2009a, p. 18).

4.2.3. Nevoile *umane* și spirituale ale clientului

După Maslow (2008) la baza piramidei nevoilor umane, în acord cu definiția proprie a personalității (umanistă), se situează trebuințele fiziologice, urmează cele de afiliere, sociale, ale eului, de stimă și, la niveluri superioare, cele de împlinire personală (personal fulfilment), morale, de auto-actualizare etc. Organizarea motivațional-personală, sistemul motivațional uman, spunem noi, în prelungirea celor subliniate de marele psiholog umanist, este o construcție nu doar piramidală ci și spirituală. Sensul cuvântului *spiritual*, este aferent celui de emergență, acela de construcție care depășește prin complexitate sensul organizării fizice și cibernetice a sistemelor, căpătând o perspectivă nouă, holistică, profundă, multidimensională.

În consecință, definirea motivației „umanist-spirtuale" trebuie să plece de la câțiva termeni – trebuință, tensiune, reorganizare bio-psihică și personală, homeostazie, dar și nevoi spirituale, complexitate, multidimensionalitate și emergență. Acestea din urmă sunt, de fapt, reperele esențiale ale modelului umanist-spiritual de reprezentare a personalității clientului. Așadar, cunoașterea „motivațională" a clientului cuprinde în mod necesar perspectiva biologică, psihologică dar și spirituală (culturală) și are ca obiect de studiu nu doar organismul sau sistemul psihic, înțelese distinct, ci personalitatea emergentă prin dezvoltările sale spirituale și subiective.

Din păcate, de puține ori observăm sau auzim de intenții de satisfacere a unor nevoi spirituale ale clienților în domeniul asistenței sociale. Chiar dacă strategiile, proiectele și obiectivele de asistență socială conțin și elemente de acest ordin, enumerarea acestora este de multe ori strict protocolară sau reprezintă ținte greu de atins, de aceea sunt abandonate pe parcurs. Vom auzi însă adesea că obiectivul serviciilor de asistență socială îl reprezintă asigurarea unui minim de condiții materiale, asigurarea condițiilor pentru o viață decentă, un venit minim garantat, condiții pentru creștere și dezvoltare normală.

Credem că în limita resurselor existente se poate face, totuși, mai mult, ținând cont de faptul că beneficiarii sunt ființe umane, au și alte nevoi decât cele bazale. De aceea este esențial ca în domeniul asistenței sociale să se realizeze gradual o deplasare de pe reprezentarea minimalistă, materialistă, a clientului spre o reprezentare complexă, profundă, autentică, umanist-spirituală. Desigur, saltul este important, dar nu imposibil, oricum trebuie definit și impus ca obiectiv.

Esența acestei noi filozofii o reprezintă, de fapt, o deplasare „motivațională". Dincolo de satisfacerea elementară a unor trebuințe biologice, clienții sunt ființe umane cărora trebuie să li se asigure șansa, prin condiții și facilități, de a le fi satisfăcute și trebuințele superioare.

În zadar se investesc sume și resurse imense pentru crearea unor condiții materiale optime dacă internii unei instituții, de pildă, experimentează un profund proces de depersonalizare, dezumanizare, despiritualizare. În zadar sunt foarte bine hrăniți, au ateliere și cluburi pentru relaxare dacă ei conviețuiesc într-un climat de promiscuitate morală, culturală, spirituală, estetică (Ștefăroi, p. 55). În zadar se va interveni asupra sistemului client individual cu măsuri economice, dacă problema este, de fapt, umană, psihologic-spirituală, sau are o componentă spirituală importantă. În acest sens, cuvintele unui filozof-politician contemporan sunt foarte relevante în acest sens: „Tendința omului de a deveni personalitate nu este o vanitate, ci o necesitate de a afirma cea mai profundă esență umană." (Jelev, 1995, p. 11).

Principiul integralității personale presupune teza că persoană nu poate fi cunoscută și reprezentată în natura și esența ei autentică decât luând considerare toate nivelurile, dimensiunile și laturile personalității în contextul vieții materiale, sociale, culturale și morale concrete.

Paradigma sincretică a acestui principiu presupune sferele: corp – intelect – suflet - self-personalitate – conștiință - personalitate spirituală/ *umană* – context social/ moral/ cultural. Conform acestui principiu, omiterea unei laturi sau dimensiuni nu doar că modifică configurația particulară a ansamblului personal ci alterează grav însăși natura și calitatea intrinsecă de persoană, ființă umană.

Aplicat la modelul de reprezentare a personalității clientului în asistența socială, evitarea reprezentării sferei spirituale, de exemplu, în tabloul de prezentare diagnostică generală înseamnă practic vicierea întregului demers de evaluare, în esența și menirea sa, nu doar o limitare sau reprezentare incompletă. În plus, principiul integralității personale presupune aserțiunea că sfera spirituală, reprezentând în natura ei expresia holist-emergentă a dezvoltării personale, are un caracter integrator, unificator și marchează prin procese complexe de feed-back și feed-before caracterul de unitate și unicitate în organizarea internă, generând tendințe complexe de omogenizare (nu de uniformizare), impunând sensul de dezvoltare, caracteristicile de personalitate și, în sens antropologic, natura, esența, condiția de ființă umană, conferind totodată persoanei dimensiunea universalității și ancestralității.

Prin raportare la acest principiu vom defini sistemul client și situația de dificultate ca abatere de la acesta și de la situația de normalitate care s-ar defini în consecință. În concluzie, reprezentarea și abordarea umanist-spirituală a clientului ar presupune următoarele:

- persoanei îi sunt satisfăcute principalele nevoi psihologic-spirituale (estetice, epistemologice, ludice etc);
- persoana se simte utilă, valorizată, ca făcând parte din „comunitatea" culturală și morală a organizației în care trăiește;

- clientului copil îi sunt satisfăcute pe lângă nevoile contingente, cele de dezvoltare psihologică fundamentală și cele de dezvoltare spirituală;

- persoana are o stimă de sine ridicată, are o perspectivă optimistă de realizare a obiectivelor personale în context socio-cultural determinat;

- conviețuiește în locații și medii sociale agreabile, „estetice", „ludice", care favorizează dezvoltarea intelectuală și sentimentele pozitive, se simte împlinit personal și profesional, este fericit, îi sunt valorizate aptitudinile artistice, ludice, de cunoaștere sau înclinația spre credință religioasă;

- în economia internă, subiectivă a trăirilor sentimentele „spirituale" dețin o pondere importantă.

După cum se știe, serviciile de asistență socială nu-și propun, de regulă, obiective relative la subiectivitatea și calitatea trăirilor spirituale ale clientului, totuși ele ar trebui să determine îmbunătățiri și din acest punct de vedere. Rezolvarea problemei sociale fără preocupare față de acest tip de obiective, mai ales în cazul copiilor este o soluționare parțială. În instituțiile de plasament pentru copii, persoane cu dizabilități sau bătrâni credem că se poate face foarte mult din acest punct de vedere.

Prin aceste considerațiuni nu intenționăm să desconsiderăm nici teoria, nici practica uzuală în domeniul asistenței sociale din prezent, ci doar semnalăm tendința periculoasă a unor derapaje, neglijarea, îndeosebi în centre/ instituții rezidențiale, a laturii *umane* a individualității ca unicitate, a personalității, a laturii spirituale a clientului, încălcarea demnității, tendința de uniformizare și standardizare metodologică, de orientare, cu precădere, spre satisfacerea nevoilor primare.

Trebuie să subliniem/ precizăm importanța și ponderea semnificativă pe le au sentimentele spirituale, în general, în viața de zi cu zi a oamenilor (chiar dacă nu le numim așa, sau nu le recunoaștem importanța) pentru a justifica necesitatea prioritizării acestora și în ierarhia/ inventarul nevoilor „sistemului client", și transformarea lor în resurse și obiective asistențiale. Pentru copiii din instituții, de exemplu, personalitatea nu este doar o formațiune psihologică care trebuie alimentată ci este chiar obiectiv de creștere și educație.

Formarea sănătoasă și funcțională a acesteia este corelată cu obiectivele care se stabilesc relativ la ierarhia nevoilor. Dacă pe prim plan se va așeza interesul de satisfacere a nevoilor de bază, neglijându-se nevoile spirituale, ontologic-personale atunci nu trebuie să ne mai mirăm că majoritatea acestor copii nu se dezvoltă armonios, nu se integrează social și sunt mereu triști, alienați, nefericiți (Ștefăroi, p. 42).

4.3. Conduita profesionistului în sistemul asistenței sociale umaniste

4.3.1. Comportamentul profesional umanist

Indiferent de tipul de activitate desfășurată sau rolul profesional/ ocupațional îndeplinit profesionistul, prin comportamentul său, cu atât mai mult în asistența socială umanistă, unde factorul uman, personal, interuman, interpersonal este determinant, contribuie în, mod crucial, la îndeplinirea obiectivelor umaniste stabilite, cu precădere cele referitoare la bunăstarea sufletească/ spirituală și fericirea clientului, la diminuarea/ alinarea suferințelor, dar și la cele care privesc empowermentul, autonomizarea, integrarea și adaptarea socială, socioumană a clientului.

În general, în practica curentă, comportamentul profesionistului din sistemul asistenței sociale, se bazează pe aptitudini și calități empatetic-umane (empatie/ compatie, dezvoltare personală/ *umană,* sensibilitate spirituală, proiectivitate), pe pregătire și experiență profesională, umană și socială adecvate specificului mediului, problemei, clientului și comunității în care își desfășoară activitatea (Smith, 2004, p. 10).

Așadar, practica umanistă de asistență socială solicită profesionistului *focalizare pe realitatea socioumană concretă, contingentă și manifestările psihologic-sufletești ale clientului,* autoanaliză și verificarea eficienței intervenției prin interpretarea atentă a feed-back-urilor referitoare la starea sufletească/ spirituală/ umană și progresul în autonomizare al clientului.

Activitatea și conduita în scop de evaluare a profesionistului se concentrează pe identificarea, analiza și descrierea problemelor și suferințelor concrete, efective, personale ale clienților, precum și a celor de perspectivă (Else, 1977).

În activitatea de intervenție, prin *comportament empatetic-uman,* creativitate și proiectivitate, profesionistul umanist lucrează la construcția unui nou *modus vivendi,* a unei *noi comportamente ale clienților,* cu instrumente *umaniste.* Prin conduite de tip umanist profesionistul realizează schimbări și re-modelări ale situației compatetice, sociale, culturale și psihosociale actuale a clientului, schimbări în situațiile concrete de depersonalizare și dezumanizare a acestuia, în situațiile individuale și colective de impas existențial, criză existențială, pierderea sensului *uman.*

4.3.2. Comportamentul profesional umanist și calitățile psihologic-sufletești ale profesionistului în managmentul de caz, case work și procesul de intervenție

Chiar dacă la prima vedere abordarea umanistă ar induce percepția unei lipse de rigoare în managementul sau de caz, în realizarea și aplicarea proiectului de intervenție cu scop de schimbare personală și socială, în realitate atât activitatea evaluativă cât și cea de intervenție umanistă sunt caracterizate de *rigoare științifică și disciplină profesională*. Profesionistul umanist este o persoană „cu suflet" mare dar și cu o pregătire științifică și profesională foarte riguroasă. Proiectul de intervenție umanist reflectă aceste calități.

Totuși, în modelul umanist de evaluare, intervenție, management de caz, case work, îngrijire metodele utilizate nu fac exces de formalism și tehnicism, profesionistul empatizează autentic cu clientul, urmărește în principal să contribuie la *dezvoltarea personală, etică și spirituală a clientului* (Payne, 2011, p. 144). Obiectivele activității, sunt ținte greu de atins și presupun multă dăruire, știință și imaginație. Acesta trebuie să cunoască bine caracteristicile altor tipuri de abordări, nu pentru a le evita ci pentru a prelua elemente necesare în proiectul umanist, respectiv din modelul social de intervenție, din modelul funcționalist, din modelul instrumentalist-birocratic, din modelul economic și modelul umanist.

Îngrijirea și simpla subzistență biologică sunt practici și obiective importante dar secundare. Prin concentrarea pe îngrijire și neglijarea reabilitării *umane* și spirituale se desconsideră nevoia ancestrală a ființei umane de demnitate. Îndeplinirea adevăratelor obiective poate fi raportată doar dacă *clientul a crescut în bunăstare sufletească și autonomie*, dacă și-a recâștigat demnitatea și s-a reabilitat uman, moral, social, dacă s-a integrat în comunitate. Managerul de caz umanist este obsedat de dorința de a-l vedea, așadar, pe client „pe picioarele lui" și totodată fericit.

Acesta urmărește, prin proiectul de intervenție, îngrijirea sufletului și personalității active, coordonează eforturile echipei în scopul optimizării personalității clientului și climatului empatetic din organizație. Nu neglijează nici ajutorul material sau îngrijirea fizică, însă sunt soluții temporare, sau devin obiective prioritare doar pentru categoriile de clienți care nu au, din punctul de vederea al capacităților psiho-fizice, nici o șansă de normalizare.

Fără a desconsidera celelalte tipuri de abordări, **managementul de caz umanist** presupune, așadar, focalizarea pe latura „umană", spirituală, ontologică și subiectivă a clientului și sistemului client, a vieții și situației de dificultate a clientului, pe relațiile și conduitele socioumane contextuale ale acestuia, unde se află și sursele evaluării sau resursele schimbării. Vulnerabilitatea este accentuată de dezangajarea psihosocială și degradarea umană pe care a suferit-o clientul, degradarea relațiilor interpersonale, a climatului sociouman din comunitate (Horner, Kindred, 1997).

Managerul de caz umanist își va construi tabloul evaluativ cu precădere printr-o *fenomenologie umanist-spirituală*. Procesul de elaborare a proiectului de intervenție după modelul umanist presupune acordarea de prioritate *identificării nevoilor și resurselor sufletești, spirituale, umane, subiective, voliționale de reabilitare*. Activitățile de intervenție utilizate nu fac exces de formalism și tehnicism, profesionistul empatizează autentic cu clientul, urmărește în principal să contribuie la *autonomizarea sa socială* prin dezvoltare spirituală, personală/ psihologică, morală și socio-culturală, prin valorificarea aptitudinilor și capacităților creative, inclusiv prin muncă, activități productive, economice (Buzducea, 2013)

În **case work**, în **procesul umanist de intervenție** se pune accent pe antrenarea și valorificării resurselor spirituale, umane, subiective, voluntare de reabilitare ale clientului. Obiectivele cuprind cu precădere termeni precum fericire autentică, dezvoltare personală, responsabilizare, recuperare/ integrare socială prin dezvoltare spirituală și morală, formarea unei culturi organizaționale solide, etc. Instituțiile și serviciile de asistență socială, în lucrul pe caz, nu-și propun de regulă obiective intime, relative la subiectivitatea și calitatea trăirilor clientului, totuși ele ar trebui să propună îmbunătățiri și în ceea ce privește viața psihologică, altfel eforturile ar putea deveni inutile. Rezolvarea problemei sociale fără preocupare față de sentimentele și trăirile persoanei, mai ales în cazul copiilor, este o soluționare efectiv improprie a acesteia.

Trebuie reliefată importanța și ponderea semnificativă pe le au existența subiectivă și viața sufletească, sentimentele, valorile, stima de sine, personalitatea în viața privată și socială a oamenilor pentru a justifica necesitatea prioritizării acestora în ierarhia/ inventarul nevoilor clientului și transformarea lor în resurse și obiective asistențiale (Reamer, 1993). Pentru copiii din instituții, de exemplu, personalitatea nu este doar o formațiune psihologică care trebuie alimentată ci este chiar obiectiv de creștere și educație. Formarea sănătoasă și funcțională a acesteia este corelată cu obiectivele care se stabilesc relativ la ierarhia nevoilor. Dacă pe prim plan se va așeza interesul de satisfacere a nevoilor de bază, neglijându-se nevoile socio-afective, spirituale, ontologic-personale atunci nu trebuie să ne mai mirăm că majoritatea copiilor instituționalizați nu se integrează social și sunt mereu triști, alienați (Ștefăroi, 2008, p. 68).

4.3.3. Codul deontologic al profesionistului în sistemul asistenței sociale umaniste

Fără nici un dubiu toate codurile deontologice pentru lucrătorii din domeniul asistenței sociale din întreaga lume au la bază *valori și principii umaniste*, în principal cele referitoare la *solidaritatea umană, responsabilitate, demnitatea umană, autodeterminare* și *empowerment*.

În asistența socială umanistă însă, acestea sunt prioritizate și afirmate ca fundamentale pentru orice profesionist sau voluntar care lucrează cu persoane aflate în dificultate, fie că sunt asistenți sociali, fie îngrijitori sau manageri. Acesta este și unul dintre aspectele care particularizează asistența socială umanistă, adică faptul că valorile și codurile deontologice nu se limitează la asistenții sociali ci se aplică, în mod explicit, la toate categoriile de personal din sistemul asistenței sociale, cu accent pe profesioniștii care au atribuții sau lucrează efectiv cu clienții.

Codurile deontologice existente, concepute în cele mai multe cazuri pentru asistenții sociali, pot fi totuși aplicabile, aproape în totalitate, pentru toate categoriile și rolurile profesionale/ocupaționale din sistem, respectiv în domeniile: protecția drepturilor copilului și familiei, adopție, protecția persoanelor cu dizabilități, protecția persoanelor vârstnice, asistența socială a persoanelor private de libertate, asistența socială a persoanelor dependente de droguri, asistența socială din sistemul de sănătate, asistența socială din sistemul de educație, integrarea socială a rromilor și a altor grupuri etnice/ sociale, etc.

Din **Codul deontologic al profesiei de asistent social**, din România, vom reține, selectiv și sintetic, câteva idei-valoare, principii, relevante și pentru domeniul asistenței sociale umaniste și posibil aplicabile tuturor profesioniștilor din domeniul asistenței sociale din țara noastră, respectiv:

- *Justiția socială.* Asistenții sociali promovează/ se asigură de egalitatea șanselor privind accesul clienților la informații, servicii, resurse și participarea acestora la procesul de luare a deciziilor. Ei contestă și combat diferitele forme ale injustiției sociale precum: sărăcia, șomajul, discriminarea, excluderea și alte asemenea forme.

- *Demnitatea și unicitatea persoanei.* Asistenții sociali respectă și promovează demnitatea individului, unicitatea și valoarea fiecarei persoane. Nu trebuie să practice, să tolereze, să faciliteze sau să colaboreze la nici o formă de discriminare bazată pe rasă, etnie, sex și orientare sexuală, vârstă, convingeri politice sau religioase, statut marital, deficiență fizică sau psihică, situație materială și/sau orice altă preferință, caracteristică, condiție sau statut.

- *Autodeterminarea.* Asistentul social asistă clienții în eforturile lor de a-și identifica și clarifica scopurile, în vederea alegerii celei mai bune opțiuni. Pot limita drepturile clienților la autodeterminare doar atunci când, în judecata profesională a asistentului social acțiunile prezente și/sau viitoare ale clienților prezintă un risc pentru ei înșiși și/sau pentru ceilalți.

- *Relațiile interumane.* Asistenții sociali recunosc importanța fundamentală a relațiilor interumane și le promovează în practica profesională. Asistenții sociali încurajeaza și întăresc relațiile dintre persoane cu scopul de a promova, reface, menține și/sau îmbunătați calitatea vieții persoanelor, familiilor, grupurilor, organizațiilor și comunităților (Monitorul Oficial, Partea I nr. 173 din 06/03/2008, cod publicat sub egida Colegiului Național al Asistenților Sociali din România).

4.4. Calități psihologic-sufletești și conduite specifice ale profesioniștilor în sistemul asistenței sociale umaniste

4.4.1. Asistentul social

Indiferent de paradigma, forma, orientarea teoretic-doctrinară prin care este reprezentat asistentul social sau sistemul de asistență socială în care activează, rolul acestuia rămâne primordial, toate celelalte profesiuni și roluri nu se pot altfel statua decât prin raportare administrativă și profesională la acesta, la codul deontologic și statutul profesiunii de asistent social.

Din definițiile internaționale date profesiunii de asistent social, mai apropiate de reprezentarea acestuia prin categoriile asistenței sociale umaniste, consemnăm, în forma originală, pe cea conferită de *The International Federation of Social Workers* (IFSW):

> The social work profession facilitates social change and development, social cohesion, and the empowerment and liberation of people. Principles of social justice, human rights, collective responsibility and respect for diversities are central to social work. Underpinned by theories of social work, social sciences, humanities and indigenous knowledges, social work engages people and structures to address life challenges and enhance wellbeing.

Din punctul de vedere al practicii asistenței sociale umaniste **calitățile *umane*** (psihologice, spirituale, morale) ale asistentului social sunt cruciale în practica specifică și îndeplinirea misiunii cu adevărat umaniste a activității acestuia. Literatura de specialitate cuprinde multe referiri la *cunoștințele și calitățile necesare profesionistului din asistența socială*. În marea lor majoritate pot fi considerate umaniste. Se remarcă în principal:

- *Abilități intelectuale și cunoștințe:* de psihologia personalității și a dezvoltării umane, filosofie, sociologie, psihologie socială, antropologie, religie, drept, politică, medicină etc. (Neamțu, 2011), privind drepturile omului, justiția socială, condiția și complexitatea ființei umane (Payne, 2011);

- *Valori și atitudini:* nediscriminarea, respectarea individualității, drepturilor, demnității și autonomiei persoanei/ clientului (Payne, 2011);

- *Deprinderi și conduite:* experiență socială, de comunicare, relaționare interumană (Miftode, 2011), agreabilitate, empatie, carismă (Dominelli, 2002).

Trăsături precum empatia, sensibilitatea *umană,* idealismul, creativitatea, multi-culturalismul, altruismul, flexibilitatea, răbdarea și capacitatea de ascultare, conștiinciozitatea, principialitatea, responsabilitatea, bunăstarea și dezvoltarea personală, agreabilitatea, sociabilitatea și comunicativitatea, toleranța, modestia, carisma și capacitatea persuasivă, pragmatismul etc. sunt calități indispensabile ale personalității și **conduitei** asistentului social din "sistemul" asistenței sociale umaniste.

Indiferent de domeniul social în care-și desfășoară activitatea, de postul, funcția, rolul specific pe care îl ocupă asistentul social este promotorul unei atitudini umaniste proactive, atât în raporturile cu clientul, cât și cu agenția ori comunitatea în serviciul căreia lucrează. Fie că îndeplinește **roluri** executive, de lucru direct cu clientul ori comunitatea, precum manager de caz, consilier, educator, avocat, facilitator, mediator, fie funcții de conducere/ coordonare sau administrative, urmărește nu doar o elementară îngrijire sau ajutor conjunctural ci schimbarea, atât în planul situației sociale cât și sufletești. Este motivul pentru care personalitatea și conduita acestuia trebuie să se descrie și prin trăsături precum dezvoltarea personală, proiectivitate, vizionarism, idealism, inteligența, creativitate, cultură, multi-culturalitate, bunăstare sufletească, fericire.

Dezvoltarea personală și umană (intelectuală, volițională, morală etc) nu este o opțiune ci o condiție crucială a succesului în orice rol profesional pe care îl îndeplinește asistentul social umanist. Cunoșterea de sine, capacitatea de valorificare a potențialului propriei personalități, starea de bine psihologic-emoțional, satisfacția, fericirea, dezvoltarea socioemoțională, controlul emoțiilor, dezvoltarea inteligenței emoționale, realismul și echilibrul, dezvoltarea voinței, rezistența la eșec și frustrare, proiectivitatea, atitudinea pozitivă, optimismul, gândirea activă, dezvoltarea morală, educația estetică, autonomia personală și socială, dezvoltare interpersonală, adaptabilitatea sporesc enorm șansele reușitei în procesul de reabilitare socioumană a clientului, de autonomizare sau în încercarea de a-l face mai fericit.

Explicația este aceea că și personalitatea în sine a asistentului social umanist este resursă și factor de prevenire sau reabilitare a clientului, de dezvoltare personală și socială a acestuia. Dezvoltarea personală a asistentului social, în special prin valența creativă a acesteia, constituind, astfel, resursă esențială de reabilitare și adaptare socială a clientului (Payne, 2011, p. 146) .

În general, în practicile sociale, în activitățile care urmăresc schimbarea socioumană, cu atât mai mult în asistența socială umanistă, asistentul social, fie că este manager de caz, fie conduce un centru de plasament nu se preocupă doar de supraviețuirea clientului/ clienților ci urmărește *schimbarea durabilă*, dezvoltarea umană, reabilitarea în perspectivă, cu atât mai mult dacă este vorba de copii. Fără viziune, fără idealizare, fără proiectivitate obiectivele activității vor rămâne doar pe hârtie (Else, 1977).

Astfel, **calitățile proiectiv-vizionare** ale asistentului social pot fi considerate constituționale, aferente necondiționat acestei profesii. Proiectivitatea, cu dimensiunea sa crucială idealizarea, spiritul vizionar, cu valența sa proactivă sunt generatoare de personalitate eficientă, empatetică, de omenie și altruism, favorizând însă și deciziile cu efecte benefice pe terment lung asupra clientului.

De asemenea, doar un asistent social cu *gândire multiculturalistă* poate surprinde, în fenomenologia și etiologia complexă a unei situații sociale concrete, particulare, locale elementele sau factorii de specificitate. Deschiderea către specificul cultural local poate contribui la diminuarea acestor tendințe negative prin adaptarea efectivă a teoriilor și metodelor importate la specificul problemelor sociale, prin adoptarea unor abordări, teorii și metode extrase sau adaptate condițiilor socio-economice și culturale specifice (Wing Sue, 2006).

În ultimă instanță, chintesența conceptului de asistență social umanistă se regăsește în modul în care se reflectă în profesiunea care o operaționalizează. La ora actuală, se știe, denumirea acestei profesiuni, în România, este de asistent social. Există preocupări în legătură cu acest aspect. În alte sisteme de asistență socială este utilizat termenul de lucrător social (social worker, travailleur social, etc) sau altele.

Majoritatea asistenților sociali, absolvenți de facultate, cu mastere, doctorate și tot felul de certificate academice, științifice sau profesionale, au un mare complex legat de denumirea profesiei lor, de statusul profesional și de competențele pe care această denumire sau funcție le presupune.

Problema se trage de la cuvântul *asistență*, care este asociat cu o activitate de tip secundar, neimportantă, limitată la activitatea de „asistență", asimilată parțial îngrijirii, desconsiderând latura terapeutic-metodică sau științifică. În plus pentru foarte multe alte posturi sau ocupații, fără condiția studiilor superioare, prin primării, centre de plasament, asistență maternală, însoțitori persoane cu dizabilități, se folosește la modul generic formula asistent social. Se creează astfel multă confuzie și frustrare pentru adevărații asistenți sociali, egali prin studii și competențe cu sociologii, psihologii, medicii sau juriștii.

Credem ca ar fi utilă o dezbatere pe aceasta temă. Noi propunem titulatura de *profesionist social*. Este adevărat ea se mai utilizează în prezent pentru a desemna orice lucrător din domeniu, dar prin instituționalizare ar putea fi, cu unele îmbogățiri, asimilată competențelor asistentului social de astăzi. Pentru celelalte categorii de lucrători s-ar putea folosi formula profesioniști din domeniul asistenței sociale.

Sintagma profesionist social, folosind-o în locul celei de asistenta social, ar aduce, în plus, din punctual de vedere al asistenței sociale umaniste, și atribuții sau dimensiuni suplimentare, *umaniste*. Profesionistul social este eticheta și specialistul principal în asistența socială, întrunește calități/ trăsături *umane* și profesionale complexe. Este și psiholog și filosof, și sociolog și medic, și educator și preot. Funcția sa esențială nu este doar aceea de a asista ci de a contribui, cu personalitatea și conduita sa, cu mijloace profesionale și *umane*, la reabilitarea sufletească și socială a clientului. Coordonează întregul proces a fără știrbi din autoritatea psihologului, medicului, sociologului sau juristului. Dimpotrivă, prin atribuțiile, statutul și "eticheta" profesiunii sale le este mai mult de folos.

In ceea ce privește dimensiunea deontologică, etică, din *Code of Ethics of the National Association of Social Workers*, din Statele Unite, reținem câteva prevederi care, considerăm noi, că sunt potrivite conduitei și activității asistentului social (profesionistului social) din "sistemul" asistenței sociale umaniste. (păstrăm forma originală preluată de pe site-ul *National Association of Social Workers)*:

- *The mission of the social work profession is rooted in a set of core values. These core values, embraced by social workers throughout the profession's history, are the foundation of social work's unique purpose and perspective: social justice; dignity and worth of the person, importance of human relationships, integrity, competence.*

- *The primary mission of the social work profession is to enhance human well-being and help meet the basic human needs of all people, with particular attention to the needs and empowerment of people who are vulnerable, oppressed, and living in poverty. A historic and defining feature of social work is the profession's focus on individual well-being in a social context and the well-being of society. Fundamental to social work is attention to the environmental forces that create, contribute to, and address problems in living.*

- *Social workers promote social justice and social change with and on behalf of clients. "Clients" is used inclusively to refer to individuals, families, groups, organizations, and communities. Social workers are sensitive to cultural and ethnic diversity and strive to end discrimination, oppression, poverty, and other forms of social injustice. These* activities may be in the form of direct practice, community organizing, supervision, consultation administration, advocacy, social and political action, policy development and implementation, education, and research and evaluation. Social workers seek to enhance the capacity of people to address their own needs. Social workers also seek to promote the responsiveness of organizations, communities, and other social institutions to individuals' needs and social problems.

- Social workers should obtain education about and seek to understand the nature of social diversity and oppression with respect to race, ethnicity, national origin, color, sex, sexual orientation, gender identity or expression, age, marital status, political belief, religion, immigration status, and mental or physical disability.

- Social workers should not practice, condone, facilitate, or collaborate with any form of discrimination on the basis of race, ethnicity, national origin, color, sex, sexual orientation, gender identity or expression, age, marital status, political belief, religion, immigration status, or mental or physical disability.

- Social workers should act to prevent and eliminate domination of, exploitation of, and discrimination against any person, group, or class on the basis of race, ethnicity, national origin, color, sex, sexual orientation, gender identity or expression, age, marital status, political belief, religion, immigration status, or mental or physical disability.

- Social workers pursue social change, particularly with and on behalf of vulnerable and oppressed individuals and groups of people. Social workers' social change efforts are focused primarily on issues of poverty, unemployment, discrimination, and other forms of social injustice. These activities seek to promote sensitivity to and knowledge about oppression and cultural and ethnic diversity. Social workers strive to ensure access to needed information, services, and resources; equality of opportunity; and meaningful participation in decision making for all people.

- Social workers treat each person in a caring and respectful fashion, mindful of individual differences and cultural and ethnic diversity. Social workers promote clients' socially responsible self-determination. Social workers seek to enhance clients' capacity and opportunity to change and to address their own needs. Social workers are cognizant of their dual responsibility to clients and to the broader society. They seek to resolve conflicts between clients' interests and the broader society's interests in a socially responsible manner consistent with the values, ethical principles, and ethical standards of the profession.

- Social workers understand that relationships between and among people are an important vehicle for change. Social workers engage people as partners in the helping process. Social workers seek to strengthen relationships among people in a purposeful effort to promote, restore, maintain, and enhance the well-being of individuals, families, social groups, organizations, and communities.

- Social workers are continually aware of the profession's mission, values, ethical principles, and ethical standards and practice in a manner consistent with them. Social workers act honestly and responsibly and promote ethical practices on the part of the organizations with which they are affiliated.

- Social workers' primary responsibility is to promote the well-being of clients. In general, clients' interests are primary. However, social workers' responsibility to the larger *society or specific legal obligations may on limited occasions supersede the loyalty owed clients, and clients should be so advised. (Examples include when a social worker is required by law to report that a client has abused a child or has threatened to harm self or others).*

- *Social workers respect and promote the right of clients to self-determination and assist clients in their efforts to identify and clarify their goals. Social workers may limit clients' right to self-determination when, in the social workers' professional judgment, clients' actions or potential actions pose a serious, foreseeable, and imminent risk to themselves or others.*

- *Social workers should have a knowledge base of their clients' cultures and be able to demonstrate competence in the provision of services that are sensitive to clients' cultures and to differences among people and cultural groups.*

- *Social workers should obtain education about and seek to understand the nature of social diversity and oppression with respect to race, ethnicity, national origin, color, sex, sexual orientation, gender identity or expression, age, marital status, political belief, religion, immigration status, mental or physical disability* (www.socialworkers. org/).

4.4.2. Psihologul/psihopedagogul

Este destul de greu să se abordeze tema rolului, misiunii sau calităților necesare psihologului din sistemul asistenței sociale din simplul motiv că, cel puțin la noi, nu s-a constituit o disciplină științifică consacrată domeniului, o psihologie "socială", precum psihologia medicală, psihologia militară, psihologia școlară etc., o psihologie socială care, pe de o parte, să cerceteze/ teoretizeze, din punct de vedere psihologic sau psihosociologic, aspecte privind personalitatea clientului serviciilor de asistență socială, suferința, situația de dificultate, vulnerabilitatea etc., iar pe de altă parte, să studieze psihologia, conduita și personalitatea profesionistului, să propună soluții, modele de succes etc. Paleta temelor posibile și realităților "sociale" care se pot constitui în obiect al psihologiei "sociale" este foarte mare.

În ceea ce privește rolul psihologului în sistemul asistenței sociale umaniste noi credem că acesta este foarte important, dimensiunile/ laturile activității depășesc paradigma consacrată a evaluării și intervenției psihologice, focalizată pe funcțiile și activitățile psihologice de bază, antrenând mult personalitatea clientului și psihologului, cu sferele sale ontologic-*umane* și spirituale.

În acest sens, și personalitatea psihologului/ psihopedagogului sau **calitățile sufletești** specifice indicate, se descriu în termeni de *personalitate complexă, trăsături spirituale, sufletești excepționale, empatie, bunăstare sufletească și* *fericire, sensibilitate spirituală/umană, agreabilitate, carismă, cultură și inteligență* **umană**.

Psihologul umanist își desfășoară activitatea în cadrele științei, cu apel la filozofia, terminologia, cultura științifică și psihologică consacrate, nu contestă forma, orientarea actuală a psihologiei (psihologiei personalității), îi folosește limbajul, teoriile și paradigmele, dar caută și să adauge o nouă latură, adică suportul ontic-psihologic și spiritual personal, subiectiv-individual, id-ul psihologic, ontosul personal, constituit ontogenetic, "ființa", care, credem noi, lipsește în momentul de față paradigmei de bază a psihologiei ca știință, sau este insuficient reprezentată în raport de importanța acestei în "economia" internă a personalității umane.

În general, activitățile principale ale psihologilor din sistemul asistenței sociale privesc problematică evaluării, afectările/ tulburările psihologice sau de conduită, factorii psihologici implicați în managementul măsurilor de plasament, factorii psihologici ca resurse de dezvoltare personală, organizare și integrare socială, abilitarea, pregătirea psihologică pentru integrare socială și profesională, factorii psihologici și ai învățării și adaptării sociale, dar și problematica intervenției sau monitorizării psihologice.

Se operează cu paradigma științifică consacrată a sistemului psihic uman și personalității, respectiv cu factori și categorii precum inteligența, gândirea, memoria, limbajul, imaginația, atenția, sistemul senzorial, procesele emoționale, atașamentul, empatia, suferința, trauma, sentimentele, pasiunile implicate, trebuințele, motivele, interesele și aspirațiile clientului, voința și capacitatea de autocontrol, de luare a deciziilor, proiectivitatea, rezistența la frustrare, reziliența psihologică, precum și cu componente de la nivelul personalități globale, precum temperamentul, caracterul, aptitudinile, talentele, învățarea, creativitatea (Elson, 1988, Cosmovici, 2005).

În **activitatea de evaluare psihologică** se utilizează, cu precădere, testele psihometrice, implicite sau explicite, proiective sau obiective, de inteligență sau personalitate, de aptitudini sau achiziții. Utilizarea curentă a acestora conferă activității de evaluare o sporită aparență de profesionalism (N. Mitrofan, 2009). În asistența socială foarte importante și mult utilizate sunt și observația, interviul, convorbirea, metoda biografică sau analiza produselor activității. Alegerea unei anumite metode de evaluare depinde de mulți factori: de vârstă, de scopul evaluării, aspectele evaluate etc.

Metodele psihometrice urmăresc „predicția statistică și reclamă ca testele utilizate să fie valide și demne de încredere" (N. Mitrofan, 2001, p. 69). În schimb, observația este, prin natura ei, o metodă mai empirică, nu mai puțin importantă însă, în evaluarea și monitorizarea copilului aflat în plasament. Spre deosebire de evaluarea psihometrică psihologul „nu face acest lucru în anumite momente, ci, mai mult sau mai puțin sistematic, organizat, în toate momentele activității sale"

(Aniței, 2007, p. 34). Interviul și convorbirea sunt foarte utile în dialogul cu familia. Observația și analiza produselor activității sunt mai mult utilizate la vârstele mici. La pubertate, adolescență sau mai târziu (dacă copilul își prelungește perioada de plasament pe motive de studii sau alte motive) se utilizează mult metodele psihometrice.

Pentru evaluarea inteligenței încă se apelează frecvent Matricile Progresive Raven (pentru copiii cu vârsta cuprinsă între 4 și 11 ani se utilizează matrici progresive color care evaluează în special inteligența non-verbală; pentru cei cu vârsta peste 11 ani se folosesc matrici progresive avansate). Frecvent alături de acesta se apelează și la testul Wechsler (Wisc).

Pentru evaluarea personalității se utilizează atât teste proiective (Rorschach, T.A.T, Desenul familiei, Testul arborelui (Koch), Desenul persoanei, Testul apercepției pentru copii, Evaluarea funcționării eu-lui etc) cât și chestionarele de personalitate sau diferite sisteme de evaluare complexă ori multidimensională. De exemplu Sistemul de Evaluare Clinică (SEC) cuprinde 5 scale și chestionare care evaluează distresul, tabloul de tip depresiv și de tip anxios, starea post-traumatica, emoțiile pozitive, emoțiile funcționale negative, precum și 15 scale și chestionare precum Scala de atitudini și convingeri, Scala de iraționalitate pentru copii și adolescenți, Inventarul ideilor, Chestionarul de convingeri personale, Scala stimei de sine, Scala de autoeficiență.

Tot mai utilizate, pentru diagnosticarea problemelor psihice și comportamentale ale copiilor sunt și sistemele SCID I și SCID II care diagnostichează tulburările afective, depresive, alimentare, somatoforme și de adaptare, schizofrenia și alte tulburări psihotice, inclusiv cele produse de substanțe, tulburările de personalitate de tip obsesiv-compulsiv sau antisocial etc). Varianta KID-SCID măsoară tulburările de adaptare, tulburările de comportament, tulburările afective și psihotice, tulburările anxioase, tulburările produse de consumul de substanțe etc)

Pentru identificarea/ dignosticarea tulburărilor psihice de natură emoțională (anxietate, depresie etc) psihologii din domeniu mai dispun de o gamă largă de chestionare, inventare, precum Multidimensional Anxiety Scale For Children, Inventarul de anxietate Burns, Scara Hamilton pentru Depresie sau Million Pre-Adolescent Clinical Inventory. Mai enumerăm, informativ, și Child Depression Inventory sau Trauma Symptom Checklist for Children. Desigur posibilitățile de alegere sunt foarte multe, numărul testelor și chestionarelor la care psihologii din sistemul asistenței sociale pot apela, în condițiile legii, este foarte mare.

În activitatea de evaluare, din consultarea modelelor de fișe psihologice (și psiho-pedagogice), literaturii, sau a legislației în vigoare, am ajuns la constatarea că se urmăresc, cu precădere următorii parametri psihologici și comportamentali:

- *Starea/ conduita fizică și psihomotrică*: constituția fizică, activitatea motorie generală, coordonarea senzorio-motorie, orientarea/ autonomia spațio-temporală, motricitatea fină, lateralitatea, deficiențe/ dizabilități;

- *Conduite/ calități/ funcții senzorial-simbolice*: dezvoltarea senzorial-perceptivă, verbalizarea percepției, percepția spațială și temporală, capacitatea de reprezentare, generalizarea reprezentărilor, verbalizarea reprezentărilor, simbolizarea reprezentărilor, spiritul de observație, intuitivitatea, deficiențe/ dizabilități;

- *Limbajul și comunicarea*: volumul lexical, corectitudinea gramaticală, scris-cititul, complexitatea propozițiilor, înțelegerea lexical-sintactică, exprimarea orală, comunicarea interpersonală, limbaje speciale, deficiențe;

- *Gândirea*: interiorizarea acțiunilor, conceptualizarea, simbolizarea, capacitățile anticipative, capacitățile de seriere, capacitățile de clasificare, comparația, abstractizarea, generalizarea, reversibilitatea, invarianța, abilitățile de calcul, abilitățile de analiză, abilitățile de sinteză, corectitudinea logică, judecata de valoare, rezolvarea de probleme;

- *Memoria*: întiparirea, fixarea, păstrarea/ durata, reproducerea, recunoașterea, volumul, forme, fidelitatea reactualizării;

- *Imaginația*: fantezia, productivitatea, forme, creativitatea;

- *Inteligența*: I.Q, abstractă și concretă, logică, socială, pragmatică, emoțională, creatoare;

- *Motivația*: nevoi/ motive dominate, intrinsecă/ extrinsecă, proiecte/ aspirații dominate, interese, convingeri/ credințe;

- *Afectivitatea*: emoții/ sentimente dominante, constanța, controlul, echilibrul, nervozitatea, emoțiile pozitive/negative, atașamentul, empatia, dragostea;

- *Voința*: capacitatea/ abilitatea de luare a deciziilor, capacitatea de anticipare, efortul voluntar, aplicare/scop, autocontrolul;

- *Atenția*: orientarea, concentrarea, selectivitatea, distributivitatea;

- *Temperamentul*: tipurile bio-constituționale (sangvinic, flegmatic, coleric, melancolic, astenic, displastic, atletic, activ, apatic, cerebral etc);

- *Caracterul*: principialitatea, atitudinea față de oameni, sinceritatea, cinstea, atitudinea față de sine, curajul, atitudinea față de muncă, egoism/ altruism, demnitatea;

- *Personalitatea/aptitudinile/conduita*: agreabilitatea, extraversiunea, stima de sine, conștiinciozitatea, stabilitatea/ controlul emoțional, activitatea, hărnicia, empatia, pasiuni/ obiceiuri, aptitudini/ priceperi/ talente, rezistența la frustrare, forța Eului, anxietatea, nervozitatea, sociabilitatea, responsabilitatea, toleranța, carisma, adaptabilitatea, egoismul/ altruismul, ambiția, eficiența personală/ socială, stilul de învățare, conduita/ cultura organizațională etc.

În asistența socială umanistă, pe lângă factorii cognitiv-intelectual, motivațional-hedonic, afectiv, voliţional, personalitate, psiho-social şi comportamental psihologul se concentrează, chiar prioritar, pe cel spiritual, *uman* și de dezvoltare personală/ umană generală.

Aceștia pot fi analizați atât ca obiective, ca funcții sau procese, ca mijloace de integrare, dar şi ca indicatori ai gradului de adaptare sau integrare a clientului în mediul sociouman.

Prin raportare la acest model, psihologul umanist, va reprezenta și aborda situația psihologic-comportamentală şi psiho-socială optimă a clientului după cum urmează:

- Clientului îi sunt satisfăcute principalele nevoi psihologic-spirituale (estetice, epistemologice, ludice etc);

- În "economia" internă, subiectivă a trăirilor sentimentele „spirituale" dețin o pondere importantă;

- Clientului copil îi sunt satisfăcute pe lângă nevoile de dezvoltare psiho-socială și cele de dezvoltare spirituală şi *umană*;

- Clientul conviețuiește în locații și medii sociale agreabile, „estetice", „ludice", care favorizează dezvoltarea intelectuală şi sentimentele pozitive, se simte împlinit personal și profesional, este fericit, îi sunt valorizate aptitudinile artistice, ludice, de cunoaștere sau înclinația spre credință;

- Are o stimă de sine ridicată, are o perspectivă optimistă de realizare a obiectivelor personale;

- Se simte împlinit personal și profesional, este fericit;

- Relațiile interpersonale se bazează, cu preponderență, pe cooperare și întrajutorare;

- Are o structură și organizare de personalitate optimală, eficientă și echilibrată;

- Are un grad sporit de autonomie socială;

- Manifestă empatie, grijă și respect pentru membrii comunității în care trăiește;

- Există congruență umană și psihosocială, compatibilitate comportamental-situațională și reacțională cu membrii comunității;

- Comportamentul se descrie, de regulă, prin agreabilitate și receptivitatea la problemele celuilalt;

- Comunicarea și limbajul sunt lipsite de agresivitate și vulgaritate;

- Are o capacitate sporită de control al frustrărilor, emoțiilor;

- Comportamentul său este acceptat și apreciat în colectiv;

- Are prieteni, nu se auto-izolează, nu evită, de regulă, interacțiunea socială;

- Are reacții, conduite emoționale și socio-afective nomale, echilibrate, adaptate etc (Ștefăroi, 2009b, p. 41).

În **activitatea de intervenție** psihologul umanist se focalizează cu prioritate pe sufletul, latura spirituală, empatică, subiectivă, afectivă a clientului, pe suferințele, impasurile existențiale, dramele personale și de grup, pe aspectele morale și spirituale ale problemei. Pentru acesta adevăratele probleme sunt de ordin afectiv, sufletesc identifică teorii și paradigme care să-i confere cadrul teoretic și metodologic pentru un tip de abordare a relației cu clientul în care accentul să cadă nu atât pe latura comportamentală și direct experimentabilă ci pe resorturi și funcții intime, originare, sufletești, autentice, afective ale copilului. Psihologul umanist se detașează de abordările care excud sufletul, ființa, Eul endemic, și descriu funcționarea psihică și personalitatea în termeni preponderent cibernetici (neuro-psihologie), care explică existența psihicului uman aproape exclusiv în termeni (legi) fizici sau cognitivi-operaționali, eventuali biologici (vezi neuro-psihologia emoției).

Consilierea psihologică umanistă este un demers sistematic, realizat cu mijloace și tehnici profesionale, în cadrul căruia un psiholog/ consilier acreditat, acordă asistența și sprijin în scopul *adaptării socioumane*, precum și în scopul *dobândirii bunăstării sufletești și personale.*

Motivele și cauzele intervenției merg de la pregătirea pentru integrare până la rezolvarea problemelor afective, de adaptare socio-emoțională, de comportament, a problemelor de identitate, a celor sentimentale sau a conflictelor (Dumitrașcu, 2012). Intervenția vizează atât *antrenarea, abilitarea, ameliorarea* cât și schimbarea. Se practică atât *consilierea individuală* cât și cea *de grup.* Dintre formele cele mai utilizate se disting *consilierea de cuplu și familie, consilierea suportivă, consilierea de optimizare și dezvoltare personală, vocațională* sau de *orientare profesională a clientului serviciilor de asistența socială, trainingul autogen etc.*

Atât evaluarea și intervenția psihologică umanistă pornesc de la adevărul că marea problemă pentru clienții serviciilor de asistență socială nu o constituie nici retardul de dezvoltare cognitivă, nici experiențele sexuale reprimate din debutul copilăriei ci sufletul lor distrus de circumstanțe sociale și instituționale nefavorabile, inclusiv cele din sistemul de protecție instituționalizat, precum și hiper-dezvoltarea formațiunilor fobic-depresive, instituirii nefericirii ca stare dominantă - surse ale dezvoltărilor carențiale de personalitate, a eșecului social (Ștefăroi, 2008, p. 77).

În fundamentarea teoretică a activității sale psihologul umanist se folosește de toate teoriilor și paradigme psihologice, este deschis spre toate modelele filozofice, antropologice, sociologice, biologice, teologice, estetice, sociologice și mistice.

Este și acesta unul dintre motivele pentru care denumirea ocupației sale, adecvată misiunii asumat umaniste și specificului activității în asistența socială, poate ar trebui să fie cea de "personolog". Pentru aacesta ținta dezvoltării ontogenetice nu o constituie doar formarea intelectului și personalității ci și a sufletului și persoanei ca unitate, întreg, existent și funcțional. Ontosul personal înlocuiește organismul ca fundament al personalității și ansamblului personal, iar experiențele subiective asimilate în formațiuni specifice înlocuiește mediul (fără a le diminua din rolul specific în ontogeneză). Scopul ontogenezei îl reprezintă constituirea persoanei și nu doar a personalității; nu se va vorbi de o psihologie genetică ci, în consecință, de *personologie genetică,* scopul acestui proces nu îl reprezintă doar dezvoltarea psihică/ intelectuală și formarea personalității ci și a sufletului și altor onto-formațiuni personale, foarte importante în cazul majorității clienților serviciilor de asistență socială.

4.4.3. Profesionistul din cadrul personalului de îngrijire, educație, terapii de recuperare etc.

Predomină, din păcate, încă percepția că personalul de îngrijire, educație, de supraveghere, asistenții maternali și personali au un rol secundar în sistemul și practica asistenței sociale. Însă, cum acești lucrători își desfăsoară activitatea chiar în mijlocul asistaților, trebuie subliniat aspectul că, în realitate, *rolul și importanța muncii lor sunt cruciale.*

Rol și importanță care se relevă prin cel puțin două aspecte fundamentale, în acord cu valorile și misiunea asistenței sociale. În primul rând prin efectele activității lor asupra procesului de schimbare, reabilitare, autonomizare și integrare socială, iar în al doilea rând prin efectele prezenței și conduitei acestora asupra bunăstării sufletești, a stării de bine și fericire a clienților.

În asistența socială umanistă, în perspectiva valorilor și obiectivelor pe care le promovează, rolul și importanța personalității și conduitei acestora este chiar mult mai mare. În sistemul rezidențial, în familiile substitutive în care sunt plasați copii abandonați, în familiile în care sunt îngrijite persoane cu dizabilități, bolnave sau în vârstă are loc procesul inter-uman, spiritual prin care se produce atât autonomizarea cât și ameliorarea vieții subiective a asistatului.

Oricât de bună ar fi politica socială, de performante ar fi sistemul de asistență socială, stategiile, programele, proiectele, activitatea conducătorilor de instituții, a managerilor de caz, în ultimă instanță rezultatele activității și funcționării tuturor acestor sfere și instituții depind de calitatea activității personalul de îngrijire și de supraveghere, de activitatea asistenții maternali și personali, a personalului de recuperare, a personalului medical, chiar a supraveghetorilor.

Din păcate însă, după cum s-a subliniat mai sus, este dominantă judecata după care importanța acestora este secundară, iar activitatea de bază ar fi pur și simplu îngrijirea, asistarea, supravegherea, pornindu-se de la reprezentarea preponderant materialist-biologistă a persoanei, care tinde astfel să reducă omul și viața socială la legitățile fizicii și materiei (substanței) iar personalitatea la tiparul de construcție și funcționare a organismului.

Asistența socială umanistă propune, fără a neglija practica îngrijirii corpului și bunăstarea materială, o focalizare pe *îngrijirea personalității/sufletului persoanei în dificultate*, în suferință și impas existențial, de aceea solicită de la personalul de îngrijire focalizarea în principal pe îngrijirea personalității, alături de îngrijirea fizică (Payne, 2011, p. 143).

Astfel îngrijirea poate avea și o semnificativă dimensiune recuperativă și integrativă a persoanei. În asistența socială umanistă îngrijitorul este interesat, pe lângă bunăstarea materială, hrană, locuință, etc dar și de bunăstarea spirituală a persoanei în suferință, de demnitatea și de condiția de ființă umană cu toate drepturile pe care le presupune acest statut existențial. Calitatea relațiilor interumane de atașament și empatie, calitatea empatetică, umană și culturală a comunității de lucrători în care conviețuiește clientul sunt factori importanți care fac parte din aceeași grijă pentru îngrijirea sufletului și personalității și pentru sporirea șanselor de reabilitare și integrare socială.

Practica umanistă de asistență socială solicită așadar personalului de îngrijire și educație, personalului de supraveghere, asistenților maternali și personali dezvoltarea interesului pentru trăirile și manifestările sufletești ale asistatului, dar și aptitudini și **calități** personale *empatetic-umane (sensibilitate sufletească și* ***umană****), altruism, toleranță, răbdare, experiență profesională, umană și socială.*

Prin comportament empatetic/ compatetic ajută la construcția unor noi comportamente ale clienților, cu resurse umaniste, antrenând procesele compatetice în relația de îngrijire sau terapeutică, *centrarea pe client, dezvoltare umană și spirituală, focalizarea intervenției pe resursă și nu pe problemă*. Presupune de asemenea respect pentru suferințele și trăirile beneficiarilor, odată cu distanțarea de modelul deficienței, identificarea în rezervorul spiritual al personalității acestuia resurse care pot constitui factori de dezvoltare și progres personal și social, de bunăstare sufletească și fericire.

Fără a desconsidera așadar latura materială și administrativă a problemelor asistaților îngrijitorul, educatorul, terapeutul umanist se remarcă printr-o

conduită prin care se accentuează *atenţia acordată laturii umane, spirituale, existenţiale, experienţiale şi subiective a clientului.* a vieţii şi situaţiei de dificultate a acestuia, relaţiilor şi conduitelor socioumane contextuale ale acestuia, unde se află şi sursele evaluării sau resursele schimbării.

Calitatea relaţiilor interumane de ataşament şi empatie, calitatea empatetică, umană şi culturală a comunităţii în care convieţuieşte clientul, calitatea climatului sociomoral sunt factori importanţi care fac parte din aceeaşi grijă pentru îngrijirea sufletului şi personalităţii şi pentru sporirea şanselor de reabilitare şi integrare socială. Îngrijire înseamnă aşadar îngrijire a corpului, dar şi a sufletului afectiv sau spriritual, a personalităţii psihologice şi praxiologice sau îngrijire a personalităţii sociomorale.

În această viziunea îngrijirea este parte crucială a procesului de reconstrucţie a arhitecturii complexe, ontologice, psihologice şi sociomorale a personalităţii, de reconstrucţie şi optimizare a contextului sociouman în care convieţuieşte, este aşadar nu doar un gest umanitar ci un proces curativ (Canda, Furman, 2009).

Personalul de îngrijire, educaţie şi de supraveghere, asistenţii maternali şi personali, personalul antrenat în diferite activităţi de recuperare a persoanelor cu dizabilităţi, chiar supraveghetorii, toate persoanele care convieţuiesc sau lucrează în organizaţii ori grupuri în care sunt asistate, educate, recuperate persoane aflate în dificultate condiţionează crucial cu personalitatea şi conduita lor, într-un fel sau altul, mai mult sau mai puţin, succesul activităţilor desfăşurate, atât raportat la obiectivele de reabilitare, empowerment, autonomizare şi integrare socială cât şi la cele de îmbunătăţire a calităţii vieţii, în primul rând a celei spirituale.

Aici se poate sublinia aspectul, raportându-ne la teoria noastră, umanist-ontologică a personalităţii, pe care am expus-o în partea a II –a a lucrării, că eficienţa activităţii acestei categorii de personal este superioară, şi în acord cu misiunea asistenţei sociale umaniste dacă au dezvoltată în primul rând sfera spirituală a personalităţii, sufletul spiritual, sursă a capacităţii empatetice, bunăstării spirituale şi morale, altruismului, fericirii autentice, calităţi umane esenţiale în lucrul şi convieţuirea cu persoane din afara relaţiilor de rudenie, unde liantul convieţuirii şi întrajutorării îl reprezintă ataşamentul interpersonal şi sufletul afectiv.

Argumentul principal însă în susţinerea necesităţii unei *abordări de tip umanist-spiritual* a personalităţii profesionistului în asistenţa socială îl constituie faptul că metodele şi perspectivele cu care se operează în momentul de faţă, în cea mai mare parte a literaturii de specialitate, dar şi în practica asistenţei sociale nu reuşesc, din păcate, să răspundă misiunii originare şi scopurilor umaniste declarate în asistenţa socială, iar nevoia unor noi viziuni şi abordări devine tot mai evidentă.

Atât timp cât un serviciu social care se declară prin natură preocupat de client în calitate de „om", însă se ocupă de acesta, cu preponderență, în calitate de simplu „organism", logic, este imposibil, să apară rezultate conform așteptărilor. Pentru că asistatul este este o ființă bio-psiho-socio-culturală, și în consecință, și spirituală, iar nesatisfacerea nevoilor acestor sfere predispune inerent la ineficiență.

Cum între îngrijitori și asistați nu este recomandat a se institui relații profunde de atașament, rămâne ca empatia să reprezinte mobilul psihologic interpersonal cel mai eficient pentru a înțelege, ajuta, reabilita, cu resurse spirituale, persoana în dificultate. De aceea, capacitatea empatetică a îngrijitorului, educatorului, asistentului maternal să reprezintă trăsătura de personalitate și conduită cardinală pentru această categorie de personal, în perspectiva valorilor și misiunii asistenței sociale umaniste.

Așa cum s-a sublinit și în secțiunea care a prezentat modul în care se instituie capacitatea empatetică a persoanei sufletul spiritual, și mai ales dezvoltarea spirituală interumană a acestuia determină empatia, compasiunea, iubirea, sensibilitatea estetică, sensibilitatea *umană* etc. În procesul de constituire a personalității, prin instituirea sufletului, are loc *umanizarea organismului*, însuflețirea prin celălalt (omul generic, valoare). Funcția crucială al sufletului este de a resimți *disfuncția celuilalt* și de a determina acțiuni și competențe care să *reinstituie binele, normalitatea, echilibrul*. În acest proces *și eul proiectiv are un rol important*.

În procesul de constituire, dar și în funcționarea a acestei onto-formațiuni, extrem de complexe, un rol crucial îl are proprietatea/ capacitatea telegentă, teleologică și proiectivă, astfel fiind posibilă identificarea cu experiența, problema sau suferința celuilalt aflat în dificultate. Prin instituire eul onto-proiectiv tinde să se identifice cu persoana și problema celuilat, care va gândi și se va comporta „ca și cum ar fi".

Una dintre consecințele acestor impresionante procese și fenomene o reprezintă apariția a, ceea ce am putea denumi, *dorințe fără trebuințe dar și identificarea compatetică cu celălalt*. De fapt aici este miezul, esența, cheia înțelegerii fenomenului empatetic și compatetic, a *capacității empatetice* și *sensibilității* **umane,** inclusiv a personalului care lucrează în asistența socială. Este capacitatea care favorizează interacțiunea socioumană, educația morală, asimilarea normelor și valorilor sociale, construirea identității, adaptarea socială, este, așadar, o calitate obligatorie, pentru orice profesionist din asistența socială.

Astfel, prin calitatea/ capacitatea empatică, „umană", creativitate, sensibilitate estetică, credință autentică, interes pentru adevăr, personalitate echilibrată lucrătorii vor transmite și vor stimula *dezvoltarea trăsăturilor spirituale și la asistați*, transmițând de fapt energie pozitivă, fericire, calități estetice, ludice, intelectuale, spirituale; contribuind astfel, în mai mare la măsură, la dezvoltarea lor personală, creșterea stimei de sine, a conștiinței sociale, a capacității de inițiativă și a autonomiei sociale, conducând astfel spre îndeplinirea adevăratei misiuni a asistenței sociale. Pe de o parte, vor transmite, prin empatie, umanism, agreabilitate, fericire și echilibru clienților, vor contribui la dezvoltarea lor personală, sporirea perspectivei de reintegrare socială, știindu-se că autonomia personală și socială este condiționată și de gradul de dezvoltare personală sau fericire.

Obiectivul, concentrat pe asistat, ar consta în stimularea dezvoltării sau *formării unei structuri de personalitate* în care, formațiunea spirituală are consistență și pondere superioară în structura și economia personalității - clientul va avea o percepție realistă dar optimistă de sine, o stimă de sine relativ ridicată, încredere, aspirații, un ego consistent; de asemenea, *acesta se va descrie ca o persoană activă, adaptativă, cu relații interpersonale funcționale, cu prezență de spirt, dornică de a se reintegra social și a-și recâștiga demnitatea*.

Prin *calitățile empatetice*, respectiv, capacitatea de a resimți juisanța (dorința, suferința) celuilat, capacitatea de a gândi și trăi ceea ce gândește și simte o altă persoană, capacitatea de a se pune cu adevărat în locul altuia, de a vedea lumea așa cum o vede el, dispoziția/ motivația personală orientată spre altul, proiecție simpatetică a Eu-lui, fuziune afectivă, intuiție simpatică, comuniune afectivă, cunoaștere prin întrepătrundere, introecțiune, tranzitivism, intropatie, simpatie, transpunere în starea de moment a celuilalt, identificare cu altul, transfer etc. profesionistul dobândește accesul la personalitatea clientului dar și o metodă eficientă de schimbare terapeutică.

Empatia îngrijitorului, educatorului, terapeutului *operează* prin funcțiie sale definitorii, *cognitivă, de comunicare, anticipativă, de contagiune afectivă* și *performanțială, de solidaritate, prosocială*. Este o modalitate fundamentală de cunoaștere a asistatului dar și un *proces/ fenomen spiritual*, prin capacitatea personalității profesionistului de a rezona la sensibilitatea și cultura clientului.

Calităție empatetice și compatetice ale lucrătorului dintr-o instituție rezidențială au o importanță foarte mare și în ceea ce privește congruența, coerența, unitatea și funcționalitatea organizației. Organizația de asistență socială fiind o țesătură de inter-empatii în care, cu precădere în *instituțiile pentru copii*, personalitatea empatetică a profesionistului poate avea o *funcție educativă și curativă crucială*. Personalitatea profesionistului interacționând cu toate caracteristicile sale fizice, psihologice, sociale, culturale, morale: caracteristici personale - vârste, aspect fizic, personalitate; limbaj; calități senzorial-cognitive și afective specifice; sistem de valori, sensibilități, gusturi, obiceiuri, reguli, cutume etc; comportamente, gesturi, activități; memorie socială și afectivă comună.

Predominanța lucrătorilor cu calități *umane* și empatetice dezvoltate în instituții conduce la instituirea unui mediu caracterizat prin, *altruism, întrajutorare, coeziunea socială, morală și culturală*, protecție și *predictibilite,* probleme sociale și umane puține. Însă aceast climat, *empatic-uman,* trebuie creată, iar, în acest scop aportul personalității empatetice a îngrijitorului sau terapeutului este esențial (Gerdes, Segal, 2011).

Și starea de împlinire, optimism și fericire a personalității lucrătorilor care se ocupă de îngrijirea, educația și terapia persoanelor aflate în dificultate, reprezintă factor crucial în îndeplinirea obiectivelor asistenței sociale umaniste Există o serie de *caracteristici personale/ de personalitate* precum *gradul de fericire, confortul interior, ironia, atitudinea relaxată față de greutățile vieții și dificultățile profesionale,* adică bunăstarea sufletească și fericirea, ce se constituie în *calități* cruciale în practica asistenței sociale pentru că ele sunt și sursă a sensibilității umane/ umanitare, empatiei, agreabilității – calități cruciale ale profesioniștilor, cu precădere a celor care lucrează direct cu minori.

Clienții sunt persoane în suferință, în impas existențial, unii, cu viață ratată, și existențe sensibile dar și foarte complexe. Au sentimente, emoții angoasante și la limită, trăiri, gânduri, proiecte, așteptări, temeri, complexe. Lucrătorul va opera mai mult cu acestea decât cu statutsul social sau cu comportamentul manifest al acestora.

Așadar, *relația cu clientul* nu este obiectuală, ci „spirituală". Termenul ne poate ajuta mai mult să înțelegem mai profund, complet și complex natura și specificul relației angajat-client. Dincolo de obiectivul primar al reintegrării sociale sau reabilitării economice, asistatul așteaptă și servicii conexe precum toleranță, înțelegere, umor, simț estetic, moralitate, creativitate, „spiritualitate" (Ștefăroi, 2009b, p.174).

Construcția modelului umanist-spiritual al clientului presupune apelul la valori, la cultură, la cunoaștere, artă, spirit. Mai mult decât atât, aceste valori trebuie să caracterizeze și strategul sau *profesionistul,* la care se vor defini nu doar ca valențe personale ci și ca atitudini sau *calități intelectuale/ profesionale.* Modelul nu este numai al clientului, al situației problemă ci, este o reprezentare anticipativ-proiectivă și operațională din care face parte, așadar, în primul rând personalitatea profesionistului.

Prin propria bogăție și sensibilitate spirituală a personalității, profesionistul își poate propune și poate atinge obiectivul de a *valorifica și din sistemul client resursele de umanism și spiritualitate* cu scop de recuperare, fericire, autonomizare și reintegrare socială, folosind atât inteligența emoțională, ludică, mistică, estetică, noetică proprie a lucrătorului cât și a clientului.

4.4.4. Asistentul maternal profesionist

În sistemul serviciilor și instituțiilor de asistență socială asistenții maternali profesioniști au un statut mai special, aspect determinat în primul rând de faptul că au locul de muncă acasă, unde se ocupă de educația și creșterea a unu sau mai mulți copii lipsiți de posibilitatea de a fi crescuți de către părinții naturali sau rude. Acest aspect conduce de multe la eroarea de judecată că integrarea, adaptarea, educația copilului se realizează în condiții mult mai bune, lucru în parte adevărat, dar cu condiția ca asistenții maternali, persoanele din familie, climatul social să întrunească câteva condiții de ordin personal, uman, cultural și moral (Pelzer, 1997).

În ceea ce privește personalitatea și conduita lor condițiile sunt cam aceleași ca pentru îngrijitorii și educatorii din instituții. Aici se poate reafirma aspectul că eficiența activității este superioară dacă asistenții maternali și membrii familiei substitutive au dezvoltată în primul rând sufletul spiritual, sursă a capacității compatetice, bunăstării spirituale și morale, altruismului, fericirii autentice - calități umane esențiale în conviețuirea cu copilul neaparținător biologic familiei.

Chiar dacă minorul întâlnește în noul mediu familial realități sociale, obiectuale și contextuale similare celor avute în mediul de origine și înscrise în constituția sa ontică sau în inconștientul cognitiv, interesul și atașamentul pentru acestea este, cel puțin în perioadele de început, destul de scăzut.

De exemplu, aparenta similaritate a onto-sistemelor socio-cognitive, asemănările între persoane semnificative din mediul de proveniență și cel substitut, la nivelul limbajului, gesturilor, personalității, vârstei, sexului sau profesiunii/ ocupației ar putea determina concluzia că adaptarea ar decurge fără probleme. Numai că, foarte probabil, nu după mult timp de la alăturarea la noua familie s-ar putea constata apariția unor manifestări atipice ori deviante: izolare, irascibilitate, evitarea comunicării, ori pur și simplu intenția de părăsi noua familie (Cojocaru, (2008).

Explicația ? Similaritatea caracteristicilor nu este foarte importantă pentru copil, ea există doar pentru un observator al procesului, sau pentru membrii familiei substitut; caracteristicile sunt doar niște imagini sau aspecte cantitative, copilul nu a pierdut prin separare niște reprezentări ci niște suflete cu care empatiza și care reprezentau conținutul sufletului propriu.

Chiar dacă aparent oamenii interacționează prin forme și caracteristici fizice (corp, gesturi, culoare, sunete), prin mecanisme complexe inconștiente de procesare acestora le sunt atribuite valențe existențiale unice cruciale, în spatele lor se află ființe, suflete, unice în sine, dar și unice pentru celălalt. În nici un caz copilul nu va realiza vreo identificare voluntară a caracteristicilor persoanelor din familia substitut cu ființa persoanelor pe care le-a pierdut.

În concluzie, putem afirma că, în pofida unor similarități sau congruențe fizice ori psihologice, între onto-sistemele socio-cognitive ale familiei de origine și cea substitut nu există, apriorico, nici un fel de congruență. Modul unic, singular și ancestral prin care se instituie relația afectivă dintre mama naturală și copil nu va putea fi vreodată reprodusă cu noua „mamă", chiar în condițiile utopice ale unei asemănări depline.

Incongruența ontologică copil-familie substitut își arată efectele cel mai bine în planul relațiilor psihosociale, cu posibile consecințe negative asupra procesului de adaptate și dezvoltare bio-psiho-socială normală, exprimate sub forma unor tulburări psihice și de comportament. Aceste incongruențe iau forma unor deficiențe ori distorsiuni de relaționare, de comunicare, influență etc., precum dificultățile de definire a teritorialității (acasă) și a spațiului personal, distorsiunile în procesele de influență și învățare socială, distorsiunile în reprezentarea realității sociale (familiale) și în construcția conceptului de familie, erorile de atribuire, conditii atipice de constituire a eului, imaginii de sine și a identității sociale, devieri în dezvoltarea ontologică a personalității/ sufletului, hiper-dezvoltarea formațiunii fobice, hiper-dezvoltarea onto-formațiuni depresive.

Cum atașamentul profund (ca liant și mobil de integrare a copilului în familia substitutivă nu prea este recomandat, eventuala și foarte probabila despărțire de familia substitutivă putând fi foarte traumatizantă pentru copil (Muntean, 2013), empatia, educația morală, intelectuală și spirituală ar fi o soluție mai bună alternativă.

Aici ajungem la constatarea că soluția aleasă în multe cazuri de a plasa copii la femei "mămoase", apte de mult atașament, iubire, dar sărace intelectual și spiritual ar putea să nu fie prea bună. În cele mai multe cazuri după vârsta majoratului sau terminarea școlii marea majoritate a tinerilor pleacă în societate cu o dragoste a "mamei" care a fost condiționată de un contract de muncă și niște bani, aceasta rămânând "acasă" cu familia și propriii copii, interesându-se, de regulă, foarte puțin de soarta copilului pe care l-a ocrotit, îngrijit și educat mulți ani, uneori chiar de la naștere.

În aceste condiții este preferabil ca relația de îngrijire și educație să fie bazată pe empatie (și mai puțin pe atașament) și preocupare pentru dezvoltarea intelectuală, morală, spirituală a copilului, oferind astfel cadrul unei dezvoltări superioare a personalității copilului, cu oportunități sporite de a se realiza personal și integra social cu forțe proprii. O cale eficientă fiind, în opinia noastră, educația artistică, despre care studiile concluzionează că are un aport mare în dezvoltarea și emanciparea personală/ socială.

Constatăm astfel că între o persoană mămoasă, afectuoasă însă cu personalitate ontologică dezvoltată preponderent în sfera sufletului afectiv și alt agreabilă, pozitivă, empatică, dezvoltată mai mult prin sufletul spiritual un manager de caz umanist ar fi preferabil să opteze pentru cea din urmă.

Prin capacitate empatetică superioară, inteligență, sensibilitate și bogăție spirituală, ca trăsături dominante ale personalității și conduitei, asistentul maternal sau persoana care dorește să-i fie încredințat un copil, eventual adopție, are mai mari șanse în procesul de autonomizare și integrare socială a copilui la maturitate decât un asistent maternal capabil de mult atașament și protecție pe timpul contractului de plasament însă puțin folositoare după ce copilul va părăsi familia substitutivă.

4.4.5. Profesionistul din aparatul de conducere

În general, managementul în instituțiile rezidențiale, mai ales cele pentru copii, are un caracter mai special. Practic, unele raporturi, firești în managementul „economic", sunt răsturnate iar paradigmele clasice sau actuale suportă adaptări consistente. Impune și o răsturnare radicală a raporturilor dintre obiectivele economice și cele umaniste (L.H. Ginsberg, L. Ginsberg, 2008).

În sistemul asistenței sociale umaniste obiectivele manageriale privesc îngrijirea, formarea, educația și dezvoltarea ca *oameni*, ca ființe psiho-intelectuale, psiho-afective, morale, sociale, estetice, ludice, spirituale. Cuvinte forță sunt gradul de satisfacție și fericire/ bunăstare sufletească individuală, dezvoltarea umană, empatia, atașamentul, educația morală, educația personalității.

Asistența și educația în perspectivă umanizatoare deplasează accentul de pe indicatori administrativi pe indicatori formativi, educativi, empatici, spirituali, de pe instituție și organizație pe persoane concrete și microgrupurile socio-empatice particulare, de pe persoane ca resurse și instrumente pe persoane ca ființe în sine, personalitate, subiect existențial.

În perspectiva acestor valori și în scopul îndeplinirii acestor obiective profesionistul umanist din aparatul de conducere al serviciilor și instituțiilor de asistență și protecție socială are nevoi de cunoștințe de ordin filozofic, psihologic, antropologic, sociologic, biologic, teologic, de experiență „umană". În joc fiind destine umane nu profituri financiare. Această dimensiune umanistă a activității manageriale nu se poate institui decât pe suportul unor atitudini și viziuni pozitive asupra condiției și naturii umane, a vieții sale intime, a sufletului acestuia.

Caracteristicele de personalitate pozitive, empatice, vizionare imprimă conduitei managerului calități precum agreabilitate, toleranță, flexibilitate, adaptabilitate, sociabilitate, comunicativitate, îl concentrează pe îndeplinirea obiectivelor *umane* ale organizației, favorizează prevenirea și rezolvarea conflictelor grave la toate nivelele, intrapersonal, interpersonal, de grup sau instituțional, sporește gradul de mulțumire de sine a clienților și personalului, de satisfacțiéi (fericire), sporește sentimentul pozitiv al apartenenței la organizație. Efectele pozitive se resimt în timp și asupra funcționării și eficienței organizației ca întreg, a îndeplinirii obiectivelor economice, instituția ca întreg își îndeplinește misiunea și scopul fundamental pentru care a fost înființată.

Așadar, principiile și obiectivele asistenței sociale umaniste impun *o deplasare, în atitudinea, gândirea și conduita managerului, a accentului de pe administrare instituțională în maniera clasică spre strategii care consideră dezvoltarea și formarea personalității, formarea deprinderilor adaptative ale clientului, precum și bunăstarea sufletească, fericirea acestuia drept repere, valori și obiective importante ale conduitei și activității specifice.* Clientul copil dintr-o instituție rezidențială, de exemplu, are o nevoie fundamentală, care trebuie satisfăcută cu necesitate, este vorba despre nevoia de dezvoltare și formare a personalității plenare, formarea acestuia ca om și ființă socială. Simpla satisfacere a nevoilor de bază, concentrarea strictă pe gestionarea afacerilor administrative de către manager fără un proiect hotărât în ceea ce privește dezvoltarea echilibrată, spirituală și umană, a copilului reprezintă o soluție depășită (Ștefăroi, 2007, p. 33).

4.4.6. Angajatul din aparatul funcționăresc și de deservire

Și în cazul angajaților din aparatul funcționăresc, economic, de deservire, pază, igienă etc, din instituții rezidențiale, de recuperare, azile predomină ideea că aceștia ar avea rol nesemnificativ în ceea ce privește contribuția efectivă la starea de spirit, reabiltarea sau integrarea asistaților.

Din păcate, dacă acești oameni, care conviețuiesc de regulă în aceleași locații cu asistații sau personalul "social", nu au conduite și calități personale prosociale, umane, compatetice influențează negativ, prin mecanismele și procesele de influență și contagiune socială, climatul socio-uman din organizații, la modul global, difuz sau direct prin comunicarea curentă, formală și informală, pe care aceștia o au cu asistații sau ceilalți lucrători. Așadar, cum acești angajați își desfăsoară activitatea adesea în preajma clienților, unii autori subliniază aspectul că de fapt rolul și importanța muncii lor importante (L.H. Ginsberg, L. Ginsberg, 2008).

În asistența socială umanistă, a valorilor și obiectivelor pe care le promovează, rolul și importanța personalității și conduitei acestora sunt de luat în seamă pentru că perspectiva umanistă reliefează importanța relațiilor interpersonale, inter-umane, a calităților umane ale personalității acestora și efectelor pozitive pe care le determină asupra calității mediului de viață curent al asistaților și realizării obiectivelor fundamentale ale activității în instituțiile rezidențiale, de recuperare, azile etc.

Astfel, *calitatea umană, nu doar materială, ridicată a mediului de viață curent al asistaților poate avea o semnificativă dimensiune recuperativă și integrativă pentru aceștia*. În asistența socială umanistă personalul administrativ din instituție este interesat, prin atribuțiile, măsurile și conduitele specifice, pe lângă bunăstarea materială, hrană, locuință etc, și de bunăstarea *umană* a beneficiarului.

În concluzie, calitatea relațiilor interumane de atașament și empatie, calitatea empatetică, umană și culturală a comunității de lucrători, inclusiv a personalului funcționăresc, economic, de deservire, de pază, igienă, a celor care pătrund în instituție pentru variate scopuri, reprezintă factori importanți care influențează mult calitatea îngrijirii, educației și pregătirii pentru viața independentă, recuperarea, dar și confortul și bunăstarea sufletească de zi cu zi, fericirea rezidenților. O explicație este și faptul că clienții serviciilor de asistență socială, în special copiii fără părinți din instituții sau plasament familial, identifică, mai mult sau mai puțin conștient, serviciile de asistență, personalul din instituții cu părinții, rudele, instanța protectoare, generatoare de securitate. Este motivul pentru care factorii de conducere trebuie să încerce să construiască și împreună cu personalul administrativ și de deservire o mare familie. O mare familie în care nu relațiile puternice de atașament, sau conflictele să domine ci relațiile bazate pe empatie, compatie, umanism și multă sensibilitate și responsabilitate pentru viața și bunăstarea, de toate felurile, a asistaților.

4.4.7. Voluntarul, lucrătorul din organizații neguvernamentale, umanitare etc.

Asistența socială este domeniul/ activitatea în care voluntariatul se poate manifesta în multitudinea dimensiunilor și formelor sale de bază, voluntarii fiind întâlniți în instituții rezidențiale, în servicii comunitare de asistență și, cu precădere, în organizații neguvernamentale, nonprofit, umanitare. Ei reprezintă o categorie specială de participanți la acțiunile și activitățile de ajutor și îngrijire a persoanelor și categoriile aflate în dificultate pentru că lucrează de regulă fără să fie remunerați, de bună voie, fiind animați, cel puțin din perspectiva motivației lor declarate, în principal de idealuri și valori umaniste, umanitariste, religioase sau etice, civice (Coleman, 1998).

Asistența socială umanistă este promotoare prin natură a acestor valori și de aceea acordă o atenție deosebită voluntariatului ca practică socială umanitară, desfășurată cu precădere în afara sistemmului public de asistență socială, fundații, ONG—uri etc, și voluntarilor, mai ales prin reprezentarea lor ca modele de implicare autentică și angajare dezinteresată în ajutorarea celor dezavantajați, în impas sau suferință; sunt modele și pentru lucrătorii din sectorul public unde activitățile tind să fie tarate de rutină, să intre în automatisme instituționale cu influențe nefaste asupra motivației și implicării cu adevărat autentice, în spiritul valorilor și obiectivelor asumat umaniste, în orice doctrină sau formă de asistentă socială.

Prin valența și menirea sa critică și etică asistenta socială umanistă este obligată însă să semnaleze și realități sau tendințe în dezacord cu valorile fondatoare ale voluntariatului, precum unele practici de a întocmi și implementa proiecte doar pentru a accesa fonduri; în multe cazuri finalitatea acestora materializându-se în apariția unor noi probleme și clienți, în loc să le rezolve pe cele existente, de a se folosi cadrul juridic, administrativ și instituțional care facilitează voluntariatul, cu preponderență, în scopul unor interese de grup sau personale ale organizațiilor și persoanelor care ar trebui să se preocupe de interesele persoanelor aflate în dificultate, sau implicarea în activități de voluntariat exclusiv pentru a fi trecută în niște CV-uri, fără nici un pic de implicare personală umanitară, autentică, dezinteresată în activitățile desfășurate cu finalitatea declarată de a autonomiza sau diminua suferințele și neîmplinirile clienților organizațiilor unde practică voluntariatul.

Chiar dacă foarte puține sunt cazurile în care persoanele antrenate în activități de voluntariat nu ar avea nici un scop personal în spatele statutului de voluntar, totuși conduita acestuia trebuie pusă cu preponderență în slujba scopurilor umanitare autentice ale organizațiiilor în care activează, iar personalitatea lor să se descrie prin *trăsături* precum altruism, omenie și sensibilitate la nevoile și suferințele persoanelor aflate în dificultate, capacitatea empatetică și compatetică ridicată, bunăstare sufletească, sensibilitate spirituală, dezvoltare personală generală, agreabilitate, toleranță, flexibilitate, vizionarism, idealism, inteligență socială, creativitate, multiculturalism, umanitarism.

Capitolul 5
ASISTENȚA SOCIALĂ UMANISTĂ A COPILULUI ȘI FAMILIEI. CALITĂȚI PSIHOLOGIC-SUFLETEȘTI ȘI CONDUITE ALE PROFESIONIȘTILOR

Introducere /247
5.1. Familia în asistența socială umanistă /249
    5.1.1. Funcția umanistă a familiei /249
    5.1.2. Dezorganizarea și anomia familială /252
    5.1.3. Separarea copilului de familia naturală /253
5.2. Copilul în asistența socială umanistă /254
    5.2.1. Modelul umanist de reprezentare și abordare a copilului /254
    5.2.2. Copilul din familia substitutivă /256
    5.2.3. Copilul din instituția rezidențială /266
    5.2.4. Fericirea copilului /274
    5.2.5. Dezvoltarea personală și *umană*. Educația și pregătirea pentru viață a copilului /278
5.3. Specificul practicii și metodelor în asistența socială umanistă a copilului și familiei /283
    5.3.1. Specificul practicii și principiilor /283
    5.3.2. Metodele existențial-umaniste /284
    5.3.3. Metoda balanței /286
5.4. Calități psihologic-sufletești ale profesionistului în asistența socială umanistă a copilului și familiei /288
    5.4.1. Importanța calităților psihologic-sufletești ale profesionistului în practica asistenței sociale umaniste a copilului și familiei /288
    5.4.2. Empatia și compatia /289
    5.4.3. Dezvoltarea și sensibilitatea spirituală /290
    5.4.4. Fericirea și bunăstarea sufletească /292
5.5. Conduita profesionistului în asistența socială umanistă a copilului și familiei /293

Introducere

În acest capitol, aplicat asistenței sociale a copilului și familiei, se urmărește operaționalizarea, concretizarea și validarea majoritatea tezelor, teoriei și metodologiei asistenței sociale umaniste, afirmate în lucrare, cu focalizare, desigur, pe calitățile psihologic-sufletești ale profesionistului, necesare cu precădere în centre/ instituții rezidențiale pentru copii, în familiile substitutive; interesul concentrându-se pe *calitățile și conduitele practicienilor care se află în contact direct prelungit cu copilul ori familia.*

Fără nici o indoială, asistența socială umanistă a familiei și copilului, ca teorie și metodologie, reprezintă aplicația etalon a teoriei și metodologiei asistenței sociale umaniste, de aceea i se consacră un capitol distinct în lucrare.

Teoria specifică și axiologia asistenței sociale umaniste a familiei și copilului reafirmă valorile/ principiile fundamentale umaniste ale practicii, *promovând valorificarea resurselor umane, spirituale și morale inepuizabile ale comunității familiale* în scopul reabilitării și autonomizării acesteia, prin *empowerment personal și organizațional,* prin dezvoltarea umană și spirituală a personalității membrilor, valorificarea resurselor culturale și de umanism din comunitatea extinsă

Specificul practicii asistenței sociale umaniste a copilului se impune, în principal, prin interesul pentru valorificarea resurselor *umane,* spirituale, sufletești ale acestuia și profesionistului, pornind de la o reprezentare spiritual-umanistă și etică a personalității.

Experiența relevă aspectul că multe dintre problemele așa-zis sociale sau socio-economice din familii ori microcomunități sunt de fapt umane sau socioumane, iar multe cauze ale acestora și resursele rezolvării lor se află în cultura, contextul socioumani particular și în personalitatea persoanelor vulnerabile sau în dificultate, în capacitatea/ puterea acestora de autodeterminare, de aceea rezolvarea problemei necesită acțiuni acțiuni tip umanist, cultural, moral și nu doar prestații sau servicii sociale universaliste, impersonale, care, în ordinea lor, sunt și ele necesare (Stern, Kramer, 1995).

În ceea ce privește *sistemul de valori și principii,* asistența socială umanistă a familiei și copilului promovează conceptul-valoare de *comunitate/ familie umanistă,* unde se așează în prim plan creșterea și educația copilului în interiorul familei nucleare, cu cei doi poli social-ontologici de referință, mama și tata, familie în care membrii sunt fericiți și solidari și, în același timp, dezvoltați personal și uman, autonomi și responsabili. În familia umanist-compatetică se cultivă atât unitatea și solidaritatea umană, la nivel de grup, dar și cumpătarea, modestia, cinstea, hărnicia, altruismul, la nivel individual.

În familia umanistă împlinirea provine din calitatea superioară a relațiilor inter-umane, a mediului uman și cultural, prin satisfacerea nevoii de armonie, de frumos, prin cunoaștere, iubire și credință, după cum, neîmplinirea, suferința, eșecul, vulnerabilitatea, situația de dificultate își pot avea sursa și în precaritatea vieții spirituale, deficitul de umanism, în promiscuitatea morală, în precaritatea relațiilor inter-umane, a mediului cultural și moral, în ignoranță sau compatia organizațională scăzută.

Familia umanistă este compusă din oameni puternici dar și autonomi, aflați în interacțiune compatetică, solidari, iubitori, altruiști și agreabili, descriindu-se ca un model de micro-comunitate care previne și rezolvă prin sine situațiile de dificultate cu care se confruntă membrii sau ca unitate, operând, cu precădere, prin mecanisme și resurse culturale, morale, umane.

În această perspectivă asistența socială umanistă promovează o *deplasare radicală din zona valorilor materialiste, sau a umanismului secularist, individualist, consumerist spre zona valorilor umanist-spiritualiste ale unui model de familie în care se maximizează importanța resurselor spirituale, morale, umane ale mediului și comunității umane*, în care copilul din familie se dezvoltă/formează și prin sine sau bunuri materiale dar cu precădere prin empowermentul uman, moral, cultural sau religios pe care-l generează mediul uman și cultural sănătos în care conviețuiește.

Profesionistul în asistența socială umanistă a familiei și copilului nu este un simplu funcționar care identifică birocratic niște disfuncții și încearcă să le rezolve în scopul refacerii tehnice a funcționalității familiale originare, ci caută să *identifice și problemele umane, sufletești* cu care se confruntă membrii familiei, reprezentându-i în primul rând ca pe niște ființe umane aflate în posibilă suferință, în impas existențial, cu destine posibil ratate sau cariere eșuate, ori ca ființe umane care au suferit mari pirderi, separări, care au fost atrase, cu sau fără contribuția lor, în tot felul de situații defavorizante.

În perspectiva explicațiilor umanist-spirituale, majoritatea problemelor cu care se confruntă familiile au legătură cu *dezumanizarea și degradarea morală a acestora*. Disoluția valorilor morale ale familiei are ca drept consecință dezagregarea, pierderea unității și valorilor comune, care au rolul de a-i preserva unitatea și compatia. Familia se va divide în indivizi sau grupuri de interese particulare; procesul are consecințe dramatice pentru copii, vârstnic, bolnavi, care sunt de regulă dependenți de resursele interne, familiale, de sprijinul necondiționat al celorlalți.

În concluzie, în paradigma umanistă a asistenței sociale a familiei vulnerabilitatea este asociată în principal inconsistenței social-ontologice a comunității familiale, calității precare a relațiilor interumane și degradării sistemelor de valori (morale, culturale, umane etc).

Rolul profesionistului este în principal acela de a *educa* membrii familiei să-și managerieze viața familială în așa fel încât să evite situațiile care conduc la procese de degradare morală, umană, culturală, spirituală, la mari suferințe sufletești și situații grave de dificultate, a familiei ca întreg sau a membrilor, cu accent pe copii (Gammer, 2008).

Una dintre abordările specific umaniste o constituie dezvoltarea organizațională și culturală, empowermentul moral și compatetic, iar la nivel individual, dezvoltarea personală, umană și spirituală, cultivarea valorilor morale ale moderației, modestiei, autocontrolului, a depășirii egoismului și exigențelor excesive privind aspirațiile sau așteptările, ca soluții de diminuare a suferințelor, cultivarea unei atitudini raționale față de posibilitățile de obținere a împlinirii personale și familiale.

5.1. Familia în asistența socială umanistă

5.1.1. Funcția umanistă a familiei

În perspectiva valorilor asistenței sociale umaniste familia reprezintă mediul, cadrul socioman organizațional optim care poate asigura dezvoltarea, împlinirea și fericirea persoanei, având un rol crucial și în dezvoltarea normală, optimă, psihologică, socială și *umană* (sufletească) a copilului.

În cazul copilului, cercetările au ilustrat faptul că nici o altă instituție sau familie substitutivă nu poate suplini în mod adecvat această funcție de protecție, valorizare și susținere socioafectivă, pentru că nici o altă instituție sau grup social nu dispune de resursele și calitățile *umane* necesare pentru a satisface trebuințele de creștere și formare optimă a personalității acestuia (Gonzalez-Mena, 2012).

Familia, întemeiată pe un sistem de inter-relații de atașament și compatetice foarte puternice este aptă să reacționeze adecvat, optim, adaptat și la timp la trebuințele constituționale, ontologice ale membrilor acesteia, de asemenea, este aptă să favorizeze dezvoltarea personală și umană care să garanteze o bună adaptare și integrare socioumană ori împlinirea persoanei (Ferreol, 1998, p. 71-72).

Familia oferă copilului un cadru unic de referință ontologică socio-afectivă (I. Mitrofan, N. Mitrofan, 1991), repere axiologice, cultură organizațională, un mediu social și fizic care poartă amprenta singulară, ontologică, culturală și antropologică (ancestrală) a membrilor ei, oferind copilului un "bun" indispensabil unei vieți, creșteri și dezvoltări normale, *sentimentul de siguranță,* un cadru de manifestare liberă a potențelor sale creatoare, de dezvoltare spontană și, gradual, de manifestare a voinței, activismului, inițiativei, autonomiei, libertății, auto-asumării existențiale. Sentimentul de siguranță, protecția oferită de existența celor doi poli ancestrali, mama și tata, dar și de frați, rude constituie condiții importante ale dezvoltării, fericirii și împlinirii personale. Toate aceste condiții sunt percepute, inconștient, de către copil ca pe un „univers" propriu, unic, în care teama, anxietatea, angoasele, inerente copilăriei, sunt menținute în limitele normalității/ funcționalității (Stern, Kramer, 1995).

Grupul familial este, așadar, un fel de cordon social-ontologic de siguranță, dar și resursă esențială de dezvoltare bio-psiho-socială, de adaptare și integrare socială, de realizare personală și fericire, conferindu-i copilului, pe lângă sentimentul de siguranță, un alt „bun" la fel de important, *sensul existențial* și dreptul la dezvoltare/ formare ca om integru, în drumul către dobândirea calității ontologic-antropologice de *ființă umană* (C. Levi-Strauss, 1969), prin parcurgerea firească, legică a stadiilor necesare, cu particularitățile fiecărei perioade. Integritatea ontogenetică, dezvoltarea normală fizică, intelectuală, emoțională, socială sau spirituală sunt, așadar, determinate de calitatea mediului social/ cultural/ moral în care crește copilul și nu sunt efecte ale manifestării automate a unor programe genetice, curricule educaționale sau predestinări ancestrale.

Maslow, Allport, Erikson, Steiner și alți gânditori/ practicieni de factură umanistă reliefează rolul fundamental al factorului socio-afectiv și al grupului familial *semnificativ* în dezvoltarea și fericirea copilului, în dezvoltarea stimei de sine, autonomiei personale, capacității de adaptare și integrare socială. De aceea este foarte important mediul familial; în lipsa acestuia, ca și cordon de siguranță emoțională, copilul ar cădea în mod iremediabil în prăpastia *angoaselor existențiale* (S. Kierkegaard, 1999), ar pierde ritmicitatea dezvoltării ontogenetice stadiale normale, dispărând însuși sensul existențial propriu, autenticitatea antropologică a sinelui, drumul către calitatea integrală de ființă umană, personalitate, persoană, ființă socială (Steiner, 1996).

Fiecare familie este o simbioză unică, indestructibilă, între membrii ei, între familie ca entitate ontică și fiecare membru în parte (Wiesman, 2000). Astfel că nici una dintre părți nu există decât prin cealaltă. Această comunitate ontologic-empatetică este o unicitate existențială care, printre altele, cuprinde: *sistemul socio-afectiv* – în principal relațiile de atașament, atașamentul fiind o relație cu o forță extraordinară în comunitatea compatetică familială tradițională, relația mamă-copil fiind astfel esențială în coeziunea unei familii; *sistemul socio-cognitiv,* respectiv limba, expresii uzuale, reprezentările cu privire la corpurile, fizionomiile, expresiile faciale, gesturile membrilor familiei, litere și cuvinte de amor propriu, apercepțiile și reprezentărilor referitoare la personalitate, caracter, interese ale celorlalți, caracteristicile de sex, vârstă, profesie etc; *sistemul conduitelor și competențelor membrilor familiei,* respectiv modalitățile de reacție și acțiune, temperamentele, conduitele verbale, asertivitatea, comunicarea verbală și nonverbală, abilitățile, aptitudinile, deprinderile, talentele, competențele, obiceiurile, hobiurile; *sistemul relațiilor și raporturilor rol-status* - antrenează familia ca grup social și organizație (chiar dacă prin natura ei familia este un grup mic informal, constituit de regulă în mod spontan și sub presiunea factorilor antropologic-culturali, în interiorul acesteia, se instituie ontogenetic raporturi ierarhice de rol-status, de sarcină, poziție sau reputație); *sistemul atitudinal, cultural și spiritual,* respectiv, sistemul de atitudini față de oameni, față de lume, față de muncă, concepții, convingeri, valori la nivel individual sau colectiv, aspirațiile, proiectele de viitor, credința religioasă, sentimentele estetice, etice etc. ale membrilor familiei.

În asistența socială umanistă a familiei și copilului calitatea *sistemului socio-afectiv* este foarte importantă. Familiile în care relațiile de atașament se definesc ca nesigure sunt amenințate de destrămare, iar copii pot dezvolta tulburări grave emoționale, de dezvoltare sau de comportament. De regulă relația de atașament mamă-copil condiționează crucial modul de formare a personalității copilului (Levy-Strauss, 1969) dar și calitatea *umană* globală a comunității familiale, unde se instituie în mod natural un sistem de relații afective absolut unice între toți membrii. În procesul de instituire a sistemului de relații afective concurând și factorii socio-cognitivi, aptitudinali, socio-ierarhici etc.

Comunitatea empatetică familială, instituită și prin sistemele de atașamente este un mediu securizant, un cadru de existență personală unde se află resursele autentice ale conviețuirii umane, afective, spirituale, morale, estetice, ludice, religioase etc. pentru toți membrii acesteia. Este resursa din care se alimentează capacitatea empatetică a persoanei, altruismul, solidaritatea umană. Este principala forță socio-ontologică a coexistenței și conviețuirii umane, „univers" psihosocial și cultural magic al satisfacerii trebuințelor personale intime, profunde, empatetice, al creșterii și educației spirituale, afective și morale a copilului. Este locul în care se construiesc bazele ontologice ale personalității umane, mediul în care persoana se alimentează cu energie spirituală și morală, cadrul existențial magic al formării, existenței și manifestării personalității, al fericirii autentice (J.O. Balswick, J.K. Balswick, 2009).

Comunitatea compatetică familială realizează astfel *unitatea* dintre individual și social, dintre cognitiv și afectiv dintre materie și spirit. Unitate reflectată unitar, indestructibil, simultan în personalitatea individului și existența comunității empatetice familiale. Persoana și familia funcționează printr-un *mecanism onto-social unic* și *unitar*, în care au loc procese de comunicare informațională, emoțională, spirituală. Este mediul și sunt procese fără de care personalitatea și societatea s-ar forma și ar funcționa în mod defectuos ori inpropriu.

În educația timpurie a copilului *compatia afectivă*, prin forma atașamentului, este esențială. La maturitate însă ajunge să aibă o pondere importantă *compatia spirituală* ori *organizațională*, pe fondul dezvoltării generale a personalității, a sferei spirituale, a caracterului și personalității sociomorale, nevoii de afiliere socială sau la sisteme de valori. În toate cazurile rolul *compatiei familiale* este foarte important în formarea echilibrată a personalității, în dezvoltarea personală, în adaptarea socială și evitarea marginalizării sociale ori culturale.

Comunitatea empatetică familială are astfel, pe lângă o *valență formativă*, și una *terapeutic-preventivă*. Este pârghia cea mai eficientă pentru prevenirea alienării, tulburărilor psihice sau inadaptării sociale, pentru menținerea membrilor într-un sistem comun de valori, orientați spre fericire autentică, eficiență și adaptare socială/ profesională.

5.1.2. Dezorganizarea și anomia familială

Dacă în perspectiva valorilor asistenței sociale umaniste familia se constituie în mediul, cadrul sociouman organizațional optim care asigură împlinirea, dezvoltarea și fericirea persoanei, având un rol crucial în dezvoltarea normală, echilibrată a copilului, dezorganizarea, anomia și separarea familială pune, cel mai adesea, membrii acesteia în situații grave de criză, de suferință și impas, din care cu greu ies cu propriile capacități și eforturi (Sargarovschi, 2009, pp. 156-158).

Asta pentru că familia a oferit acestora sentimentul de siguranță determinat de apartenența la o comunitate în care teama, anxietatea, angoasele sunt absorbite de compatia familială, de sistemul complex, securizant instituit de relațiile puternice, necondiționate de atașament.

Odată cu destrămarea, dezorganizarea familiei, prin despărțirea soților, deces, părasire de domiciliu, abandon etc. (aptă cândva să reacționeze adecvat, optim, adaptat și la timp la trebuințele constituționale, ontologice ale membrilor acesteia) sufletul afectiv-social al fiecărui membru, format sau re-format prin conviețuire umană, suferă amputări de mare impact, tulburând grav echilibrul interior, cu efecte nefaste și asupra comportamentului, vieții sociale și destinului.

În multe cazuri, astfel, copiii pot ajunge în sistemul public de protecție, iar adulții să necesite și ei diferite forme de sprijin.

Și în familiile care nu se destramă dar domină conflictele, neajunsurile, anomia morală, în care relațiile de atașament se definesc ca nesigure, copii pot dezvolta tulburări grave emoționale, de dezvoltare sau de comportament, adulții să dobândească tulburării, devieri comportamentale, pierderea locului de muncă, ajungând astfel, adesea, în sfera serviciilor sociale (Mowrer, 1972).

În perspectiva teorie asistenței sociale umaniste, tulburarea calității relațiilor inter-umane, a climatului moral și cultural, a unității compatetice familiale reprezintă aspectele foarte îngrijorătoare, asupra cărora trebuie să se orienteze *cu prioritate* profesioniștii și serviciile de asistență socială.

5.1.3. Separarea copilului de familia naturală

Ruptura copilului de familia naturală are un impact devastator asupra dezvoltării psihologice și ontologic-spirituale, deturnând procesul firesc al formării sufletului și personalității, condiționând copilul pentru nefericire și eșec personal. Din motive obiective sau subiective, acest fenomen nu este deloc o raritate sau o excepție ci a fost dintotdeauna, este în prezent, va fi și în viitor o mare problemă, cu care se vor confrunta serviciile de asistență socială și nu numai (Marica, 2009, pp. 33-35).

Este, însă, îngrijorătoare ușurința cu care se produce acest lucru, modalitatea superficială în care cste perceput de către opinia publică și, în unele cazuri, chiar de către autorități sau profesioniști. În toate cazurile, copiii, pe lângă faptul că vor fi marcați de grave deturnări de dezvoltare bio-psiho-socială vor experimenta și mari suferințe sufletești ori drame personale (Nelson, 2013).

Chiar dacă prin măsuri de protecție se restabilește, la nivel formal, instituțional, situația socială a copilului prin plasament la familii alternative sau instituții sufletul copilului este în mod radical afectat, producând nefericiri profunde chiar dacă nu totdeauna sunt vizibile și indentificate.

În prezent una dintre cauzele principale ale separării copil-părinte/ familie o constituie plecarea, din motive preponderent economice, a multor părinți în străinătate. Din statisticile oficiale, potrivit datelor înregistrate de Autoritatea Naționala pentru Protecția Drepturilor Copilului (ANPDC) peste o suta de mii de copii au unul sau ambii părinți plecați în străinătate. În realitate însă numărul acestora ar putea fi mult mai mare. Aproape jumătate dintre minori au rămas în îngrijire și educație la vecini ori au ajuns în medii cu care anterior nu aveau nici un fel de relații: familii profesioniste (AMP), familii adoptive sau instituții de tip rezidențial. Alții ajung pur și simplu în stradă, devenind „copii ai străzii".

Plecarea părinților în străinătate nu este singura cauză a rupturii dintre grupul familial originar și copil. Experiențe emoționale traumatizante și cu efecte greu de descris trăiesc şi copiii care au fost pur şi simplu abandonaţi de către părinţi, ori cei preluaţi, conform legii, de serviciile de asistenţă socială în sistemul de protecţie. În toate cazurile însă, aşa cum relevă experienţa serviciilor de asistenţă socială sau literatura de specialitate, efectele asupra vieţii, dezvoltării şi adaptării sociale a copilului sunt, fără îndoială, catastrofale. Acest aspect se explică, în principal, prin importanţa ataşamentului, climatului socio-empatic specific mediului familial şi prezenţei constante a adulţilor semnificativi în viaţa şi dezvoltarea normală a copilului. Ruptura produsă prin separarea de definitivă sau de durată de părinţi are dimensiuni profund ontologice, prin impactul produs asupra formării sufletului copilului, a pierderii celuilalt sursă, asupra dezvoltării, împlinirii şi fericirii, de aceea poate fi numită o "ruptură" social-ontologică.

Pentru majoritatea copiilor abandonaţi, separaţi într-un fel sau altul de grupul familial originar/ semnificativ, după şocul rupturii social-ontologice urmează un alt eveniment traumatizant: integrarea într-un grup familial sau instituţional alternativ; şi acesta cu semnificative aspecte social-ontologice şi psihologic-ontologice.

5.2. Copilul în asistenţa socială umanistă

5.2.1. Modelul umanist de reprezentare şi abordare a copilului

Asistenţa socială umanistă respinge abordarea "puerilă" a clientului copil, sistemului client şi situaţiei de dificultate a acestuia. Copilul este o fiinţă foarte complexă, o personalitate, o personalitate în formare; se află într-un proces continuu de dezvoltare, de internalizare a experienţei şi reflectare a acesteia în suflet, în voinţă, conştiinţă, în ansamblul personalităţii.

Omul este cea mai complexă şi sublimă formă de existenţă cunoscută, iar copilăria este procesul prin care se ajunge, ontogenetic, în context natural şi socio-cultural la acest statut (Patterson, 1973). Procesul individual nu este deloc simplu şi presupune antrenarea întregii zestre ancestale şi experienţe istorice a omenirii. Are loc pe multiple planuri interdependente şi transmergente şi priveşte, în concepţia noastră, în principal constituirea personalităţii cu sferele sau sub-personalităţile sale: personalitatea ontologic-spirituală, psihologic-comportamentală şi socio-morală.

Acestea se constitutie, în cea mai mare măsură, pe parcursul copilăriei. Fiecare dintre aceste sfere sau subpersonalități trece, după cum s-a mai precizat pe parcursul lucrării, prin stadiile de contact, achiziție, structurare, constituire, instituire și ontificare. În cazul copiilor maltratați, prin abuz, prin abandon/ separare, neglijare etc. procesele sunt mult încetinite sau tulburate, fapt ce conduce inevitabil la grave tulburări de structurare și constituire a personalității.

În practia asistenței sociale umaniste copilul nu este reprezentat și abordat ca un beneficiar pasiv al unor servicii ci se i se antrenează, solicită contribuția, activismul praxiologic, epistemologic, axiologic și social, dezvoltarea conștiinței de sine, cultivarea încrederii în forțele și abilitățile proprii de dezvoltare umană și împlinire în perspectiva vieții de adult. Clientul copil este, așadar, *o personalitate, o individualitate existențială complexă, un suflet profund nu un simplu element al unei entități sociale sau un nume într-un dosar.* Acesta crește, se formează într-un context sociouman particular, dincolo de tiparele și legitățile de organizare sau funcționare socială obiectivă, de reflectările sociologic-științifice abstracte sau generalizatoare.

De către serviciile de asistență socială el trebuie perceput, evaluat și abordat ca *unicitate ontologică, psihologică, socială, culturală, ca problemă socială și situație de dificultate diferențiată, concretă, unică și particulară*. Strategiile și tehnicile de evaluare/ intervenție nu neglijează componenta teoretic-generalizatoare, plasarea în context social global, dar vor desprinde din acestea acele caracteristici care conferă reprezentării acestuia relief și specificitate.

Personalitatea acestuia este resursă în sine de dezvoltare personală și integrare socială prin însăși condiția și funcția acesteia. În activitatea de educația și îngrijire a copilului instituționalizat, a copilului crescut în familii substitutive profesionistul trebuie să-l perceapă și reprezinte în primul rând ca resursă și actori principali al propriei recuperări sociale, psihologice sau morale și deloc ca „incapabili", „nedotați", „neadaptați" etc (Webb, (2005).

Rolul serviciilor de asistență socială este acela de conferi acestuia cadrul și prilejul și a-și valoriza în mod demn potențialitățile. Clientul copil este, aprioric, o ființă umană cu toate drepturile ancestrale, istorice și morale recunoscute, la fel ca toți ceilalți oameni.

Abordarea umanistă promovează principiul totalității/ integralității psihosociale și de abordare a clientului-copil în asistența socială (Ștefăroi, 2009, p. 20). Acest aspect impune luarea în considerare în procesul integrării copilului în grupuri sociale substitutive, pe lângă factorii sociali și culturali, și a *sferei psihologic-spirituale,* trebuințelor estetice, ludice, epistemologice și mistice ale clientului. Adică a trebuințelor spirituale. Scopul este acela de a valorifica în proces și resursele de umanism și spiritualitate ale copilului și mediului social substitutiv.

Valoarea centrală a paradigmei umaniste a asistenței sociale a copilului o constituie *prioritizarea obiectivelor fericire și dezvoltare* **umană**, a intereselor, sentimentelor și valorilor umaniste fundamentale ale copilăriei în contextul dominanței/ extinderii unor fenomene și procese sociale/ economice/ culturale de degradare umană și socială, în care individualitatea, ființa umană concretă, umanismul și spiritualitatea tind, în mod inerent, să fie tot mai mult desconsiderate/ minimalizate, iar sistemul de asistență socială a copilului să funcționeze ca o entitate instituțională depersonalizată, scopul principal fiind supraviețuirea și „aruncarea" acestuia, după părăsirea sistemului, fără pregătire suficientă, mult sprijin și discernământ în „jungla socială".

Așadar, modelul umanist de reprezentare și abordare a clientului copil impune necesitatea reprezentării și definirii profesionale în primul rând prin prisma unor valori care pun pe prim plan *copilul ca ființă în sine, autentică, subiect de suferință tăcută și fericire* și nu doar ca umil beneficiar al unor servicii de protecție socială. Acest model nu desconsideră rolul altor modele, care analizează copilul în manieră simplistă, puerilă, sociologistă, biologistă, cibernetică sau comportamentală ci le completează și le dă conținut, transformând clientul-copil în persoană, în om, în eu, în subiect, în personalitate.

5.2.2. Copilul din familia substitutivă

Teoria și axiologia asistenței sociale umaniste promovează plasamentul, creșterea și îngrijirea copilului separat de familia naturală, până la eventuala reintegrare familială sau integrarea socială, ca alternativă fericită la plasamentul în instituții, cu precădere în familii substitutive, în familia lărgită/ extinsă, vecini, binevoitori, AMP, adopție, chiar dacă și aici pot apare multe probleme de ordin uman, etic, social etc.

Cum abordarea umanistă promovează principiul totalității/ integralității psihosociale și de abordare a copilului apare necesitatea luării în considerare în procesul integrării copilului în familia substitutivă, pe lângă factorii sociali și psihologici (potrivire), și a celor spirituali, a trebuințelor estetice, ludice, epistemologice și spirituale ale acestuia. Scopul este acela de a *valorifica, în procesul integrării în familia substitutivă, resursele spirituale și* **umane** ale copilului, precum și ale persoanelor din familia substitutivă.

În mod real, procesul integrării copilului într-un nou grup social (familie adoptivă, AMP, plasament la rude, în instituții rezidențiale etc), după separarea de grupul de origine, este de o complexitate mult mai mare decât o poate releva o simplă analiză sau modelare psiho-sociologică obișnuită. De fapt acest proces se desfășoare pe mai mult planuri, administrativ-instituțional, social, psihologic, dar și social-ontologic ori spiritual-ontologic.

Neînțelegerea și neluarea în considerare a factorilor spirituali-ontologici, cu precădere a celor *umani*, sufletești, empatetici se constituie, fără îndoială, în una dintre cauzele și explicațiile cruciale ale apariței multor probleme de adaptare și integrare, psihice și de comportament, ori de performanță/ adaptare școlară. Prin trecerea într-un nou grup social/ familial nu se schimbă pur și simplu un obiect cu altul în viața acestuia ci se schimbă însăși resursa fundamentală, *ontologică* a formării *sufletului* și personalității proprii: persoanele concrete și reale cu care a interacționat și care au conferit protecție, cu care a stabilit profunde relații afective, empatice, de atașament.

Din aceste puncte de vedere nu greșim foarte mult dacă am afirma că experiența integrării într-un nou mediu familial, necunoscut, reprezintă pentru copil o formă, mai specială, de maltratare, chiar dacă în mod efectiv se fac eforturi uriașe pentru a asigura copilului condiții optime de viață, afecțiune, iar membrii grupului substitut încearcă să valorifice toată experiența practică și emoțională dobândită în exercițiul creșterii și educării altor/ propriilor copii.

Contactul cu membrii noii familii este o mare provocare pentru copil și de multe ori acesta nu dispune de reziliența, resursele psihologice necesare unei astfel de experiențe. Noile relații impun în mod obiectiv, necesar și inerent construirea unor noi sisteme de atribuiri, reprezentări sociale, identificări, construirii unor noi atitudini și sisteme/ engrame cerebrale, psiho-fiziologice ori emoționale/ sentimentale, care depășesc capacitățile și limitele obiective, naturale rezolutive și de adaptare ale minorului.

Așadar, în pofida a ceca ce s-ar crede, anume faptul că integrarea grabnică într-un nou grup familial ar conduce la o diminuare a stării de anxietate, este foarte posibil, ca, nu în puține cazuri, lucrurile să stea exact invers (Panter-Brick, Smith, 2000). Nu ne referim doar la cumularea și amplificarea stării psihice disfuncționale/negative ca efect al suprapunerii a două experiențe traumatizante într-un timp scurt, ci, exprimându-ne în limbaj ontologic-umanist, și la șocul, resimțit inconștient, prin mecanisme bio-psihice complexe și profunde, al *incongruențelor ontologice* dintre cele două „universuri" existențiale *singulare*, respectiv *ființa* copilului și „*ființa*" noului grup familial.

Pentru cunoașterea și evaluarea acestor procese, acestor tipuri de relații este utilă, așadar, și o abordare în paradigmele gândirii existențialist-umaniste, apelul la filozofia existenței (ontologie), la valorile fundamentale ale *existenței umane* individuale și colective.

Din păcate acest tip de abordare este încă, atât în literatura de specialitate, cât și în activitatea serviciilor de asistență socială ori educație, puțin prezentă, marginală. Constituie însă, în opinia noastră, o resursă extraordinară de îmbogățire a literaturii, a principiilor/paradigmelor investigative și de intervenție, dar mai ales o șansă în plus pentru copiii aflați în dificultate. Prin conceptele și valorilor acestei gândiri se pot integra în ecuația complexă diagnostică a unei situații de dificultate postulate/ concepte precum: *ființa copilului, suflet, ontologia persoanei, ontologia familiei, congruență/ incongruență ontologică copil - familie substitutivă* etc.

Scopul nu este acela de a propune o alternativă ci de completare a cadrului epistemologic și metodologic în perspectiva întregirii tabloului diagnostic al sistemului client, îmbogățirea acestuia cu aspecte ce reflectă realități/ dimensiuni mai subtile ale psihologiei persoanei și sociologiei grupului familial. Această abordare nu este interesată de compatibilitatea ce rezultă din abordarea nomotetică și structurală, în care similaritatea structurală, sau compatibilitatea/ potrivirea psihologică pot conduce la predicția unui succes al integrării copilului în noua familie, ci de congruența sau incongruența ontologică inerentă ce decurge din interacțiunea a două *existențe* absolut distincte în obiectualitatea și *ființa* lor intrinsecă.

Desigur, această incongruență este, de fapt, un principiu epistemologic și metodologic, un aspect care trebuie luat în considerare. În realitate, ființa umană este prin definiție și geneză o ființă socială și empatică. Chiar în sferele endemice/ ancestrale/ ontice ale *ființei persoanei* există formațiuni, pârghii și resurse antrenate în procesele de relaționare interpersonală. Una dintre aceste onto-formațiuni este sufletul. Funcția esențială a acestuia fiind, după cum s-a relevat în lucrare, și aceea, de a reflecta și ancora în structura personalității sau în subiectul ontic valorile existențiale ale *celuilalt semnificativ*.

Rolul serviciilor de asistență socială, al asistenților sociali, psihologilor ar fi, din acest punct de vedere, de a căuta compatibilități nu doar „psihometrice" sau „sociometrice" ci și „sufletești". Această atitudine ar presupune ca pe lângă apelul la gândirea sau metodologia științifică consacrate, la psihologie, sociologie etc., cu metodele preponderent nomotetice cu care s-au impus, să se opereze și cu valorile ori conceptele gândirii/ paradigmei *ontologic-umaniste*. Integrarea copilului într-un nou mediu social este, așadar, și o *problemă metafizică, ontologică, existențială* sau *umană*. Familia, prin includerea noului membru tinde să devină o unitate ontologică, o „ființă", să se realizeze o congruență ontologică. Această congruență sau unitate ontologică se va institui pe mai multe niveluri sau sfere; ne interesează cu precădere cel afectiv (atașament) sau spiritual (empatie).

De aceea este importantă cunoașterea de către profesionistul din asistența socială, de către asistentul maternal profesionist, a acestor aspecte, și mai ales să dispună de calitățile care să-i permită să contribuie la succesul procesului de integrare a copilului în noua familie, la fericirea și pregătirea acestuia pentru adaptarea/ integrarea socială, în eventualitatea că de aici va părăsi sistemul de protecție..

În momentul pătrunderii copilului în familia substitutivă, din punct de vedere ontologic, cele două părți sunt și două lumi apriori diferite, chiar opuse.

Compatibilitățile, similaritățile structurale, psihologice sau sociale nu au mare relevanță în abordare existențialistă. Practic, dacă minorul, în timp, se va adapta și integra în mod funcțional în noua familie acest lucru se datorează, în principal, experiențelor comune și unui proces comun de reconstrucție onto-familială. Desigur factorii psihosociali vor contribui și ei la succesul acestui proces.

Tulburările emoționale sau comportamentale (Schooler, 2010), care de regulă apar, au o importantă cauzalitate ontologic-spirituală, indiferent de condițiile psihosociale sau materiale pe care încearcă membrii familiei substitutive să le ofere, copilul fiind afectat, mai mult sau mai puțin manifest, sub o formă sau alta, în echilibrul interior, în viața psihică sau socială, în formarea ontogenetică a personalități.

Utilizăm, în explicația ontologică a acestor tulburări, paradigma ontologică într-o versiune umanistă pentru că vorbim de oameni, de copii și nu de ființe abstracte. Pentru a verifica ipoteza noastră trebuie să explicăm personalitatea copilului și nu numai, pe de o parte, și grupul familial, pe de altă parte în termenii acestei paradigme. Motivul este evident: tulburările de adaptare ale copilului în familia substitutivă se explică și prin *incongruența ontologică și compatetică* dintre ființa/ sufletul copilului și ontologia grupului familial, dintre onto-sistemele celor două familii: substitutivă și de origine.

Asistența socială umanistă subliniază importanța celuilalt semnificativ și constant, dar și a celuilalt proiectiv, dezirabil, ancestral sau model în structurarea psihologic-ontologică a personalității umane, reliefează și fragilitatea ontologică a personalității și procesului de formare social-ontologică și compatetică a acesteia. Motivul: procesul de formare a copilului ca persoană este condiționat crucial de factorul uman, personal, socio-uman, de prezența constantă a unor adulți ei înșiși ființe fragile, limitate, aflate de cele mai multe ori în impasuri existențiale sau cu probleme sufletești.

Este unul dintre motivele pentru care integrarea copilului într-o altă familie decât cea naturală este așa de complicat. Persoanele din familia substitutivă nu se descriu doar prin rolurile sociale sau instituționale pe care le îndeplinesc ci sunt ființe limitate de propriile crize, impasuri, angoase, neîmpliniri, eșecuri. Luarea în considere a acestor aspecte întregește ceea ce am putea numi *paradigma social-ontologică a integrării copilului în familia substitutivă*.

Așadar, copilul nu se va integra pur și simplu într-un grup social ci se va însera într-un univers și proces social-ontologic și compatetic în curs, necunoscut și foarte delicat. Apariția tulburărilor de adaptare și integrare se explică, așadar, în mare măsură, și prin eșecul acestei integrări.

Se vor contrapune, în consecință două existențe și două procese, emergente, în curs, în evoluție, dinamice și cu tendințe naturale de autoprotecție și evitare a impasurilor existențiale și eșecurilor - ființa și personalitatea copilului, marcate de existența anterioară în familia naturală, pe de o parte, și comunitatea familială, social-ontologică substitutivă, pe de altă parte. În temeiul acestor argumente putem aborda epistemologic și metodologic cele două experiențe ca pe o *unitate ontologică*, două fațete ale aceleiași experiențe personale.

Punctul de plecare al acestei abordări este reprezentat, fără îndoială, de momentul abandonului, separării forțate sau perioada în care în familia de origine a fost, într-o formă sau alta, neglijat emoțional, socio-afectiv. În plan psihologic, aceste secvențe din viața copilului se vor reflecta ca trăiri/ traume emoționale, cu impact foarte puternic asupra vieții, dezvoltării și adaptării sociale și vor determina apariția a ceea ce s-a consacrat în literatura și practica de specialitate ca *sindrom al traumei de abandon/separare*, sau mai scurt *sindrom de abandon,* manifestat prin tot felul de tulburări psihice și de conduită.

Una dintre explicațiile cruciale ale acestor disfuncții, tulburări și lipsă de performanță a copiilor crescuți în familii alternative, pe fondul rupturii definitive sau temporare de părinți o reprezintă scăderea capacității lor de adaptare la noile condiții, la cerințele noului grup familial. În acest context se vor putea impune o serie de tulburări specifice procesului de integrare într-o nouă familie.

De regulă, nu după mult timp de la integrarea în grupul familial substitutiv copilului i se solicită atitudini și conduite ca și cum ar fi în familia respectivă de la naștere. Lucrul se explică prin acțiunea în inconștientul cognitiv al membrilor familiei substitut a unor postulate referitoare la raporturile de rol/status adult – copil, părinte – copil, familie - copil. Ori pentru copil, mult timp, noul grup familial, nu va fi "acasă". Intervin și incompatibilități psihologice sau culturale, ori încărcătura traumatizantă a trecutului și, toate acestea, pot constitui premise pentru apariția *tulburărilor de adaptare, tulburărilor emoționale sau de conduită specifice procesului de integrare în noul grup familial* (Cojocaru, 2008).

Prima experiență emoțională traumatizantă, chiar dacă în mod conștient, nu este chiar așa semnificată de către copil, o constituie chiar contactul și interacțiunea psihosocială inițială cu membrii familiei substitut. Putem numi aceasta drept *traumă emoțională de contact*. Aceasta lasă niște urmări și constituie fond pentru ulterioare tulburări de proces, determinate de conflicte sau alte tipuri de evenimente disfuncționale. Le vom numi *tulburări emoționale de proces, sau repetate*. Repetarea/ intensificarea acestora vor determina schimbări nefericite în structura bio-psihică și în conduita cotidiană a copilului, internalizări ale unor conflicte, disfuncții, organizarea în formațiuni disfuncționale. Le vom numi *afecțiuni.* Integrarea, asimilarea acestora în procesele de constituire a structurilor personalității, în paternul caracterial, va conduce la formarea unei personalități dezadaptative, unor atitudini și *trăsături caracteriale restrictive, opozante sau deviante*. Acestea predispun, în mod inevitabil minorul la conduite deviante, *tulburări de comportament.* În cazuri extreme, pe fondul unor predispoziții genetice sau unor psiho-traume majore se poate ajunge, pur și simplu, la boli psihice sau acte antisociale foarte grave.

Procesul de construcție a ontologică a noului grup familial nu este deloc ușor. În primul rând pentru faptul că familia prin mecanismele și funcțiile ei bine instituite va tinde doar să integreze formal (automat) copilul printre ceilalți membri, neglijând ontologia particulară (sufletul) a acestuia. Un alt factor este faptul că minorul vine în nouă familie, de regulă după o amputare sufletească gravă prin ruptura de familia de origine, în funcție de caz.

La fel de important este și aspectul că sufletul copilului, rănit, amputat, așa cu a rămas după trauma despărțirii, este constituit în onto-geneza unei alte familii, unei alte realități socio-umane. Schimbarea pur și simplu a conținutului "istoric" al sufletului copilului cu cel al ontologiei noului mediu familial este aproape imposibilă. Reprezentările și onto-sentimentele legate de vechiul mediu habitual și familial, vechile onto-sisteme, nu sunt doar conținuturi psihice sau structuri bio-psihice, ci pur și simplu reprezintă constituția ontică a copilului.

Procesul de reconstrucția ontologică ar presupune ori construcția unui nou suflet, un para-suflet, suprapuneri, configurări întâmplătoare sau, caz nefericit, destrucția sufletului constituțional, alinarea. Aici credem noi că se află sursa principală a tulburărilor de adaptare a copilului din familia substitut în perspectivă ontologică.

Chiar dacă minorul întâlnește în noul mediu familial realități sociale, obiectuale și contextuale similare celor avute în mediul de origine și înscrise în constituția sa ontică sau în inconștientul cognitiv, interesul și atașamentul pentru acestea este, cel puțin în perioadele de început, destul de scăzut.

De exemplu, similaritatea aparentă a onto-sistemelor socio-cognitive, asemănările între persoane semnificative din mediul de proveniență și cel substitut, la nivelul limbajului, gesturilor, personalității, vârstei, sexului sau profesiunii/ ocupației ar putea determina concluzia că adaptarea ar decurge fără probleme. Numai că, foarte probabil, nu după mult timp de la alăturarea la noua familie s-ar putea constata apariția unor manifestări atipice ori deviante: izolare, irascibilitate, evitarea comunicării ori pur și simplu intenția de părasi noua familie.

Explicația: similaritatea caracteristicilor nu este foarte importantă pentru copil, ea există doar pentru un observator al procesului, sau pentru membrii familiei substitut; caracteristicile nu sunt doar niște imagini sau aspecte cantitative, copilul nu a pierdut prin separare niște reprezentări ci niște suflete cu care empatiza și care reprezentau conținutul sufletului propriu.

Chiar dacă aparent oamenii interacționează prin forme și caracteristici fizice (corp, gesturi, culoare, sunete) prin mecanisme complexe inconștiente de procesare, acestora le sunt atribuite valențe existențiale unice cruciale, în spatele lor se află ființe, suflete, unice în sine, dar și unice pentru celălalt. În nici un caz copilul nu va realiza vreo identificare a caracteristicilor persoanelor din familia substitut cu ființa persoanelor pe care le-a pierdut.

În concluzie, putem afirma că, în pofida unor similarități sau congruențe fizice ori psihologice, între onto-sistemele socio-cognitive ale familie de origine și cea substitut nu există, aprioric, nici un fel de congruență ontologică.

La fel stau lucrurile și în ceea ce privește relațiile între onto-sistemele socio-cognitive, onto-sistemele conduitelor și competențelor membrilor familie, onto-sistemele atitudinal, cultural și spiritual, onto-sistemele relațiilor și raporturilor rol-status ori dintre onto-sistemele socio-afective.

Fără îndoială incongruența absolută se instituie în raporturile dintre onto-sistemele socio-afective, implicând, așadar relația de atașament. Modul unic, singular și ancestral prin care se instituie relația afectivă dintre mamă și copilul nu va putea fi vreodată reprodusă cu noua „mamă", chiar în condițiile utopice ale unei asemănări depline, sau chiar în cazul în care noua mamă este sora geamănă a acesteia. Sora geamănă este o altă ființă, un alt suflet. Relația unică de atașament mamă-copil nu este fizică, senzorială ci spirituală, ancestrală.

Orice nouă experiență reprezintă pentru ființele vii, pentru oameni în mod special, surse de tulburare biologică, psihică sau comportamentală. Integrarea copilului într-un nou grup familial reprezintă, în mod obiectiv, o astfel de sursă. Este experiența unei interacțiuni inedite dintre sufletul, persoana sa și ontologia noului grup social/ familial. „Confruntarea" rezultă în principal din faptul că atât grupul pentru copil, cât și copilul pentru membrii grupului familial substitut, sunt niște necunoscute, determinând traume.

Confruntarea și trauma nu rezultă din conflicte de tip rol/status ci din lipsa de familiarizare cu particularitățile „ideografice" ale *celuilalt*. Pentru fiecare dintre părți celălalt este potențial periculos, necooperant, oricum puțin cunoscut și îi pot fi atribuite, aprioric, conștient sau inconștient, tot felul de intenții sau caracteristici de tip opozant, ostil ori răufăcător. Pentru copil aceste experiențe, confruntări, conflicte previzibile pot reprezenta și întruni caracteristicile unei adevărate *traume emoționale*, cu efecte în sfera celorlalte procese psihice, a personalității sau conduitei.

Chiar dacă se fac eforturi, de ambele părți, pentru evitarea traumelor și o integrare ușoară efectele se pot manifesta în multe feluri, de multe ori fără atribuiri cauzale clare. Își pot face prezența în dezvoltarea personală, în diferite laturi sau sfere ale acesteia, ori se pot manifesta la mult timp de la evenimentul traumatizant. În planul *fizic, biologic* copilul resimte efectele traumei prin lipsa poftei de mâncare, apatie, lipsă de energie, tulburări ale somnului etc. Efectele se pot resimți și în ceea ce privește sfera *cognitiv-intelectuală*: tulburări sau lipsă de performață în activitate mnezică, tulburări de concentrare, slăbirea capacității rezolutive, lipsă de interes pentru cunoaștere teoretică (Schooler, 2010). Fără îndoială efectele cele mai grave se întâlnesc în viața și dezvoltarea *afectiv-emoțională*: instabilitatea emoțională, interiorizarea excesivă, tendințele de dezvoltare anxioasă, sensibilitatea excesivă, răceala emoțională, incapacitatea de a se dezvolta din punct de vedere sentimental, tendința de regresiune și nedezvoltare socio-afectivă, moral-afectivă.

Sunt doar câteva dintre posibile afectări ale vieții și dezvoltării copilului în procesul inițial de adaptare la noul grup familial. Desigur, nu toți copii sunt afectați în aceiași măsură, sau în aceleași forme. Însă majoritatea vor merge mai departe în procesul de integrare cu aceste „achiziții", având un rol important în celelalte experiențe, de „cursă lungă", pe care le va parcurge copilul în familia substitut (Cojocaru, 2008).

Incongruența ontologică copil-familie substitut își arată efectele și în planul relațiilor psihosociale, cu posibile consecințe negative asupra procesului de adaptate și dezvoltare bio-psiho-socială normală. Aceste incongruență iau forma unor deficiențe ori distorsiuni de relaționare, de comunicare, influență etc, precum cele expuse mai jos.

Dificultăți de definire a teritorialității (acasă) și a spațiului personal. Copilul crescut altundeva decât "acasă" resimte integrarea ca pe o traumă majoră, chiar dacă face eforturi pentru a disimula consecințele și a crea impresia că s-a adaptat în noua locație. Primii ani de viață, pentru fiecare ființă umană sunt indestructibil legați de un anumit spațiu fizic, de o anumită locație, un anumit loc, de un anumit design habitual, inclusiv mirosurile, sunetele sau culorile dominante, creând împreună cu alți factori de ordin simbolic sau social ceea ce se mai numește *spațiu personal*. Edward Hall (1966) propune pentru a delimita cadrul spațial și social propriu al unei persoane conceptul de *proximitate*. Atât conceptul de proximitate cât și cel de teritoriu cuprind pe lângă elemente de natură fizică, geografică, topică și dimensiuni psihologice sau culturale. Subiectul stabilește legături profunde de ordin afectiv, tinde să se identifice social, să facă asocieri și atribuiri cauzale complexe între destinul personal și locul de care este legată nașterea sau existența sa cotidiană. Intervin mecanisme psihologice profunde de condiționare care influențează nu doar atitudinea, afectul ci însuși procesul de învățare sau de dezvoltare bio-psiho-socială globală, formarea personalității.

Distorsiuni în procesele de influență și învățare socială. Literatura de specialitate subliniază aspectul că dezvoltarea psiho-socială și formarea personalității copilului este în ultimă analiză expresia unui lung proces de influență și învățare socială (Kostelnik, 2011). Agenții acestor procese sunt în cele mai multe cazuri părinții sau cadrele didactice. Între copil și agentul de influență/învățare socială se stabilesc atât relații sociale formale cât și informale, afective. Aceste relații capătă consistență și continuitate fiind întărite de valorile grupului familial, de scopurile comune. Copilul care a fost crescut până la o anumită vârstă în familia naturală și a stabilit astfel de legături și procese de influență și va fi integrat ulterior într-o altă familie va suferi cu siguranță profund de pe urma acestei măsuri. Agenții de influență nu vor mai fi aceiași iar valorile, atitudinile și normele „transmise", de asemenea, vor fi altele. Copilul plasat într-o familie străină reîncepe procesul de învăţare şi socială şi este supus unui nou proces de influenţă şi normalizare. Din păcate riscul de devianţă este foarte mare. Prin procesele de influenţă şi reînvăţare socială practic se contrapun cele două onto-sisteme familiale, cel al familiei substitut şi cel reprezentat în personalitatea şi sufletului copilului provenind din familia de origine. Cum influenţa, învăţarea, normalizarea, presupune schimbarea de atitudini (Chelcea, 2003), şi contrapunerea celor două onto-sisteme este practic forţată; riscul inadaptării, devianţei, sau tulburărilor emoţionale este imens.

Distorsiuni în reprezentarea realităţii sociale (familiale) şi în construcţia conceptului de familie. Erorile de atribuire. De regulă ruptura dintre părinţii naturali şi copii este redusă la şocul emoţional, însă şocul poate fi surprins şi în plan socio-cognitiv, respectiv al reprezentărilor sociale, fenomenelor de atribuire şi de percepţie socială. Tiparul, paternul de familie construit în familia de originea s-ar putea să nu mai corespundă celui din familia substitut. Conceptul de familie construit în ani de zile în cadrul familie naturale va fi supus unor schimbări pentru care copilul foarte probabil nu deţine instrumentele epistemologice pentru a-l rectifica. Lucrurile sunt foarte complicate şi pentru faptul că la copil reprezentările sociale sunt intens personalizate şi impregnate afectiv ceea ce ne conduce automat la concluzia că de fapt situaţia socială substitut se va constitui automat, aprioric într-o situaţie de maltratare. Cunoaşterea şi construirea conceptuală a noii realităţi sociale/familiale de către copil întâmpină dificultăţi pentru faptul că el nu va putea relua, fizic, gradual tot procesul epistemologic de construcţie progresivă şi sistemică, fiind supus unor interacţiuni forţate, cât şi pentru că noul mediu familial s-ar putea să nu ofere suficiente resurse de informare. Copilul va atribui, din inerţie, valori şi caracteristici ale familiei de origine noii familii, tinzând să atribuie valorilor şi cutumelor familiei în care a crescut caracteristici de universalitate. În acest context riposta de nemulţumire a membrilor familie substitutive ar putea fi chiar violentă, ajungându-se până la agresiune.

Conditii atipice de constituire a eului, imaginii de sine şi a identităţii sociale. Copilul care a avut o copilărie, mai mult sau mai puţin fericită, într-un anumit context social, până la o anumită vârstă şi va cunoaşte situaţia de abandon/separare, forţat să se integreze într-un alt colectiv familial, chiar dacă este vorba de rude, va fi pus în faţa unor dileme şi probleme pentru care cu greu găseşte instrumente şi soluţii de rezolvare. Dincolo de soluţiile practice şi curente de adaptare şi integrare formală în noul grup social intervin aspecte precum redefinirea identităţii sociale sau probleme precum imaginea şi stima de sine, care după cum se ştie au o mare legătură cu contextul social originar. Cu timpul vor apare întrebări de genul: de fapt eu cărei familii aparţin? cine sunt eu? (identitatea socială), dar şi mari angoase relative la imaginea şi stima de sine.

Potenţial de conflict şi tulburări în procesele de comunicare. Cuvântul comunicare are ca rădăcină termenul *comun*, ceea ce conduce la constatarea că se referă la un proces de schimb de idei şi sentimente între două părţi care au sau trebuie să aibă unele lucruri în comun. Copilul crescut în familia substitut, fie că este vorba despre plasament familial instituţionalizat, fie că este crescut de vecini sau rude, are în mod natural multe lucruri în comun cu familia din care a provenit. Este vorba de aspecte de ordin biologic (dacă provine din familia naturală) dar şi cultural, dacă ne referim la copiii care au fost crescuţi un număr mai mare de ani în familia de provenienţă. Conflictele şi dificultăţile de adaptare ale copilului la condiţiile noii familii sunt determinate, pe lângă problemele de comunicare (limbă, limbaj etc), şi de incongruenţa onto-sistemelor. Aceste stări de lucruri reprezintă surse de distress pentru copil şi premise pentru inadaptare socială.

Incongruenţa onto-sistemelor, efectele amputării sufleteşti din experienţa abandonului, efectele traumei de integrare forţată, tulburările onto-psihosociale, trăirile traumatizante în experienţa integrării precum şi alte condiţii frustrante îşi vor pune în mod profund amprenta asupra procesului general de dezvoltare bio-psiho-socială sau de formare a personalităţii, cu precădere a fundamentelor ontice ale acesteia, având consecinţe directe asupra comportamentului.

Cum „conţinutul" onto-formaţiunilor era reprezentat de cogniţii şi sentimente relative la membrii familiei de origine, habitus-urilor sau valorilor acesteia, parcursul onto-genetic este radical afectat/ deturnat. Prin schimbarea condiţiilor fundamentale de existenţă, în special a condiţiilor existenţei sociale procesul este blocat şi intră în mod legic în involuţie sau disoluţie. Onto-formaţiunile constituţionale instituite tinzând să dispară în cazul în care acestea nu au ajuns la un grad suficient de ridicat de generalitate sau autonomie.

Vom concluziona, în perspectiva opticii axiologic-epistemologice a asistenţei sociale umaniste a copilului, şi în pofida avantajelor creşterii copiilor separaţi de familia naturală în familii substitutive, decât în instituţii, că totuşi ruptura pentru o perioadă îndelungată sau definitivă de acest miraculos loc, numit "acasă", a copilului nu este, aşa cum am crede la o primă analiză, doar o simplă disociere spaţială, fizică ci şi una epistemologică, axiologică, socială, antropologică sau afectivă de foarte mare impact ontologic-uman.

Presupune părăsirea a ceea ce Altman (1975) numeşte *teritoriu primar*. Înserarea într-o altă familie presupune capacităţi de adaptare şi rezilienţă pe care copii abandonaţi de cele mai multe ori nu le au. Plasarea copilului într-un mediu uman şi social necunoscut va tulbura radical atât consistenţa şi echilibrului ontic al copilului, integritatea sufletului, echilibrul vieţii sale psihice interne afective, intelectuale, motivaţionale sau voliţionale; de asemenea, va afecta profund normalitatea dezvoltării sale ontogenetice cu risc crescut de neadaptare şi devianţă.

În aceste condiţii se pune întrebarea ce este de făcut, ce strategii, metode pot fi aplicate pentru prevenirea sau rezolvarea problemelor de adaptare ale copilului din familia substitutivă? Asupra factorilor social-ontologici fundamentali nu se poate prea mult acționa, însă se poate interveni asupra factorilor umani. Prin metodele de dezvoltare umană, personală și comunitară, și prin metoda balanței, promovate de metodologia asistenței sociale umane, se pot obține rezultate remarcabile. Aspectul îl vom aprofunda în secțiunea metodologică a capitolului.

5.2.3. Copilul din instituția rezidențială

În perspectiva valorilor asistenței sociale umaniste creșterea, educarea, îngrijirea copiilor în instituții este o anomalie și o formă foarte gravă de maltratare, socio-afectivă, cele mai multe dintre instituții fiind de stat unde lipsa de umanism, compatie și dăruire autentică este o dominantă, iar interesul pentru fericirea și dezvoltarea umană a copiilor sunt foarte scăzute.

Studiile, dar și experiența practică relevă aspectul că fenomenul psihologic cel mai îngrijorător aferent instituționalizării copilului este deteriorarea, tulburarea vieții și dezvoltării socioafective a acestuia. Una dintre cauzele "instituționale" o reprezintă, fără îndoială, carențele mediului socio-uman din instituții, relațiile interpersonale precare, copil-lucrător sau copil-copil. Este vorba atât de factori umani cât și organizațional-instituționali (Punalekar, 1983).

Despre copiii care părăsesc sistemul de protecție se știe că se integrează foarte greu în societate. Își găsesc cu dificultate un loc de muncă sau îl pierd cu ușurință după angajare, se integrează greu în grupuri, au o viață civică precară, au mari probleme în a lega prietenii durabile, întemeiază cu dificultate familii proprii, sunt mai predispuși la conduite deviante. Lucrurile nu s-a schimbat foarte mult nici după ce sistemul de protecție a copilului a cunoscut îmbunătățiri majore; au dispărut multe centre mamut, de tip clasic, au apărut alternativele de tip familial, au avut și au loc mari investiții. Cum se explică atunci această stare alarmantă de lucruri, la care autoritățile tot caută soluții de mult timp?

Cauzele sunt desigur complexe, sistemice, iar sursa fundamentală o constituie însăși alegerea/ soluția fatală a instituționalizării; noi însă ne vom referi la una dintre cauze, anume: afectarea gravă a dezvoltării socio-afective a personalității copilului instituționalizat, în contextul precarității raporturilor interpersonale, climatului socio-instituțional, în cele mai multe cazuri cazuri, impropriu creșterii și educării unui copil, precum și managementul neadaptat specificului acestor instituții.

Concepem, în această abordare, construirea/ dezvoltarea personalității copilului instituționalizat ca un proces holistic complex, de formare succesivă dar și concomitentă de „sub-personalități", expresii ale unor imput-ri experiențiale specifice, una dintre acestea o reprezintă, cum s-a mai prezentat, personalitatea *umană*. Coerența, orientarea, calitatea, eficiența, ponderea acestei persoformațiuni, este, matematic vorbind, relativ direct proporțională cu calitatea relațiilor socioumane, cu sensul și intensitatea raporturilor interpersonale, socioambientale ale subiectului.

Imput-urile socio-experiențiale pozitive vor determina structurări coerente și eficiente în schimb precaritatea relațiilor socioumane va conduce la constituirea unui perso-gestalt socio-afectiv, *uman*, ori insuficient dezvoltat ori cu dezvoltare carențială, atipică, patologică sau deviantă. În această din urmă situație va avea de suferit în special constituirea sufletului, iar ca o replică legică a acestei maldezvoltări, se va hiper-dezvolta formațiunea fobic-depresivă, cu consecințe dintre cele mai grave asupra întregului proces de dezvoltare psihologică și sociocomportamentală. Marea majoritate a acestor dezvoltări maladive la nivelul sufletului și personalității copilului pot fi identificate ca simptome de maltratare gravă.

Chiar dacă, de regulă, despre maltratarea copilului se vorbește cu preponderență în contextul vieții de familie în această secțiune vom încerca să ilustrăm faptul că maltratarea este un fenomen prezent și în sistemul de protecție și nu ne referim la eventualele abuzuri fizice sau acte de neglijare punctuale ci la aspecte mult mai grave: maltratarea prin neglijarea nevoilor de afecțiune, securitate, stabilitate interpersonală, dezvoltării socio-afective și problemei fericirii autentice a copilului, a tratării sale mai mult ca organism, corp, individ și nu ca persoană, personalitate, suflet (Ștefăroi, 2008, p. 76).

Efectele acestui mod de abordare a creșterii și educației copilului se observă la maturitate prin incapacitatea acestuia de a se integra social, de a-și dobândi o profesiune durabilă, de a întemeia o familie, de a fi fericit, de a se realiza ca om, persoană, ființă morală, spirituală.

Explicația este și aceea că în copilărie, în general, legic, se formează, la nivelul personalității, prin suflet, caracter și conștiință paternuri, tipare, gestalturi care reflectă și internalizează caracteristicile mediului uman, calitatea și continuitatea relațiilor cu persoanele semnificative, un fel de homunculus spiritual-intelectual, structură și nucleu *uman* al personalității, care condiționează structurarea personalității, adaptarea socio-umană, consistența relațiilor interpersonale, destinul social și, nu în ultimul rând echilibrul interior, dezvoltarea personala și fericirea autentică.

În orice instituție pentru copii abandonați din lume lipsesc, ceea ce istoria și condiția umană a consacrat, sursele socio-morale ale formării tiparului ancestral de personalitate cu atributul normalității, fericirii și adaptabilității: mama, tata, frații, rudele, vecinii, locuința părintească și mai ales, ceea ce impropriu vom spune, identitatea socio-afectivă, adică ideo-sistemul de sentimente și dependențe inalienabile, constante și autentice. Dependențele și sentimentele copilului instituționalizat relative la personalul de îngrijire și educație, la persoanele de referință, părinții sociali, oricât s-ar încerca, nu au atributul ancestralității, continuității și originalității, sunt mai degrabă legături profesionale, oficiale, ipocrite, circumstanțiale.

Putem considera drept mal-tratare socio-afectivă a copilului instituționalizat acele condiții, circumstanțe, conduite sau fapte din relațiile organizaționale, personal-copil sau dintre copii care afectează grav negativ trăirile și sensibilitățile copilului, dezvoltarea sa psihologică normală, care determină cu preponderență emoții negative, conducând la interiorizare excesivă, timiditate, emotivitate, nervozitate, alienare, tulburări de atenție și concentrare sau agresivitate și dezvoltarea hipertrofiată a, ceea ce noi numim, formațiunea fobic-depresivă.

În literatura de specialitate maltratarea, în sens general, este asociată relelor tratamente de orice natură sau sursă (violență, abuz, neglijare, exploatare prin muncă etc), tulburărilor de dezvoltare fizică și psihică, ca efecte, precum și cu afectarea capacității de integrare și realizare socială autonomă la maturitate (I. Șerban, Colette Jourdan-Ionescu, 2001).

Noi credem că mal-tratarea socio-afectivă tulbură în cea mai mare măsură formarea și existența normală a sufletului. Dezvoltarea normală a sufletului este întârziată sau carențată de fluctuația de personal, atașamentul nesigur, inconsistent, inautentic, traumele frecvente prin care trec acești copii, răceala, disciplina din instituții sau autoritarismul personalului, calitatea precară a relațiilor cu ceilalți copii, grupurile deviante.

Atât copiii din familii, maltratați, cât și din instituții pot deveni timizi, introvertiți, impulsivi, irascibili, nervoși, anxioși, influențabili, posesivi, egoiști. La maturitate au o capacitate limitată de adaptare și integrare socială, tulburări de comunicare și relaționare personală, întemeiază cu greu familii, unii ajung marginalizați social sau delincvenți, nu reușesc din punct de vedere profesional. Sunt afectate, în principal, dezvoltarea normală a caracterului, stimei de sine, personalității, sferei emoționale, voinței (Cicchetti, Carlson, 1989).

Sufletul are rol de catalizator, liant iar afectarea dezvoltării acestuia are repercusiuni grave asupra întregii dezvoltări personale, a gradului de satisfacție, destinului, fericirii individuale. Efectul este în principal de dezintegrare, mai bine spus de neintegrare holistică internă, de lipsă de unitate bio-psihologică – teren de manifestare a impulsivității, irascibilității, depresiei sau anxietății. Nedezvoltarea laturii empatice a personalității favorizează chiar instalarea psihopatiei, schizofreniei sau altor boli psihice (Ștefăroi, 2008).

Securitatea și confortul intern al copilului presupune organizări securizante interne dar și un sistem de relații și raporturi interpersonale, organizaționale cu rol protectiv. Mama, tata, ruda, locuința, comunitatea au un asemenea rol. Rolul securizant al acestora nu constă atât în acțiunea fizică de protecție ci constă în internalizarea semnificației socio-afective pozitive a stimulilor. Lipsa acestor „semnificări" socio-afective pozitive, protective face ca minorul în mod inerent să fie predispus experiențelor fobice, emoțiilor negative și sentimentelor de insecuritate (Cicchetti, Carlson, 1989). Una dintre soluțiile de evitare a hiperdezvoltărilor fobice o reprezintă construcția, prin alți factori, cu precădere spirituali, a unei personalități puternice.

Cu cât soliditatea ontologic-spirituală a personalității este mai mare cu atât rolul formațiunii fobice scade. Un subiect (psihologic) vulnerabil dublat de o personalitate fragilă determină dezvoltarea unor formațiuni fobice hipertrofiate. În acest caz formațiunea fobică tinde să acopere subiectul, se instituie angoasa, neliniștea existențială, fobia ca stare dominantă onto-subiectivă. Instalarea fobiei (sensul nu este neapărat similar celui din psihanaliză sau psihiatrie) reflectă un raport generalizat disproporționat subiect/eu-mediu. Acesta din urmă este aprioric perceput ca agresiv.

Plecăm de la conceptul unui sistem client copil nu atât afectat patologic, cât mai degrabă structural-funcțional. Problema nu este internă, ci o reflectare a carențelor mediului socio-afectiv, care se vor răsfrânge în tulburarea dezvoltării optime a personalității socio-afective și în special a sufletului copilului, iar ca un reflex/ efect homeostazic intern se va dezvolta accentuat, după cum am văzut, formațiunea fobică.

Funcționarea defectuoasă a ansamblului de personalitate, experiențele fobice și traumatizate repetate aferente vor determina organizări limită, de supraviețuire prin repliere pe sine, interiorizare și instalarea stării depresive, permanentizate, de fond. Ceea ce trebuia să se instituie ca un mecanism normal de apărare psihologică ocazională, formațiunea fobică, va deveni, astfel o stare fobică relativ generalizată.

Copilului va fi obsedat de nevoia de supraviețuire abandonând obiectivele superioare de realizare personală, de dobândire a unor roluri sau status-uri sociale care iar putea exploata vulnerabilitatea traumatizantă. Ca o consecință negativă a acestor procese, gradual se va putea dezvolta și institui o formațiune replică, paralelă, formațiunea depresivă.

Ca și în cazul celorlalte formațiuni constituirea este necesară, reflectând o funcție, o necesitate existențială, dar este și reflex al unor experiențe, relaționări, imput-ri și insight-uri ambientale propriu-zis „depresive" (suferința, durerea, plictiseala, ne-valorizarea). Sursa interioară de organizare o reprezintă, totuși, în principal, „activitatea" formațiunilor fobice.

Odată constituită formațiunea depresivă a copilului instituționalizat va dobândi toate caracteristicile onto-formațiunilor personale, printre care autonomia și autodezvoltarea. Prin instituire rolul ei crește în cadrul ansamblului ontic și personal, impunându-se precum un non-eu, non-persoană fiind respinsă de instanțele conștiinței, decizionale, voluntare ale persoanei. Majoritatea copilor instituționalizați au această formațiune ca dominată, ceea ce are efecte negative asupra stării psihice globale, dezvoltării optime personale precum și a capacității de a se integra social în mod autonom.

Formațiunea fobică și formațiunea depresivă vor „funcționa" inter-activ constituind un mecanism și, mai mult decât atât, instituind o formațiune personală relativ autonomă, în timp ce sufletul și panformațiunea fobic-depresivă vor funcționa reactiv. În perspectiva dezvoltării personale și formării capacităților psihice de integrare socială a copilului instituționalizat aceste dinamici au un rol accentuat negativ, reducând alegerile subiectului la gesturi restrictive.

Chiar în condițiile creșterii și educației copilului în instituție se pot găsi soluții astfel ca aceste procese nefaste să se desfășoare la o intensitate mai mică iar efectele lor în planul formării personalității socio-afective să fie minore. Una dintre acestea privește calitatea personalului. Există, din păcate, încă mult servicii și instituții de protecție și asistență socială care nu au în componență nici un asistent social, psiholog sau sociolog. Marea masă a îngrijitorilor, referenților educativi și sociali nu sunt calificați pentru îngrijirea și educația copiilor instituționalizați. Cei mai mulți provin din medii în care predomină prejudecățile și practicile tradiționale privind creșterea și educația copilului, de genul „bătaia este ruptă din rai". Chiar dacă nu este o practică, convingerea multora, mai mult sau mai puțin conștientă sau asumată, este încă aceea că modelul autoritar este soluția optimă de educație a copilului.

Desigur nu se poate generaliza, se știe că în domeniul asistenței sociale a copilului lucrează foarte mulți profesioniști de calitate, noi aici încercăm să analizăm acele aspecte care pot reprezenta o potențială afectare a actului de îngrijire și educație, cu accent pe latura socio-afectivă. În acest sens vom enumera câteva tipuri de caracteristici psiho-comportamentale sau trăsături de personalitate care nu ar trebui să caracterizeze angajații din acest domeniu, cu precădere a celor care sunt în contact direct cu copilul, așadar: fondul psihic dominant depresiv; intoleranța la schimbare; rezistența scăzută la frustrare; conformismul - obediența; lipsa prezenței de spirit; fixitate funcțională; lipsă de flexibilitate și suplețe a gândirii; profil psihologic încărcat de stereotipie; dogmatism; adaptabilitate redusă; încăpățânare; idei preconcepute; atitudine apriorică favorabilă sau nefavorabilă față de o persoană; stereotipie mintală; rigiditate atitudinală; rezistența la informare, modificare, corectare; atitudini inflexibile față de alimentație, ținută, orientări sexuale, minorități; discriminarea; vulgaritatea; stare generală de anxietate; autoritarismul; viziuni, convingeri dogmatice și conservatoare; gândire în clișee; labilitate afectivă; personalitatea imatură; irascibilitatea accentuată, egoismul.

Multe persoane care se descriu prin unele dintre trăsăturile enumerate mai sus își găsesc cu ușurință „loc de muncă" în instituțiile rezidențiale publice pentru copii. Cauza principală o reprezintă lipsa unui sistem de selecție pe criterii de aptitudini și compatibilitate psihologică cu specificul activității de îngrijire și educație a copilului instituționalizat. Una dintre soluțiile pe care le întrevedem noi pentru rezolvarea acestei probleme o reprezintă selecţia riguroasă a personalului şi managerului pe criterii psihologice. Desigur, asta în contextul rezolvării problemei salarizării, pentru că evaluarea calitativă presupune o arie mare se selecţie.

Doar persoanele cu „suflet mare" şi capabile de empatie ar trebui să lucreze în instituţiile de asistenţă socială. Din păcate, după cum se ştie în instituţiile de protecţie a copilului publice selecţia şi angajarea personalului se face cu precădere prin evaluarea cunoştinţelor de legislaţie. Evaluarea trăsăturilor psihologice, a celor socio-afective, dacă se face, la interviuri, reprezintă în multe cazuri simple formalităţi.

O altă carenţă gravă a sistemului este constituită, după cum se cunoaşte, de fluctuaţia foarte mare a personalului, schimbarea, cu mare uşurinţă, uneori din motive justificate, dar şi din necunoaşterea importanţei relaţiei de ataşament, a îngrijitorilor sau educatorilor dintr-un loc în altul, de la un copil la altul, sau pur şi simplu părăsirea instituţiei de către lucrător în mod definitiv (Miftode, 1995, p. 55).

Printre soluţiile posibile enumerăm: menţinerea pe cât mai mult timp posibil a lucrătorilor, persoanelor de referinţă în aceleaşi instituţii sau locaţii interne, pregătirea psihologică din timp a copilului pentru eventuala despărţire de angajatul faţă de care are o legătură afectivă consistentă. Prin rezolvarea acestor probleme nu s-ar produce minuni peste noapte însă în mod sigur climatul socio-afectiv, „empatic" din organizaţii s-ar îmbunătăţi. Calităţi psiho-comportamentale precum *agreabilitatea, sociabilitatea, deschiderea spre comunicare şi problemele celorlalţi, dar şi empatia şi sensibilitatea, cinstea, simplitatea, imparţialitatea, respectarea demnităţii celuilalt* sunt indispensabile personalului angajat întrun centru de plasament pentru copii, inclusiv managerului (Ştefăroi, 2007, p. 38).

Lipsa legăturilor consangvine dintre copii, precum şi dintre copii şi personal, conduce la instituirea unor organizaţii a căror structură şi funcţionare nu este determinată nici de factori afectivi autentici, nici de tradiţii sau cutume culturale şi religioase, nici de reguli instituţionale clare, ceea ce face ca o instituţie în care sunt plasaţi, cresc şi sunt educaţi copii să fie o entitate, din punct de vedere sociologic, cu totul particulară, o excepţie, o ciudăţenie organizaţională.

Pentru copii instituţia este „acasă", pentru personal un loc de muncă, de multe ori pasager, iar pentru manager un mediu în care îşi poate exercita, manifesta neîngrădit autoritatea şi temperamentul, în condiţii de concurenţă disproporţionată. În aceste condiţii, chiar dacă aparent în instituţie domneşte un climat de ordine, în unele cazuri lucrurile nu sunt deloc aşa. Raporturile în interiorul micro-grupurilor de copii sunt viciate de ostilitate, vulgaritate şi violenţă; nici nu se poate vorbi de un climat moral pozitiv, unde respectul, cinstea şi onestitatea să fie reguli; predomină legea celui mai puternic, copii mai introvertiţi sunt marginalizaţi şi jigniţi în timp ce personalul asistă cu indiferență, intervenind eventual părtinitor sau agresiv, fără o prea mare preocupare față de etica și eficiența interacțiunii cu minorii.

În unele organizații, din ce în ce mai puține, din fericire, lucrurile sunt atât de grave încât nici la nivel teoretic nu pot fi identificate soluții cu adevărat eficiente. Noi totuși facem câteva recomandări, verificate, aplicate de altfel în acele instituții in care cu adevărat domnește acel climat care să permită o dezvoltare optimă a personalității copilului și „accesul" acestuia la fericire.

Este vorba despre folosirea modelului familial și, propunerea noastră, instituirea climatului empatic-uman, cu subcomponenta sa, managementul empatic-uman în asistența socială. În ceea ce privește modelul familial, el se aplică cu succes și a dat rezultate pozitive, copiii care părăsesc sistemul de protecție se integrează mult mai ușor în societate.

Credem că „secretul" acestui model este reprezentat de ceea ce Rădăuți (2000) denumește sentiment de grup. Organizația de tip familial capătă, astfel calități ontologice, de ființă, entitate unitară, funcțională, necesară și eficientă prin consecință. Cum prin natura și misiunea lor, serviciile de asistență socială se definesc prin umanism, cooperare, întrajutorare, sprijin, înțelegere, atașament, empatie folosirea acestei paradigme este mai mult decât oportună.

Copiii fără părinți din instituții sau plasament familial, identifică, mai mult sau mai puțin conștient, serviciile de asistență, personalul din instituții, asistenții maternali cu părinții, rudele, instanța protectoare, generatoare de securitate. Managerii acestor instituții trebuie să preia acest mesaj și să-l încorporeze în obiectivele și strategiile manageriale cu atât mai mult cu cât unii dintre ei se află în contact direct cu asistații.

Tot o mare familie formează și corpul profesional, angajații, specialiștii, educatorii. Este foarte important să se depășească vechiul model și vechile practici manageriale în care administrarea unui serviciu social al unui centru de plasament s-ar supune unor reguli clasice de management și conducere. Dacă un centru de plasament este o familie atunci este recomandat ca personalul și coordonatorul să aibă comportamente de tip familial. Sursa autorității și profesionalismului nu este doar instituțională ci și personală, umană, empatică. Aceste atitudini și conduite întăresc sentimentul copiilor că se află „acasă" și nu într-o instituție (Ștefăroi, 2007, p. 38)

Concluzia pe care am putea-o trage, după acest parcurs prin problematica psihologică, filozofică, socială și administrativă a mal-tratării socio-afective a copilului instituționalizat, este aceea că situația este mult mai gravă de cât credem în mod obișnuit, ne imaginăm sau ne relevă rapoartele/statisticile oficiale. Am văzut că efectele maltratării afective se materializează și cronicizează în structurii și funcții psihologice profunde, aproape constituționale, dis-funcționale, chiar patologice limitând mult șansa copilului de a se dezvolta psihic și integra normal, în mod autonom în societate. Am enumerat mai sus niște cauze însă după, opinia noastră cauza fundamentală este de ordin teoretic, filozofic şi atitudinal relativ la strategia şi obiectivele fundamentale ale asistenţei sociale a copilului.

În momentul de faţă, în pofida unor aparenţe, politici şi afirmaţii mai mult sau mai puţin oficiale, obiectul real al asistenţei sociale a copilului îl reprezintă, în multe cazuri, încă supravieţuirea. Unele teorii precum teoria îngrijirii şi teoria ataşamentului, chiar dacă sunt teoretic şi metodologic utile, nu pot acoperi aspecte impuse de noi provocări sociale, culturale şi istorice.

Teoria ataşamentului, de pildă, subliniază importanţa şi necesitatea relaţiei de ataşament şi creşterii copilului în familie (Bowlby, 1999), dar la ce foloseşte în cazul copilului instituţionalizat, din moment ce adulţii din organizaţii sunt profesionişti, iar pentru ei instituţia este un loc de muncă şi nu „acasă". La ce bun ataşamentul în condiţiile fluctuaţiei cronice a personalului. În plus este chiar recomandată evitarea apropierii prea mari dintre copil şi angajat. Teoria îngrijirii, aşa cum subliniază şi sintagma, priveşte în primul rând actul şi procesul îngrijirii fizice, chiar dacă nu se limitează la acesta.

În aceste condiţii se justifică necesitatea unei noi teorii, *teoria fericirii în asistenţa socială,* cu o mare aplicabilitate copilului instituţionalizat, care să urmărească nu doar îngrijirea şi ataşamentul ci pur si simplu fericirea. Este un obiectiv care poate părea extravagant, dar în opinia noastră este adevărata soluţie pentru a înlătura în mare măsură efectele psihologice şi consecinţele sociale negative ale instituţionalizării şi maltratării socio-afective inevitabile.

Propunem versiunea unei fericiri empatice, bazată pe importanţa şi dezvoltarea sufletului, atât a copilului cât şi a angajatului, fericire obţinută din armonia şi calitatea mediului social, organizaţional, prin comunicare autentică şi sensibilitate pentru problemele celuilalt, obţinută inclusiv prin îmbunătăţirea climatului organizaţional şi a managementului. Ca soluţii aplicative se poate opera cu termenii *ambient empatic-uman* şi *management empatic-uman.* De asemenea este necesară o nouă definiţie a clientului şi sistemului client care să echilibreze raportul dintre paradigma social-instituţională şi cea psihologic-spirituală în reprezentarea şi abordarea clientului-copilul.

Acest demers priveşte şi reconsiderarea rolului unor termeni, funcţii şi instanţe psihice precum personalitate socio-afectivă sau suflet. Esenţa acestei noi abordări în asta consta: deplasarea interesului epistemologic, metodologic şi pragmatic de pe corp şi comportament pe trăire şi suflet, de pe obiectivul îngrijire şi supravieţuire pe *obiectivul fericire* a copilului instituţionalizat – elemente paradigmatice ale unei teorii a fericirii în asistenţa socială a copilului (Ştefăroi, 2009b).

5.2.4. Fericirea copilului

Așa cum s-a precizat pe parcursul lucrării, fericirea clientului, cu precădere a asistaților din instituții rezidențiale, este unul dintre obiectivele-valoare de bază ale practicii în asistența socială umanistă; obiectiv prioritar însă în asistența socială umanistă a copilului. Nu poate fi nici măcar concepută o creștere și dezvoltare optimă a unui copil în condițiile în care starea sa psihică de fond și curentă este marcată de nefericire, tristețe, pesimism (Chansky, 2008).

Totuși, chiar numai a discuta despre problema fericirii în serviciile ori instituțiile de asistență socială și despre fericire ca obiectiv al practicii în asistență socială a copilului poate părea, cel puțin în momentul de față, în țara noastră, inoportun, dacă nu extravagant. Obiectivele și resursele par să se orienteze cu precădere asupra satisfacerii nevoilor de bază, de supraviețuire, problema fericirii autentice, al bunăstării sufletești a copiilor, nu face parte din multe proiecte sau strategii în domeniu. De exemplu în legislația și standardele privind protecția copilului acești termeni lipsesc aproape cu desăvârșire.

Una dintre explicațiile acestor stări de lucruri ar reprezenta-o tradiția acestor servicii sociale, orientate, cu precădere, spre subzistență. Explicația cea mai pertinentă, în opinia noastră, este legată de definiția (percepția) fericirii și filozofia vieții personale în general în aria noastră geografică și culturală, opinia dominantă fiind aceea că fericirea este doar o stare sau un stadiu posibil, ocazional al trăirii și experienței hedonice individuale și nu o dimensiune sau condiție de bază a vieții, dezvoltării și bunăstării fiecărui individ, la fericire putând astfel accede doar persoanele, care dispun de condiții superioare, în primul rând din punctul de vedere material, iar, în cel mai bun caz, ceilalți pot accede și ei la fericire dar numai temporar, întâmplător, prin concursul împrejurărilor sau oportunitățile destinului.

Este și o consecință a instituirii societății de consum și a teoriilor consumeriste, care pun semnul egalității între bunăstarea materială și fericire (Williams, 1993). O persoană cu un standard socio-material inferior nu poate accede ușor la fericire. Cum resursele alocate asistenței sociale sunt pentru subzistență, fericirea nu ar fi ușor accesibilă acestora. Sistemul nu-și poate permite mai mult.

Această filozofie, gândire, cu rădăcini adânci în trecut ghidează percepții, atitudini, conduite, favorizează teorii și politici sociale care fundamentează epistemologic (ideologic) și stau la baza strategiilor și practicilor de asistență socială, inclusiv în asistența socială a copilului. Automatismele sunt atât de cimentate încât chiar atunci când sunt resurse suficiente foarte rar se ajunge să se discute despre obiectivul *fericire*. Una dintre cauzele principale ar fi și insuficienta cunoaștere a paletei de nevoi fundamentale ale persoanelor și grupurilor aflate în dificultate sau în situații de risc, concentrarea în exces pe componentele vizibile, corporale, materiale, instrumentale ale clientului. Cunoașterea nevoilor copilului presupune o activitate deosebit de complexă și de durată, eficiența activitățiilor de asistență și protecție socială a copilului fiind determinată, în mare măsură, de „gradul de cunoaștere corectă a persoanelor, fenomenelor și mediilor sociale asupra cărora se acționează" (Miftode, 1995, p. 14).

În acest sens, cunoașterea/ evaluarea persoanelor și grupurilor aflate în dificultate, cu precădere a copiilor, trebuie să vizeze atât nevoile materiale, mediul social, cu principalele sale componente și dimensiuni, economice, sociale, culturale, civice, politice, religioase dar și *latura onto-subiectivă, eudemonică, spirituală a clientului/ copilului.* (Text preluat și prelucrat din volumul *Teoria fericirii în asistența socială*, Petru Ștefăroi, Editura Lumen, Iași, 2009).

Concluzia este că o situație de dificultate a unui copil nu este o simplă lipsă de resurse ci un sistem socio-*uman* deficitar, o problemă socială, spirituală și *umană* foarte complexă, cu etiologii foarte complexe și sinuoase, iar pentru rezolvarea sa este necesară intervenția printr-un sistem operațional multi-dimensional de asistență socială, prin toate componentele, inclusiv de natură eudemonic-spirituală. Astfel, în perspectiva valorilor practicii, teoriei și misiunii asistenței sociale umaniste fericirea copilului poate fi obținută și poate fi stabilită ca obiectiv chiar în condițiile resurselor limitate.

Obiectivele spiritual-eudemonice ale serviciilor de asistență și protecție a copilului sunt mult diferite de cele care se referă la bătrâni sau persoane cu handicap, de exemplu. Scopul fundamental în protecția copilului abandonat este ca acesta să aibă o dezvoltare normală, echilibrată, dar și o *copilărie fericită* și o integrare socială de succes în condițiile în care acest lucru trebuie asigurat de instituții sau familii substitut și nu în familia naturală așa cum ar fi normal și unde ar dispune, aprioric vorbind, de condițiile unei fericiri „naturale".

Pentru copiii aflați în dificultate concepem fericirea nu doar ca gest umanitar ci și ca drept *condiție fundamentală a dezvoltării armonioase, eficiente și adaptabile.* În practica asistenței sociale umaniste a copilului actul asistențial își găsește finalitatea doar în contextul în care se pune problema fericirii ca obiectiv principal, cu consecințele sale pozitive asupra vieții și dezvoltării normale, starea de bine, fericire, sentimentele pozitive fiind lianți și cadre psihice eficiente în perspective dezvoltării personalității și realizării umane. Un copil fericit are un moral pozitiv, ridicat și în condiții de normalitate mintală și fizică, de dezvoltare psiho-socială normală, la maturitate își va găsi un rost în societate, scutind serviciile de asistență socială de implicare și alocare de resurse. Iată cum obiectivul (hedonist) *fericire* în asistența socială, teribilist perceput de unii, costisitor și de unii și alții fiindcă presupune alocare de resurse uriașe, umane și materiale, este aducător și de economii, devine și sursă de eficiență economică pe termen mediu și lung.

Dar ce este şi ce înseamnă în mod concret fericirea pentru clientul-copil al serviciilor de asistenţă socială, care ar fi natura şi conţinutul acesteia şi care ar fi condiţiile şi factorii obţinerii ei? Pentru răspunsul la această întrebare vom utiliza, cu titlu mai mult sau mai puţin experimental, o serie de concepte şi paradigme precum *suflet, balanţă hedonic-fobică, balanţa fericirii şi bunăstării sufleteşti, formaţiunea fericirii, formaţiunea depresivă, mediu empatic-uman*.

Aşa cum s-a mai reliefat, balanţa hedonic-fobică se constituie ontogenetic şi funcţionează pe trei nivele: *endemic, afectiv şi proiectiv*. În paradigma pe care o propunem una dintre laturile dezvoltării ontogenetice a copilului o reprezintă constituirea graduală a acestei balanţe. Este vorba, de fapt, de construcţia iniţială a două formaţiuni autonome, endemice, care ulterior se replichează, la nivel afectiv şi proiectiv, aflate însă, atât în procesul constituirii cât şi al funcţionării, în interacţiune şi intercondiţionare.

Experienţele primare ale copilului nou născut dar şi de mai târziu vor fi, în accepţiunea noastră, în mod fundamental legate de constituirea şi funcţionarea acestora şi a mecanismului pe care îl impune, balanţa hedonic-fobică. În copilărie, dar chiar şi pe parcursul întregii vieţi, starea psihică, trăirea oscilează între aceşti doi poli, hedonic-euforic şi fobic-depresiv.

Adică trăiri, emoţii, simţiri, sentimente, stări pozitive, relaxante, plăcute, eliberatoare, entuziaste care conferă consistenţă existenţială, antrenează energii, dezvoltă sistemul, personalitatea, capacitatea adaptativă şi de integrare - în *polul hedonic-euforic* şi trăiri, emoţii, sentimente, stări negative, fobice, tensionate care destabilizează homeostazia, ameninţă sistemul, fiinţa, determină stagnare sau regres, nefericire, dezadaptare, frică, angoasă sau depresie în extrema cealaltă, la *polul fobic-depresiv*.

Cele două procese oarecum opuse, polare, extreme tind să se organizeze ontogenetic în formaţiuni, aşa cum s-a precizat. Acestea au rol foarte important în procesul general de dezvoltare a persoanei în special a personalităţii pe care va tinde să o polarizeze, prin instalarea, după constituire a balanţei. *Formaţiunea hedonică-euforică* va fi mai dezvoltată şi atunci impune o caracteristică generală pozitivă a personalităţii sau se va impune *formaţiunea fobic-depresivă*, frânând dezvoltarea echilibrată şi funcţională.

Ne interesează foarte mult latura *afectivă*, mai ales în îngrijirea şi educaţia copiilor aflaţi în dificultate, de aceea se va lua în ecuaţie şi modul în care se formează şi funcţionează sufletul copilului, ca suport psihologic al fericirii autentice, constituindu-se şi funcţionând şi acesta bipolar; în accepţiunea, noastră *fericirea autentică* neputând exista în lipsa *sufletului şi bunăstării sufleteşti*.

Dezvoltarea sufletească condiţionează, alături de fericirea autentică a copilului şi dezvoltarea personală şi umană generală. În procesul de constituire, prin apariţia sufletului, are loc umanizarea organismului, însufleţirea. prin *celălalt*, omul generic, cel care trebuie asimilat, pentru ca organismul de la naștere să poată deveni Om. În lipsa acestuia organismul ar deveni ceea ce cibernetica se străduiește să construiască, cu intenția de imita și reconstrui ființa umană, adică robot. Formarea și instituirea sufletului face ca organismul să devină om și nu robot, de aceea este atât de importantă creșterea copiilor în familie, în medii bazate pe atașament, afecțiune, respect pentru celălalt, celălalt este sursa propriei dezvoltări, bunăstării sufletești și fericirii. La copil instituie nevoia de iubire, de protecție necondiționată, factori determinanți ai fericirii copilului.

Termenul de iubire este folosit pentru tipuri variate de stări, sentimente și situații. Și în ontogeneza personală putem vorbi de o adevărată metamorfoză. Dacă iubirea față de mamă, caracteristică perioadei de dinaintea constituirii sufletului ca formațiune, o putem mai degrabă explica ca fiind expresia unei dependențe hedonice și fobice primare, după constituire, în perioada de instituire, celălalt este căutat ca expresie a nevoii de constituire a eului, personalității exprimată, printre altele, în forma adolescentină a îndrăgostirii.

Celălalt, de această dată, întrunește caracteristicile genetice ale persoanei ideale, constituită în travaliile imaginative infantile. Procesul devine delicat deoarece se asociază tendințelor de identificare sexuală și socială și de constituire a sinelui. După cum și impulsurile de începere a vieții sexuale au un rol semnificativ. Toate acestea fac ca, în această perioadă, iubirea să fie un fenomen hipercomplex care se extinde în întreg arealul personal-subiectiv, de la procesele biologice elementare până la proiecțiile metafizice fantasmagorice și de împlinire personală, regăsibile în personalitate. Se împletește iubirea caracteristică copilăriei, definită mai degrabă ca dependență hedonică, după cum am văzut, cu elemente ale iubirii altruiste, care se va institui la vârste mai înaintate.

De această formă de iubire putem vorbi mai degrabă după ce persoana se dovedește disponibilă de a așeza scopurile celuilalt înaintea scopurilor proprii, nu din interes sau raționament ci din considerente sentimentale. Acum am putea vorbi de instituirea sau chiar de asimilarea celuilalt. De regulă este vorba despre progenituri dar am putea vorbi și despre iubirea de patrie, dăruirea pentru artă, știință, umanismul, iubirea pentru animale, locurile natale. Iubirea adultă ia forma grijii, protecției și atașamentului. În acest din urmă caz *Celălalt* fiind profund instalat în personalitate, prezența celuilalt fiind o condiție existențială. Unele persoane sunt dispuse să-și sacrifice propria viață pentru a asigura protecția și securitatea celui drag.

Persoanele care lucrează în domeniul asistenței sociale a copilului au mare nevoie ca această capacitate magică, sacră a personalității lor, capacitatea de a iubi, desigur, reprezentată în termeni morali și profesionali, să fie cât mai mare, ca sufletul în general, precum și formațiunea fericirii să fie dezvoltate pentru că sunt resort de reflectare compatetică a suferinței și nefericirii copilului, mai mult decât atât, fiind resurse și mijloace psiho-comportamentale importante prin care se poate contribui la bunăstarea sufletească și fericirea copilului.

5.2.5. Dezvoltarea personală și *umană*. Educația și pregătirea pentru viață a copilului

În paradigma axiologică a asistenței sociale umaniste prin educația și pregătirea pentru viață a copilului (aflat în dificultate, cu precădere a celui din sistemul de protecție) se urmărește în primul rând dezvoltarea sa *umană* și personală, astfel încât atunci când părăsește instituția sau familia substitutivă, lipsit de sistemul de relații de rudenie și vecinătăți pe care-l au copiii/ tinerii din familiile naturale, să reușească să se integreze în societate, să se bucure de viață, să fie fericit, lucru care în momentul de față nu este prea frecvent.

Este, astfel, obligația angajaților care se ocupă de educația și pregătirea pentru viață a copilului, de fapt a tuturor celor implicați într-un fel sau altul, prin cunoștințele, personalitatea, calitățile personale, umane, sufletești, să-i formeze, educe și condiționeze, în perioada în care se află în sistemul de protecție, pentru adaptarea acestora la rigorile și provocările cu care se vor confrunta, să-i condiționeze pentru optimism, perseverență, rezistență la frustrare și eșec, pentru fericire, prin transfer de modele de conduită socioumană adaptabilă și eficientă, de personalitate, de umanism și spiritualitate; fiind astfel indicat să se focalizeze cu precădere pe dezvoltarea personalității *umane* și sufletului spiritual, sursă de dezvoltare personală și socială superioară, a fericirii autentice, constituționale, profunde și durabile.

S-a dovedit prin studii că prin educație spirituală (estetică, ludică, religioasă, morală, intelectuală etc.), cu ajutorul și prin calitățile umane și spirituale ale profesionistului personalitatea copilului se superizează, dobândește autonomie, energie morală, orientare spre oameni și valori, astfel sporind șansele de integrare socio-umană și fericire (Miller, 1999, Cristea, 1994, pp. 56-57). Această educație și dezvoltare face ca sufletul copilului să se reîntregească, prin compensare, ca urmare a nedezvoltării sau amputării sufletești provocate de separarea de rude, de pierderi, de rupturi sociale cu foarte mare impact afectiv-sufletesc.

Prin compensare și personalitatea ontologică se poate reechilibra și chiar întări consistent, dezvoltarea sufletului spiritual, în principal prin componentele intelectuale, estetice, morale, ludice și religioase generând o formă de dezvoltare psihologic-ontologică generală superioară, cu efecte asupra dezvoltării globale a personalității, autonomiei și capacității de adaptare.

Pentru realizarea adevăratelor obiective ale serviciilor de asistență socială, în special în creșterea și educația copilului instituționalizat, este recomandată astfel soluția valorificării *formative* a sentimentelor/ trăirilor pozitive, resurselor psihologic spirituale și a fericirii în scop de educație și pregătire pentru viața de adult (Ștefăroi, 2009b, p. 132). Crearea condițiilor pentru o viață plină și fericită pentru copii se supune unor comandamente umanitare dar nici factorul eficiență în perspectiva dezvoltării plenare sau integrării sociale autonome nu trebuie neglijat.

În acest scop se poate opera cu versiunea unei fericiri empatice și formative și cu ținta constituirii unei arhitecturi de personalitate în care sfera proiectiv-spirituală și teleologică să fie bine dezvoltate. Este important ca trăirile pozitive să fie integrate proceselor ontogenetice de formare și dezvoltare proiectivă a personalității, constituirii onto-formațiunilor proiectiv-spirituale specifice.

În virtutea adevărurilor și argumentelor de mai sus, teoria și axiologia asistenței sociale umaniste promovează modelul unei dezvoltări personale și *umane* și pregătirii pentru viața autonomă a copilului atât prin antrenarea resurselor interne, a factorilor psihologici și spirituali, cât și a resurselor și factorile interpersonali, sociali, comunitari, culturali, unde conduita, personalitatea *umană* și calitățile persoanelor din ambianță au un rol foarte important.

Aceste elemente ambientale, inclusiv sistemele de valori și idealuri, se înscriu ontogenetic în procesele de formatizare proiectiv-personală a copilului și devin ancore sau, ceea ce vom numi noi, *referenți proiectivi personali*. Sunt de fapt ținte, idealuri hedonic-proiective, dorințe, aspirații, care se organizează în formațiuni onto-proiective care ghidează căutările/ alegerile conștiente și inconștiente de creștere, formare și dezvoltare personală ontogenetică. Ei tind să se coaguleze holistic în ceea s-ar putea numi *proiect (tipar) de formare și dezvoltare personală*, adică ideal al binelui și fericirii personale, imaginea idealizată a binelui și fericirii individuale.

Operează experiențial și emergent, prin mecanisme complexe de feed-back și feed-before. Referenții personali proiectivi pot fi statusul social dorit, aspirațiile de bunăstare, profesiunea dorită, idealurile estetice, morale sau de cunoaștere etc. Pentru serviciile de asistență socială care se ocupă de copii, unele dintre acestea sunt de fapt obiective educative și asistențiale. Persistența acestor referenți onto-proiectivi va conduce la formarea și fixarea balanței proiectiv-personale într-o înclinație favorabilă, orientând personalitatea spre viitor, îi va da o notă pozitivă, agreabilă, eficientă, activă, dinamică, adaptabilă.

Predominanța referenților onto-proiectivi negativi, precum lipsa perspectivei de împlinire personală/ familială și profesională, imaginea socială proiectivă de sine negativă, insecuritatea socială, lipsa perspectivei de bunăstare materială vor determina emoții negative, pasivitate, întârziere în dezvoltarea intelectuală, nefericirea și ineficiența socială, instalate ca dominanțe/ trăsături de personalitate și premise ale dependenței perpetui de sistemul de protecție și asistență socială (Ștefăroi, 2009b, p. 180).

Așadar, în scopul dezvoltării și integrării socioumane a copilului bunăstarea materială nu este suficientă. Pentru dezvoltarea și fericirea copilului este foarte important factorul uman, spiritual și calitatea morală și culturală a mediului în care sunt îngrijiți, educați și reabilitați (Miller, 1999). Personalitatea ontologic-spirituală a copilului se află în plin proces de umanizare, de formare a sufletului, în primul rând a celui afectiv, prin asimilarea ontologică a celuilalt, persoană și valoare (ființă umană). Prezența și consistența acestora este factor de dezvoltare și fericire. Internalizarea celuilalt este un proces de umanizare, caracteristicile personale dar și ancestrale ale ființei umane sunt empatizate și adoptate care elemente ale sufletului și propriei ființe, personalității.

Prezența celuilalt persoană și a celuilalt generic împlinește existențial copilului, conferind personalității consistența, generează energie pozitivă, bunăstare psihologică, euforie, sentimente pozitive, fericire.

Pentru dezvoltarea și fericirea autentică a copilului trebuie să existe o congruență și similaritate existențială dintre celălalt ontificat în suflet și celălalt real. Este aceeași entitate dedublată în personalitatea copilului și în existența socială. Este o unitate ontologică.

La vârste mai mari unitatea se realizează și cu mediul social, comunitatea, sistemul de valori, fiind astfel implicat și sufletul spiritual. Unitatea ontologică dintre sufletul copilului și mediul său de viață este condiția primordială a dezvoltării și fericirii autentice a copilului, a dezvoltării psihologice și morale, a formării personalității optimale, capacității adaptative, a performanței școlare. Pierderea acestei unități dezorganizează întreaga personalitate a copilului, perturbă procesul de dezvoltare, adaptarea socială, instituie suferința și nefericirea ca trăiri și stări personale curente, ca trăsături de personalitate și comportament.

În aceeași ordine de idei, dezvoltarea, creșterea ontogeneza copilului este, în paradigma umanistă, un proces de umanizare a organismului și de formare/constituire a personalității ontologic-spirituale, psihologic-praxiologice și socio-morale, formării capacității de adaptare și integrare socială, atingerea obiectivului de formare a ființei umane. În această paradigmă trec în plan secund, dar nu sunt desconsiderate, obiectivele sanitare, sociale, economice sau politice și se prioritizează persoana ca ființă spirituală, cu suflet, persoana în unicitatea și subiectivitatea ei. Dezvoltarea nu este doar un proces de formare a ființei sociale, a individului eficient și integrat în comunitate, ci și un proces de constituire a unei ființe în sine, ca valoare în sine, fericită, împlinită personal și uman.

Presupune în primul rând asimilarea, prin formarea personalității ontologice și sufletului, a ontosistemului environmental. Congruență ontologică dintre sufletul copilului și onto-sistemul enviromental se constituie în indicatori esențiali a gradului de bunăstare onto-spirituală a copilului. Calitatea procesului de dezvoltare ontologic-spirituală este determinată de consistența și continuitatea prezenței acelorași persoane, contexte sau valori în viața socială a copilului. Prin conviețuire socioumană în condiții de constanță și continuite personală, environmentală și culturală se stabilesc relații ontologic-socioumane unice între personalitatea/ sufletul copilului și aceste elemente, personalitatea copilului condiționându-se ontologic și dezvoltându-se cu trăsăturile acestora.

Acestea sunt internalizate și asimilate ca experiențe subiective personale, sunt ontificate ca elemente și fundamente ale personalității ontologice și bunăstării spirituale. În exprimare mai simplă, se poate vorbi chiar de un transfer, prin mecanisme psihologic-empatetice de transfer al a personalității celorlalți în personalitatea copilului. Obiectivele de dezvoltare ontologic-spirituală pot fi evaluate prin luarea în considerare și a consistenței psihologic-ontologice a sufletului.

Și dezvoltarea mintală, consistența motivațională, echilibrul emoțional, voința, capacitatea empatetică, eul, autocontrolul, conștiiciozitatea, agreabilitatea, extra-versiunea, pragmatismul, hărnicia, aptitudinile, creativitatea, comportamentul eficient sunt obiective umaniste ale procesului de dezvoltare a copilului; mult condiționate și de prezența unor stimuli sau activități care să antreneze și echipamentul anatomic-fiziologic, cerebral și neuro-psihologic al copilului.

Calitatea dezvoltării umane a copilului poate fi cel mai bine apreciată la nivelul personalității sociomorale care este mult influențată de calitatea climatului moral și cultural din mediul de viață al copilului, de calitatea umană și morală a persoanelor de referință, de calitățile *umane* și sufletești ale profesioniștilor, de consistența și continuitatea sistemului de valori. Consistența eului social și eului moral, conștiința morală solidă, caracterul și voința morală puternice, virtutea, comportamentul prosocial, fericirea etc. sunt, prin raportare la vârsta copilului, indicatori siguri de dezvoltare socio-morală. Formarea consistentă a sferei morale determină la nivelul personalității globale trăsături precum altruismul, generozitatea, agreabilitate, cinstea, dar și adaptabilitatea socioumană ori eficiența socială (DeVries, Zan, 2012).

Atât dezvoltarea ontologică cât și cea psihologică sau morală nu sunt scopuri în sine sau doar procese de compatibilizare cu societatea în care va conviețui copilul după ce va deveni adult ci și procese care conduc la împlinire personală și umană. Împlinirea personală este legată de ontologia, juisanța și subiectivitatea intrinsecă, de proiectele mai mult sau mai puțin asumate de bunăstare, fericire, împlinire profesională, familială etc. iar cea *umană* de atingere a condiței de ființă umană cu caracteristicile sale de universalitate și ancestralitate, dar și de unicitate. Prin umanizare copilul nu este un receptor pasiv al valorilor umanității ci asimilează istoria și cultura umanității, valorile specifice și univerale care conferă validitate ontologic-spirituală ontogenezei, personalității, eului și comportamentului (Hamblin și al., 1971).

Bunăstarea onto-psiho-morală, fericirea, dezvoltarea și împlinirea umană sunt condiții cruciale ale capacității adaptative ale copilului. Un copil adaptat și integrat sociouman se află în situații de bunăstare umană generală și multiplă congruență ontologică și psihologic-morală că mediul. Principala congruență este cu persoanele din mediul de viață al copilului dar și cu sistemul de valori. Și adaptarea presupune unitatea ontologic-empatetică copil-mediu, respectiv suflet - ontosistem environmental.

În cazul în care această congruență este mare se evidențiază la nivelul relației și comunității un grad înalt de compatie. Compatia acționează ca un factor ontologic și psihologic unificator ridicând automat capacitatea adaptativă a copilului. Prezența în personalitățile membrilor comunității a acelorași valori, persoane, ori inter-prezența ontologic-empatetică determină în primul rând compatia și adaptabilitatea.

Sunt importante și calitățile ori performanțele psihologice ale membrilor, însă personalitățile psihologice nu interacționează decât foarte puțin ontologic-empatetic, fiecare personalitate acționează prin motivația și voința distincte ca entități în sine. În schimb personalitatea ontologic-spirituală, care este produsul asimilării mediului, se instituie ca parte constitutivă a acestuia și comunității ontologic-empatetice și sporește coeziunea socială.

Afirmațiile sunt mai mult valabile în mediile familiale, în grupurile mici unde cresc copii. În colectivități mai mari, în organizațiile profesionale, în societate, este importantă personalitatea psihologică și personalitatea socio-morală, unde integrarea este preponderent normativă și mai puțin onto-empatetică. Și la acest nivel însă, în perspectiva integrării sociale a copilului la maturitate consistența ontologică a personalității și congruența , în principal cu sistemul de valori este important.

Oricum gradul de umanizare al personalității dobândit în copilărie își pune în mod crucial, determinant amprenta asupra personalității, comportamentului și adaptabilității viitorului adult, dezvoltarea umană, ontologic-spirituală, morală și psihologică, presupune și o asimilare a celuilalt universal, instituindu-se astfel o compatie și capacitate adaptativă apriorică ridicată la tot ce este uman, social, cultural, moral în lumea în care va trăi.

De aceea este foarte important pentru copiii aflați în dificultate, în special cei separați de părinți, care au amputat sufletul afectiv, să fie crescuți și educați prin valori spirituale, prin creativitate, dezvoltarea personalității spirituale, compensând parțial, în virtutea legilor compensației, homeostaziei și integralității ontologice a personalității, lipsurile de la nivelul sufletului afectiv. În cazul în care nu se conștientizează acest aspect și se neglijează factorul spiritual în educația copilului personalitatea ontologică a acestuia se va forma incomplet sau cu grave deturnări, dezumanizări, afectând în mod iremediabil întreg procesul de formare a personalității globale, bunăstarea și fericirea, capacitatea acestuia de a se integra social și împlini în plan personal.

5.3. Specificul practicii și metodelor în asistența socială umanistă a copilului și familiei

5.3.1. Specificul practicii și principiilor

Practica în asistența socială umanistă a familiei și copilului (aflat în dificultate) pornește de la aserțiunea-valoare că minorul, copilul este o personalitate complexă în formare dar și în criză, un suflet fragil și eventual "amputat" și deturnat în dezvoltare/ formare de eventuale rupturi sociale, traume, suferințe, nefericiri, iar familia (în dificultate) este o organizație socio-compatetică de persoane aflate în relații puternică de atașament necondiționat, dar și în criză din cauza posibilelor tulburări, incongruențe, anomii de toate felurile: socioafective, morale, culturale etc.

De aceea, *promovarea unității, congruenței și continuității acesteia* constituind obiectiv și valoare-principiu de bază a practicii asistenței sociale umaniste a familiei. În acest sens, menținerea copilului în familia naturală reprezintă o prioritate. În general, în activitatea serviciilor de asistență socială a familiei și copilului se promovează principiul responsabilității primordiale a părinților în creșterea și educația copilului (Filip, McDaniel, Schene, p. 18).

Atât copilul cât și familia, luate în parte, sunt reprezentate ca *unicități existențial-umane*, strategiile și tehnicile de evaluare/ intervenție nu neglijează componenta teoretic-generalizatoare, plasarea în structuri sociale și contexte globale, dar vor desprinde din acestea acele caracteristici care conferă reprezentării acestora relief și specificitate (Ștefăroi, 2012, p.171).

În perspectiva principiilor practicii asistenței sociale umaniste, copilul și familia *dispun în mod constituțional de capacitățile fundamentale de dezvoltare personală și socială, de integrare socială autonomă și eficientă, de bunăstare sufletească și fericire.*

În activitatea de educația și îngrijire a copilului instituționalizat, a copilului crescut în familii substitut, a copiilor cu dizabilități asistentul social, psihologul sau medicul trebuie să-i perceapă și reprezinte în primul rând ca ființe aflate în mare impas socio-*uman*, expuse inerent unor mari suferințe, angoase, eșecuri, iar *obiectivele reabilitare sufletească și socială* trebuie să devină primordial.

Astfel, asistența socială umanistă, teorie și practică inovativă contemporană, oferă cadrul metodologic cel mai adecvat pentru impunerea ca principiu și obiectiv al practicii bunăstarea sufletească, dar și integrarea ori adaptarea socială, inclusiv pentru copilul separat de familia naturală și plasat în familia substitutivă.

Principiile practicii asistenței sociale umaniste a familiei a afirmă interesul pentru o serie de metode, în mare parte comune asistenței sociale convenționale, însă care antrenează, cu prioritate, resursele și dimensiunea *umană*, empatetică și spirituală a personalității profesionistului și membrilor familiei.

5.3.2. Metodele existențial-umaniste

Profesioniștii, în asistența socială umanistă a copilului, psihologi, asistenți sociali, chiar personalul de îngrijire și educație, apelează la metodele și tehnicile terapeutice umaniste, atât în forma lor consacrată, cât și adaptată asistenței sociale a copilului, dar și prin adoptarea spiritului acestor metode, a unor elemente, obiective, valori etc.

De exemplu, în evaluarea/ cunoașerea copilului din grupul social substitutiv (familie, instituție etc), activitatea, cu accent pe latura ontologică și existențial-*umană*, ar presupune:

- analiza existențial-umanistă a situației sociale copilului;
- analiza ontologică a impactului separării și integrării;
- modelarea ontologică a situației sociale a copilului;
- definirea în concepte existențialiste a situației de dificultate a copilului;
- identificarea surselor de alienare socială, depersonalizare;
- identificarea cauzalității ontologice a tulburărilor de adaptare;
- modelarea onto-sistemelor care susțin situația socială de dificultate a copilului;
- modelarea ontologică a raporturilor dintre onto-tulburări și tulburările de adaptare;
- identificarea și definirea situațiilor de impas social existențial și criză existențială;
- identificarea și aplicarea soluțiilor de tip existențial-umanist sau integrarea acestora în metodologia generală a managementului cazului.

Fără îndoială, metodele terapeutice umanist-existențiale trebuie să se coreleze cu celelalte tipuri de abordări, sau să reprezinte componentă a metodologiei unitare de evaluare, intervenție sau monitorizare. În planul intervenției sau socio-terapiei scopul principal este reprezentat de obiectivul armonizării existențial-umane a relațiilor din interiorul familiei substitutive, cu efecte asupra sporirii consistenței ontologice a personalității copilului și diminuării riscului inadaptării.

Analiza existențială poate fi cu succes utilizată, cu precădere în managementul situațiilor critice prin care trece copilul sau familia, în asistența socială a copilului, în procedurile specifice de management de caz (măsuri de protecție), ori pur și simplu în activitatea concretă de intervenție și reabilitare socială ori psihologică (Moustakas, 1966).

Cum anxietatea existențială, angoasa, onto-tulburile, tulburările de adaptare ale copilului din familia substitutivă au o cauză preponderent socioumană înseamnă că procesul de reabilitare trebuie derulat cu instrumente din zona socială, de către asistentul social. Analiza umanist-existențială este, în acest caz, o metodă potrivită, și presupune:

- analiza umanist-existențială a situației materiale, sociale, culturale și psihosociale actuale a copilului și familiei substitut;

- analiza onto-sistemelor familiale;

- analiza culturală/ axiologică;

- identificarea, analiza și descrierea situațiilor concrete de impas existențial, criză existențială, pierderea sensului existenței de către copil;

- analiza legăturile dintre anxietatea existențială, pierderea sensului existențial și tulburările emoționale ori de comportament.

Metodologia asistenței sociale umaniste a copilului și familiei, prin metodele și tehnicile adoptate/ adaptate din psihoterapia existențial-umanistă, propune obiective și instrumente de intervenție, în scop ameliorativ, precum: *stabiliea unui nou sistem axiologic, explorarea sensului vieții, examinarea problemelor socioumane cu care se confruntă copilul ori familia, explorarea eului copilului și reconstrucția identității sociale, schimbarea valorilor și sensului vieții, analiza și clarificarea idealurilor, scopurilor, proiectelor etc* (Moustakas, 1966).

Utilizarea acestora în activitatea profesionistului umanist trebuie realizată în strânsă legătură cu celelalte laturi ale situației de dificulate, a sistemului client-copil, și prin corelare cu metodele consacrate în asistența socială.

Așadar, prin intervenție existențial-umanistă, și cu concursul altor tipuri de metode (cognitiv-comportamentale, psihodinamice etc), profesionistul poate lucra, în cazul copilului aflat în dificultate, sau familiei aflată în dificultate, la construcția unui nou *modus vivendi*, a unei noi *realități socioumane*, pe care s-o accepte și adopte, cu instrumente *existențial-umaniste* și pe baza unui *scenariu sociouman existențial* (Kramer-Moore, Moore, 2012). Scopul este acela de a redescoperi sensul existenței *umane,* fericirii, bunăstării sufletești, spirituale și plăcerii de trăi în noul context sociouman.

5.3.3. Metoda balanței

Conform principiului ontologic al integralității și unității personalității, ființa/ sufletul, existentul/ eul și existența socială/ realitatea socială a copilului și mediului social substitutiv constituie o unitate ontologică.

Tulburarea acestei unități instituie angoasa, anxietatea existențială, determină tulburări psihologic-sufletești grave cu efecte profunde și asupra vieții și condiției socioumane a persoanei (Ștefăroi, 2008). Situația de dificultate a copilului din familia substitutivă se va descrie printr-o serie de grave *dezechilibre*, între care cea dintre sufletul copilului (celălalt instituit) și conștiința socială (celălalt existent/ reflectat) este cea mai destabilizantă și traumatizantă. Ne referim așadar, la dezechilibrul dintre conținutul și „ființa" sufletului copilului, constituit în timp, într-o anumită realitate socială și spirituală, într-o anumită familie sau mediu social, pe de o parte, și noua realitate socioumană, pe de altă parte.

Într-o logică simplă, celălalt instituit trebuie să fie identic cu celălalt existent, ori să existe o situație de echilibru între aceste două entități. Situația de normalitate ar presupune, așadar, echilibrul, însă situația copilului din grupul substitut este, în toate cazurile puternic dezechilibrată, excepție fiind dacă copilul a fost integrat în noua comunitate la vârstă foarte timpurie.

Instrumentarea acestui aspect în managementul cazului de către asistentul social este o bună oportunitate de a identifica soluții de ameliorare în procesul de integrare, sau de identificare de măsuri optime în hotărârea de plasament (alegerea familie substitut, adoptive, instituție etc). Metoda balanței fiind, în opinia noastră, instrumentul metodologic cel mai potrivit pentru modelarea situației social-ontologice dezechilibrate copilului.

În acest scop, după modelul de balanță prezentat în Capitolul 1 al lucrării, s-ar putea modela o multitudine de balanțe, cele mai relevante ar fi:

- *Balanța onto-sistemelor socio-afective.* Este un instrument care poate fi folosit de către profesionistul social în procesul de integrare. Privește analiza în contrapondere a relațiilor de atașament pe care le-a avut copilul în grupul de origine și cel substitut. Dacă după mult timp de la integrare se constată o slabă relație de atașament cu membrii noii familii, în condițiile în care în familia de origine a avut legături afective puternice, atunci situația este îngrijorătoare și constituia un indiciu clar de inadaptare, de apariție a unor posibile tulburări emoționale sau de comportament.

- *Balanța onto-sistemelor socio-cognitive.* Privește evaluarea prin contrapunere a elementelor mediilor (reprezentărilor) socio-cognitive din cele două medii: familia, de origine și substitut. Vor fi urmărite aspecte cu privire la constituția fizică, numărul și structura pe roluri sau vârste a celor două familii, aspecte referitoare la referitoare la personalitate, caracter, interese ale membrilor celor două grupuri. Vom menționa aici și importanța punerii în balanță a aspectelor rederitoare la habitat, obiecte sau ființe dragi. De exemplu integrarea copilului în familia substitut ar fi mult mai ușoară dacă ar avea același tip de jucării, sau aceiași rasă de câine, ori dacă e posibil, atât jucăriile cât și cățelul din mediul familia de origine să fie preluați în familia de origine.

- *Balanța onto-sistemelor conduitelor, competențelor și obiceiurilor.* Chiar dacă la o primă analiză balanța nu pare a releva lucruri interesante, în realitate, în perspectiva mangementului cazului și succesului adaptării copilului importanța ei este foarte mare. Modalitățile de reacție și acțiune a noilor parteneri, temperamentele, altruismele, conduitele verbale, comunicarea non-verbală, abilitățile, aptitudinile, deprinderile, obiceiurile, modul în care este servită masa, cum sunt aniversate diferite sărăbători constituie conținutul efectiv al unei zile și elementele cele mai evidente cu care intră copilul în contact în noua familie. Dacă foarte multe dintre elementele enumerate, cu un anumit specific în mediul de proveniență, nu se vor regăsi în modalități asemănătoare în mediul alternativ atunci este foarte probabil ca procesul de construcție a unei noi „ontologii" comune să întâmpine dificultăți suplimentare. Așadar, aceste asemănări „ecologice" au importanța lor, chiar dacă, așa cum am precizat mai sus, elementele noului mediu de viață nu vor căpăta niciodată semnificațiile ontologic-afective pe care le-au avut corespondentele lor din mediul de proveniență.

Mai pot fi realizate balanțe precum balanța onto-sistemelor relațiilor și raporturilor rol-status, balanța onto-sistemelor atitudinale, culturale și spirituale, între posibilele opțiuni de plasament al copilului etc. De exemplu, alegerea între două familii în care ar putea fi plasat copilul, una de tip „afectiv" și cealaltă de tip „spiritual". Între cele două variante credem că opțiunea pentru familia de tip „spiritual" este preferabilă pentru că aceasta este mai deschisă spre exterior și orientată spre viitor sau dezvoltare personală, respectă personalitatea și particularitățile individuale ale copilului, asigură un mediu propice manifestării aptitudinilor copilului, este mai aptă să absoarbă noi membri.

Spre deosebire de aceasta, familia de tip „afectiv" este, aprioric, mai puțin, predispusă să absoarbă membri noi, este orientată preponderent spre sine și obiective pe termen scurt, primează relațiile de atașament primar, fericirea și împlinirea cu prioritate a membrilor de bază ai familiei.

În domeniul asistenței sociale, noi credem, că metoda balanței poate fi folosită pentru cazuistici/ problematici mult mai vaste. Totuși asistența socială umanistă a copilului, a copilului abandonat, plasat în instituții, familii substitut, adoptat sau alte alternative, reprezintă domeniul în care aplicabilitatea ei ar avea efecte pozitive sigure. Această metodă ne poate ajuta și să punem în balanță diferite soluții sau măsuri, dar și să promovăm valorile/ abordările umaniste în protecția și educația copilului aflat în dificultate, atribuindu-i astfel și semnificații teoretic-axiologice.

Atât analiza existențială cât și metoda balanței sau alte tehnici ori metode le reunim în ceea ce am putea numi *metoda umanistă în asistența socială a copilului și familiei*. Metoda, ca instrument epistemologic/ evaluativ cât și curativ (de strategie sau intervenție), operează prin cele două componente ale sale, dar și prin asocierea/ sinteza lor. Metoda umanistă aduce, pe de o parte, în asistența socială, paradigma existențialistă, categoriile acesteia (unicitatea clientului și grupului familial, limitele ființei umane, fragilitatea, anxietatea existențială a clientului etc) dar și categoriile orientării umaniste de factură pozitivă ori spirituală (gândirea pozitivă, optimismul, orientarea spre reabilitare, demnitatea clientului, respectarea individualității/ personalității, dreptul la fericire, ne-discriminarea, multiculturalismul etc).

Asocierea celor două abordări în asistența socială umanistă a copilului și familei, generează o resursă metodologică foarte valoroasă la dispoziția profesionistului, care, și cu ajutorul calităților psihologic-sufletești, *umane* proprii, contribuie, într-un fel sau altul, dacă este utilizată cu empatie și profesionalism, la îndeplinirea misiunii centrale a practicii: *fericirea și pregătirea pentru viață independentă a copilului.*

5.4. Calități psihologic-sufletești ale profesionistului în asistența socială umanistă a copilului și familiei

5.4.1. Importanța calităților psihologic-sufletești ale profesionistului în practica asistenței sociale umaniste a copilului și familiei

Dacă există un domeniu în sistemul asistenței sociale în care calitățile *umane* și sufletești ale profesionistului, aproape indiferent de natura activității ori rolul ocupațional/ profesional îndeplinit, au o importanță determinantă, atunci acesta este cel adresat copilului și familiei, în principal copilului aflat în dificultate pe motive sociale, la care, aprope fără excepție, nu situația materială/ supraviețuirea este problema ci situația socio-*umană*, cu implicații grave asupra vieții sufletești și procesului de dezvoltare personală și umană în perspectiva adultizării, adaptării și integrării socioumane după eventuala părăsire a sistemului de protecție.

În acest sens, nici nu s-ar putea concepe o asistență socială umanistă a copilului fără a reliefa importanța calităților psihologic-sufletești ale profesioniștilor, cu precădere a celor care se află în contact direct și prelungit cu copiii, precum educatorii și îngrijitorii din centrele de plasament, psihologii și psihopedagogii, dar și asistenții sociali care au o prezență îndelungată printre copii.

Capacitatea empatetică/compatetică ridicată, fericirea și bunăstarea sufletească, dezvoltarea și sensibilitatea spirituală, creativitatea, agreabilitatea, altruismul, toleranța, carisma sunt principalele calități și resurse, *umane*, psihologic-sufletești cu care profesionistul, în sistemul asistenței sociale umaniste, își atinge obiectivele de îngrijire, educație, pregătire pentru viață și fericire a copilului.

5.4.2. Empatia și compatia

Dacă, de regulă, în activitatea profesioniștilor din instituții sau alte locații în care sunt plasați temporar copii lipsiți de ocrotirea familiei naturale atașamentul și legăturile emoționale profunde și necondiționate nu sunt recomandate, în principal din cauza fluctuației personalului sau posibilelor schimbări de măsură de plasament, care, ca rupturi, pot traumatiza grav emoțional copilul, în schimb empatia și conduita empatetică, nu doar că este acceptabilă și recomandată, ci este chiar o condiție obligatorie a succesului activității, având o contribuție foarte importantă în îndeplinirea multor obiective eudemonice, educative și integrativ-socioumane (Gerdes, Segal, 2011).

Compatia, ca sentiment comun, interacțiune empatetică între sufletele/ personalitățile spirituale ale copilului și profesionistului are un rol foarte mare în ceea ce privește congruența, coerența, unitatea și funcționalitatea grupului social în care conviețuiesc copiii și profesioniștii.

Inter-empatia copil-profesionist reprezintă liant și factor de unitate, gradul ridicat al acesteia îmbunătățește climatul socio-uman, care devine o țesătură de inter-empatii, o organizație compatetică în care și copiii și profesioniștii devin fericiți și împliniți. Ea însăși depinde de membrii ei, iar membrii depind compatetic de aceasta. Este un fenomen crucial în asigurarea coeziunii grupului de copii, precum și a colectivului social ca întreg, incluzând aici și personalul, cu toate componentele sale.

Comunitatea compatetică/ unitatea astfel instituită, în centrul de plasament sau familie, este mai mult decât un simplu sistem de relații interpersonale, sociale, este un univers existențial unic și unitar în care ia naștere un fenomen socio-spiritual unic precum compatia familială sau instituțională. Între comunitatea compatetică și persoanele care o compun instituindu-se un echilibru ontologic, un optim existențial și funcțional, în care se satisfac, în principiu, în mod armonios și neconflictual, atât trebuințele copiilor cât și ale angajaților.

În cazul în care în organizație predomină angajați cu trăsături de personalitate și conduită precum insensibilitate umană, răceală emoțional-afectivă, egoism, impulsivitate, mai concis scăzută capacitate empatetică/ compatetică este de așteptat ca organizația ca întreg să devină un mediu promiscuu, dominat de ostilitate, conflicte etc, un mediu impropriu unei vieți cât de cât normale pentru copii, cu suflete oricum distruse de evenimentele și traumele afective prin care marea majoritate au trecut.

Pot exista și cazuri în care comunitatea empatetică a unei instituții rezidențiale pentru copii să aibă aparent o organizare și funcționare coerentă dar fundată pe non-valoare, pe atitudini antisociale, sau poate fi slab organizată, nefuncțională, imatură. În ambele cazuri copiii sunt expuși la nedezvoltare personală, marginalizare sau inadaptare socială/ morală.

Aceste situații pot fi preîntâmpinate dacă în instituția respectivă, sau familia substitutivă, predomină persoanele cu capacitate empatetică și compatetică ridicată. Prin capacitatea de a rezona la trăirile și experiențele copilului, cu precădere la cele negative, profesionistul dobândește de fapt, accesul la personalitatea și sufletul copilului, fiind și o metodă eficientă de schimbare terapeutică, educație și pregătire pentru viața de adult (Hoffman, 2000). Este și o cale de cunoaștere și evaluare a copilului. În actul asistențial și procesul de intervenție personalitatea profesionistului interacționând cu toate caracteristicile sale fizice, psihologice, sociale, culturale, morale modelând astfel personalitatea și conduita copilului

Astfel, prin valențele compatetice ale personalității profesionistul dintr-o instituție rezidențială pentru copii poate contribui la crearea unui „univers" psihosocial și cultural magic al satisfacerii trebuințelor personale intime, profunde, empatetice, al creșterii și educației spirituale, afective și morale a copilului, poate contribui și la instituirea unui mediu caracterizat prin, altruism, întrajutorare, coeziunea socială, morală și culturală, protecție și predictibilite.

5.4.3. Dezvoltarea și sensibilitatea spirituală

Dacă empatia, sensibilitatea *umană*, are, așa cum s-a reliefat în lucrare, ca sursă psihologic-spirituală principală, sfera sufletului spiritual aflată la confluența cu sufletul afectiv, îmbinând emoția cu valoarea socială, sensibilitatea spirituală are în principal, ca sursă, sufletul spiritual ca sferă mai elevată a personalității, ceea ce ne determină să conchidem că este produsul unui istoric personal în care s-a cultivat gustul și interesul pentru frumos, pentru bine, adevăr, sacru etc.

Teoria și axiologia asistenței sociale umaniste a copilului și familiei promovează calitățile spirituale ale profesioniștilor, mai ales pentru că, așa cum relevă și studiile, literatura de specialitate, resursa spirituală este un factor deosebit de important în reechilibrarea emoțională, socio-afectivă a copilului traumatizat, este sursă de fericire și dezvoltare (Wilber, 2000), chiar dacă, pentru adepții asistenței sociale de subzistență misiunea principală a profesionistului în activitatea cu minorul dintr-o instituție, din sistemul de protecție în general, ar fi aceea de a-i asigura o bună îngrijire (fizică), o educație minimală civică, în rest este treabă destinului să asigure acestuia o viață autonomă și fericită când va părăsi sistemul de protecție. De aceea calitățile personalității acestuia ar fi în principal legate de abilitățile psihologice și comportamentale de a satisface de mai degrabă supraviețuirea copiilor decât dezvoltarea lor spirituală, educația estetică sau formarea interesului pentru cunoaștere.

Este motivul pentru care teoria umanistă a asistenței sociale a copilului reliefează aspectul că neglijarea dezvoltării spirituale a copilului din sistemul de protecție este o mare eroare profesională, umană și morală, privând copilul de o resursă foarte importantă în construcția personalității acestuia, în dezvoltarea sa morală și socială generală.

Copiii sunt ființe umane extrem de complexe, au nevoi și dorințe estetice, ludice, mistice și de cunoaștere. Acestea nu sunt niște mofturi copilărești, ci sunt expresia existenței unor formațiuni onto-proiective, constituțional personalității acestuia, precum: sufletul ludic, sufletul estetic, sufletul mistic, sufletul etic sau gnostic. Nesatisfacerea acestor nevoi determinând tulburări grave de dezvoltare, conduită și adaptare/ integrare socioumană.

Astfel, nevoia dezvoltării spirituale a personalității copilului impune exigențe de acest fel și în ceea ce privește personalitatea și sufletul profesionistului. Acest aspect presupune, din partea profesionistului, pe lângă calități constituționale spirituale ale personalității, cunoștințe specifice și apelul la valori, la cultură, la cunoaștere, artă, spirit (Miller, 2005). Aceste valori trebuie să caracterizeze cu predominanță profesionistul, la care se vor reliefa nu doar ca valențe personale ci și ca atitudini sau calități intelectuale/ profesionale, sau instrumente și resurse ale practicii. Scopul activității acestuia fiind și acela de a valorifica din personalitatea copilului resursele sufletești, spirituale cu scop de recuperare, fericire, autonomizare și reintegrare socială, folosind atât inteligența emoțională, ludică, mistică, estetică, noetică proprie a profesionistului cât și a copilului.

5.4.4. Fericirea și bunăstarea sufletească

Dacă fericirea este unul dintre obiectivele cruciale ale activității profesioniștilor și serviciilor de asistență asistență socială consacrate copiilor, cu precădere a celor care au suferit rupturi și traume socio-emoționale grave, atunci nu este de conceput, cel puțin în perspectiva valorilor și misiunii asistenței sociale umaniste, ca profesioniștii, mai ales cei care se află în prezența lor perioade îndelungate să fie nefericiți, săraci sufletește, triști, nemulțumiți, deprimați etc.

Astfel de lucrători, cu simpla lor prezență, prin elementare mecanisme și procese de influență și contagiune socioumană, interpersonală, ar spori angoasa rupturii și pierderii pentru copii, i-ar face mai nefericiți, mai anxioși, mai nervoși și mai puțin cooperanți, afectându-le astfel nu doar starea sufletească ci și dezvoltarea psihologic-personală generală, conduita și integrarea socială (Chansky, 2008).

Este motivul pentru care în demersurile de angajare, cele de evaluare periodică sau instruire trebuie avute în vedere nu doar cunoștințele de specialitate ori legislația ci și trăsurile eudemonic-sufletești ale personalității și conduitei profesionistului, indicate în activitatea cu copiii aflați în dificultate. În asistența socială umanistă *bunăstarea sufletească și fericirea profesionistului reprezintând calități și resurse cruciale în misiunea acestuia de a determina bunăstarea și fericirea copilului.*

Cum în realizarea obiectivelor legate de bunăstarea sufletească și fericirea copilului este eficientă operarea cu termenii unei fericiri autentice, empatice și aferente unei personalități echilibrate, puternice și „spirituale", și mai puțin a unei fericiri bazate pe bunuri și plăceri conjuncturale, este recomandat ca și bunăstarea sufletească și fericirea profesionistului să fie, și acestea, evaluate prin indici de consistență, spiritualitate și moralitate, ca trăsături de maturitate personală și nu ca stări sau conduite euforice gratuite, conjuncturale.

Asta pentru că, așa cum s-a mai subliniat, cei doi actori, copilul și profesionistul, formează o unitate ontologic-eudemonică, dar și spirituală și morală, juisanța eudemonic-spirituală comună fiind factor important generator de eficiență, de aceea este bine să fie cultivată (Bowling, Hoffman, 2003),

Însă gradul în care acest factor determină îndeplinirea obiectivelor depinde în primul rând de bogăția sufletească și fericirea profesionistului. Fericire care ar trebui definită prin termeni de *bunăstare sufletească dar și de structură/ funcționare unitară a personalității, cu stările de echilibru și eficiență pe care le generează.*

Copiii aflați în dificultate sunt adesea suflete în suferință, în impas existențial. Dacă profesionistul îl întâmpină și cu propia nefericire atunci copilul va suferi mai mult, i se va adânci angoasa, va deveni în mod iremediabil nefericit, și foarte probabil, prin variate forme de sprijin ori beneficii, un client pe viață al serviciilor de asistență și protecție socială.

Rolul provocare al profesionistului, asistent social, psiholog, îngrijitor, manager etc. este și acela ca prin proiectul de intervenție, conduită și cu precădere cu propria bunăstare și fericire, să contribuie la bunăstarea sufletească și fericirea copilului nu doar pe termen scurt, conjunctural, prin atenții, bunuri, plăceri de moment, ci de a contribui la construirea unei personalități și conduite ale acestuia care în sine să devină surse de bunăstare, fericire, dezvoltare și adaptare socială.

5.5. Conduita profesionistului în asistența socială umanistă a copilului și familiei

În pofida aparențelor, a posibilei percepții pripite că practica, conduita umanistă a profesionistului în asistența socială a copilului și familei ar fi lipsite de rigoare, de disciplină, de metodă, în activitatea de evaluare, îngrijire, educație, terapie, în managementul de caz, în realizarea și aplicarea proiectului de intervenție, activitatea acestuia este desfășurată cu multă disciplină profesională și rigoare științifică.

În acest sens, se poate afirma că profesioniștii umaniști din instituțiile pentru copii (separați de părinți din motive sociale, cu dizabilități etc), cei care au în plasament profesional copii la domiciliu, profesioniștii care lucrează cu familii și copii în dificultate în diferite autorități, organizații publice sau private sunt, în primul rând, desigur, persoane „cu suflet" mare dar și cu o pregătire științifică și profesională foarte riguroasă. *Conduita lor îmbinând astfel, în mod eficient, sentimentul cu informația, sufletul cu intelectul, personalitatea* **umană** *cu inteligența și experiența.*

Cu precădere în asistența socială a copilului obiectivele de bază, respectiv, reabilitarea *umană*, fericirea și integrarea/ autonomizarea sunt ținte greu de atins și presupun mult suflet dar și știință și experiență profesională. Cu toate acestea în modelul umanist de lucru metodele utilizate nu fac exces de formalism și tehnicism, *profesionistul empatizează autentic cu copilul*, contribuind astfel atât la bunăstarea sufletească dar și la dezvoltarea personală, etică, socială etc.

În ceea ce privește importanța și eficiența conduitei profesionistului în asistența socială a copilului și familiei, predomină, din păcate, percepția că ar avea un rol secundar. În realitate, cu precădere în cazul celor care-și desfăsoară activitatea chiar în mijlocul copiilor trebuie subliniat aspectul că, de fapt, rolul și importanța conduitei lor (în activitatea de evaluare, case work, management de caz, îngrijire etc.) sunt foarte importante (Filip, McDaniel, Schene, p. 3). În primul rând asupra bunăstării lor sufletești, a stării de bine și fericire, dar și prin efectele asupra procesului de empowerment, schimbare, reabilitare, autonomizare și integrare socială.

În sistemul rezidențial, în familiile substitutive în care sunt plasați copii abandonați, în familiile în care sunt îngrijite persoane cu dizabilități, bolnave sau în vârstă are loc procesul inter-uman, spiritual, miraculos aproape, prin care se produce atât autonomizarea cât și ameliorarea vieții subiective a copilului; în ultimă instanță rezultatele activității profesioniștilor depind de conduitele personalului de îngrijire, educație și de supraveghere, de activitatea asistenților maternali și personali, a personalului de recuperare, a personalului medical, chiar a supraveghetorilor.

Prin cunoștințe de specialitate și cultură generală, experiență profesională și cu precădere prin conduita compatetică, generată de și fericirea și bunăstarea sufletească a practicianului, simpla îngrijire poate căpăta și o semnificativă dimensiune recuperativă și integrativă. Astfel, practica umanistă de asistență socială solicită personalului de îngrijire, educație, de supraveghere, asistenților maternali și personali sporirea interesului (epistemic) pentru trăirile și manifestările sufletești ale copilului, dar și *aptitudini și calități empatetic-umane (sensibilitate sufletească), experiență profesională, umană și socială.*

Astfel, prin comportament său, profesionistul contribuie la construcția unor noi comportamente și ale copiilor, cu resurse preponderent spirituale, umane, culturale, antrenând procesele compatetice în relația de îngrijire sau terapeutică. Conduita profesionistului implicând și o atitudine auto-evaluativă și auto-investigativă, identificarea, în rezervorul spiritual al propriei personalități, de resurse care pot constitui factori de dezvoltare personală și umană, de bunăstare sufletească și fericire a copilului (familiei).

Comportamentul profesionistului în activitatea cu copilul este important și pentru că influențează/condiționează calitatea relațiilor interumane de atașament și empatie din organizație, calitatea compatetică și culturală a comunității în care conviețuiește copilul dintr-o instituție, de exemplu, calitatea climatului socio-moral general, care sunt factori importanți de procesul dezvoltare a personalității copilului, sporind șansele de reabilitare și integrare socială. Astfel, prin conduita sa, profesionistul din sistemul asistenței sociale umaniste, este parte importantă a procesului de reconstrucție a arhitecturii complexe, ontologice, psihologice și sociomorale a personalității copilului, de reconstrucție și optimizare a contextului sociouman în care trăiește acesta.

Asistenții sociali, personalul de îngrijire, educație și de supraveghere, asistenții maternali și personali, personalul antrenat în diferite activități de recuperare a persoanelor cu dizabilități, chiar supraveghetorii, toate persoanele care conviețuiesc sau lucrează în organizații ori grupuri în care sunt asistați, educați, recuperați copii aflați în dificultate condiționează crucial prin conduita lor, într-un fel sau altul, mai mult sau mai puțin, succesul activităților desfășurate, atât raportat la obiectivele de reabilitare, empowerment, autonomizare și integrare socială cât și la cele de îmbunătățire a calității vieții, în principal a celei sufletești, spirituale.

Valorile și teoria asistenței sociale umaniste promovează, așadar, un model de conduită a profesionistului, în activitatea cu copilul și familia, în care empatia și compatia, sensibilitatea spirituală, fericirea, altruismul, agreabilitatea sunt trăsături dominante și factori esențiali cu rol asistențial, educativ, terapeutic și integrativ; lucrătorii transmit astfel și stimulează *dezvoltarea conduitelor pozitive și la copii,* transmițând de fapt energie *umană,* fericire, calități estetice, ludice, intelectuale, spirituale; contribuind astfel inclusiv la dezvoltarea lor personală, creșterea stimei de sine, a conștiinței sociale, a capacității de inițiativă și a autonomiei sociale.

Prin *conduite empatetice* profesionistul dobândește accesul la personalitatea copilului dar este și o cale eficientă de schimbare terapeutică. Conduita empatetică *operează* prin funcțiie sale definitorii, *cognitivă, de comunicare, anticipativă, de contagiune afectivă* și *performanțială, de solidaritate, prosocială.* Este o modalitate fundamentală de cunoaștere a copilului/ familiei dar și un *proces/ fenomen spiritual,* prin proprietatea conduitei profesionistului de a rezona la sensibilitatea și cultura copilului.

Conduita compatetică a practicianului dintr-o instituție rezidențială pentru copii are o influență mare asupra congruenței, coerenței și funcționalității organizației, organizația de asistență socială fiind o țesătură de inter-empatii în care, conduita compatetică a profesionistului poate avea și o *funcție educativă, eudemonică și curativă crucială.* Predominanța lucrătorilor cu conduite compatetice dezvoltate în instituții conduce la instituirea unor medii caracterizate prin, altruism, întrajutorare, coeziunea socială, morală și culturală, protecție și predictibilite, conflicte puține (Ștefăroi, 2007, p. 35).

În ceea ce privește conduita asistentului social în sistemul asistenței sociale umaniste a copilului și familiei, acesta nelucrând, de regulă, direct cu copilul ori familia, având cu precădere roluri de manager de caz, coordonator, mediator etc, prin cunoștințe, atitudini și strategii se focalizează, prin proiectul de intervenție sau prin atribuțiile de coordonare a echipelor de intervenție, pe obiective socio-*umane,* de empowerment spiritual și moral, de adaptare sau integrare (reintegrare în familia naturală a copilului instituționalizat, mentinerea în familie, mentinerea unității familiei etc)

Asistentul social umanist nu neglijează ajutorul material sau îngrijirea copilului ori familiei, însă sunt soluții conjuncturale, atenția o focalizează pe latura socio-

umană, culturală, morală și spirituală a situației de dificultate a familiei și copilului, vulnerabilitatea fiind, în optică umanistă, accentuată de degradarea socio-*umană* pe care a cunoscut-o familia, degradarea climatului moral și sistemului de valori umaniste pe care se întemeiază funcționarea organizațională și interpersonală a acesteia.

În acest sens, conduita investigativă a asistentului social umanist în activitatea de evaluare a situației de dificultate a familiei este concentrată mai puțin pe indicii materiali și sociali-instituționali și mai mult pe aspecte legate de sistemul de valori sau calitatea relațiilor inter-*umane*. Astfel, acesta își va construi tabloul evaluativ cu precădere printr-o *fenomenologie umanist-spirituală* (Payne, 2012).

În conceperea, elaborarea și aplicarea proiectului de intervenție acordă prioritate identificării nevoilor și resurselor sufletești, spirituale, umane, subiective, voluntare de reabilitare ale fiecărui membru al familiei, iar la nivelul grupului pune accent pe empowermentul moral, cultural și uman, responsabilizare, dezvoltarea capacității familiei ca sistem, și în primul rând prin cuplul marital, de autonomizare și desprinderea din sistemul asistenței sociale.

Așadar, așa cum s-a reliefat și pe parcursul lucrării, capacitatea empatetică și compatetică, sensibilitatea *umană*, fericirea, bunăstarea sufletească, dezvoltarea și sensibilitatea spirituală, dezvoltarea personală și *umană*, creativitatea, cultura, multiculturalismul și multe calități ale personalității profesionistului din asistența socială, fie că este vorba de asistentul social, de psiholog/ psihopedagog sau de profesionistul din cadrul personalului de îngrijire, educație, terapii de recuperare etc, fie de asistentul maternal profesionist, profesionistul din aparatul de conducere, profesionistul din aparatul funcționăresc și de deservire sau de voluntarul, lucrătorul din organizații neguvernamentale, umanitare etc., în sine nu sunt cu nimic folositoare dacă nu se regăsesc în conduita profesională curentă, în managmentul de caz, în casework și procesul de intervenție, în etica activității acestuia, prin conduite precum altruismul, agreabilitatea, toleranța, carisma și multe altele, care să aibă acea valența miraculoasă de a forma caractere, de a îmbunătăți calitatea vieții copilului sau familiei, de a modela comportamente adaptabile și eficiente ale acestora.

Așadar, trăsăturile/ calitățile psihologic-ontologice, sufletești ale profesionistului din asistența socială umanistă a copilului și familiei, în principal empatia și compatia, sensibilitatea *umană*, fericirea și bunăstarea sufletească trebuiesc interpretate și prin prisma însușirilor comportamentului manifest, prosocial, interpersonal.

Este și motivul pentru care evaluarea personalului în asistența socială umanistă a copilului și familiei presupune interes sporit pentru calitatea *umană* și compatetică a comportamentului interpersonal al profesionistului, pe trăsături de conduită precum agreabilitatea, toleranța, carisma, buna dispoziție, starea de fericire și împlinire personală, spirit ludic, jovialitate, aspect general plăcut, sociabilitate, confort interior, ironie, flexibilitate, extraversiune, nediscriminare, adaptabilitate, respect pentru viața, fericirea și valorile personale ale celuilalt, idealism, încredere în capacitățile persoanei/clientului de autoactualizare/ autodeterminare, stabilitate emoțională, autocontrol, prezență de spirit, rezistență la frustrare etc.

Importanța acestor trăsături de comportament este relevată și de faptul că, așa cum s-a mai precizat, activitatea profesionistului umanist nu se rezumă doar la elementarul ajutor compensator, aceasta nu vizează doar supraviețuirea familiei și copilului, chiar dacă sunt obiective cruciale, ci urmărește și alinarea suferințelor sufletești, chiar prin simpla prezență *umană* a profesionistului, prin capacitatea, semnificația și valența compatetică a conduitei acestuia de a genera încredere, optimism, empowerment spiritual, bunăstare sufletească, armonie socială, empowerment organizațional/ cultural, fericire.

CONCLUZII

În această carte problematica calităților psihologic-sufletești ale profesionistului a fost abordată prin raportare la teoria, valorile, metodele și practicile asistenței sociale umaniste, însă, așa cum s-a mai precizat, conceptul, teoria, valorile și "sistemul" asistenței sociale umaniste nu sunt altceva decât niște instrumente filosofice, epistemologice și axiologice de promovare a schimbării în sistemul existent de asistență socială, ori de reafirmare a valorilor, idealurilor, principiilor primordiale, originare, fundamentale ale asistenței sociale, pierdute, parțial, "pe parcurs", și de aceea, se poate concluziona că, de fapt, și calitățile ori conduitele profesionistului, la care s-a făcut referire în volum, pot fi atribuite, ca deziderate și atitudini, tuturor profesioniștilor din asistența socială existentă, cu limitele ei, fie că-i spunem publică sau privată, clinică sau comunitară, destinată bătrânilor sau consumatorilor de stupefiante, copiilor sau șomerilor, fie este încadrată, teoretic-doctrinar, ca tradițională, convențională, clasică, postmodernă critică, radicală, structurală sau... umanistă.

Desigur, în funcție de categoria de clienți, problemă sau chiar atitudine filozofic-axiologică, ideologică profesionistului îi sunt solicitate mai mult anumite calități și conduite, însă în aproape toate cazurile finalitatea activității se împlinește cu mai mare probabilitate dacă sunt antrenate și resursele psihologic-ontologice, cele sufletești, spirituale, morale, umane ale personalității și conduitei acestuia.

La fel de adevărat este și faptul că aceste calități, resurse psihologic-spirituale sunt mai mult solicitate, indispensabile de fapt, profesionistului care lucrează efectiv sau "conviețuiește" cu beneficiarii serviciilor de asistență socială; aici este cazul să readucem în centrul interesului categoria foarte importantă, numeroasă dar puțin avută în vedere în literatură, adică cea a profesioniștilor din cadrul personalului de îngrijire, educație, terapii de recuperare; aceștia confruntându-se cu percepția că activitatea lor are un rol secundar, chiar dacă se desfășoară chiar în mijlocul asistaților, importanța muncii lor fiind astfel crucială.

Rol și importanță care se evidențiază, în principal, prin efectele activității specifice asupra procesului de schimbare, reabilitare, empowermennt/ autonomizare și integrare socială dar și prin efectele simplei prezențe și conduite a profesionistului asupra bunăstării sufletești, stării de bine și fericire a clienților, obiectiv care în prezent este puțin urmărit în instituțiile de asistență socială, pentru vârstnici, copii, persoane cu nevoi speciale; obiectiv care ar trebui totuși (asistența socială umanistă îl promovează) să devină prioritar.

În centrele de plasament, în familiile substitutive unde care sunt plasați copii abandonați, în familiile în care sunt îngrijite persoane cu dizabilități, bolnave sau în vârstă are loc procesul inter-uman, spiritual prin care se produce un fenomen miraculos: sufletul/ personalitatea *umană* a profesionistului emerge, iradiază, se diseminează, generează un mediu social optim conviețuirii *umane*, devenind sursă, factor generator de bunăstare socioumană, sufletească și fericire pentru beneficiari; de această dată determinate nu de condițiile materiale, economice, arhitecturale și administrative, ci de resursele, conduitele și calitățile spirituale, psihologic-sufletești, compatetice, *umane* ale profesioniștilor din organizație.

Astfel, prin complexe mecanisme și procese psihosociale, cu concursul resurselor culturale, dar și materiale ori administrative, beneficiarii aflați spre sfârșitul vieții, cei foarte în vârstă sau cu mari drame și suferințe psihice ori fizice pot ajunge să conviețuiască într-un climat și mediu în care să le fie mult diminuată angoasa, teama de moarte sau suferința, iar pentru cei aflați mai puțin în situații limită să ajungă să se simtă fericiți ori să devină apți de a se integra în comunitate.

Așadar, se poate conchide că oricât de bună ar fi politica socială, de performante ar fi, la nivel instituțional, sistemul de asistență socială, stategiile, programele, proiectele, activitatea șefilor de instituții, hrana, condițiile materiale, în ultimă instanță rezultatele activității și funcționării tuturor acestora depind de calitățile, resursele și conduitele personalului, lucrătorilor din activitățile de îngrijire și de supraveghere, de calitățile/ trăsăturile psihologic-sufletești și conduitele *umane* ale asistenților maternali și personali, ale profesioniștilor din cadrul personalului de recuperare, chiar ale supraveghetorilor.

Prin aceste calități și conduite chiar simpla (în aparență) îngrijire dobândește o semnificativă dimensiune recuperativă și integrativă, asta în condițiile în care îngrijitorul este interesat, pe lângă bunăstarea materială, hrană, locuință etc. și de bunăstarea spirituală și *umană* a persoanei în suferință, de demnitatea și de condiția de ființă umană, cu toate drepturile pe care le presupune acest statut existențial. Calitatea relațiilor interumane de atașament, calitatea compatetică, *umană* și culturală a comunității de lucrători în care conviețuiește clientul fiind factori importanți care, în perspectiva principiilor și misiunii asistenței sociale umaniste, fac parte din aceeași preocupare pentru îngrijirea sufletului și sporirea șanselor de integrare/ reintegrare socioumană.

Prin calitățile/resursele sale *umane*, spirituale, psihologic-sufletești profesionistul contribuie astfel la construcția unor noi conduite și gestalturi psihologic-sufletești ale clienților, cu resurse umaniste, antrenând procesele compatetice în relația de îngrijire sau terapeutică, prin centrarea pe client/sistem client, dezvoltare *umană* și spirituală, focalizarea intervenției pe resursă și nu pe problemă. Presupune, de asemenea, respect pentru suferințele și trăirile beneficiarilor, odată cu distanțarea de modelul deficienței; identificarea în rezervorul spiritual al sufletului și personalității acestuia resurse care pot constitui factori de empowerment și dezvoltare, de bunăstare sufletească și fericire.

Astfel, se poate constata că personalitatea *umană* și calitățile psihologic-sufletești ale profesionistului care se alfă în contact prelungit cu beneficiarii, chiar dacă nu se află în roluri/ posturi renumite ca importante precum manager, asistent social, psiholog și altele, sunt factori cruciali și parte esențială a procesului de reconstrucție a arhitecturii complexe, ontologice, psihologice și sociomorale a personalității clientului, de reconstrucție și optimizare a contextului socioHuman în care conviețuiește, de recuperare, reabilitare și/ sau reintegrare socioumană a acestuia.

Profesioniștii din cadrul personalului de îngrijire, educație și de supraveghere, asistenții maternali și personali, profesioniștii antrenați în diferite activități de recuperare a persoanelor cu dizabilități, chiar supraveghetorii, toate persoanele care conviețuiesc sau lucrează în organizații ori grupuri în care sunt asistate, educate, recuperate persoane aflate în dificultate condiționează astfel crucial cu personalitatea și conduita lor, într-un fel sau altul, mai mult sau mai puțin, succesul activităților desfășurate, atât raportat la obiectivele de empowerment, reabilitare și integrare socială cât și la cele de îmbunătățire a stării psihologic-sufletești, iar, așa cum s-a subliniat pe parcursul lucrării, contribuția conduitei și personalității *umane* a profesionistului nu este importantă doar prin efectul direct interpersonal cât prin influența și contribuția substanțială la instituirea *climatului empatic-uman*, factor emergent de empowerment spiritual-eudemonic și socio-comportamental.

Acolo însă, unde predomină angajații cu resurse psihologic-sufletești, empatetic-*umane*, spirituale puține, precare relațiile interpersonale sunt sărace, reci ori marcate de conflictualitate, sunt nefuncționale, inumane, asistații sunt nefericiți, de multe ori pe fondul instituirii unui mediu/ climat socio-moral general marcat de anomie și promiscuitate.

De aceea este important ca atât în procesul de pregătire a profesioniștilor sau la evaluările periodice ori de angajare să se cultive sau identifice calități precum bunăstarea psihologic-sufletească, capacitatea empatetică/ compatetică ridicată, cultura și bogăția intelectuală, fericirea etc. Clienții sunt persoane în suferință dar și ființe infinit de complexe, în impas existențial, unii cu viață la limită, carieră eșuată, sunt existențe sensibile și anxioase, au trăiri, gânduri, proiecte, așteptări, temeri, complexe; lucrătorul va opera mai mult cu acestea decât cu problemele lor pur "sociale" ori organice.

Aceste aspecte ar impune, astfel, și necesitatea instituirii unor dezbateri privind îmbunătățirea sistemului de pregătire a viitorilor profesioniști în domeniul asistenței sociale, a sistemului de angajare și evaluare a personalului, calitățile necesare unui profesionist în perspectiva valorilor și misiunii asistenței sociale asumat umaniste, în care să se propună și promoveze noi atitudini, noi metode de organizare a învățământului sau de metodologie didactică, o deschidere curriculară mai largă în programele academice spre ontologia umanului și metodele educaționale umaniste, precum și o deplasare fundamentală, în planul practicilor, metodelor, principiilor și obiectivelor, de la educația intelectului spre educația personalitatii *umane* a viitorului profesionist din sistemul asistenței/ protecției sociale. Desigur, fără a desconsidera rolul obiectivelor clasice, de formare a deprinderilor și de achiziție a cunoștințelor, de instruire a calităților instrumentale ale personalității și conduitei.

În esență, în perspectiva valorilor pedagogiei și didacticii umaniste schimbarea ar mai presupune și deplasarea accentului pe latura instructivă pe autodezvoltare și creativitate, *umanizarea* curriculei, metodelor didactice, procesului/ sistemului general de pregătire a specialiștilor din domeniu. Ideea-valoare principală cu care se poate opera este aceea că eficiența educației, procesului de învățământ este condiționată crucial de congruența pe care o realizează cu problemele sociale și umane, cu practica, cu realitatea socială și profesională.

În lipsa acestor congruențe și integrări curriculare totul nu ar fi mai mult decât un exercițiu didactic/ academic gratuit, un for științific/ academic în sine, de manifestare și afirmare profesională a cadrelor didactice, care dacă nu face mult bine poate însă să facă mult rău, atât prin efectele nefaste asupra sistemului de asistență socială, "alimentat" cu profesioniști foarte bine pregătiți academic dar incongruenți profesional și uman cu situațiile și problemele reale, concrete ale clienților, cât și prin efectele nefaste inerente asupra carierei și vieții absolvenților.

Relația pe care o va formă viitorul absolvent al unei instituții care pregătește, califică sau perfecționează profesioniști pentru sistemul asistenței sociale cu clientul nu va fi doar obiectuală sau simplu socială ci, în principal, *umană*, compatetică, spirituală. Termenii ne pot ajuta mai mult să înțelegem mai profund, complet și complex și natura viitoarei relații profesionist-client. Dincolo de obiectivul primar al reintegrării sociale sau reabilitării economice, clientul așteaptă de la acesta și servicii conexe precum toleranță, înțelegere, umor, simț estetic, moralitate, creativitate, spiritualitate.

Și în activitatea de recrutare a personalului din serviciile sociale este bine să se urmărească ca viitorul angajat să dispună de acele calități, psihologic-sufletești, *umane*, care să-i permită să ofere și servicii "spirituale", de care, în multe cazuri, depinde succesul intervenției. Acestea pot deveni factori/ determinanți esențiali ai eficienței profesionale în asistența socială a unor categorii precum vârstnicii, persoanele suferinde, persoanele cu dizabilități, copii maltratați.

În perspectiva misiunii și principiilor asistenței sociale umaniste este imposibil a se imagina, așadar, eficiență profesională în posturi care presupun lucrul cu oameni fără eficiență socio-*umană*, prin concursul calităților psihologic-sufletești ale profesionistului, cu starea de bunăstare spirituală/ sufletească și fericire pe care o presupun. Literatura concluzionează chiar aspectul că performanța profesională în general este condiționată de gradul de fericire și confort intern al persoanei. Eficiența profesională fiind corelată direct cu bunăstarea spirituală, cu empatia, împlinirea personală și fericirea profesionistului.

În asistența socială calități/ trăsături precum sensibilitatea *umană*, bunăstarea sufletească și fericirea, empatia, agreabilitatea, sensibilitatea spirituală, vocația pentru lucrul cu persoana în suferință, personalitatea echilibrată, viziunea și proiectivitatea, toleranța, nediscriminarea, idealismul, altruismul, carisma sunt acele trăsături personale care facilitează mult, de exemplu, integrarea copilului în mediul social substituitiv, deoarece între personalitatea/ sufletul copilului și personalitatea/ sufletul profesionistului se instituie un complex proces/ fenomen de interacțiune/ congruență *umană*, empatetică, sufletească în care calitățile/ resursele psihologic-sufletești și compatetice ale profesionistului îndeplinesc un esențial rol recuperativ și spiritual-eudemonic.

Aceste calități pot fi cultivate în procesul de învățământ dar probabil că soluția cea mai eficientă ar fi aceea a atragerii și selecției candidaților cu aptitudini pentru domeniu, de aceea ar fi poate indicat ca secțiile de asistență socială să se îndrepte către statutul de profil vocațional, în care să fie îmbinată instruirea științifică cu vocația și dezvoltarea *umană*, cu dezvoltarea personalității psihologic-spirituale, *umane*, atribute indispensabile unei absolvent care va lucra în sfera serviciilor sociale.

Calitățile psihologic-sufletești, cu precădere capacitatea empatetică/ compatetică, sunt o necesitate consubstanțială oricărui profesionist din asistența socială, cu precădere în asistența socială a copilului. Prin empatie/ compatie (sensibilitate *umană*) personalitatea acestuia dobândește receptivitate ridicată la suferințele și problemele oamenilor aflați în dificultate, iar în planul conduitei agreabilitate. Caracteristicile empatetic-sufletești ale personalității *umane* a profesionistului determină/ generează conduite-calități cuciale în asistența socială umanistă precum compasiunea, iubirea, altruismul, solidaritatea, atașamentul, agreabilitatea, carisma, persuasiune.

De asemenea, calitățile psihologic-sufletești, *umane* ale tuturor profesioniștilor dintr-o instituție rezidențială, de exemplu, au o importanță foarte mare și în ceea ce privește congruența, coerența, unitatea, funcționalitatea organizației ca întreg. În aceste organizații compatia, în principal, are un rol foarte important. Inter-empatia profesionist-client are o funcție curativă de necontestat. Organizația de asistență socială, inclusiv familia substitutivă fiind o țesătură de inter-empatii în care personalitatea *umană* a profesioniștilor poate avea chiar o funcție/ valență educativă determinantă, interacționând cu toate sferele/ laturile sale psihologice, sociale, culturale, morale, fizice.

Astfel, în "sistemul" asistenței sociale umaniste, asistentul social, profesionistul din cadrul personalului de îngrijire, educație, terapii de recuperare, psihologul, asistentul maternal profesionist, profesionistul din aparatul de conducere, voluntarul, lucrătorul din organizații neguvernamentale, umanitare, chiar și angajatul din aparatul funcționăresc și de deservire, prin valențele spirituale, eudemonice, umanizatoare și socializatoare ale personalității sale *umane*, prin calitățile/ resursele psihologic-sufletești, prin comportamentul prosocial și *uman* poate contribui la instituirea unui **"univers" psihosocial, cultural și socio-uman magic** al împlinirii *umane* și satisfacerii nevoilor sufletești fundamentale/ constituționale ale clientului, unui univers al dezvoltării personale, spirituale, intelectuale și morale.

Aspectul ne conduce și la concluzia esențială a lucrării că predominanța, în serviciile, organizațiile, instituțiile de asistență socială, a profesioniștilor cu calități *umane* și spirituale dezvoltate conduce, în mod inerent, la instituirea unor medii caracterizate prin coeziune socioumană, morală și culturală, altruism, compatie, protecție și predictibilite, probleme sociale și umane mai puține, fericire și șanse sporite de reabilitare sufletească și integrare socioumană a beneficiarilor.

APPENDIX

The
HUMANISTIC SOCIAL WORK
Project

- ÎN PREGĂTIRE -

Idei, repere, cuprinsuri ale unor noi lucrări în Proiectul
ASISTENȚĂ SOCIALĂ UMANISTĂ

"PROFESIONISTUL ÎN ASISTENȚA SOCIALĂ UMANISTĂ: Personalitate, roluri, conduită"

Cartea *Profesionistul în Asistența Socială Umanistă: Personalitate roluri, conduită* este concepută ca o continuare a lucrării *Calitățile Psihologic-Sufletești ale Profesionistului în Asistența Socială Umanistă*, și abordează tema, problema rolului profesionistului în asistența socială umanistă într-o reprezentare mult mai largă și completă, extinzând interesul spre întreaga personalitate și conduită a profesionistului în această inovativă paradigmă de asistență socială.

Realizarea volumului pornește de la o schemă tematică globală pentru ceea ce s-ar putea numi o *literatură sau teorie mai complexă a rolului profesionistului, conduitei și personalității acestuia în asistența socială umanistă*, care poate să constituie cadru tematic sau bază de pornire pentru orice altă întreprindere sau lucrare în domeniu, realizabilă de către oricine dorește să se alăture acestor demersuri.

O astfel de literatură ar trebui să abordeze, așadar, cu prioritate tema *importanței și rolului* profesionistului în practica asistenței sociale umaniste, în realizarea obiectivelor asistenței sociale umaniste, *specificul abordării umaniste* în general asupra practicii și conduitei acestuia în diferitele ipostaze și aspecte pe care le implică activitatea serviciilor de asistență socială, dar și aspecte privind *procesul și factorii/ premisele formării personalității profesionistului*.

În ceea ce privește structura și ontologia personalității, ca bază teoretică pentru modelarea a ceea ce numim personalitatea *umană* a profesionistului, propunem următoarele componente/ sfere:

• *Sfera ontologic-spirituală*, cu ontosul personal, mecanismul ontologic-psihologic fundamental, eul ontologic, sufletul (afectiv/spiritual) formațiuni constituționale. Aici trebuie relevat rolul celuilat persoană, mediului, habitatului domestic stabil ca sursele generice ale formării sufletului afectiv, ca sumă transmergentă de persoane semnificative, dar și a sufletului ca sursă a capacității de atașament, precum și rolul ontosului proiectiv și sufletului spiritual (mistic, gnostic, ludic, estetic, etic etc), ca "sumă" transmergentă/ emergentă de valori și sentimente umane "internalizate" ontogenetic, în susținerea unor trăsături/ calități precum *capacitatea empatică transpersonală (compatia) și sensibilitatea spirituală, bunăstarea sufletească și fericirea, bunăstarea spirituală, sensibilitatea umană, iubirea de oameni*.

• *Sfera intelectual-axiologică*, cu elemente precum aparatul mintal/ cognitiv și inteligența, inclusiv cea emoțională și socială/ *umană,* rolul aparatului mintal și inteligenței în personalitatea și practica profesionistului. Mai departe, intelectul, formare și funcționare, ca reflectare cognitivă a realității *umane* și sistemului de cunoștințe umaniste. Alte aspecte implicate - dezvoltarea științifică și culturală, funcția critică și reflexiv-interpretativă, aptitudinile/ abilitățile/ deprinderile intelectuale, structura și orientarea umanistă a intelectului profesionistului, rolul intelectului în personalitatea și practica profesionistului. Tot în sfera intelectual-axiologică, o altă temă importantă, conștiința, universul și fenomenul conștiinței, conștiința socio-morală și idealul uman, concepția față de lume și oameni, sistemul de credințe, convingeri, prejudecăți, stereotipuri, conștiința *umană,* conștiința profesională umanistă, sistemul de valori și principii umaniste, rolul conștiinței în personalitatea și practica profesionistului. Tot aici pot fi reliefate principalele trăsături, calități, competențe ale profesionistului în asistența socială umanistă, în principal *creativitatea, idealismul, cultura, multiculturalismul, conștiinciozitatea, principialitatea, responsabilitatea, umanismul.*

• *Sfera personală, relațională și praxiologică* în care conceptul de „persoana" este cucial. Trebuiesc reliefate, în perspectiva valorilor practicii, rolurilor și conduitei profesionistului în asistența socială umaniste aspectele privind statutul și imaginea socială, experiența și competența, dar și aspecte legate de temperament, prezența fizică, ținută, atitudine, sexul, vârsta, apartenență socială etc. Nici tema referitoare la resorturi mai intime ale "persoanei" practicianului nu pot fi evitate, precum eul social, idealul personal și idealul profesional, identitatea profesională și cariera, stima de sine, eul și celălalt (clientul). În aceiași sferă personală, relațională și praxiologică încadrăm și caracterul. Aici este important să se pună accent pe factorii și fundamentele caracterului profesionistului, orientarea și consistența umanistă a acestuia, pe sistemul de atitudini, voința morală și virtutea dar și pe rolul caracterului în personalitatea și practica profesionistului. Sfera relațională și praxiologică poate fi cel mai bine abordată prin identificarea a ceea ce s-ar putea numi sistemul de deprinderi și abilități socioumane și relațional-comportamentale ale practicianului în asistența socială umanistă, fără a desconsidera nici fundamentele și factorii care-l susțin și generează. În esență acest sistem ar cuprinde deprinderile și abilități de relaționare socio-umană, deprinderile și abilitățile de comunicare, ascultare și înțelegere, deprinderile și abilități de evaluare și modelare a situației umane de dificultate, deprinderile și abilitățile de planificare și organizare. Pentru a reliefa cât mai complet rolul sistemului de deprinderi și abilități personale, relaționale și praxiologice în practica profesionistului in asistența socială umanistă este esențial să se aducă în ecuație și sistemul de trăsături care să-l operaționalizeze, respectiv *bunăstarea și dezvoltarea personală, altruismul, agreabilitatea, omenia, deprinderea de a face bine semenilor, sociabilitatea și comunicativitatea, toleranța, modestia, răbdarea, carisma și capacitatea persuasivă, pragmatismul, realismul.*

În ceea ce privește problema *profesiunilor, rolurilor profesionale*, a rolurilor specifice corespunzătoare diferitelor ipostaze sau activități pe care le desfășoară profesioniștii în cadrul unor servicii, instituții, comunități este bine să se clarifice conceptele de personal și sistem de asistență socială umanistă. Aici trebuie din start precizat că nu este vorba nici de un personal și nici de un sistem paralel, sau altul decât cel existent, ci mai degrabă de niște concepte, instrumente epistemologic-axiologice de promovare a schimbării.

Asistentul social este profesionistul emblematic și reprezentativ în sistemul asistenței sociale, de aceea i se acordă prioritate. Este interesant de relevat cum sunt definite astfel rolul profesional de asistent social umanist dar și roluri particulare precum cel de evaluator și consilier, de broker, de manager de caz, de mediator, de avocat. de supervisor.

În asistența socială umanistă și *psihologul* are o misiune foarte important, în principal prin rolurile de evaluator, de consilier și terapeut, confesor și suport afectiv. Și celelalte categorii de personal sunt importante în asistența socială umanistă, respectiv educatorul și îngrijitorul din instituțiile rezidențiale, managerul, asistentul maternal profesionist, chiar și personalul din aparatul administrativ și gospodăresc.

Dacă ținem cont de faptul că atât trăsăturile de personalitate cât și rolurile îndeplinite se regăsesc efectiv în practică prin *comportamentul profesional* al lucrătorului atunci trebuie să se acorde o mare importanță și acestui aspect. Primul subiect ar fi acela de defini conceptul de comportament profesional umanist, dar și legătura acestuia cu factori de natură economică precum eficiența/ eficacitate profesională, asistența socială umanistă având și această dimensiune. Pot fi abordate și subiecte precum competența, oportunitatea și compatibilitatea, comportamentul în activitatea de evaluare și monitorizare, comportamentul în managmentul de caz, comportament în lucrul pe caz și practica îngrijirii, realizarea proiectului de intervenție.

Un subiect care ar putea constitui, fără îndoială o temă în sine este acela referitor la *formarea, recrutarea și evaluarea personalului* în asistența socială umanistă, unde, în opinia noastră se află pârghiile și resursele unei îmbunătățiri radicale și unei reforme "umaniste" a sistemului și practicilor de asistență socială.

În ceea ce privește lucrarea noastră în lucru, operăm cu următoarea *schiță de structură, cuprins* pentru a cărei îmbunătățire suntem deschiși și onorați să luăm în lucru orice sugestie, idee, propunere venită de la cititori.

Cuprins
(în lucru)

Cuvânt înainte

Introducere

Partea I
Asistența socială umanistă –
a treia cale în teoria și practica asistenței sociale

Capitolul 1
Asistența socială umanistă. Context teoretic-doctrinar, premise, surse
1.1. Context și specific teoretic-doctrinar
    1.1 1. Asistența socială – aspecte teoretice și axiologice generale
    1.1.2. Asistența socială tradițională
    1.1.3. Asistența socială critică
    1.1.4. Asistența socială umanistă – a treia cale
1.2. Premise și surse teoretic-axiologice
    1.2.1. Orientările, valorile și metodele umaniste în teoria și practică asistenței sociale
    1.2.2. Filosofia omului și a drepturilor fundamentale ale persoanei
    1.2.3. Psihologia umanistă și sociologia umanistă
    1.2.5. Cultura, religia, etica

Capitolul 2
Asistența socială umanistă – specific și aspecte teoretic-axiologice fundamentale
2.1. Concept, specific, valori, misiune
    2.1.1. Conceptul de asistență socială umanistă
    2.1.2. Specificul teoriei
    2.1.3. Valori și categorii specifice
    2.1.4. Misiunea asistenței sociale umaniste
2.3. Teorii în asistența socială umanistă
    2.3.1. Teoriile dezvoltării personale și socioumane
    2.3.2. Teoria empatiei
    2.3.3. Teoria atașamentului
    2.3.4. Teoria fericirii
    2.3.5. Teoria îngrijirii
    2.3.6. Alte teorii

Partea a II – a
Personalitatea profesionistului
în asistența socială umanistă

Capitolul 3
Personalitatea *umană*
3.1. Personalitatea – concept, orientări, paradigme
    3.1.1. Conceptul de personalitate
    3.1.2. Paradigme și orientări mai importante. Specificul și curentele paradigmei umaniste
3.2. Factori și condiții ale constituirii și funcționării personalității
    3.2.1. Organismul uman
    3.2.2. Ontosistemul environmental
    3.2.3. Trăirea și experiența onto-personală subiectivă nemijlocită
3.3. Paradigma umanist-psihologică (pozitivă) a personalității
    3.3.1. Specificul teoriei umanist-psihologice
    3.3.2. Personalitatea - resursă în sine psihologică de formare și dezvoltare personală
3.4. Paradigma umanist-spirituală (ontologică)
3.5. Personalitatea *umană*

Capitolul 4
Personalitatea *umană* – sfera/ dimensiunea psihologic-personală
4. 1. Sfera psihologică
    4.1.1. Mintea/intelectul/inteligența
    4.1.2. Motivația și juisanța
    4.1.3. Emoția, afectivitatea, empatia
    4.1.4. Voința
    4.1.5. Eul (psihologic)
    4.1.6. Conștiința (psihologică)
4. 2. Sfera personală (relațional-socială)
    4.2.1. Eul socio-moral
    4.2.2. Conștiința socio-morală și caracterul
    4.2.3. Voința morală și virtutea
    4.2.4. Persoana
    4.2.5. Corpul, conduita mimico-gestuală
    4.2.6. Conduita, aptitudinile, creativitatea, competența, activitatea

Capitolul 5
Personalitatea *umană* - sfera/ dimensiunea ontologic-spirituală
5.1. Ontosul personal
    5.1.1. "Ființa" persoanei
    5.1.2. Sinele ontic

    5.1.3. Subiectul, eul ontic, sufletul primar (endemic)
    5.1.4. Binomul (mecanismul) ontologic fundamental - hedonic-fobic (personalitatea endemică)
5.2. Sufletul. Constituirea și existența sferei ontologice a personalității – fundament și condiție a constituirii și funcționării sufletului
    5.2.1. Constituirea și existența sferei ontologice a personalității
    5.3.2. Ontosul personal – fundament și cadru ontologic de formare și funcționare a sufletului
    5.2.3. Constituirea și instituirea sufletului
5.3. Sufletul afectiv
    5.3.1. Celălalt persoană, mediul, habitatul domestic - sursele generice ale formării sufletului
    5.3.2. Instituirea sufletului ca formațiune psihologic-ontologică autonomă și structură de personalitate
    5.3.3. Sufletul afectiv ca sumă transmergentă de persoane
5.4. Sufletul spiritual
    5.4.1. Ontosul proiectiv – fundament și cadru psihologic-ontologic de formare și funcționare a sufletului spiritual
    5.4.2. Sufletul mistic.
    5.4.3. Sufletul ludic, sufletul estetic etc.

Capitolul 6
Personalitatea *umană* și calitățile sufletești ale profesionistului în practica asistenței sociale umaniste

6.1. Personalitatea profesionistului
6.2. Personalitatea *umană* a profesionistului
    6.2.1. Concept, formare, specific
    6.2.2. Personalitatea *umană* a profesionistului și personalitatea clientului
6.3. Capacitatea empatetică și sensibilitatea *umană* a profesionistului în practica asistenței sociale umaniste
    6.3.1. Empatia – resursă științifică și terapeutică insuficient valorificată
    6.3.2. Fenomenul și conceptul de empatie
    6.3.3. Comunitatea empatetică și compatia
    6.3.4. Capacitatea empatetică și personalitatea profesionistului
    6.3.5. Personalitatea empatetică a profesionistului în practica asistenței sociale
6.4. Fericirea și bunăstarea sufletească
    6.4.1. Fenomenul și conceptul de fericire
    6.4.2. Fericire și personalitate
    6.4.3. Starea de fericire, bunăstare sufletească și eficiența profesionistului
    6.5. Bunăstarea și sensibilitatea spirituală

Capitolul 7
Calitățile *umane* psihologic-personale ale profesionistului în practica asistenței sociale umaniste
7.1. Inteligența, creativitatea, cultura, multi-culturalismul
    7.1.1. Inteligența și creativitatea
    7.1.2. Cultura și multiculturalismul
7.2. Proiectivitatea, vizionarismul, idealismul
    7.2.1. Capacitatea onto-proiectivă a personalității
    7.2.2. Referenții ontoproiectivi personali
    7.2.3. Funcția terapeutică a personalității onto-proiective și vizionare
7.3. Dezvoltarea personală, altruismul, agreabilitatea, omenia
    7.3.1. Dezvoltarea personală
    7.3.2. Altruismul, agreabilitatea, omenia, toleranța

Partea a III- a
Conduite și roluri profesionale ale profesionistului în "sistemul" și practica asistenței sociale umaniste

Capitolul 6
Sistemul și practica asistenței sociale umaniste
8.1. Sistemul asistenței sociale umaniste
8.2. Metodele și practicile asistenței sociale umaniste
    8.2.1. Obiective, principii, valori ale practicii
    8.2.2. Practicile și metodele bazate pe evidențe
    8.2.3. Metodele existențial-umaniste
    8.2.4. Metode adoptate/ adaptate din psihoterapia umanistă
    8.2.5. Metodele apreciative
    8.2.6. Metoda balanței
    8.2.7. Proiectul de intervenție

Capitolul 9
Profesiuni, roluri și conduite în sistemul și practica asistenței sociale umaniste
9.1. Comportamentul profesional umanist
9.2. Codul deontologic al profesionistului în asistența socială umanistă
9.3. Asistentul social
    9.3.1. Profesia de asistent social în sistemul și practica asistenței sociale umaniste
    9.3.2. Perspective, modele
    9.3.3. Modelul umanist
    9.3.4. Personalitate și conduită
    9.3.5. Specificul rolurilor și activităților
    9.3.6. Rolul de managerul de caz

9.3.7. De la „asistent social" la „profesionist social" ?
9.4. Psihologul
   9.4.1. Profesia de psiholog în sistemul și practica asistenței sociale umaniste
   9.4.2. Personalitate și conduită
   9.4.3. Specificul rolurilor și specificul activității
   9.4.4. De la "psiholog" la "personolog""
9.5. Personalul de îngrijire, educație, terapii de recuperare etc
   9.5.1. Specific și importanță
   9.5.2. Personalitate și conduită
   9.5.3. Asistentul maternal profesionist
9.6. Personalul de conducere, aparatul funcționăresc și de deservire
   9.6.1. Personalul de conducere, factorii de politică și strategie
   9.6.2. Managementul instituțiilor rezidențiale, de recuperare etc
   9.6.2. Angajații din aparatul funcționăresc și de deservire
9.7. Voluntarii, lucrătorii din organizații neguvernamentale, umanitare etc

Concluzii, propuneri, sugestii

The
HUMANISTIC
SOCIAL WORK
Project

"SOCIOLOGIE ȘI ASISTENȚĂ SOCIALĂ UMANISTĂ: O paradigmă sociologică fenomenologic-umanistă pentru *a treia cale* în asistența socială"

Fundamentarea sociologică a asistenței sociale umaniste, ca *a treia cale în teoria și practica asistenței sociale,* pleacă de la considerentul că în orice versiune sociologia rămâne o resursă teoretic-metodologică constituțională a asistenței sociale.

În asistența socială umanistă însă este prezentă cu precădere cu sub-domeniile: microsociologia, sociologia umanistă, sociologia interpretativă și subiectivă, dar și cu filosofia socială ori ontologia socială. Sistemul de valori, problematica și obiectul asistenței sociale umaniste, misiunea și scopul, dar și reprezentarea persoanei, problemei sociale, clientului și resursele practicii, trecute prin paradigma sociologic-umanistă ori microsociologică determină instituirea unui sistem teoretic-metodologic de asistență socială în care primează concepte și practici precum intervenția centrată pe contextul sociouman, ancheta socială existențială sau managementul umanist al instituțiilor rezidențiale de asistență socială. În practica curentă se operează cu paradigma sociologic-existențialistă a intervenției, paradigma interacționistă, paradigma constructivistă, precum și cu paradigma apreciativă. Și metoda balanței, practicile bazate pe dovezi, evaluarea, managementul de caz, casework-ul, îngrijirea, ajutorul, educația, precum și asistența socială clinică, asistența socială comunitară, strategia, proiectarea și planul de intervenție, cercetarea sau formarea personalului în paradigmă sociologic-umanistă sunt mai "umane", mai puțin tehnicizate, practicianul și serviciile empatizează cu clienții și comunitățile în dificultate, nu se rezumă la "livrarea de sevicii".

Din aceeași perspectivă, sociologic-umanistă, microsociologică sau contextualist-existențialistă, foarte importantă nu este abordarea macrosocietală sau structurală, societatea, în scop de schimbare, precum în asistența socială critică, sau persoana prin nevoile sale materiale și emoționale bazale, precum în asistența socială tradițională ci valori și entități socioumane precum familia, cuplul conjugal, microcomunitatea, contextul sociouman concret al clientului. Aici este problema, aici sunt și resursele de ameliorare. Acest aspect implică abordarea epistemologic-metodologică ideografică, paradigma sociologică contextualistă și constructivistă, microsociologia și psihosociologia, orientarea umanistă, cultura, religia, morala specifice, postmodernismul. Valori, obiect și obiective ale activității ar fi: contextul sociouman și cultural ca valoare și sursă de bunurile spirituale; microgrupul/ microcomunitatea ca alcătuire de ființe umane; familia și sistemul/ rețeaua de relații conexiuni socioumane; unicitatea, complexitatea și dinamicitatea contextelor socioumane și culturale; dimensiunea afectivă și empatetică a problemelor sociale; relațiile de atașament; onto-sistemele socio-afective și culturale; solidaritatea socială/ umană; integrarea și adaptarea; autodezvoltarea, autodeterminarea și autoadministrarea; sistemul terapeutic (de intervenție) ca și context sociouman și cultural proactiv.

O secțiune indispensabilă oricărei paradigme sociologice a asistenței sociale umaniste este cea referitoare la client, individual sau colectiv. Aspectele definitorii ar fi: reprezentarea clientului ca ființă „socioumană"; clientul ca ființă spirituală și culturală; nevoile „socioumane" și culturale ale clientului; principiul integralității personalității și congruenței cu mediul; problema socială și sistemul client ca unicități contextuale socio-umane și culturale; clientul în context sociouman și cultural determinat; vulnerabilitatea și situația de risc, situația de dificultate, sistemul client, clientul colectiv în reprezentare sociologic-umanistă.

Nu în ultimul rând, teoria sociologică umanistă abordează și tema reprezentării specifice a practicianului și comportamentului profesional al acestuia, cu scopul de a evidenția calități, trăsături și conduite precum: capacitatea empatetică; dezvoltarea socioumană, calitățile prosociale, inteligența socială, cultura generală, sensibilitatea umană și spirituală, pragmatismul și adaptabilitatea, calitățile „culturale", multiculturalismul etc.

În ceea ce privește structura acestei lucrări, în prezent operăm cu următoarea schiță de cuprins, pentru a cărei îmbunătățire suntem deschiși și onorați să luăm în lucru orice sugestie, idee, propunere venită de la cititori.

Cuprins
(în lucru)

PREAMBUL
Asistența socială tradițională
Asistența socială critică
Asistența socială umanistă

INTRODUCERE

PARTEA I
PARADIGMA SOCIOLOGICĂ FENOMENOLOGIC-UMANISTĂ

Capitolul 1
Sociologia fenomenologică
1.1. Surse filosofice
    1.1.1. Filosofia omului/ persoanei, a conviețuirii și fenomenelor umane
    1.1.2. Filosofia socială
    1.1.3. Fenomenologia și existențialismul
1.2. Orientarea fenomenologică în științele sociale
1.3. Paradigma epistemologic-teoretică a sociologiei fenomenologice
    1.3.1. Sociologia interpretativă și subiectivă
    1.3.2. Sociologia existențialistă
    1.3.3. Contextualismul sociologic
    1.3.4. Interacționismului social

    1.3.5. Constructivismul şi construcţionismul social
    1.3.6. Realismul sociologic modern
    1.3.7. Mişcarea sociologică şi culturală postmodernă
    1.3.8. Microsociologia
    1.3.9. Sociologia umanistă
    1.3.10. Alte teorii şi orientări
1.4. Paradigma epistemologic-metodologică a sociologiei fenomenologice
    1.4.1. Metoda şi perspectiva epistemologică ideografică
    1.4.2. Teoria sistemelor complexe (haosului)
    1.4.3. Metodele calitative de cercetare şi intervenţie

Capitolul 2
Sociologia umanistă
2.1. Context, necesitate, specific
2.2. Constituirea şi afirmarea sociologiei umaniste ca disciplină autonomă
    2.2.1. Fondatorii sociologiei umaniste şi sociologia umanistă "clasică"
    2.2.2. Instituirea sociologiei umaniste ca disciplină autonomă
    2.2.3. Evoluţia sociologiei umaniste. Aspecte contemporane
    2.2.4. Sociologia umanistă ca ştiinţă proiectivă şi proactivă
2.3. Obiectul sociologiei umaniste
    2.3.1. Comunitatea/ grupul social ca alcătuire de fiinţe umane/ persoane/ personalităţi aflate în interacţiune şi congruenţă socio-umană/ compatetică
    2.3.2. Contextul/ specificul sociouman şi cultural. Valorile şi factorul istoric
    2.3.3. Comunitatea ca macrocomunitate compatetică şi solidarist-umanistă
2.4. Normalitatea şi problemele sociale ca fenomene umane
    2.4.1. Normalitatea socială ca normalitate umană (socioumană)
    2.4.2. Problema socială ca problemă umană
2.5. Specificul metodelor şi practicilor de cercetare
2.6. Sociologul umanist şi practica specifică
2.7. Persoana şi personalitatea în sociologia umanistă

Capitolul 3
Paradigma sociologică fenomenologic-umanistă a comunităţii şi persoanei
3.1. Specificul paradigmei sociologice fenomenologic-umaniste
3.2. Fenomenologia comunităţii umane
    3.2.1. Paradigma ontologică a comunităţii umane şi fenomenelor sociale
    3.2.2.. Principiile/ legităţile emergenţei
    3.2.3. Ontosul comunitar
    3.2.4.. Instituţiile şi controlul social
    3.2.5. Procesualitate şi existenţă comunitară
    3.2.6. Unitatea şi congruenţa ontologică a comunităţii umane

3.3. Microcomunitatea umană ca resursă, valoare și categorie principală în asistența socială umanistă
    3.3.1. Microcomunitatea
    3.3.2. Contextul socrouman și sistemul de relații umane/ interpersonale
    3.3.3. Familia
    3.3.4. Organizația profesională
3.4. Persoana și personalitatea
    3.4.1. Persoana în asistența socială umanistă
    3.4.2. Personalitatea. Specificul teoriei social-ontologice
    3.4.3. Sufletul
    3.4.4. Sufletul socio-afectiv
    3.4.5. Sufletul socio-spiritual (moral)
    3.4.6. Personalitatea prosocială Capacitatea empatetică și sensibilitatea *socială* a persoanei

PARTEA a II-a
PARADIGMA SOCIOLOGICĂ FENOMENOLOGIC-UMANISTĂ A ASISTENȚEI SOCIALE – ASISTENȚA SOCIALĂ UMANISTĂ

Capitolul 4
Teoria generală asistenței sociale umaniste
4.1. Cadrul teoretic și axiologic de bază al asistenței sociale umaniste
    4.1.1. Concept și teorie
    4.1.2. Valori și concepte specifice
    4.1.3. Teoriile dezvoltării socioumane/ comunitare
    4.1.4. Teoria empatiei
    4.1.5. Teoria atașamentului
    4.1.6. Teoria fericirii
    4.1.7. Teoriile dezvoltării personale
    4.1.8. Teoria participării
    4.1.9. Teoria acțiunii
4.2. Obiectul și misiunea asistenței sociale umaniste
    4.2.1. Normalitatea și problema socială
    4.2.2. Problemele și dramele umane (individuale și colective)
    4.2.3. Vulnerabilitatea, reziliența, situația de risc și dificultate

Capitolul 5
Sistemul și practica asistenței sociale umaniste
5.1. "Sistemul" asistenței sociale umaniste
5.2. Clientul
    5.2.1. Modele de reprezentare a clientului
    5.2.2. Perspectiva fenomenologic-umanistă asupra clientului

5.2.3. Clientul și problema socială în context socio-uman și cultural determinat
5.3. Practicianul
    5.3.1. Conduita și codul etic
    5.3.2. Personalitatea profesionistului
    5.3.3. Personalitatea profesionistului și personalitatea clientului
5.4. Metodele
    5.4.1. Metodele existențial-umaniste
    5.4.2. Metode adoptate/ adaptate din psihoterapia umanistă
    5.4.3. Metodele apreciative
    5.4.4. Metoda balanței
5.5. Practica
    5.5.1. Contextul socio-uman și cultural în practica asistenței sociale umaniste
    5.5.2. Specificul practicii în asistența socială umanistă
    5.5.3. Practicile bazate pe evidențe
    5.5.4. Managementul de caz
    5.5.5. Proiectul de intervenție și intervenția
    5.5.6. Ajutorul și îngrijirea

Capitolul 6
Asistența socială umanistă a copilului (din sistemul de protecție)
6.1. Copilul în asistența socială umanistă
    6.1.1. Principii de reprezentare
    6.1.2. Valori și obiective în asistența socială umanistă a copilului
6.2. Separarea copilului de familia naturală
    6.2.1. Rolul social-ontologic al familiei în creșterea și existența copilului
    6.2.2. Ruptura social-ontologică a copilului de familia naturală
6.3. Copilul din familia substitutivă
    6.3.1. Dimensiuni social-ontologice ale integrării și adaptării copilului în familia substitutivă
    6.3.2. Dimensiuni psihologic-ontologice ale integrării și adaptării copilului în familia substitutivă
    6.3.3. Probleme și tulburări de adaptare ale copilului în procesul integrării în familia substitutivă și instituție
    6.3.4. Explicații social-ontologice ale dificultăților și tulburărilor de adaptare a copilului în procesul de integrare
6.4. Copilul din centrul de plasament
    6.4.1. Fericirea condiție de dezvoltare psihosocială și obiectiv crucial în asistența socială a copilului instituționalizat
    6.4.2. Educația și pregătirea pentru viață
    6.4.3. Organizarea funcționarea și managementul instituțiilor rezidențiale
6.5. Practica asistenței sociale umaniste a copilului din sistemul de protecție

6.5.1. Copilul ca personalitate și resursă
6.5.2. Analiza existențială
6.5.3. Metoda balanței
6.5.4. Metode adoptate/ adaptate din psihoterapie
6.5.5. Managementul empatic-uman al instituțiilor rezidențiale

Concluzii

The HUMANISTIC SOCIAL WORK Project

"ASISTENȚĂ SOCIALĂ UMANISTĂ"

Volumul reunește, într-o formă originală și sintetică, ideile, conținuturile, temele, teoriile apărute anterior în lucrările publicate în cadrul Proiectului ASISTENȚĂ SOCIALĂ UMANISTĂ, reprezentând totuși o nouă întreprindere teoretic-științifică, în care conceptului, teoriei și metodologiei asistenței sociale umaniste li se acordă prioritate, în perspectiva impunerii acesteia ca *a treia cale* în teoria și practica asistenței sociale, alături de asistența socială tradițională/ convențională și asistența socială critică/ radicală.

Afirmarea și impunerea, în teorie și practică, a asistenței sociale umaniste, este explicată, în principal, de ofensiva psihologiei și psihoterapiei umaniste dar și a microsociologiei, sociologiei umaniste sau practicilor sociale umaniste în tot mai multe domenii, inclusiv în asistența socială. Așadar, asistența socială umanistă își bazează, în mare parte, teoria, axiologia, metodele pe psihologia/psihoterapia umanistă, dar și pe teoriile/paradigmele interpretative, subiective, contextualiste, existențialiste, umaniste din științele socialului.

Împunerea acesteia, în teoria și practica asistenței sociale, în mod consistent și definitiv nu este un proces ușor și intempestiv, nu se poate limita la o simplă cumulare a conceptelor, teoriilor și practicilor de orientare umanistă din asistența socială contemporană, în mare parte, așadar, importate din alte domenii ale stiințelor și practicilor sociale ci necesită construirea unui sistem teoretico-metodologic propriu, structurat după paradigma epistemologic-descriptivă consacrată a științelor și practicilor sociale, în care să fie abordate în mod distinct aspecte cheie precum fundamentarea teoretică, valori de bază, teorii sursă și specifice, resursele și mijloacele de bază ale practicii, specificul practicii, problema personalului, dar și aspecte aplicative precum asistența socială umanistă a familiei și copilului, asistența socială comunitară, asistența socială clinică etc.

Cu toate accestea, asistența socială umanistă, ca teorie și specific teoretic, nu este o formă radical distinctă de asistență socială ci mai degrabă un *sistem teoretico-filosofic și axiologic care reafirmă valorile fundamentale, umaniste ale practicii asistenței sociale*, propunând valorificarea resurselor inepuizabile ale personalității umane și sistemelor de relații socioumane în scopul reabilitării sufletești și autonomizării clientului, prin dezvoltarea umană și spirituală, empowerment și valorificarea resurselor culturale și de umanism din comunitatea în care conviețuiește acesta.

Prin instituirea conceptului-sistem asistență socială umanistă se marchează trecerea într-o nouă fază, în care orientarea umanistă își consolidează și îmbogățește prezența efectivă în teoria și practica asistenței sociale, și face din sintagma *asistență socială umanistă* mai mult decât o simplă orientare metodologic-doctrinară, sau o asociere ocazională a unor termeni, un *concept sistem, o teorie și o paradigmă teoretico-metodologică relativ originală de asistență socială*, desigur în concertul și completarea celorlate paradigme teoretico-metodologice, la fel de importante.

Omul (ființa umană/ personalitatea) ca valoare supremă și etalon valoric, clientul ca ființă umană și persoană, fericirea și împlinirea persoanei/ clientului, drepturile omului, autodeterminarea și demnitatea persoanei/ clientului, unitatea și solidaritatea umană, cumpătarea, modestia, cinstea, hărnicia, altruismul, idealismul, conviețuirea și relațiile umane sunt printre valorile principale, etalon, ale asistenței sociale umaniste.

Aceste valori își au punctul de reper antropologic-axiologic în *reprezentarea omului ca ființă cu suflet*, ca personalitate, spirituală, morală, empatetică, și a *comunității ca alcătuire de ființe umane,* ca organizare compatetică și culturală armonioasă, optimă, funcțională și *umană*. Din această perspectivă se reprezintă și clientul cu nevoile sale ori comunitatea cu problemele sociale și umane cu care se confruntă.

În această abordare, antropologic-axiologică, persoana/ clientul nu este un simplu consumator de bunuri materiale care-l fac automat împlinit și fericit, ci mai ales un consumator de bunuri spirituale, morale, estetice, *umane*, împlinirea provenind din *calitatea superioară a relațiilor inter-umane*, a mediului uman și cultural armonios, din satisfacerea nevoii de frumos, prin cunoaștere, iubire și credință, după cum, neîmplinirea, suferința, eșecul, vulnerabilitatea, situația de dificultate își pot avea sursa și în precaritatea vieții spirituale, deficitul de umanism, în promiscuitatea morală, săracia sufletească, nefericirea persoanei sau în precaritatea relațiilor umane, a mediului cultural și moral, ignoranței, compatiei organizaționale scăzute.

Asistența socială umanistă este, în primul rând, o teorie a clientului, a personalității acestuia și microcontextului ontologic-uman în care trăiește. Aceasta este obiectivul și resursa principală de bunăstare sufletească și autonomizare.

Principala resursă de rezolvare a problemei socioumane se află în personalitatea actorilor angajați în procesul de intervenție și reintegrare socială. În procesul de reabilitare și integrare clientul și profesionistul formează o unitate socio-compatetică generatoare de resurse spirituale; aspect care reliefează importanța conduitei și personalității *umane* a profesionistului, a calităților psihologic-sufletești, cu precădere în cazul profesioniștilor care se află în contact direct și de durată cu beneficiarii.

Fericirea și împlinirea persoanei (clientului), bunăstarea socială, umană, spirituală și culturală, normalizarea relațiilor și conviețuirii umane, diminuarea suferințelor, emanciparea, autonomizarea persoanei și comunității prin dezvoltare personală, umană și culturală, prezervarea demnității persoanei (clientului), inovarea și schimbarea socială durabilă/ autentică, combaterea opresiunii, dezumanizării și injustiției sociale, promovarea solidarității sociale și valorilor umaniste în comunitate/ societate pot fi considerate deziderate, idealuri, obiective principale ale autorităților, instituțiilor, serviciilor și practicienilor în asistența socială umanistă.

Orientarea expres umanistă din asistența socială reprezintă și abordează problema socială, vulnerabilitatea, reziliența, situația de risc, situația de dificultate ca probleme umane/ socio-umane, spirituale, culturale, morale, concentrându-se pe aspecte precum suferința, trauma, nefericirea, neîmplinirea personală, problemele și impasurile existențiale, dramele personale și colective, pierderea, separarea, de-zrădăcinarea, neadaptarea, devianța, singurătatea, dezumanizarea prin degradare spirituală și morală, dezumanizarea prin tehnologie și prin viciu, nedezvoltarea personală, umană și comunitară.

În paradigma umanistă a asistenței sociale vulnerabilitatea persoanei este asociată în principal întârzierilor și tulburărilor de dezvoltare personală și umană, inconsistenței ontologice și calității precare a relațiilor interumane și degradării sistemelor de valori (morale, culturale, umane etc) din comunitățíi și organizații. Devianța, marginalitatea, sărăcia, suferința, nefericirea, eșecul profesional, pierderile, neadaptarea, singurătatea, dezumanizarea, în sfârșit tot felul de probleme și situații de risc sau dificultate în care sunt antrenate persoanele, au pe lângă explicațiile sociologice și biologice binecunoscute și factori de ordin ontologic-spiritual, psihologic-individual sau moral-individual.

Misiunea specifică a practicianului în asistența socială umanistă nu este precum cea a unui simplu funcționar care identifică niște disfuncții sociale și caută să le rezolve în scopul refacerii funcționalității sociale originare ci caută să identifice și să rezolve problemele umane, sufletești, socioumane cu care persoanele se confruntă. În acest sens unul dintre obiectivele activității profesioniștilor și serviciilor în "sistemul" asistenței sociale umaniste reprezentându-l refacerea, construirea, reabilitarea umană, spirituală, culturală, morală a persoanelor și comunităților.

Pentru profesionistul umanist clientul este o personalitate, o individualitate existențială concretă, un suflet nu un simplu element al unei entități sociale sau un nume într-un dosar, acesta dispune în mod constituțional de capacitățile elementare de dezvoltare personală și socială, de integrare socială autonomă și eficientă, pe care profesionistul le antrenează și include în strategiile specifice, în obiective, cu scopul explicit, și în acord cu misiunea sa umanistă: de a deveni mai fericit, împlinit personal și a deveni autonom în plan sociouman, părăsind astfel sistemul.

Perspectiva umanist-spirituală asupra clientului promovează luarea în considerare și a trebuințelor sufletești, estetice, ludice, epistemologice și mistice ale clientului. Adică a trebuințelor spirituale. Nu sunt niște nevoi „superioare" sau caracteristice doar unor categorii de persoane, nici „costisitoare", nici „extravagante".

Satisfacerea și dezvoltarea nevoilor spirituale, a personalității spirituale, reprezintă una dintre căile, metodele cele mai eficiente pentru dezvoltarea personală a clientului și sporirea perspectivei de autonomizare personală/ socială, indiferent de nivelul de studii, proveniență, vârstă sau tipul problemei sociale/ umane. Nu necesită mari investiții materiale, multe resurse. În sistemul asistenței sociale umaniste investițiile sunt cu precădere *umane*, spirituale, culturale, morale.

Conceptul de "sistem" al asistenței sociale umaniste este un instrument mai mult filozofic de reliefare a idealurilor și valorilor asistenței sociale umaniste în contextul sistemului existent de asistență socială, putându-se vorbi astfel de un *sistem de idealuri, valori, principii și metode asumat umaniste*, aplicabile ca *deziderate* realităților organizaționale și funcționale din prezent.

În acest sens, sistemul asistenței sociale umaniste, afirmă primatul unor obiective și metode, precum fericirea prin bunăstare sufletească și autonomizarea prin empowerment spiritual, uman și cultural, propune instruirea, selecția și evaluarea personalului prin promovarea unor calități precum dezvoltarea sufletească, umană și personală, debirocratizarea, depolitizarea, dez-etatizarea și externalizarea, pe cât posibil, a serviciilor, cu precădere a celor pentru copii, creșterea importanței acordate altor profesiuni, pe lângă cea de asistent social, precum și reconsiderarea statutului de asistent social, prin lărgirea competențelor și, eventual, schimbarea denumirii în "profesionist social", sau altfel,

Conceptul de sistem umanist de asistență socială propune o reîntoarcere la valorile originare ale gândirii și practicii "sociale", la comunitate, la microgrup, la ființa umană și existența sa tragică, propune o reevaluare a situației sistemului și promovarea unor principii și valori care să conducă la deplasarea de pe supraviețuire și îngrijire pe reabilitarea *umană*, fericirea și integrarea socială a clientului, în principal prin dezvoltare personală spirituală și comunitară culturală/ morală.

În această perspectivă politica și sistemul de asistență socială umaniste pun pe plan secund valorile economice, funcționaliste ori politice și așează ca fundament etic-axiologic conceptele valoare de *ființă umană demnă, autonomă și fericită*. Sistemul reflectă, în acest caz, nevoile oamenilor de demnitate și fericire, asigurând un cadrul în care acestea se pot împlini prin activismul auto-asumat și dezvoltare umană; totodată este și un cadru în care persoanele în suferință și dificultate își pot găsi echilibrul și reabilitarea.

În concluzie, principiile și obiectivele umaniste ale sistemului de asistență socială urmăresc, cu precădere, să-l integreze pe client în mediul social din care fac parte, să-l reabiliteze din punct de vedere spiritual, uman și social. Urmăresc să dezvolte și capacitatea comunităților de a mențiune coeziunea socială și valorile umaniste în cultura organizațională a acestora. În final urmăresc să dezvolte *capacitatea adaptativă a clientului* de a-și dobândi autonomia și de a părăsi astfel sistemul de asistență socială.

În ceea ce privește structura acestei lucrări, în prezent operăm cu următoarea schiță de cuprins, pentru a cărei îmbunătățire suntem deschiși și onorați să luăm în lucru orice sugestie, idee, propunere venită de la cititori.

CUPRINS
(în lucru)

Cuvânt înainte

Introducere generală

Partea întâi
**ASISTENȚA SOCIALĂ UMANISTĂ –
ASPECTE TEORETICE ȘI AXIOLOGICE FUNDAMENTALE**

Introducere

Capitolul I. Fundamente teoretice
Asistența socială umanistă - a treia cale în teoria și practica asistenței sociale
    Asistența socială – aspecte teoretice generale
    Asistența socială tradițională/ convențională
    Asistența socială critică/ radicală
    Asistența socială umanistă – a treia cale
Conceptul de asistență socială umanistă și specificul teoriei. Context doctrinar
Premise, origini, surse, modele
    Categoriile, valorile, orientările, metodele și practicile umaniste din asistența socială
    Teoria generală a asistenței sociale
    Sistemul social, problemele și realitatea socioumană
    Sistemul asistenței sociale
    Critica asistenței sociale (clasice/tradiționale)
    Literatura umanistă de specialitate
    Filosofia omului și ființei (umane)
    Științele sociale „umaniste" - psihologia și psihoterapia umanistă, sociologia umanistă, pedagogia umanistă
    Teoriile și paradigmele epistemologic-metodologice postmoderne
Asistența socială umanistă – forme/paradigme
    Asistența socială umanist-solidaristă
    Asistența socială umanist-pozitivă
Problematică și obiect
    De la problema socială la problema umană/socioumană
    Vulnerabilitatea, reziliența, situația de risc

  Situația de dificultate
  Suferința, trauma, nefericirea
  Neîmplinirea personală, problemele existențiale, dramele personale și colective
  Pierderea, separarea, dezrădăcinarea, neadaptarea, devianța, singurătatea
  Dezumanizarea prin degradare spirituală, educațională și morală
  Dezumanizarea prin tehnologie
  Nedezvoltarea personală, umană, socioumană și comunitară
Clientul în asistența socială umanistă
  Taxonomia umanistă
  Modelul umanist de reprezentare/abordare a clientului
    Clientul ca eu, ființă umană și persoană
    Clientul ca valoare și resursă
    Dreptul și nevoia de fericire, împlinire personală și demnitate (autonomie)
    Clientul colectiv
  Schimbarea și reabilitarea clientului
    Umanizarea și spiritualizarea
    Dimensiunea proiectiv-aspirațională
    Empowermentul
Scopul, funcțiile și obiectivele principale ale asistenței sociale umaniste
  Fericirea și împlinirea persoanei (clientului)
  Bunăstarea socială, umană, spirituală și culturală
  Normalitatea/normalizarea relațiilor și conviețuirii umane
  Diminuarea/limitarea suferințelor
  Emanciparea, autonomizarea persoanei și comunității prin dezvoltare personală, umană și culturală
  Prezervarea/dobândirea/redobândirea demnității persoanei (clientului)
  Inovarea și schimbarea socială/comunitară/organizațională durabilă/autentică
  Combaterea opresiunii, dezumanizării și injustiției sociale
  Promovarea solidarității sociale și valorilor umaniste în comunitate/societate

Capitolul II. Valori de bază și teorii. Specificul valorilor și teoriilor

Valori și categorii de bază
  Omul (ființa umană / personalitatea) ca valoare supremă și etalon valoric
  Clientul ca ființă umană și persoană
  Fericirea și împlinirea persoanei/clientului. Drepturile omului
  Autodeterminarea și demnitatea persoanei/clientului
  Unitatea și solidaritatea umană
  Cumpătarea, modestia, cinstea, hărnicia, altruismul, idealismul
  Conviețuirea și relațiile umane
Teoriile dezvoltării personale și socioumane
  Dezvoltarea personală - concept și fenomen

- Dezvoltarea socioumană - concept și fenomen
- Dezvoltare personală, reabilitare umană și adaptare socială
- Dezvoltarea socioumană și autonomie/funcționalitate comunitară
- Dezvoltarea socioumană, autonomie comunitară, integrare socială și bunăstare

Teoria empatiei
- Empatia – concept și fenomen, resursă și valoare
- Compatia – concept, fenomen, resursă și valoare
- Personalitatea empatică – resursă crucială în practica asistenței sociale umaniste
- Comunitatea și societatea compatică. Idealul de societate în teoria asistenței sociale umaniste
- Empatia și compatia în practica asistenței sociale umaniste

Teoria atașamentului
- Atașamentul – concept și fenomen, resursă și valoare
- Teoria atașamentului și dezvoltarea normală a copilului
- Teoria atașamentului și relațiile interumane din organizațiile de asistență socială
- Atașamentul în practica asistenței sociale umaniste
- Limitele teoriei atașamentului în practica asistenței sociale umaniste

Teoria fericirii
- Fericirea - concept și fenomen, resursă și valoare
- Paradigma umanistă
- Fericirea autentică, eficiența personală și integrarea socială
- Principii și valori ale asistenței sociale în perspectiva teoriei fericirii
- Fericirea ca mijloc și resursă în practica asistenței sociale umaniste

Teoria îngrijirii
- Îngrijirea – teorie și practică
- Solidaritatea umană
- Specificul practicii îngrijirii în asistență socială umanistă, sau de la îngrijirea corpului la îngrijirea personalității/sufletului

Alte teorii
- Teoria acțiunii
- Teoria pierderii
- Teoria identității
- Teoria participării

Partea a doua
RESURSE ŞI MIJLOACE DE BAZĂ ALE PRACTICII

Introducere

Capitolul III. Contextul/mediul sociouman şi cultural
Concept şi fenomen
Modele/surse teoretice, paradigme
    Fenomenologia şi existenţialismul
    Abordarea epistemologic-metodologică ideografică
    Paradigma sociologică contextualistă şi constructivistă
    Microsociologia, sociologia umanistă, psihosociologia
    Postmodernismul
Caracteristici şi dimensiuni
    Unicitatea
    Complexitatea
    Spiritualitatea
    Dinamicitatea şi conflictualitatea
    Autodezvoltarea şi devenirea
Resurse contextual-socioumane în practica asistenţei sociale umaniste
    Relaţiile/contextele socio-afective şi de ataşament
    Inter-empatia, relaţiile şi comunităţile compatetice
    Contextul/mediul sociouman familial. Vecinătăţile şi prieteniile
    Contextul/mediul sociouman rezidenţial-instituţional
    Contextul/mediul sociouman rural
    Contextul/mediul sociouman urban
    Resursele psihosociale
Resurse contextual-culturale
    Cultura, obiceiurile, tradiţiile specifice
    Religia, morala
    Contextul/mediul cultural familial
    Contextul/mediul cultural rezidenţial-instituţional
    Contextul/mediul cultural rural
    Contextul/mediul cultural urban
    Contexte socioumane şi culturale problemă/anomice
Tulburări/probleme în relaţiile/contextele socio-afective, de ataşament şi compatetice
    Tulburări/probleme în relaţiile de familie, rudenie, vecinătate, colegialitate etc
    Tulburări/probleme în relaţiile şi raporturile psihosociale
    Anomiile culturale, morale etc
    Anomii în contextul/mediul sociouman rezidenţial-instituţional

    Anomii în contextul/mediul sociouman rural
    Anomii în contextul/mediul sociouman urban
Problema socială/umană în context sociouman și cultural determinat
    Problema socială/umană
    Vulnerabilitatea și situația de risc
    Situația de dificultate
Clientul ca ființă „sociaoumană" și „culturală"
    Clientul ca ființă „sociaoumană"
    Clientul ca ființă spirituală și culturală
    Clientul în context sociouman și cultural determinat
    Nevoile „socioumane" și „culturale" ale clientului
    Principiul integralității personalității și congruenței cu mediul
    Clientul ca ființă perturbată de contextul sociouman și cultural anomic
Contextul sociouman și cultural ca sistem proactiv și mijloc de intervenție

Capitolul IV. Persoana/ personalitatea umană
Aspecte introductive
    Concept, paradigme, teorii, orientări
    Paradigma umanistă
    Teoria onto-personologică
    Sinele și „ființa" persoanei. Actualizarea de sine
Sufletul
    Concept și fenomen. Perspectivă științifică
    Celălalt, mediul, valorile, habitatul domestic - sursele generice ale formării și instituirii sufletului ca formațiune ontologic-psihologică autonomă și structură de personalitate
    Sufletul afectiv.
        Factori, surse, condiții
        Sufletul afectiv ca sumă transmergentă de persoane
        Atașamentul interpersonal, sentimentul de apartență și solidaritatea de grup
    Sufletul spiritual
        Factori, surse, condiții
        Sufletul mistic, sufletul gnostic, sufletul ludic, sufletul estetic
        Sufletul spiritual ca sumă transmergentă de valori și sentimente general-umane – capacitatea empatică
        Sensibilitatea spirituală, sensibilitatea umană, iubirea de oameni
    Sufletul ca resursă în practica asistenței sociale umaniste
Intelectul
    Concept și fenomen
    Aparatul mintal/cognitiv și inteligența
    Cultura
    Abilitățile/deprinderile intelectuale

Intelectul ca resursă în practica asistenței sociale umaniste
Motivația
　　　Concept și fenomen
　　　Juisanța
　　　Piramida trebuințelor
　　　Aspirațiile, împlinirea personală/umană și fericirea
　　　Motivația ca resursă în practica asistenței sociale umaniste
　Afectivitatea
　　　Concept și fenomen
　　　Emoțiile pozitive și emoțiile negative
　　　Frica, euforia, empatia, atașamentele, ura, insensibilitatea
　　　Sentimentele, pasiunile, iubirea
　　　Afectivitatea ca resursă în practica asistenței sociale umaniste
Voința
　　　Concept și fenomen. Funcțiile voinței
　　　Actul voluntar, mecanismele și structurile operatorii
　　　Autocontrolul, decizia, efortul voluntar
　　　Managementul personal, autonomia și adaptarea socială
　　　Voința ca resursă în practica asistenței sociale umaniste
Conștiința
　　　Concept și fenomen
　　　Proiectivitatea și teleonomia
　　　Concepția față de viață, lume, oameni și muncă
　　　Credințe, convingeri, prejudecăți, stereotipuri
　　　Conștiința de sine
　　　Conștiința socială
　　　Conștiința ca resursă în practica asistenței sociale umaniste
Eul
　　　Concept și fenomen
　　　Eul ideal (proiectiv) și stima de sine
　　　Eul social și rol-statusurile
　　　Idealul personal și idealul profesional
　　　Identitatea profesională (profesiunea) și cariera
　　　Eul ca resursă în practica asistenței sociale umaniste
Caracterul
　　　Concept, accepțiuni, relevanță în asistența socială umanistă
　　　Sistemul de atitudini
　　　Voința morală și virtutea
　　　Caracter și adaptare socială
　　　Factori și fundamente ale caracterului clientului
　　　Caracterul ca resursă în practica asistenței sociale umaniste
　Sistemul de aptitudini, competențe, deprinderi
　　　　Aspecte teoretice generale

Relevanță în asistența socială umanistă
　　　Condiții, surse, factori determinanți și favorizanți
　　　Aptitudini, competențe, deprinderi de relaționare și adaptare socioumană
　　　Aptitudini, competențe, deprinderi de autoorganizare și autogospodărire
　　　Aptitudini, competențe, deprinderi profesionale
　　　Aptitudini, competențe, deprinderi speciale, talente
　　　Creativitatea
　　　Eficiența personală, adaptabilitatea/adaptarea și integrarea socială/socioumană
　　　Dizabilitățile
　　　Sistemul de aptitudini, competențe și deprinderi ca resursă în practica asistenței sociale umaniste
Personalitatea clientului, sistemul client și problema socială/umană
　　　Personalitatea clientului
　　　Personalitate și sistem client
　　　Personalitatea clientului și problema socială/umană
　　　Problemele/tulburările sufletești
　　　Imaturitatea/nedezvoltarea psihologică
　　　Imaturitatea/nedezvoltarea aptitudinală-pragmatică
　　　Imaturitatea/nedezvoltarea socio-comportamentală
　　　Personalitatea imatură și sistemul client
　　　Personalitate imatură și problemă socială
　　　Clientul ca personalitate tulburată/modificată
Personalitatea ca factor proactiv și mijloc/instrument de intervenție

Partea a treia
SPECIFICUL PRACTICII.
PERSONALUL ÎN ASISTENȚA SOCIALĂ UMANISTĂ

Introducere

Capitolul V. Specificul practicii. Metode și practici
Obiective, valori și principii ale practicii în asistența socială umanistă
　　　Obiective. Specificul obiectivelor
　　　Valori și principii
Specificul metodelor și practicilor
Evaluarea și diagnoza în practica asistenței sociale umaniste
Intervenția și schimbarea
Practicile și metodele adoptate/adaptate din psihoterapia umanistă
　　　Specific, obiective, principii
　　　Resurse și mijloace
　　　Intervenția centrată pe client

    Intervenția centrată pe sistemul client
    Intervenția centrată pe contextul sociouman și cultural
    Metodele gestaltiste
    Metodele tranzacționale
    Metodele existențialiste
    Metodele transpersonale și de emancipare spirituală
    Metodele și tehnicile de grup
Metodele pozitive și apreciative
    Specific, obiective, principii
    Resurse și mijloace
    Ancheta apreciativă
    Metodele pozitive și apreciative de intervenție
Metoda balanței
    Specific, obiective, principii
    Resurse și mijloace
    Conceptul de balanță. Marile balanțe în asistența socială
    Evaluarea și intervenția
Practicile bazate pe dovezi
    Specific, obiective, principii
    Resurse și mijloace
    Evaluarea și intervenția
Managementul de caz, casework-ul, îngrijirea, ajutorul, educația
    Managementul de caz
    Casework-ul
    Îngrijirea și ajutorul
    Educația
Asistența socială umanistă clinică
Asistența socială umanistă comunitară
Asistența socială umanistă instituțional-rezidențială
Strategia, proiectarea și planul de intervenție
Cercetarea în asistența socială umanistă
Sistemul, organizarea și funcționarea asistenței sociale umaniste

Capitolul VI. Personalul în asistența socială umanistă
Importanța și rolul profesionistului în practica asistenței sociale umaniste
Profesii și roluri profesionale specifice
    Asistentul social
        Perspective și tipuri de reprezentări
        Asistentul social umanist
        Specificul obiectivelor și activității
        Roluri și specificul rolurilor
        Deontologia profesională
        De la „asistent social" la „profesionist social"?

- Psihologul
  - *Perspective și tipuri de reprezentări*
  - *Psihologul umanist*
  - *Specificul obiectivelor și activității*
  - *Roluri și specificul rolurilor*
  - *De la „psiholog" la „personolog"?*
- Managerul/managementul și personalul din instituții
  - *Managementul în asistența socială*
  - *Managementul umanist*
  - *Managerul umanist*
  - *Personalul din instituții, servicii comunitare, ONG-uri, etc*
- Supervizorul și supervizarea
- Voluntarul și voluntariatul
- Alte categorii

Personalitatea profesionistului în asistența socială umanistă
- Personalitatea profesionistului. Perspective și tipuri de reprezentări
- Specificul perspectivei umaniste
- Rolul personalității profesionistului în practica și realizarea obiectivelor asistenței sociale umaniste
- Procesul și factorii formării personalității profesionistului

Calități și competențe sufletești și spirituale ale profesionistului
- Empatia
- Împlinirea/armonia sufletească și fericirea personală
- Bunăstarea spirituală și virtutea
- Sensibilitatea *umană*. Iubirea de oameni
- Altruismul

Calități și competențe intelectuale și culturale ale profesionistului
- Inteligența *umană*
- Idealismul
- Cultura, multiculturalismul
- Umanismul
- Creativitatea

Calități și competențe „personale" și socio-comportamentale
- Dezvoltarea personală
- Sociabilitatea, comunicativitatea, agreabilitatea
- Responsabilitatea, conștiinciozitatea, principialitatea
- Toleranța, modestia, răbdarea, hărnicia
- Adaptabilitatea, pragmatismul, realismul
- Carisma și capacitatea persuasivă

Comportamentul profesional umanist

Partea a patra
ASISTENȚA SOCIALĂ UMANISTĂ
A FAMILIEI ȘI COPILULUI

Introducere

Capitolul VII. Familia și copilul în asistența socială umanistă – aspecte teoretice și axiologice

Familia
    Aspecte teoretice și axiologice generale
    Perspectiva/teoria umanistă
        Conceptul umanist de familie
        Funcțiile familiei
        Roluri/statusuri, sarcini, activități, decizii
        Parentalitatea, educația copiilor
        Relațiile intrafamiliale
        Cultura, normele, valorile
        Contextele, vecinătățile, rudeniile
        Funcționarea familiei
        Reziliența
        Familia alternativă/substitutivă
    Dimensiuni și caracteristici specifice ale familiei în teoria și axiologia asistenței sociale umaniste
        Solidaritatea și compatia
        Unicitatea și complexitatea
        Atașamentul, iubirea, empatia, altruismul
        Fericirea și bunăstarea sufletească
        Integrarea, unitatea, coeziunea
        Funcționalitatea, eficiența, autonomia, adaptabilitatea
    Probleme, disfuncționalități, situații de dificultate
        Vulnerabilitatea, situația de risc, situația de dificultate
        Dezorganizarea familiei și separarea/divorțul
        Conflictele intrafamiliale. Problemele de comunicare și relaționare
        Violența domestică și maltratarea copilului
        Anomia, promiscuitatea
        Abandonul
        Adicția
        Sărăcia
        Eșecul, suferința, neîmplinirea, dramele familiale și personale
        Clientul familie
Copilul
    Aspecte teoretice și axiologice generale

Perspectiva/teoria umanistă
   Conceptul de copil
   Copilăria
   Normalitatea și bunăstarea
   Nevoile și drepturile copilului
   Ontogeneza, umanizarea, socializarea, adaptarea/integrarea socială.
   Factori și condiții optime
   Reziliența
Copilul/copilăria - dimensiuni și caracteristici specifice în teoria și axiologia asistenței sociale umaniste
   Fericirea
   Unicitatea și complexitatea
   Creativitatea, libertatea și responsabilitatea
   Principiul teleologic - dezvoltarea, împlinirea personală și umană
   Dezvoltarea sufletească
   Apartenența, iubirea și atașamentul
   Autonomia, adaptabilitatea
Probleme, tulburări, situații de dificultate
   Vulnerabilitatea, situația de risc, situația de dificultate
   Factori și condiții vicioase
   Separarea de familia naturală
   Maltratarea
   Devianța. Dezumanizare/neumanizare și maldezvoltare personală
   Eșecul școlar
   Suferința/nefericirea copilului
   Dizabilitatea
   Problema socială/umană
   Clientul copil
Copilul și familia alternativă/substitutivă
   Copilul și familia monoparentală
   Copilul și familia substitutivă
     În AMP
     În familii de rude sau binevoitori
     În familii de rude sau binevoitori
   Copilul crescut în instituții

Capitolul VIII. Specificul metodelor și practicii
În asistența socială umanistă a familiei
   Asistența socială umanist-solidaristă și asistența socială umanist-pozitivă a familiei
   Valori, obiective și principii ale practicii în asistența socială umanistă a familiei
     Familia ca valoare etalon și obiectiv primordial al practicii

Familia ca alcătuire de ființe umane și personalități
Empowermentul, autodeterminarea familiei
Asistența la domiciliu și centrarea pe familie
Atașamentul și solidaritatea familială
Menținerea copilului în familie
Promovarea hărniciei, altruismului, bunăstării spirituale
Accent pe relațiile umane
Valorificarea contextul interfamilial și resurselor comunitare
Fericirea și împlinirea persoanei/clientului în familie și prin familie
Cultura familială și culturalizarea/reeducarea familiei
Metode și specificul metodelor
   Metodele adoptate/adaptate din psihoterapia umanistă
   Metodele pozitive și apreciative
   Metoda balanței
Evaluarea
   Specific
   Scopuri și principii
   De stare
   De situație
   Metodele și instrumentele de evaluare
   Diagnoza și formularea problemei
Practica și specificul practicii
   Planul de intervenție
   Managementul de caz
   Casework-ul
   Practica bazată pe puncte tari
   Practica bazată pe evidențe
   Intervenția în criză
   Reeducarea familiei și empowermentul
   Consilierea
   Psihoterapia
   Intervenția/terapia de grup
Personalitatea și conduita profesionistului în practica asistenței sociale umaniste a familiei

În asistența socială umanistă a copilului
   Asistența socială umanist-solidaristă și asistența socială umanist-pozitivă a copilului
   Valori, obiective și principii ale practicii în asistența socială umanistă a copilului
      Drepturile copilului
      Copilul ca suflet, persoană și personalitate în formare
      Fericirea și bunăstarea psihică a copilului
      Formarea abilităților de autodeterminare și autonomie

    Educaţia şi empowermentul
    Contextul sociouman
    Valorificarea şi maximizarea utilizării aptitudinilor, resurselor interne
    Interesul superior al copilului
    Creşterea copilului în familia naturală
Maltratarea şi separarea copilului de familia naturală
    Identificarea, constatarea şi preluarea cazului
    Evaluarea
    Protecţia şi intervenţia de urgenţă
    Schimbarea
    Lucrul cu copilul şi familia.
    Încercări de menţinere a copilului în familie
Preluarea copilului în sistemul de protecţie
    Sistemul de protecţie a copilului
    Măsura de protecţie şi managementul de caz
    Instituţionalizarea
    Clientul copil din sistemul de protecţie
    Integrarea şi creşterea copilului în grupul social substitutiv
    Reintegrarea în familie
Evaluarea copilului în sistemul de protecţie
    Ancheta socială (existenţială, apreciativă, umanistă, etc)
    Interviul, observaţia, studiul de caz, istoricul sociouman, ecomapa, etc
    Metoda balanţei
    Evaluarea stării sufleteşti şi relaţiilor de ataşament
    Evaluarea resurselor interne şi capitalului de dezvoltare umană/ personală/ socială
    Evaluarea resurselor externe şi calităţii mediului sociouman
Îngrijirea, intervenţia, managementul, schimbarea
    Obiective, principii şi valori ale practicii în asistenţa socială umanistă a copilului
    Schimbarea în practica asistenţei sociale umaniste
    Planuri şi proiecte de intervenţie/ servicii
    Îngrijirea, educaţia, integrarea, parentalitatea substitutivă
    Casework-ul şi asistenţă socială clinică
    Practicile şi metodele bazate pe dovezi
    Consilierea şi psihoterapiile umaniste şi pozitive
    Managementul umanist al instituţiilor rezidenţiale pentru copii
Personalitatea şi conduita profesionistului în practica
asistenţei sociale umaniste a copilului

The
HUMANISTIC SOCIAL WORK
Project

"HUMANISTIC SOCIAL WORK: The third way in social work theory and practice"

As is well known, social work is, theoretically and methodologically, based on the resources of the social and human sciences, of the philosophy and other areas of the science and practice. This is one of the reasons why the theory and practice of social work are so complex and full of dichotomies and doctrinal or methodological contradictions, taking, so, from these the majority theories and tool of practice, but and the doctrinal debates, regarding the relationship between individual and society, freedom and responsibility, matter and spirit, structure and element, individualism and solidarity, stagnation and change (through evolution vs. revolution), the issue of individual and collective rights, etc.

Practically, the theory and practice of social work coming from behind, assimilating them, usually afterwards, and adapt them to the specific purpose, mission and methods. Thus, these determine the specific epistemology and methodology of social work to include, harmonious or dichotomous, orientation, ways, perspectives and theories of the whole areas of contemporary philosophy and socio-human sciences: behaviorist, psychoanalytic, psychosocial, cognitivist, phenomenologist, existentialist, feminist, postmodern, structuralist, holist, functionalist, criticist, constructivist, humanist, etc. And the list could much go on.

Yet, at a first glance, social work, as theory and practice, is dominated by two, relatively opposed, major ways, forces, orientations, namely *Traditional or Conventional* Social Work and *Radical or Critical* Social Work. The theoretical and doctrinal debate between the two constitutes subject of many books, articles and studies.

Traditional or Conventional Social is the starting point in any theoretical and ideological discussion regarding the values, mission and methods of the social work, both chronological and axiological-methodological considerations, for the simple reason that it is the first and original form, but also because it provides the fundamental system of values and purposes of the social work/ welfare practice. Human/ social solidarity, redistribution, sensibility and caring for the other's welfare are universal values and objectives of the social work, anytime and anywhere.

Biestek (1978), defines the traditional social work especially through the following key values and principles: individualization, acceptance, tolerance and nondiscrimination, non-judgemental attitude, confidentiality and respect for client as a person. So, Traditional Social Work is less interested to the social, economic or political context, which determine or support the social problems, or of the structural socio-political progress or change, which could lead to the elimination or reducing problems, the focus is on the needs and feelings of the individuals/ clients, considering each client as a unique person, each individual must to be treated as a unique human being and not just as a structural member of a community, group or society.

The traditional social work practice is much indebted to the civic sense of peoples, sense of unity and appurtenance to the human species, to the specific moral and religious practices and values from the region or culture in which it applies. Care theory and humanitarian theory, mainly, underlying the traditional or conventional social work's epistemology. The practitioner meets, with preference the roles of facilitator, broker and evaluator.

Traditional Social Work practice is, but, accused to an attitude of condescension and contempt towards its clients, the traditional social worker is considered an indispensable tool of the ruling classes from capitalist society. The promoters of Radical and Critical Social Work states that the undeclared its mission is, in fact, to contribute at the maintain the capitalist state order, and therefore, at the social and economic polarization, social, institutionalized, systematic and internalized oppression, social injustice and other chronic/ structural societal anomaly.

Critical and Radical Social Work. The main purpose of this contemporary perspective upon social work, philosophy and policy, is to move away from the traditional approaches that were based upon a medical and emotional model of the man, that places people in a passive position, with the focus of attention on the person (especially on the material and emotional needs) rather than the society and community as a whole, the structural and systemic level, from where, according to the theoreticians of Radical and Critical Social Work, derived the social and human problems. Thus, through its constitutional nature Radical/ Critical Social Work is established and as response and critical attitude, even revolutionary, against traditional/ conventional social work, promoting values, categories or practices as: social change and community empowerment, structural social work, social justice, anti-oppression politics, radical social work.

If the Traditional/ Conventional Social Work focuses the concern on the person welfare, here and now, in the Critical/ Radical Social Work the emphases falls on the determination of some systemic structural transformations and changes so that the welfare to be derived from the optimal socio-economic structure/ constitution and the social justice, ontological-functional established, The practitioner being, thus, interested to a deserved and enduring welfare, with compliance the fundamental values of human dignity and rights, obtained both through social progress and change as well through empowerment. In the current activity of the practitioner the client is encouraged to claim and acquire its legitimate and fundamental rights, and not to be at the mercy of others, or to beg help. The practitioner meets in this case, largely, the roles of advocate, enabler, negotiator and mediator.

Heavily, the critical and radical theories, the theories of social change and progress (hegelians, marxists, structuralists, feminists), the anti-discriminatory and anti-oppressive theories, post-colonial and new-structural theories underlying, epistemologically, this paradigm of social work.

The major issues which aims to approach and solve are the greatest social and human problems of the society, mainly the poverty, economic and social polarization, social exclusion, discrimination, abuses, etc; focusing therefore to the structural inequalities and the oppressed/marginalized practices and politics, promoting an determinist-holistic representation to the causes and factors that generate and maintain the social problems, therefore has a systemic societal approach to the welfare system, operating, at the philosophical level, with the structure-functionalist paradigm in problems solving; the change welfare being associated with the achievement of certain fundamental societal and political changes. In this regard, the social workers must working collectively, helping people to deal collectively with social problems, white the capitalist injustice and oppression.

But, in the last decades another orientation, in a subtle manner, gradually, seems to impose with increasing force. It's about the humanistic orientation and the logical expression formed and enforced fairly recent and prudent in the specific literature: **Humanistic Social Work**. Syntagm, theory and methods that are in process of establishing and remains to be seen whether they will get to sit alongside Traditional Social Work and Radical Social Work, alongside their theories and methods, and especially if it will impose, in a coherent way, in the current practice of the professionals and agencies. The process is closely related to the offensive of humanistic psychology and psychotherapy, on the one hand, and microsociology and humanistic sociology, on the other hand. All in the context designed by the phenomenology, existentialism and postmodernism in the social theory and practice areas.

The abundance of concepts and theories, methods and techniques from humanistic psychology and psychotherapy, humanistic sociology and microsociology justify the observation that we can be, already, in the presence of a **third way** in social work, with almost certain perspective to become dominant in the future. The explanation is found in the fact that humanistic social work incorporates concepts and methods from the two established stances, but also brings many new elements, according to the new social, human, economic, cultural realities and trends, and the new achievements in science and practice. In this way, in addition, it can be stated that humanistic social work could become one of the most important doctrinal/ methodological solution for many social and human problems of the beginning of the third millennium.

The necessity of a humanistic approach in social work, with emphasis on the theories and practices of empowerment (persons and communities) and empathy (as means of socio-human solidarity and therapeutic relation), became evident especially after the fall of communism in Central and Eastern European countries, which collapsed several aspirations to achieving a society without inequality and oppression and with the advent of the economic crisis, which reduced many resources with whom to be helped the vulnerable peoples, individuals and social groups in need or difficulty, through the redistribution arrangements and social control, shocking seriously the welfare state.

The two major social, political and economic events have heavily affected the ontological and ideological foundation of the radical social work (anti-communist revolutions) and of the traditional social work (economic crisis). Such, has been greatly affected the project of the structural social and political change, the construction of a society without oppression, social injustice, inequality, discrimination and poverty, especially through socio-political progress, radical change, promoted by the radical/ critical/ structural social work, and of helps the vulnerable groups, individuals/ people in need, in suffering, through welfare state and social solidarity within capitalist society, promoted by traditional/ conventional social work.

The "humanistic social work" concept attempts to meets and organize, epistemological-methodological, the humanistic theory and methodology from the contemporary social work, into system, giving both a unitary theoretical and methodological framework and a forum for debate and professional or scientific innovation. Personal and socio-human development, participation, action, attachment, empathy and happiness theories, appreciative methods, humanistic psychotherapies and existential analysis is the theoretical and methodological bases of the policy and practice of the third way/orientation in social work and social welfare.

The humanistic paradigm, which, to a point, is identical with the social work as a whole, highlights, according to the most important orientations of humanistic thought, the following fundamental types of ideas and concepts:

- Promotion the concrete and complex human being, the individuality and personal happiness, its fundamental interests, feelings and values, spiritual well-being of the person;
- Personality and empathy like the fundamental resources of practice;
- Spiritual empowerment, personal/ *human* development and self-determination;
- Human dignity, social justice, equality, solidarity;
- The exploitation of the cultural and socio-*human* resources from the community and social context.

Empowerment it is the fundamental goal of practice in humanistic social work, achieved mainly through rehumanisation, respiritualization and reenlightenment of the individual and community – starting from the idea that, in the most part, the social issues and situations of difficulty have as explanation a pronounced deficit of humanism, spirituality and culture in people's personality or social communities.

Malcolm Payne (2011) associate the concept of humanistic social work with fundamental human rights, personal and spiritual development, creativity, responsibility and social justice, identifying as the main theoretical and methodological sources/ models the humanistic and phenomenological thinking, philosophy of existence, existential-humanistic psychology/ psychotherapy, transpersonal psychology, social constructivism and microsociology.

So, a key concept and value of humanistic social work theory and methology is the *human being*. The professional-client interaction is actually a inter-human relationship between two or more beings, with personality and soul, and, the success of the intervention is crucial determined by its nature and quality and not just of the economic resources or the used technology.

Through the imposing of the concept-system "humanistic social work" it marks the transition into a new phase, where the humanistic orientation it enhances and enriches their actual presence in the social work's theory, practice and policy, and makes from the syntagm more than an occasional association of terms - a system-concept, a strong and unitary theory, and a distinct theoretical and methodological paradigm/ way of social work and social welfare.

As is well known the term humanist/ humanistic/ humanism was consecrated through the many meanings. We hold mainly two:

1) regarding to the human condition, the idea of ancestral human unity and solidarity; the representation of the person as ontological part of a community, of people with souls, mutual conditioned by the ontogenetic interpersonal interaction - theoretical-axiological sources of the social solidarity and concern/ care for each other;

2) regarding to the intrinsic individual resources and capacities of the human, as person, of affirmation, self-actualization, self-determination, personal achievement and development; the representation of the person as me, personality, spirit, with the attribute of freedom, creativity, responsibility and dignity - the sources of social change and empowerment of the individual and the community.

The first meaning is, with predilection, exploited and stated by the philosophy, religion, transpersonal psychology and anthropology, while the second by the humanistic and positive psychology, pedagogy, psychotherapy and the humanistic sociology. In agreement with the two established theoretical-axiological meanings and the humanistic orientation from social work generates two relatively distinct forms, ie the **solidarist-humanistic social work** and the **positive-humanistic social work**.

The solidarist-humanistic form, supported, therefore, theoretically, methodologically and axiologically by philosophy, religion, transpersonal psychology and anthropology, is closer or even are identified, to some extent, with traditional social work, prioritizing the care for the comfort and welfare of the helpless person, for relieving the suffering, through various forms of assistance, through solidarity, altruism, compassion, attachment, empathy and compaty, while, the positive-humanistic form is closer to critical social work through the interest for changing, but not for changing the social system but through empowerment, through the exploitation and capitalization of the resources of personality and of the socio-human context, with the theoretical support of humanistic psychology, psychotherapy, pedagogy and sociology (microsociology/ humanistic sociology).

Although, strictly analytic, seems somewhat opposite, in fact, the two forms, solidarist-humanistic social work and positive-humanistic social-work are "two faces of the same coin", two sides and dimensions of the same process, subsumed to an unitary theory and practice of the humanistic social work, within the larger theoretical-methodological framework of the social work field as a whole. In fact, in the current practice, all forms and orientations of social work are found combined in various proportions and manners, determined by the philosophy of approach, ideology and the social policy, by the specific of problems, the used methods and by the pursued objectives.

The human suffering, unhappiness, personal failure, loss, dehumanization of the individual, emotional drama and great collective tragedies, disasters with significant human impact, personal/ community underdevelopment are among the central phenomena and categories to, what might be called, in scientific terms, the **object of humanistic social work**.

The human suffering, unhappiness, personal failure, loss, dehumanization of the individual are often associated to a social problem, to a difficult situation and often the normalization can not be achieved without its elimination or limitation. Object of the humanistic social work is also the lack of personal fulfillment, existential issues, personal and collective tragedies.

The practitioners, in their daily professional activity, interact with unmet, professional or personal, individuals, who have failed or have deviated from the optimal way to achieve the personal, professional and social goals, who daily lives chronic dissatisfaction and personal dramas.

The loss, separation, uprooting, loneliness, poverty, promiscuity, discrimination, marginalization are issues with great personal and social impact, but are also ontological or human problems. Each of these can be considered part of what, we might call, the phenomenon or process of dehumanization and human degradation of individuals and communities.

The communities where predominate the undeveloped (human/ personal/ moral) individuals, selfish, individualistic, concerned only for the personal benefit are aprioristic prone to problems.

In the humanistic paradigm of social work the vulnerability, difficult situation of the person is associated, mainly, with delays and disorders of personal and human development, with ontological inconsistency and poor quality of interpersonal relations, with degradation of the values system (moral, cultural etc.) from the community and organizations.

Any social group, community or organization is and an empathetic community. Many human suffering, tragedy or social problems are rooted in its underdevelopment, in weaknesses or serious compathetic problems. Knowledge of this aspect by the social workers is a necessity and, moreover, the compathy, empathetic community, the system of sympathies and empathies can be very effective tools for change, improvement, normalization.

The empathetic community and compathy are build and specifically define through the common circumstances, characteristics and behaviors of individuals who compose it. Consists mainly of three types of processes or phenomena: *emotional, cognitive and spiritual*. In this perspective each member of a community is a product of a *unique interaction*, depending on the personality of the others, place, time, cultural niche, hazard. Each person is actually part of a particular compathetic system. It is, in turn, part of a comprehensive system. The most common compathetic system and most consistent is the family.

The compathetic consistency is given by the fact that the individual personalities are composed of common experiences, by the fact that in each individual personality exists, through empathy and projection, the others, establishes a *mutual existential dependence*.

This empathetic community works, through the organizational culture and as a *system of symbols* or values that are rooted in individual's personality or activism. These symbols and values it imposes as link and unity resort between the two parties. Their existence and operation gives the *sense of belonging*, familiar, known, give comfort, safety and happiness.

Between the empathetic community and individuals establishes an *ontological balance*, an *existential and functional optimum*, in which is satisfy, in principle, an a harmonious and non-confrontational way, both personal and collective necessities.

The empathetic community and compathy can also have and a negative influences, may be an area of non-value, of conflict, hostility or social exclusion. The empathetic community can have a coherent organization and functioning but founded on non-value, on antisocial attitudes, or may be poorly organized, dysfunctional, immature. In both cases, members are exposed to personal underdevelopment, marginalization and social/ moral maladjustment, poverty, suffering – and thus can become a social/ human problem and subject of **intervention in humanistic social work practice**.

In accordance with the *principles of humanistic psychology* each healthy person has the individual potential capacity to fulfill, in human, social and spiritual terms, but everything depends of its internal activism, of willingness to self-change or accomplishment, but also and of the identification and use these resources with the professional aid (Rogers, 2008).

The humanistic theories represent **the client** as *being itself*, as soul, subject of silent suffering and happiness, and not only as a neutral individual of a social system, or humble beneficiaries of the community services. Humanistic theories convert the client in person, in human being, in I, in subject, in soul.

The humanist-spiritual perspective on customer promotes taking into account its aesthetic, playful, epistemological and mystical needs. Namely, the spiritual needs. Meeting and development the spiritual needs, the development of spiritual personality is one of the most effective methods/ ways for the personal development of customer, and enhance the perspective to personal/ social empowerment, regardless of education level, origin, age or types of social/ human problems.

Humanistic social work, the third way in social work, takes over from traditional social work the care for the client as, person, being, soul, personality and focus on the socio-human, compathetic, concrete context where he lives, while from the critical / radical social work the interest for social/ human progress and changing. In the first case humanistic social work operates mainly with the concept of empathy, while in second with the concept of empowerment. The two terms, empathy and empowerment, having a constitutional role in the practice of humanistic social work.

In this perspective the **mission of humanistic social work practice** would be to promote a compathetic attitude in the practitioner-client relationship, through create a social environment based on empathy, love and humanity, by humanizing/ enlightenments the community, by changing the customers and communities through empowerment, personal/ community development and responsibility; starting from the person/ community right to happiness and well-being, but and from their right to dignity and self-determination.

One of the most important mission of humanistic social work practice is the **interventions in the personal and social crises**, dramatic or at limit situations. The professionals from social work services are faced and with social and human problems caused by political or economic crises, social, natural or sanitary disasters, blows, with great economical, psychological or medical impact. Some of these can not be overcome because of the force of impact, damaging irreparably destinies, lives, careers, families, communities.

The affected people and communities lives individual or collective dramas, impossible to describe, whereon the workers from social services must to intuit the human dimension, to represent them at the true intensity and meaning, to be helpful and help through the humanistic social work methods, to improve the situations, relief of suffering and mitigate the effects, especially on children.

Decrease the pain of unhappy customer, growth the spiritual well-being, personal development and gaining autonomy through empowerment, personal/ social/ moral development and social-human integration are among the most important tasks of the **humanistic practitioner**.

In the complex and unitary methodological context the humanist practitioner will focus especially on the spiritual, psychological and socio-human sphere of the client. The goal is and the ontological harmonization of internal and external relationships within the group/ community, with effects on development of personality's ontological consistency and diminishing the risk of entry in the risk situation of persons.

So, one of the most important role of the humanistic social worker is to enable the client, a person or community, to become capable of coping with the crisis situations and difficult situation which can appears any time. This must to promote also the social justice, personal development of the customers, the complexity of human being, methodological flexibility, the capitalization of the client's creativity, development of the Self and the capitalization of spiritual potential of the human personality. The humanistic social worker have also a consistent role of educator, trainer, which involves mainly giving information and developing skills to clients, but first, for to be a good educator, must to be himself knowledgeable and a good communicator.

Because, in humanistic social work practice, between the practitioner personality and client personality is established a high degree of congruence, (empathetic, *human*, spiritual) the cultivation of spiritual and human values of the professional personality, as well as the achievement of a consistent specific literature is an important theoretical concern.

The practitioner in humanistic social work takes from traditional social work qualities like sensitivity, caring for the other, the altruism and from radical and critical social the determination and ability to change the people. In humanistic social work this qualities is found, at the humanistic practitioner, mainly as capacity of empathy and capacity to change through empowerment.

The humanistic social work, the third way and new concept, theory and practice in contemporary social work, proposes a new concept and approach to the professional and his personal qualities, personality traits. It is a prioritize of the human and spiritual qualities, certainly not disregard other types of qualities. Features such as human sensitivity, soulful well-being and personal happiness, agreeability, spiritual sensitivity, vocation for working with the suffering person, balanced personality, vision and projectivity, tolerance, anti-discrimination, idealism are increasingly required by employers from social work agencies, and are increasingly considered in the activity of training the staff.

The mere existence, as the ontological core of personality, of the soul determines the empathy, compassion, love, aesthetic sensitivity, attachment, conception of the world, religious faith, human sensitivity. Concrete form of expression and intensity depending, of course, of the stage of development or many others individual characteristics.

In the **process of personality formation**, by establishment **the soul**, it occurs *the humanization of the body*, animation through the other (generic man, the source), the who must be assimilated, so, the body from birth to become a man. In its absence the body would become what cybernetics try to build, with the intention of imitating the human beings, a robot.

The formation and establishment of the soul causes the body to become a human and not a robot, so it is important to raising the children in families, in environments based on attachment, affection, respect for each other. The other is the source of their development.

Is there a common spiritual background, which incorporate the relational-affective pattern of the human being, the structure of personal background that determines the overall empathetic capacity and the human sensitivity, but and a specialization according to the particular psychological characteristics, or of social/ professional environment, which favors the attachment. The soulful's configuration of an artist is generally different from that of a butcher. As well, the configuration and soulful/ empathetic quality of a social worker is different from that of an engineer.

In this end, humanistic social work theory operates with an empathetic professional personality concept, that combines the "human" personality with pragmatic personality. Therefore, in the professionals training process the focus is on humanistic curriculum, the goal is to training and cultivation of empathetic-professional personality, the ability to resonate to the sufferings and problems of customers.

Qualities such as *empathy, presence of spirit, the high level of general culture, aesthetic sensibility, faith and respect for the moral/ religious values, playfulness, communicativity* should not miss to any social worker or a psychologist, or a caregiver, because it is the concrete person wherewith empathize the customer.

How the personality formation is also a process of spiritualization the training of professional *human* personality is primarily a process of spiritualization and humanization.

In the general process of personalisation by the spiritual personality appearance, as onto-formation, to the soul too, is made also a subtle process, sublime and complex of spiritualization, with essential influence, by feed-back, on self-personality, social personality and social life. The effect is that the individual making the jump from the psychological and personality to the person and from animals to humans, in the anthropological and cultural definition. The spiritualisation involves the separation (relative) from the nature, from raw material and anchoring on the magical ideas world, in the playful and aesthetic metaphor. Requires the capitalization of inexhaustible resources offered by the historical human creation, by culture and religion. Offers to the human, in general, and to the professional personality, in particular, capacities and personal qualities like *empathy, altruism, spiritual sensibility, soulfulness, happiness, humanism* etc.

Through *human*, empathetic capacity, through creativity, aesthetic sensibility, authentic faith, concern for truth, balanced personality the professionals will send and stimulate the *development of spiritual features at customers too*, factually sending positive energy, happiness, aesthetic, intellectual, spiritual, playful qualities; thus contributing to a greater extent on their personal development, increase the self-esteem, social consciousness, the capacity of initiative and social autonomy. Thus fulfilling the true mission for the humanistic social work practice.

The objective of practice, focused on person, would be to stimulate the development or formation a personality structure where the spiritual formation is consistent and has high percentage in the structure and economy of personality - the client will have an optimistic but realistic self perception, a relatively high self-esteem, confidence, aspirations, a consistent ego. Also, it will be describe like an active, adaptive person, with functional interpersonal relationships, presence of spirit, eager for social reintegration and regain dignity.

Empathy is, without doubt, one of the underused therapeutic resources in the social science and practices (Rogers, 1959), including social work. But the humanistic social work give its a *crucial role*.

Empathy and compaty are phenomena and processes of great complexity, depth and finesse, that involve, concurrent, the subject and the other, the person and the group, the individual and the society, the group and society, values and beliefs, feelings and ideas, the material and spiritual existence.

The study of the empathetic phenomena and processes, the empathy as object of scientific knowledge is not only a *epistemological necessity* but also a necessity of higher *social and human importance* in the globalization perspective, the effects of cybernetisation and "virtualization" of social life, moral and cultural degradation, degradation of the family values, growth of the economic-technical factor role in society and in the daily life of the man.

About the psychosocial *concept* and phenomenon that is empathy have dealt great thinkers, like Lipps (to feel himself in something), Allport (understanding and feeling each other), Titchener (ability to think and feel what another person thinks and feels), Rogers (the fourth stage in the emotional-personal development; ability to really sit in the other's place, of seeing the world as he sees it), Batson (disposition/ motivation oriented to the other).

Hoffman (2000) interprets the empathic disposition of the person as effect of cognitive-affective action of the other, resulting so an emotional response closer to the other interests than the self, while Pavelcu (1972) gives the following meanings to the concept of empathy: sympathetic projection of the self, emotional fusion, sympathetic intuition, affective union, knowledge by interweaving, introjection, tranzitivism, intropathy, sympathy, transposition into the current other's state, identification with another, transfer, sympathetic projection.

Empathy is a form of knowledge of the environment, so is a *cognitive process*, is a form of feeling and emotional experience to the other, therefore, is an *emotional process*, is an interpersonal process, so is a *social process* and, not least, is a *spiritual process/ phenomenon*, through the human capacity to resonate to the culture, science, philosophy, religion, etc. All these phenomena and processes contribute to the establishment of what might call the **human** sensitivity.

Any social group, community or organization is and an empathetic community. Many human suffering or social problems are rooted in its underdevelopment, in weaknesses or serious compathetic problems. Knowledge of this aspect by the humanist professionals is a necessity and, moreover, the compathy, empathetic community, the system of sympathies and empathies can be very effective tools for change, improvement, normalization of the client/ community.

Each member of a community is a product of a *unique interaction*, depending on the personality of the others, place, time, cultural niche, hazard. Each person is actually part of a particular compathetic system. It is, in turn, part of an comprehensive system. The most common compathetic system and most consistent is the family.

The compathetic consistency is given by the fact that the individual personalities are composed of common experiences, by the fact that in each individual personality exists, through empathy and projection, the others. It establish a *mutual existential dependence*.

This empathetic community works, through the organizational culture, and as a *system of symbols* or values that are rooted in individual's personality or activism. These symbols and values it imposes as link and unity resort between the two parties. Their existence and operation gives the *sense of belonging*, familiar, known, give comfort, safety and happiness.

Between the empathetic community and individuals which it constitute it establish a *socio-ontological balance*, an *existential and functional optimum*, in which is satisfy, in principle, an a harmonious and non-confrontational way, both personal and collective necessities.

The empathetic community and compaty can also have and negative influences, may be an area of non-value, of conflict, hostility or social exclusion. The empathetic community can have a coherent organization and functioning but founded on non-value, on antisocial attitudes, or may be poorly organized, dysfunctional, immature. In both cases, members are exposed to personal underdevelopment, marginalization and social/ moral maladjustment.

The empathetic capacity and behavior is not an alternative but a consubstantial necessity of any profession on the social work field, particularly in the child welfare, but and in the elderly and disabled. Through empathy their personality becomes sensitive to the sufferings and problems to people in need, and, on behavior level, acquires agreeability.

Through *empathetic qualities*, namely, the ability to feel the enjoyment (desire, suffering) of the other, the ability to think and experience what another person thinks and feels, the ability to really put in another place, to see the world as he/she, the personal provision/ motivation to the other, sympathetic projection of the self, emotional-affective fusion, sympathetic intuition, introjection, tranzitivism, intropathy, sympathy, identification with the other, transfer etc. the professional acquires access to the customer personality and an effective method of therapeutic change. The empathy of practitioner operate through its defining functions: *cognitive, of communication and foresight, of emotional contagion and performance, of solidarity, prosocial* etc. It is a fundamental way of knowing the customer and the environment where he lives, so, a *cognitive process*, is a form of feeling and emotional reflection of the client/ environment, therefore, is an *emotional process;* being and a interpersonal process is and a *social process*, and, not least, a *spiritual process/ phenomenon* through the capacity of the practitioner's personality to resonate al the customer culture and spiritual sensitivity.

The *empathetic qualities* of the professional in a institution for residential care are a great importance in the goal of organizational's congruence, consistency, unity and functionality. In these institutions, the empathy must have a very important role. The professional-client *inter-empathy* has a undeniable curative function (Rogers, 1959).

The social care organization is a network of inter-empathy that, especially in children's institutions, the professional personality can have a *vital educational function*. The professional personality interacts with all its physical, psychological, social, cultural, moral level and features:

- personal characteristics - age, appearance, personality etc.;
- language;
- specific sensory-cognitive and affective qualities;
- system of values, sensibilities, tastes, habits, rules, customs, etc.;
- behaviors, gestures, activities, etc.

The organization/ institution of social care is defined and by the personalities that made up, including the professionals personalities, with the three dimensions: *affective, cognitive and spiritual*. The affective phenomena are in fact, relationships, interactions, compathies between the affective spheres of persons, while the cognitive and spiritual phenomena are the processes between its spiritual spheres or projective egos. Of course, the compathetic interactions, processes and phenomena area of these organizations is infinitely large.

Through the spiritual and social valences of the empathetic personality a professional from a residential institution for children can help to create a magical psychosocial and cultural "universe" for the satisfaction of intimate, deep, empathetic personal needs, of spiritual growth and education, emotional and moral development of the children. The institution is for the child the place where is built the ontological foundations of its personality. Is the environment where the child is feed with spiritual and moral energy. Is the existential magic framework of training, existence and manifestation of his personality, of its happiness and soulful/ personal fulfillment.

The happiness theme is approached from all possible perspectives: philosophical, psychological, religious, anthropological, aesthetic, sociological etc. The dominant idea, which seems to be clear, is that the happiness is not directly determined by the current, libidinal, sensorial pleasure and satisfaction, but rather of a deep, constitutional personality structure, which predisposing the person to personal development, social efficiency, positive emotions and feelings.

This is also the basic assumption of the book "Authentic Happiness" by Martin Seligman (2002. After Seligman the authentic happiness is conditioned of the optimal development at the all motivation levels of the personality: hedonic, of the desires, of the ego and of the objectives. Another author, Jonathan Haidt, addressing the theme of happiness in the book "Theory of happiness"(2008), through the concept of metaphor.

The happiness is usually perceived as being related to achieving personal fulfillment, so they are at the higher level of the motivational pyramid and structure of personality. Is identified also with positive, euphoric feelings, with the satisfaction or pleasure, states that can be related to the needs from the lower levels. No doubt, elements and dimensions of the happiness (the need for happiness) can be found at all levels of the human personality.

For the social welfare system we believe that the most appropriate sense of happiness would be her description in terms of *unitary structure and functioning of the personality, with the states of equilibrium and efficiency that they generates*. In this context we say that the happiness need is in fact the need of psychological balance, of balanced personal structure, adaptable personality, personal development in the physical, psychological and social plan.

In the happiness theory in social work's perspective (Stefaroi, 2009b) a person is, or becomes a client of social services not only because of social or economic circumstances, as is often stated, but because his personality is socio-maladaptive structured, and an essential role in this process it has *the unmet or vicious meet to the need of happiness*, of positive mental states, of satisfaction, of supply to ego, self-esteem. In vain is intervene on the individual client system with economic or social measures if the problem has, in fact, an important psychological, emotional, or psychological-spiritual component.

The relationship with the client is not objectual but "spiritual". The term can help us to understand more deeply, completely and complex the nature and specific of the professional-customer relationship. Beyond the primary goal of the social reintegration or economic rehabilitation, the customer expects also related services such as tolerance, understanding, humor, aesthetics sensibility, morality, creativity, "spirituality" (Stefaroi, 2009b, p.174).

The recruitment activity of the professionals is intended so the future employees to have the qualities that enable it to offer and such "services", that often depends the success of the intervention. They are key determinants of the professional efficiency in social work. Authentic source of these qualities is the soul and the established happiness state, the existence of an well developed onto-formations of happiness and a positive hedonic-affective onto-balance.

It is impossible to imagine professional efficiency, in the jobs that involve working with people, without personal efficiency, with the soulful welfare and happiness state which it implies. Literature concludes that the professionalism is strongly conditioned by the degree of happiness and interior comfort of the person. The professional efficiency is correlated with the positive attitudes, with the degree of internal relaxation, the irony and personal happiness (Bandura, 1986). James (1981) believes that the job happiness/ satisfaction is the relationship between individual aspirations and achievements. At the same time, happiness is an onto-subjective psychological feature and it aprioristic makes the professional to performance.

We believe that the following psychological-soulful predispositions promote the efficiency of the professional in social work practice, in the effort to adapt and achieve specific professional tasks: soulful welfare, state of happiness, self-esteem, functional flexibility, agreeability, extraversion, democratic spirit, tolerance, openness to new ideas, epistemological and methodological flexibility, mature personality, emotional stability, self-control, detachment, and, very important, the projectivity.

In the ontical order of the person the projective gives the defining note of human being through the ontification of the generalized/ idealized other ("pattern" of the human beings), the values, ideas, knowledge, ideals, hopes. In fact, it's a inside ontic universe, which summarizes, through double onto-projection, the subjective and objective, the body and environment, inside and outside, feeling and thinking.

The onto-projective formation not emerge directly from the basic needs and psychological foundations of the person, like the hedonic ontos, phobic formation or the ontical subject, these arising at random from the particular dynamics of the relationship with the cultural environment, reflecting in a transformative/ projective way its features. The objects, people, situations are not assimilation in their physical-sensorial objectuality but through the social/ cultural meanings, onto-projective idealized and subjectivated.

After being constituted the onto-projective formations operates like some mechanisms in the subject's service, through the projection of endemic needs and the individual desires, but and in the service of the individual who its "projected", "injected" the vectors of control in the person's formations. In this way the individual's behaviors are doubled, guided, the subject is placed in a position to make difficult choices, compromises.

They are, in fact, targets, hedonic-projective ideals, desires, aspirations which are organized into onto-projective formations which guiding the conscious and unconscious searches/ choices for ontogenetically-personal growth, training and development. They tend to holistically curdle in what we might call the project (print) of the personal training and development, ie the ideal of the good and personal happiness, the idealized image of the good and of the individual happiness.

Operates, experiential and emergent, by complex mechanisms of feed-back and feed-before, through onto-projective personal referents. The projective personal referents may be the desirable social status, the welfare, the desirable body image, profession, the required level of intelligence and knowledge, the aspirated physical and spiritual pleasures, The aesthetic, moral, axiological aspirations, etc. (for the social services, especially those dealing with children, some of them are actually educational and welfare objectives). The perspectives of it meeting installs positive emotions and states, comforting feelings, happiness. Instead, the low perspective of identifying with this hypostasis determines uncomfortable neuro-vegetative react and depression.

The predominance of positive onto-projective feelings will lead to the establishment of a strong onto-formation of happiness and a visionary personality, tilting the balance in the positive side. So, through fixings the projective-personal balance in a favorable inclination will orient the personality to the future, will give it a positive sense, pleasant, efficient, active, dynamic, adaptable (Text taken from the book *Happiness Theory in Social Work*, Petru Stefaroi, Lumen Publishing House, Iasi, 2009, pp. 180-181).

The projectivity, visionary and idealism are indispensable qualities of the professional in social work, because represents the onto-psychological source of the empathy, but, also, because this profession is teleological by its nature. The humanist professional in social work practice not only make care, not concerned only to the customer survival, but aims the human development, rehabilitation in perspective, according to a *human "project"*. So, building a new *modus vivendi* and a new architecture of the personality. Without vision, without idealization, without projectivity his personality remains contingent, flat, obtuse. The humanistic goals will remain only on paper. All that aims to build at the professional level must to exist in his personality, in its onto-ideational/ projective interior universe.

The rehabilitation, authentic happiness, customer development, self esteem, the intervention can best be addressed and solved by operating on the projective onto-referents and levers of the onto-projective sphere. But this must be, primarily, on the professional personality. Therefore, in education and training of the professionals is important to put great emphasis on training the hedonics onto- referents, perceived with roles of anchors, ideals. The process leads to form a vigorous professional personality, active, positive, autonomous, oriented to self-achievement. The process strong develops psychic functions like the will, intrinsic motivation, imagination, intelligence (including emotional).

The projectivity, vision, hope are both the professional qualities and the main resources and means of achieving the objectives of humanistic social work practice. These are inherent dimensions of personality and human condition, but must be cultivated and educated.

The assessment of personality traits such as *altruism, agreeability, tolerance, kindness,* and not just strictly professional skills and knowledge is increasingly common practice in the recruitment and evaluation of staff in social care system. The reason is very simple - to work with people, especially in suffering, difficulties calls for these qualities. In the assessment process, therefore, are followed and personality traits such as the *projectivity, humanism, playful spirit, cheerfulness, good general appearance, sociability, agreeability, vocation for working with the person in distress, balanced personality, interior comfort, irony, flexibility, extroversion, tolerance, nondiscrimination, adaptability, respect for life, happiness and other personal values, idealism, confidence in the capabilities of the person/ client self-actualization and self-determination, emotional stability, self-control, presence of spirit, resistance to frustration, openness to new ideas and values* etc.

Conversely, the following devices, disposition and personality factors limit, hinders the worker efficiency in the effort of adjustment and achievement of professional duties, we mean to chronically psychological distress, lack of tolerance for irony, depression background, resistance to change, tendency to conserve a system of values and norms, opposition to new, conformism - obedience, lack of flexibility and suppleness of thought, dogmatism, reduced adaptability, stubbornness, misconceptions, unfounded ideas, attitudinal rigidity, resistance to information and change, to correction, inflexible attitudes to food, dress, political preference, sexual orientation, minorities, discrimination, emotional lability, immature personality, increased irritability, selfishness, lack of presence of spirit etc.

Humanistic social work practice require from the practitioner a behavior concentrated to the human and soulful problems/ manifestations of the client. Through the humanities knowledge and spiritual qualities in the *assessment activity* the humanistic professional it focuses on the *identification, analysis and description the concrete customer's human problem and suffering*, through identification the situations of existential impasse or crisis, identification of personal and collective tragedies, personal, family, organizational or professional failure situations. Through humanistic methods it made the representation of the current compathetic, social, cultural and psychosocial situations, of the concrete situations of depersonalization and dehumanization.

Therefore, the humanistic professional will build the diagnosis mainly by a *contextual-humanistic phenomenology*. The construction process of *intervention plan* after humanistic model involves prioritizing the *identification of needs and soulful, spiritual, human, subjective, voluntary resources of rehabilitation*.

The *intervention activities* not makes excess of formalism and technicism, the professional empathize authentically with the customer, aims to contributing to its social empowerment through the spiritual, personal/ psychological, moral and socio-cultural development (Payne, 2011).

Through empathetic-projectiv behavior the professional working at the construction of a *new* interior/ soulful and exterior/ relational realities and *behaviors of the clients*, with humanities tools. The behavior in the intervention process require increasing the role of affective processes in the therapeutic relationship (Mitrofan, 2001), focusing on the customer, human and spiritual development, focus intervention to resource and not to problem (Payne, 2011b), identifying the soulful anxieties/ crisis and internal-ontological re-equilibration through spiritual and moral development.

In the intervention process the targets mainly include terms such as authentic happiness, personal development, social recovery/ integration by spiritual and moral developing, formation of a strong organizational culture, accountability etc.

The used *methods* aims, through the intervention plan, caring the soul and active personality. The humanistic social worker coordinating the team efforts to optimize the client's personality and the empathetic environment of the organization.

On the view of humanistic values, principles and theories the *training, recruitment* and *appraisal* of the staff is a unitary phenomenon and seeks, ultimately, the workers in this field to not be some mere servants who simply deliver some "services" but a complex human beings, with souls, with empathetic personality, with a deep knowledge of what is the man as being extremely complex.

The social worker of III Millennium is able to contribute effectively both to reducing the client's suffering and increase their ability to adapt and autonomous integrate in community. The formative-educational objectives are achieved mainly by promoting the humanistic values and model of the professional in social care areas through the specific literature or through the educational system, by increasing the number of humanistic courses, of humanistic psychology, pedagogy and sociology, of philosophy, culture and spirituality.

This is because the *humanistic practitioner* is focused, with priority, on the soul, on the spiritual, empathetic, subjective, emotional issues of the client, on the existential bottlenecks, on group and personal dramas, on the moral and spiritual aspects of the problem. For this, the real problems are of human, emotional, spiritual nature.

The humanistic *counseling* is a systematic approach, developed by professional tools and methods, in which an accredited counselor, providing assistance and support for spiritual/ *human* rehabilitation and socio-*human* adaptation.

And the *manager* or the *worker* from the residential institution, in the view of humanistic social work values, is a "man with a big soul". Human/ soulful qualities, the positive, compathetic, visionary personality prints the manager's behavior flexibility, adaptability, sociability, communication, agreeability, tolerance, it focuses on the *human* goals of the care institution, help to prevent and resolve serious conflicts at all levels - intrapersonal, interpersonal, of group or institutional, enhances the complacency degree of customers and staff, of happiness, enhances the positive feeling of belonging to the organization.

It is essential that everyone who working in the residential institutions to meet a minimum conditions of human, educational, vocational, psychological or moral order. The organizations where they work must be themselves a source of stability, efficiency and humanism for the customers (Stefaroi, 2007). That is because the *empathetic ability, emotional wellbeing, happiness, altruism, agreeability, intelligence, culture, idealism, visionary orients the workers through the achievement of the human goals of care institution. The positive effects are felt over time particularly by shifting focus from the care of the body to the care of the soul and personality.*

Thus, in the humanistic social work practice the professional is interested, besides of the material wealth, food, housing, comfort and of the spiritual wellbeing of the suffering person, of his dignity and condition of human being, with all rights implied by this existential statute. The quality of human relationships, cultural quality of the community where lives the client, the quality of socio-moral climate are important factors that are part of the same concern for the soul and personality care and for enhance the prospects of the *human* rehabilitation and social integration.

In order to achieve the book *Humanistic Social Work: The third way in social work theory and practice*, we start with the below structure. To its improvement we are open and honored to consider any suggestion, idea, proposal coming from the readers.

Content

(in working)

Introduction
The two major ways in social work
    Traditional Social Work
    Critical Social Work
Humanistic Social Work – the third way ?
Theoretical and axiological sources and support of the humanistic social work
    Phenomenology and existentialism
    Humanistic psychology/ psychotherapy, humanistic sociology and microsociology
    The humanistic-ontological paradigm to personality and community
    The psychosocial researches
    The human rights. Universal Declaration of Human Rights
    Culture, religion, morals
    The theories of human development, empathy, attachment and happiness
The core specific theory and axiology
    Humanistic Social Work as a epistemological framework for the humanistic and spiritual/cultural approaches from the social work theory and practices
    Humanistic Social Work as a autonomous system-concept and method of practice
    The solidarist-humanistic social work and the positive-humanistic social work
    The system of core specific values. Socio-anthropological foundations
    The specific of problems and the object of activity
    The mission of humanistic social work
Theories of humanistic social work
    Theories of personality (development) and (human) being
    Empathy theory
    Attachment theory
    Happiness theory

The soul and human personality
- Personality - concept, currents, paradigms
- The soul – person's being and ontological core of personality
- Affective soul
- Spiritual soul

The client in humanistic social work

The practitioner in humanistic social work
- *Human* personality and professional personality
- The *human* personality of professional and the personality of the client
- Empathetic capacity and human sensitivity
- Happiness and soulful wellbeing
- Spiritual sensibility
- Projectivity, visionary, idealism
- Altruism, agreeability, tolerance, optimism

The humanistic social work practice
- Aims and objectives
- Specific values and principles of practice
- The evidence-based practices
- Practices adopted/ adapted from the humanistic psychotherapy and counseling
- Existential-humanistic practices
- Transpersonal therapy and spiritual empowerment
- Cultural empowerment
- Positive and appreciative practices
- Balance method
- Caring and helping
- Residential institutions
- Supervision
- The ethical code

Conclusions

BIBLIOGRAFIE/REFERENCES

Achor, S. (2010), *The Happiness Advantage: The Seven Principles of Positive Psychology That Fuel Success and Performance at Work,* Random House Audio.

Adams, E.M., (1997), *A Society Fit for Human Beings* (S U N Y Series in Constructive Postmodern Thought), State University of New York Press.

Ainsworth, M.D.S., Blehar, M.C., Waters, E., Wall, S. (1978), *Patterns of Attachment: A Psychological Study of the Strange Situation.* Hillsdale, NJ: Lawrence Erlbaum Associates.

Allan, J., Pease, B, Briskman L. (2003), *Critical social work,* Melbourne: Allen & Unwin.

Allport, G.W. (1961), *Pattern and growth in personality,* New York: Holt, Rinehart &. Winston.

Anderson, J., Wiggins Carter, R. (2004), *Diversity perspectives for social work practice.* Boston: Allyn and Bacon.

Aniței, M. (2007), *Psihologie experimentală,* Iași: Editura Polirom.

Antony, M., (2008), *Shyness and Social Anxiety Workbook: Proven, Step-by-Step Techniques for Overcoming your Fear Pape,* Second Edition, New Harbinger Publications.

Aristotel (2004), *Retorica,* București: Editura Univers Enciclopedic.

Arnet, J.J. (2011), *Human Development: A Cultural Approach,* Pearson.

Arts, W., Muffels, R., Meulen, R. (2001), *Solidarity in Health and Social Care in Europe* (Philosophy and Medicine), Kluwer Academic Publisher.

Bailey, R., Brake, M. (1975). *Radical Social Work,* Pantheon Books.

Balswick, J.O., Balswick, J.K. (2009), *Familia - o perspectivă creștină asupra căminului contemporan,* Editura Casa Cărții.

Barlow, D.H. (2007), *Clinical Handbook of Psychological Disorders,* Fourth Edition: A Step-by-Step Treatment Manual (Barlow: Clinical Handbook of Psychological Disorders), The Guilford Press.

Bandura, A. (1975), *Social Learning & Personality Development,* NY: Holt, Rinehart & Winston, INC.

Bandura, A., Locke, A. E. (2003), Negative self-efficacy and goal effects revisited. *Journal of Applied Psychology.*

Barker, R. L. (2003), *The social work dictionary* (5th ed.), Washington, DC: NASW Press.

Barty, J., Redding, E. (2013), *Reforming Social Work: Improving Social Worker Recruitment, Training and Retention*, Policy Exchange.

Batson, C.D. (2011), *Altruism in Humans.* New York: Oxford University Press.

Baumeister, B.R.F., Bushman, B.J. (2013), *Social Psychology and Human Nature*, Cengage Learning.

Bălțătescu, S. (2009), *Fericirea în contextul social al tranziției postcomuniste din România.* Editura Universității din Oradea.

Bean, J.S. (2013), *Finding Real Love through God's Word (Relationship Guide for Women Seeking Soulmates)*, Kindle Edition, Amazon Digital Services, Inc.

Beaulieu, E. (2012), *A Guide for Nursing Home Social Workers*, Second Edition, Springer Publishing Company.

Beaumont, H., Cobb Jr., J.B. (2012), *Toward a Spiritual Psychotherapy: Soul as a Dimension of Experience*, North Atlantic Books.

Beck, U. (1992), *Risk Society - Towards a New Modernity,* London: Sage.

Benner, D.G. (2011), *Soulful Spirituality: Becoming Fully Alive and Deeply Human*, Brazos Press (March.

Berger, P.L., Luckmann, T. (1967), *The Social Construction of Reality: A Treatise in the Sociology of Knowledge,* Anchor.

Bergin, A.E. (2003), *Casebook for a Spiritual Strategy in Counseling and Psychotherapy*, Amer Psychological Assn.

Berkowitz, N. (1996), *Humanistic Approaches to Health Care: Focus on Social Work (Social Work in a Changing World)*, Venture Press.

Biestek, F.P, Gehrig, C.C. (1978), *Client Self-Determination in Social Work*, Loyola Press.

Bocancea, C. (2011), Dimensiunea contextualistă a asistenței sociale, în Neamțu, G. (coord.), *Tratat de asistență socială*, Ed. A II-a, Iași: Editura Polirom.

Boudon., R. (1971), *La crise de la sociologie,* Geneve: Droz.

Bounds, M. (2010), *Welfare Policy: Feminist Critiques*, Wipf & Stock Pub.

Bowling, D., Hoffman, D. (2003), *Bringing Peace Into the Room: How the Personal Qualities of the Mediator Impact the Process of Conflict Resolution*, Jossey-Bass.

Bowlby J. (1999), *Attachment. Attachment and Loss* (vol. 1) (2nd ed.), New York: Basic Books.R. Brown.

Bradford, D.L., Burke, W.W. (2005), *Organization Development*, San Francisco: Pfeiffer.

Briar, S., Miller, H. (1971), *Problems and Issues in Social Casework*, New York: Columbia University Press.

Buechler, S.M. (2008), *Critical Sociology*, Paradigm Publishers.

Buzărnescu, Ș. (1995), *Istoria doctrinelor sociologice*, București: Editura Didactică și Pedagogică.

Buzducea D. (2008), Psihoterapia pierderilor multiple, în I. Mitrofan (coord.), *Psihoterapie*, București: Editura SPER, pp. 337-357.

Buzducea, D. (2005), *Aspecte contemporane în asistența socială*, Iași: Editura Polirom.

Buzducea, D. (2009), *Sisteme moderne de asistență socială. Tendinte globale si practici locale*, Iasi: Editura Polirom.

Buzducea, D. (2013), *Economia socială a grupurilor vulnerabile*, Iași: Editura Polirom.

Bywater, I. (2010), *Aristotelis Ethica Nicomachea* (Cambridge Library Collection - Classics) (Ancient Greek Edition), Cambridge University Press.

Canda, E.R., Furman, L.D. (2009), *Spiritual Diversity in Social Work Practice: The Heart of Helping*, Oxford University Press.

Chansky, T.E. (2008), *Freeing Your Child from Negative Thinking: Powerful, Practical Strategies to Build a Lifetime of Resilience, Flexibility, and Happiness*, Da Capo Lifelong Books.

Chelcea, S. (2008), *Psihosociologie. Teorii, cercetări, aplicații*, Iași: Editura Polirom.

Chelf, C.P. (1992), *Controversial Issues in Social Welfare Policy: Government and the Pursuit of Happiness (Controversial Issues in Public Policy)*, SAGE Publications, Inc.

Cicchetti, D., Carlson, V. (1989), *Child Maltreatment: Theory and Research on the Causes and Consequences of Child Abuse and Neglect*, Cambridge University Press.

Cloke C., Davies M. (1995), *Participation and empowerment in Chid Protection*, London, Pitman.

Cojocaru, D. (2008), *Copilăria și construcția parentalității. Asistența maternală în România*, Editura Polirom.

Cojocaru, Ş. (2005), *Metode apreciative în asistenţa socială. Ancheta, supervizarea si managementul de caz*, Editura Polirom.

Coleman, C. (1998), *The Volunteer,* Grand Central Publishing.

Collins, D., Jordan, C., Coleman, H. (2010), *An Introduction to Family Social Work*, Belmont, Brooks/Cole.

Comte, A. (1999), *Discurs asupra spiritului pozitiv*, traducere Leonard Gavriliu, Bucureşti: Editura Ştiinţifică.

Compte, A. (2004), *Catéchisme positiviste ou Sommaire exposition de la religion universelle,* Kindle Edition, EbooksLib.

Corey, G. (2012), *Theory and Practice of Counseling and Psychotherapy*, Cengage Learning.

Cottraux, J. (2003), *Terapiile cognitive*, Iaşi: Editura Polirom.

Cosman, D. (2010), *Psihologie medicală*, Iaşi: Editura Polirom.

Cosmovici, A. (2005), *Psihologie generală,* Iaşi: Editura Polirom.

Cournoyer, B.R. (2013), *The Social Work Skills Workbook*, 7 edition, Cengage Learning.

Cristea, M. (1994), *Sistemul educaţional şi personalitatea. Dimensiunea estetică,* Bucureşti Editura Didactică şi Pedagogică.

Cuin, C.H. (2006), The nomologic approach in sociology, *Revue suisse de sociologie*, Switzerland, Seismo Verlag.

Cummins, K., Sevel, J.A., Pedrick, L. (2011), *Social Work Skills for Beginning Direct Practice: Text, Workbook, and Interactive Web Based Case Studies,* (3rd Edition), Pearson.

Danesh, H.B. (1994), *Psychology of Spirituality*, Paradigm Publishing.

DeVries, R., Zan, B. (2012), *Moral Classrooms, Moral Children: Creating a Constructivist Atmosphere in Early Education*, Teachers College Press.

Doise, W., Deschamp, J.C., Mugny, G. (1996), *Psihologie socială experimentală*, Editura Polirom.

Dominelli, L., Mc Leod, E. (1989), *Feminist Social Work*, MacMillian Press Ltd.

Dominelli, L. (2002), *Anti-Oppressive Social Work Theory and Practice*, Palgrave Macmillan.

Dumitraşcu, H. (2012), *Consilierea în asistenţa socială,* Iaşi: Editura Polirom.

Elkin, D. (2009), *Humanistic Psychology: A Clinical Manifesto. A Critique of Clinical Psychology and the Need for Progressive Alternatives*, Universities of the Rockies Press.

Durkheim, E. (2004), *Sociologia - regulile metodei sociologice*, Editura Antet.

Ellis, A. (1974), *Humanistic Psychotherapy: The Rational-Emotive Approach*, Mcgraw-Hill.

Ellenhorn, R. (1988), *Toward a Humanistic Social Work: Social Work for Conviviality*, New Jersey: Association for Humanist Sociology.

Ellis A., Abrams, M., Abrams, L.D. (2008), *Personality Theories: Critical Perspectives*, SAGE Publications, Inc.

Else, J.F. (1977), *Purposive social change: A radical humanist perspective*, Social Work Foundation, School of Social Work, University of Iowa.

Endler, N., Parker, J. (1992), Interactionism revisited: Reflections on the continuing crisis in the personality area, în *European Journal of Personality*, 6, pp. 177-198, http://www.ourfutureenvironment.org/personality/wp-content/uploads/2010/08/endler_interactionism.pdf

Edwin, L. (2007), *Projective Psychology - Clinical Approaches To The Total Personality*, Pratt Press.

Elson, M. (1988), *Self Psychology in Clinical Social Work*, W. W. Norton & Company.

Erikson, E. H., Erikson, J.M. (1998), *The Life Cycle Completed*, W W Norton & Co Inc.

Feldman, R. (1985), Reliability and Justification, în *The Monist*, Buffalo, NY: Open Court Publishing Company.

Ferréol, G. (1998), *Dicţionar de sociologie*, Iaşi: Editura Polirom

Filip, J., McDaniel, N., Schene, P. (1999), *Helping in child protective services. A competency-based case-work handbook*, American Human Asociation, Englewood, Colorado.

Frankl, V. (2009), *Teoria şi terapia nevrozelor. Introducere în logoterapie şi analiza existenţială*, trad. în lb. română de Daniela Ştefănescu, Bucureşti: Editura Trei.

Freud, S. (1994), *Opere,* vol. IV, traducere de dr. Leonard Gavriliu, Bucureşti: Editura Ştiinţifică.

Freud, S. (2004), *Psihologia inconştientului*, Opere, vol.III, Bucureşti: Editura Trei.

Freud, S., Strachey, J., Hitchens, C., Gay, P. (2010), *Civilization and Its Discontents* (Complete Psychological Works of Sigmund Freud), W. W. Norton & Company.

Friedman, H.S., Schustack, M.W. (2010), *Personality: Classic Theories and Modern Research* (5th Edition), Pearson.

Garfinkel, H. (2006), *Seeing sociologically,* Boulder, CO, Paradigm Publishers.

Game, A. (1991), *Undoing the Social: Towards a Deconstructive Sociology,* Toronto, University of Toronto Press.

Gammer, C. (2008), *The Child's Voice in Family Therapy: A Systemic Perspective,* W. W. Norton & Company.

Garrigou-Lagrange, R., Cummins, P. (1950), *Reality—A Synthesis Of Thomistic Thought,* St. Louis, Mo.: Herder.

Gerdes, K. E. Segal, E. A. (2009), A social work model of empathy. Advances in Social Work Practice, *Social Work* 10(2), 114-127.

Gerdes, K. E., Segal, E. A. (2011), The importance of empathy for social work practice: Integrating new science, *Social Work,* 56(2), 141-148.

Gerdes, K. E. (2011), Introduction: 21st century conceptualizations of empathy: Implications for social work practice and research, *Journal of Social Service Research,* 37(3), 226-229.

Gilgun, J.F. (2008), *The Four Cornerstones of Evidence-Based Practice in Social Work,* Jane Gilgun Books.

Gill, M. (2011), Educating the Professional Social Worker: Challenges and Prospects, în *Revista de asistență socială,* nr. 4, pp. 30-41, Iași: Editura Polirom.

Ginsberg, L.H., Ginsberg, L. (2008), *Management and Leadership in Social Work Practice and Education,* Council on Social Work Education.

Golu, M. (1997), Condiționarea psihologică a câmpurilor relaționale interindividuale și inter-grupale, în *Psihologia vieții cotidiene,* Iași: Editura Polirom.

Goldstein, E.G. (1995), *Ego Psychology and Social Work Practice*: 2nd Edition, The Free Press.

Gonzalez-Mena, J. (2012), *Child, Family, and Community: Family-Centered Early Care and Education,* Pearson.

Grinnell Jr, R.M., Unrau, Y.A., (2010), *Social Work Research and Evaluation: Foundations of Evidence-Based Practice,* Oxford University Press.

Haidt, J. (2008), *Teoria fericirii,* București: Editura Almatea.

Hall, E. (1966), *The Hidden Dimension,* New York, Anchor Books.

Harel, I., Papert, S. (1991), *Constructionism,* Norwood, Ablex Publishing Corporation.

Hamblin, R. L., Buckholdt, D., Ferritor, D., Kozloff, M., Blackwell, L. (1971), *The Humanization Processes: A Social, Behavioral Analysis of Children's Problems,* Krieger Pub Co.

Hardcastle, A. (2011), *Theories and Skills for Social Workers,* 3 edition, Oxford University Press.

Harkness, D. (2002), *Supervision in Social Work,* Columbia University Press.

Healy, L. (2008), *International social work: Professional action in an interdependent world.* 2d ed. Oxford: Oxford Univ. Press.

Heidegger, M. (1995), *Timp și Ființă,* București: Editura Jurnalul Literar.

Herseni, T., (1982) *Sociologie,* Editura Științifică și Enciclopedică, București.

Hepworth, D. H. și al. (2009), *Direct Social Work Practice: Theory and Skills,* 8 edition Cengage Learning.

Hoffman, M.L. (2000), *Empathy and moral development: Implications for caring and justice.* New York: Cambridge University Press.

Horner, N., Kindred, M. (1997), *Using Humanist/Existential Theories in Social Work (Using Theories in Social Work),* Open Learning Foundation.

Howe, D. (1995), *Attachment Theory for Social Work Practice,* Palgrave Macmillan.

Howe, D. (2001), *Introducere în Asistența Socială,* București: MarLink, trad.UNICEF România.

Hughes, D.A. (2000), *Facilitating Developmental Attachment: The Road to Emotional Recovery and Behavioral Change in Foster and Adopted Children,* Jason Aronson, Inc.

Ife, J. (2012), *Human Rights and Social Work: Towards Rights-Based Practice,* Cambridge University Press.

Illomen, K. (2011), *A Social and Economic Theory of Consumption,* Palgrave Macmillan.

Inderbitzin, M.L., Bates, C.A., Gainey, R.R. (2012), *Deviance and Social Control: A Sociological Perspective,* SAGE Publications.

James, W. (1981), *Pragmatism: A New Name for Some Old Ways of Thinking,* Hackett Publishing.

Jex, S.M., Gudanowski D.M. (1992), Efficacy beliefs and work stress: An exploratory study. *Journal of Organizational Behavior.*

Jelev, J. (1995), *Omul și ipostazele personalității sale,* București: Editura Didactică și Pedagogică.

Jones, C. (1993), *New Perspectives on the Welfare State in Europe,* London: Routledge.

Jung, C.G. (1981), *The Archetypes and The Collective Unconscious* (Collected Works of C.G. Jung Vol.9 Part 1), Princeton University Press.

Jung, C.G. (1994), *Puterea sufletului*. Antologie, Bucureşti: Editura Anima.

Kant, I. (1998), *Critica raţiunii pure*, Bucureşti: Editura I R I.

Kant, I. (2005), *Prolegomene*, Piteşti: Editura Paralela 45.

Kelly G.A. (1991), *The Psychology of Personal Constructs*, London: Routledge.

Heidegger, M. (1995), *Introducere in metafizică*, Bucureşti: Editura Humanitas.

Krill, D.F. (1978), *Existential social work*, New York: Free Press,

Kosman, A. (2013), *The Activity of Being: An Essay on Aristotle's Ontology*, Harvard University Press.

Kostelnik, M. (2011), *Guiding Children's Social Development and Learning (What's New in Early Childhood)*, Cengage Learning.

Kotarba, J.A., Johnson, J.M. (2002), *Postmodern existential sociology*, Walnut Creek, CA, Alta Mira.

Kramer-Moore, D., Moore, M. (2012), *Destructive Myths in Family Therapy: How to Overcome Barriers to Communication by Seeing and Saying -- A Humanistic Perspective*, Wiley-Blackwell.

Kroeber, A. L., Kluckhohn, C. (1952), *Culture: A Critical Review of Concepts and Definitions*, New York: Vintage Books.

Larousse (2009), *Dicţionar de psihologie*, Bucureşti: Editura Univers Enciclopedic.

Lacan, J. (1991), *The Seminar of Jacques Lacan: Book II: The Ego in Freud's Theory and in the Technique of Psychoanalysis*, W. W. Norton & Company, 1991.

Langan, T. (2009), *Human Being: A Philosophical Anthropology*, University of Missouri Press.

Larousse (2009), *Dicţionar de psihologie*, Bucureşti: Editura Univers Enciclopedic.

Lavalette, M. (ed.) (2011), *Radical Social Work Today: Social Work at the Crossroads*, Bristol: Policy Press.

Lazăr, F. (2010), *Introducere în politici sociale comparate. Analiza sistemelor de asistenţă socială*, Iaşi: Polirom.

Lerner, M. (2011), *Education And A Radical Humanism: Notes Toward A Theory Of The Educational Crisis*, Licensing, LLC.

Levi-Strauss, C. (1969), *The elementary structures of kinship*, Beacon Press, Boston.

Lietz, C. A. şi al. (2011), The empathy assessment index (EAI): A confirmatory factor analysis of a five component model of empathy, *Journal of the Society for Social Work and Research*, 2(2), 104-124.

Lock, A., Strong, T. (2010), *Social constructionism: Sources and stirrings in theory and practice*, New York: Cambridge University Press.

Lukacs, G. (1978), *Ontology of Social Being*, Volume 1, Hegel, Merlin Press.

May, G.G. (1987), *Will and Spirit: A Contemplative Psychology*, HarperOne.

Marcus, Solomon (1987), *Moduri de gândire*, București: Editura Științifică și Enciclopedică.

Marcus, Stroe (1971), *Empatia - Cercetari experimentale*, București: Editura Academiei.

Marica, S-F. (2009), Fenomenul "Singur acasă" la nivelul comunei Valea Danului, județul Argeș, *Revista de Asistență Socială*, Nr. 3-4, Editura Polirom, pp. 31-40.

Marx, K. (1994), *Selected Writings*, Hackett Pub Co.

Maslow, A.H. (1993), *The Farther Reaches of Human Nature*, Penguin / Arkana.

Maslow, A.H. (2008), *Motivatie si personalitate*, București: Editura Trei.

Maslow, A.H. (2011), *Toward A Psychology of Being* - Reprint of 1962 Edition, Martino Fine Books.

Masters, A., Wallace, H.R. (2010), *Development for Life and Work*, 10 edition, Cengage Learning.

Maritain, J. 1956), *Existence and the Existent: An Essay on Christian Existentialism*, trans. L. Galantiere and G.B. Phelan, New York: Image.

Mc Call, L.A. (2001), *The McCall Body Balance Method : Simple Concepts for Ageless Movement*, Lisa Mccall.

Miftode, V. (1995), *Teorie și metodă în asistența socială*, Iași: Editura Fundației Axis.

Miftode, V. (2011), *Tratat de asistenta sociala. Protecția populațiilor specifice și automarginalizate*, Iași: Editura Lumen.

Mille, S. (2009), *The Moral Foundations of Social Institutions: A Philosophical Study*, Cambridge University Press.

Miller, J.P. (1999), *Education and the Soul: Toward a Spiritual Curriculum*, State University of New York Press.

Miller, J.P. (2005), *Holistic Learning And Spirituality In Education: Breaking New Ground*, State University of New York Press.

Minsky, M. (2007), *The Emotion Machine: Commonsense Thinking, Artificial Intelligence and the Future of the Human Mind*, Simon & Schuster.

Mitrofan, I. (2001), Terapia Unificării. O nouă psihoterapie experiențială, în *Psihologia la raspântia mileniilor,* Iași: Editura Polirom.

Mitrofan, N. (2009). *Testarea psihologică. Aspecte teoretice și practice*. Iași: Editura Polirom.

Mitrofan, I, Buzducea, D. (2005), Analiza existențială sau drumul către sens, *Orientarea experiențială în psihoterapie*, București: Editura Sper.

Mitropolitul Hieroteos Vlachos (1998), *Psihoterapia ortodoxă. Știința Sfinților Părinți*, Timișoara: Editura Arhiepiscopiei Timișoarei.

Mjoset, L. (2009), The contextualist approch to social science metodology, în David, B., Ragin, C.C. (coord), *The SAGE hanbook of case-based metods*, London: SAGE Publication Ltd., pp. 39-68.

Moody R., Carroll, D. (1997), *The Five Stages of the Soul: Charting the Spiritual Passages That Shape Our Lives*, New York: Anchor Books.

Moghaddam, F.M. (1998), *Social psychology*, New York: W.H. Freeman end Company.

Moustakas, C. (1966), *Existential Child Therapy*, Basic Books Inc.

Moustakas, C. (1994), *Phenomenological Research Methods*, Thousand Oaks, California: Sage Publications.

Moscovici, S. (1998), *Psihologia socială a relațiilor cu celălalt*, Iași: Editura Polirom.

Mowrer, E.R. (1972), *Family Disorganization: An Introduction to a Sociological Analysis*, Arno Press and The New York Times.

Mullaly, B. (2006), *The New Structural Social Work: Ideology, Theory, Practice*, 3rd (third) Edition, Oxford University Press.

Mullaly, B. (2002), *Challenging Oppression: A Critical Social Work Approach*, Oxford University Press.

Muntean, A. (2013), *Adopția și atașamentul copiilor separați de părinții biologici*, Iași: Editura Polirom.

Muntean, A., Sagebiel, J. (2007), *Practici în asistența socială. România și Germania*, Iași: Editura Polirom.

Myers, D. G. (2004, *Theories of Emotion. Psychology*, Worth Publishers, Găsit la adresa: www.scribd.com/doc/39094849/Emotion.

Neamțu, G. (coord) (2011), *Tratat de asistență socială*, Ediția a II –a, Iași: Editura Polirom.

Nelson, C.A. (2013), *Romania's Abandoned Children: Deprivation, Brain Development, and the Struggle for Recovery*, Harvard University Press.

Netting, F.E., Kettner, P.M., McMurtry, S.L., Thomas, M.L. (2011), *Social Work Macro Practice* (5th Edition), Pearson.

Nietzsche, F. (1999), *Voința de putere: încercare de transmutare a tuturor valorilor* (fragmente postume), traducere de Claudiu Baciu, Oradea: Editura Aion.

Nietzsche, F. (2013), *Ecce Homo. Cum devii ceea ce esti*, București: Editura Humanitas.

Noddings, N. 2003, *Happiness and education,* Cambridge University Press.

Nolan, P., Lenski, G. (2010), *Human Societies: An Introduction to Macrosociology,* Oxford University Press.

O'Hare, T. (2005), *Evidence-Based Practices for Social Workers: An Interdisciplinary Approach,* Lyceum Books.

Osho (2001), *Inteligența, Reacționează creativ la prezent,* București: Pro Editură și Tipografie.

Outhwaite, W. (2006), *The Future of Society* (Blackwell Manifestos), Wiley-Blackwell.

Panter-Brick, C., Smith, M.T. (2000), *Abandoned Children,* Cambridge University Press.

Parris, M. 2013), *An introduction to social work practice,* Open University Press.

Parsons, T. (1978), *Social Systems and the Evolution of Action Theory,* New York: Free Press.

Pavelcu, V. (1972), *Drama psihologiei,* Bucuresti: Editura Didactică și Pedagogică.

Pavlovich, K., Krahnke, K. (2013), *Organizing through Empathy* (Routledge Studies in Management, Organizations and Society), Routledge.

Payne, M. (2011), *Humanistic Social Work. Core Principles in Practice,* Basingstoke, Hampshire, England: Palgrave Macmillan.

Payne, M. (2011), *Teoria modernă a asistenței sociale,* Iași: Editura Polirom.

Patterson, C. H. (1973), Humanistic education, Englewood Prentice.

Pelzer, D. (1997), *The Lost Boy: A Foster Child's Search for the Love of a Family,* Health Communications.

Punalekar, S.P. (1983), *Deprivation, institutionalisation and development: A study of child welfare institutions in Gujarat,* Centre for Social Studies.

Hamilton, E., Cairns, H., Cooper, L. (2005), *The Collected Dialogues of Plato: Including the Letters,* Princeton University Press.

Platon (2005), *Republica,* București: Editura Antet.

Plotnik, R., Kouyoumdjian, H. (2007), *Introduction to Psychology,* Belmont: Wadsworth Publishing Company.

Pound, R. (1996), *Social Control through Law,* Transaction Publishers.

Rădulescu, A. (2007), Dezvoltarea profesiei și a rolului asistentului social in Romania in *Practici în asistența socială. Romania și Germania*, Ana Muntean, Juliane Sagebiel, Iași: Editura Polirom.

Rădulescu-Motru, C. (2009), *Puterea Sufletească*, București: Editura Artemis.

Rășcanu, R. (2001), Psihologia sănătății: de la credințe și explicații la sisteme de promovare a ei, în M. Zlate, *Psihologia la răspântia mileniilor*, Editura Polirom, pp. 133-230.

Reamer, F. G. (1993), *The philosophical foundations of social work*, New York: Columbia University.

Reuchlin, M. (1999), *Psihologie generală*, București: Editura Științifică.

Rickert, H. (1986), *The Limits of Concept Formation in Natural Science,* Cambridge University Press.

Rifkin, J. (2009), The *Empathic Civilization: The Race to Global Consciousness in a World in Crisis,* Tarcher.

Robbins, A. (2001), *Putere nemărginită*, București: Editura Amaltea

Robert, L., Mathis, R.L., Nica, P.C., Rusu, C. (1998), *Managementul resurselor umane,* București: Editura. Economică.

Roberts, A.R., Yeager, KR. (2006), *Foundations of Evidence-Based Social Work Practice*, Oxford University Press.

Robu, M. (2008), *Empatia în educație*, București: Didactica Publishing House.

Rocco, M. (1997), Religie și creație, în M. Zlate (coord), *Psihologia vieții cotidiene*, Editura Polirom.

Rogers, C. R. (1951), *Client-Centered Therapy: Its Current Practice, Implications, and Theory*, Boston: Houghton Mifflin.

Rogers, C.R. (1959), A Theory of Therapy, Personality and Interpersonal Relationships as Developed in the Client-centered Framework. In (ed.) S. Koch, *Psychology: A Study of a Science,* New York: McGraw Hill.

Rogers, C.R. (1977), *On Personal Power: Inner Strength and Its Revolutionary Impact*, Delacorte Press.

Rogers, Carl. (1980), *A Way of Being*, Boston: Houghton Mifflin

Rogers, C.R. (2008), *A deveni o persoana*, București, Editura: Trei.

Ross, E.A. (2002), *Social Control: A Survey of the Foundations of Order,* University Press of the Pacific.

Roth-Szamoskozi, M. (2003), *Perspective teoretice și practice ale asistenței sociale*, Cluj Napoca: Presa Universitară Clujeană.

Rutter, S.M, Smith, D.J. (1995), *Psychosocial Disorders in Young People: Time Trends and Their Causes*, Wiley.

Sandu, A. (2009), *Tehnici afirmativ-apreciative în dezvoltarea organizațională*, Iași: Editura Lumen.

Sandu, A. (2013*), Social Work Practice: Research Techniques and Intervention Models: From Problem Solving to Appreciative Inquiry*, LAP LAMBERT Academic Publishing.

Saran, P. (1998), *Tantra: Hedonism in Indian Culture*, DK Printworld.

Sartre, J.P. (2000), *Căile libertății*, București: Editura Rao.

Sartre, J.P. (2004), *Ființa si neantul. Eseu de ontologie fenomenologică*, Editura Paralela 45, București.

Sarvarovschi, O.A. (2009), Climatul familial și definițiile valorice elaborate de minorul delincvent în actul infracțional, în *Revista de Asistență Socială*, Nr. 3-4, Editura Polirom, pp. 153-162.

Schooler, J.E. (2010), *Wounded Children, Healing Homes: How Traumatized Children Impact Adoptive and Foster Families*, NavPress.

Schreurs, A. (2001), *Psychotherapy and Spirituality: Integrating the Spiritual Dimension into Therapeutic Practice*, Jessica Kingsley Pub.

Segal, E.A., Gerdes, K.E., Steiner, S. (2010), *An introduction to the profession of social work* (3rd ed.), Belmont, CA: Brooks/Cole.

Seidman, B.F. (2004), *Toward A New Political Humanism*, Prometheus Books.

Seligman, M.E., Csikszentmihalzi, P. (2000), Positive Pshyhology, în *American Psychologist*, vol. LV, nr. 1.

Seligman, M. E. P. (2002), *Authentic Happiness.* New York: Free Press.

Schutz A. (1972), *The Phenomenology of the Social World*, London: Heinemann Educational Books.

Shemmings, D. (2011), *Understanding Disorganized Attachment: Theory and Practice for Working With Children and Adults*, Jessica Kingsley.

Smith, D. (2004), *Social work and evidence based practice*, London: Jessica, Kingsley.

Sousa, D.A. (2010), *Mind, Brain and Education: Neuroscience Implications for the Classroom*, Hardcover Solution Tree.

Stairs, J. (2000), *Listening for the Soul: Pastoral Care and Spiritual Direction*, Fortress Press.

Stangor, C. (2004), *Social groups in action and interaction*, New York: Psychology Press.

Steiner, R. (1996), *The education of the child, and early lectures on education*, Hudson, N.Y.: Anthroposophic Press.

Stern, E.M., Kramer, S.Z. (1995), *Transforming the Inner and Outer Family: Humanistic and Spiritual Approaches to Mind-Body Systems Therapy*, Routledge.

Storr, A. (1992), *The Integrity of the Personality*, Ballantine Books.

Șerban, I., Jourdan-Ionescu, C. (2001), *Copilul maltratat*, Fundația internațională pentru copil și familie.

Ștefăroi, P. (2007), Specificul managementului (eficient) în domeniul asistenței sociale, în *Revista de Asistență Socială*, nr. 3, Iași: Editura Polirom.

Ștefăroi, P. (2008), Tulburări de dezvoltare socio-afectivă ale copilului instituționalizat, în *Revista de Asistență Socială*, Nr. 1-2, Iași: Editura Polirom.

Ștefăroi, P. (2009), Perspectiva umanistă asupra clientului în asistența sociala, în *Revista de Asistență Socială*, Nr. 1-2, Iași: Editura Polirom.

Ștefăroi, P. (2009), *Teoria fericirii în asistența socială. De la managementul îngrijirii la managementul fericirii*, Iași: Editura Lumen.

Ștefăroi, P. (2012), Paradigma umanistă a asistenței sociale sau scurtă introducere în asistența socială umanistă, in *Revista de Asistență Socială*, Nr. 1, Iași: Editura Polirom.

Tanzi, E.R., Chopra, D. (2013), *Super Brain: Unleashing the Explosive Power of Your Mind to Maximize Health, Happiness, and Spiritual Well-Being*, Harmony.

Tiryakian, E.A. (1962), *Sociologism and existentialism, two perspectives on the individual and society*, Englewood Cliffs, N.J., Prentice-Hall.

Thomas, S.C. (1996), *A sociological perspective on contextualism*, în *Journal of Counseling and Development*, JCD, July 1, 74(6), 529-541, http://www.highbeam.com/doc/1P3-10006742.html.

Timberlake, E.M., Cutler, M.M. (2000), *Developmental Play Therapy in Clinical Social Work*, Pearson.

Vincent, J-D., Hughes, J. (1990), *The Biology of Emotions*, Blackwell Pub.

Walsh, M. (2006), *Nurse Practitioners: Clinical Skill and Professional Issues*, 2 edition, Butterworth-Heinemann.

Ward, C.C. (2010), *Strength-Centered Counseling: Integrating Postmodern Approaches and Skills With Practice*, SAGE Publications, Inc.

Watson, D., Clark, L. A., Tellegen, A. (1988), Development and validation of brief measures of positive affect and negative affect, în *Journal of Personality and*

Social Psychology, Washington: American Psychological Association. Găsit la adresa http://www.apa.org/pubs/journals/psp/.

Watt, I. (1957), *The Rise of the Novel*, Berkeley, University of California.

Webb, N.B. (2005), *Working with Traumatized Youth in Child Welfare (Social Work Practice with Children and Families*, The Guilford Press.

Weber, M. (2001), *Introducere în sociologia religiilor,* Iaşi: Institutul European.

Weissman, D. (2000), *A social ontology*, London: Yale University Press.

Wheeler, G. (1991), *Gestalt reconsidered*, New York: Gardner Press.

Whitaker, C. W. A. (2002), *Aristotle's De Interpretatione: Contradiction and Dialectic* (Oxford Aristotle Studies), Oxford University Press.

Williams, B. (1993), *Introducere în etică*, Bucureşti: Editura Alternative.

Wilber, K. (2000), *Integral Psychology: Consciousness, Spirit, Psychology, Therapy*, Shambhala.

Wing Sue, D. (2006), *Multicultural social work practice*, USA: WILEY.

Young, P.T. (1961), *Motivation and Emotion*, John Wiley & Sons Inc.

Zamfir, C., Stoica L (2006), *O nouă provocare: dezvoltarea socială*, Iaşi: Editura Polirom.

Zamfir. E. (1998), *Psihologie sociala aplicata - texte alese*, Iaşi: Editura Ankarom.

Zamfir. E. (2008), The new human model proposed by humanist pychology. Types of conflict resolution, în *Revista de asistenţă socială*, nr. 1-2, Iaşi: Editura Polirom, pp 3-28.

Zamfir, E (2009), *Asistenţa Socială în România. Teorie şi acţiune socială. Texte alese*, Craiova: Editura Mitropoliei, Craiova.

Zastrow, Ch. (2009), *Introduction to Social Work and Social Welfare: Empowering People,* Thomson Brooks/Cole.

Zlate, M. (1997), *Psihologia vieţii cotidiene*, Iaşi: Editura Polirom.

Zlate, M. (2001), *Psihologia la răspîntia mileniilor,* Iaşi: Polirom.

Zlate, M. (2002), *Eul şi Personalitatea*, Bucureşti: Editura Trei.

Znaniecki, F. (1969), *On humanistic sociology*, Chicago: University of Chicago Press.

*** Legea Asistenţei Sociale Nr. 292, MONITORUL OFICIAL NR. 905 din 20 decembrie 2011.

*** Legea nr. 272/2004 privind protecţia şi promovarea drepturilor copilului.

*** Legea 257/2013 pentru modificarea și completarea Legii nr. 272/2004 privind protecția și promovarea drepturilor copilului.

*** www.books.google.ro/

*** www.copsi.ro/

*** www.cnasr.ro/

*** ifsw.org/

*** www.ohchr.org/EN/UDHR

*** www.scribd.com/

*** www.socialworkers.org/

Petru Stefăroi:
Calități psihologic-sufletești
ale profesionistului în asistența socială umanistă

Printed by CreateSpace, Charleston SC,
an Amazon.com Company, United States of America

December, 2013

CreateSpace
4900 LaCross Road
North Charleston, SC 29406

Available from Amazon.com,
CreateSpace.com, and other rctails outlets

http://www.amazon.com/
https://www.createspace.com/

Author's email adress: petrustefaroi@yahoo.com
Tel.: 0749233297

www.ingramcontent.com/pod-product-compliance
Lightning Source LLC
Chambersburg PA
CBHW081057290526
45795CB00006B/1896